国家级一流本科专业建设 · 管理学教学用书

普通高等教育“十一五”国家级规划教材

华东地区大学出版社第九届优秀教材、学术著作奖一等奖

管理学教程 第五版

朱　舟◎主编

上海财经大学出版社

图书在版编目(CIP)数据

管理学教程 / 朱舟主编. —5版. —上海：上海财经大学出版社，2023.5
国家级一流本科专业建设·管理学教学用书
ISBN 978-7-5642-4125-4/F.4125

Ⅰ.①管… Ⅱ.①朱… Ⅲ.①管理学-高等学校-教材 Ⅳ.①C93

中国国家版本馆CIP数据核字(2023)第034508号

□ 责任编辑　林佳依
□ 封面设计　张克瑶

管理学教程
(第五版)
朱　舟　主编

上海财经大学出版社出版发行
(上海市中山北一路369号　邮编200083)
网　　址：http://www.sufep.com
电子邮箱：webmaster @ sufep.com
全国新华书店经销
上海华教印务有限公司印刷装订
2023年5月第5版　2023年5月第1次印刷

787mm×1092mm　1/16　22.5印张(插页：2)　576千字
印数：109 501－113 500　定价：58.00元

序

PREFACE

时至今日，没有人会否认管理对所有社会经济组织运作成败的核心作用。在商业领域，没有什么能替代优秀的管理。企业可能因为推出爆款产品、踏准市场热点而一时间业绩大增，但没有良好的管理，这一趋势将无法持续。管理也体现在组织内部的各个层级、各种职能领域中，管理者的计划、组织、领导、控制水平，影响着组织能否有效配置资源、优化内部流程、提升员工士气和满足客户需求。目前，管理领域正经历着一场彻底的革命，工作组织和完成方式发生了巨大的变化，随着团队工作、零工经济日益盛行，网络技术渗透人们工作生活的所有领域，由此带来的信息透明化、交易成本快速下降，使传统的管理范式已经无法适应新的、高度不确定的市场环境。为了应对新的市场环境，企业管理的关注点逐步转向激发人们的热情与创造力，发现共同的愿景、准则和价值观，分享信息和权力，鼓励团队协作和参与，培养与发展组织成员以适应环境的巨变，鼓励组织创新，最终实现个人与组织的共同成长和卓越成就。本书的此次修订，正是期望体现当前企业管理重心的转移。

本书作为一本管理学概论教材，其以往版本得到了市场的广泛认可和广大读者的好评。以往版本所具有的结构清晰合理、文字简洁易懂、篇幅适中、理论与实践并重的特点，在本次修订中仍努力保持。本次修订保留了多年来得到读者认可的内容，同时针对管理环境、管理技术及实践的变化，增加了许多新的内容。本书保留了以管理过程（计划、组织、领导、控制）来组织各章节内容的固有逻辑，同时对部分章节进行了归并、删减或扩充。其中最大的改动是将第四版的“组织变革”（第九章）与“创新”（第十五章）合并为本版的“管理变革与创新”（第十四章），同时全面优化其核心内容，以体现组织在变革和创新领域面临的巨大挑战和应对策略。此外，本次修订还对每一章的内容进行了整体梳理和优化，以体现网络技术、虚拟经济及大数据对企业管理各项活动的影响。其中，特别针对每章的“管理聚焦”栏目进行了全面更新，通过介绍最新的管理研究进展及企业管理实践，引导读者对相关内容进行深度思考，以此补充管理学概论类教材涉及面广泛但缺乏专、精与深度探讨的不足。

本次修订延续了周健临教授的管理学思想和分析框架。周健临教授是笔者求学过程中的恩师，他在管理学领域的造诣有目共睹，多年来他一直致力于管理学知识的推广和传播，笔耕不辍，他所著的教材和教学活动惠及无数学子，也激发了大量年轻人立志于从事管理类职业。周健临教授于 2022 年 1 月与世长辞，但他所著的以往版本的《管理学教程》，如同一座令人景仰的高峰，既是笔者本次修订的标杆，也令笔者战战兢兢、如履薄冰，唯有用大量的时间和努力来弥补笔者个人学识的欠缺。但挂一漏万，错误疏漏之处仍在所难免，本次写作中的错误由笔者全权负责。

需要特别说明的是，依据国家教材委员会办公室《关于做好党的二十大精神进教材工作的通知》(国教材办〔2022〕3号)的要求，推动党的二十大精神进教材、进课堂、进头脑，在本书中"润物细无声"地嵌入了思政元素与二十大报告精神内容，提高学生的思想认知水平，培养学生的家国情怀和道路自信。同时，为了与时俱进地增补与本教材相关的思政案例与二十大精神内容，笔者与出版社共同建设新媒体动态服务窗口，使用本教材的教师可以通过手机微信扫描以下二维码，获取相关最新内容。

本书的写作得到了上海财经大学国际工商管理学院多位老师及上海财经大学出版社的帮助与支持。同时，笔者要感谢家人唐晓东和唐煜如在写作期间对笔者精神上和生活上的支持，他们给了笔者在"新冠"疫情防控期间积极工作、努力前行的动力和勇气。

朱 舟

2023年3月于上海

目录

CONTENTS

1

第一章 管理导论

全章提要

学习目的与要求

1. 理解组织与管理的含义；
2. 认识管理的四项基本职能；
3. 区分管理者与作业人员；
4. 明确管理者的分类及其在实践中扮演的各种角色；
5. 了解管理者所需的各项基本技能；
6. 解释成功管理者与有效管理者在管理活动上的不同侧重点；
7. 了解 VUCA 的商业运营环境；
8. 理解管理者面临的未来管理挑战。

管理专业术语

Organization	A systematic arrangement of people to accomplish some specific purposes.
Management	The process of working with people and resources to accomplish organizational goals.
Effectiveness	Goal attainment.
Efficiency	The relationship between inputs and outputs; seeks to minimize resource costs.
Manager	A person who plans, organizes, leads, and controls the work of others so that the organization achieves its goals.
Technical Skill	The skills necessary to accomplish specialized activities.
Human Skill	The ability to communicate with, understand, and motivate both individuals and groups.
Conceptual Skill	The ability to see the whole organization in an analytical and integrative manner.
VUCA	An acronym that refers to volatility, uncertainty, complexity, and ambiguity, which is used to describe an environment which defies confident diagnosis and befuddles executives.

管理是人类社会中一项最常见的活动，任何由两个或两个以上的个人组成的有一定活动目的的群体，都无法避开管理问题。管理与各类物质资源、资本、技术和劳动者一起，构成了组

织经营的最核心要素。然而，随着组织环境变化，管理领域正在经历一场彻底的革命，工作组织和完成方式发生了巨大变化，团队工作、零工经济日益盛行，网络技术渗透到人们工作生活的所有领域，由此带来的信息透明化、交易成本快速下降使传统的管理范式已经无法适应日新月异的组织和市场环境。过去人们认为管理就是设计一个自上而下的正式等级结构，通过控制员工的行为、提高效率以取得经济绩效的过程。新的观点则认为管理的目的是激发人们的热情与创造力，发现共同的愿景、准则和价值观，分享信息和权力，鼓励团队工作、协作和参与，培养与发展组织成员以适应环境的巨变，鼓励组织创新，最终实现个人与组织的共同成长和卓越成就。在日益多变的世界中，人们清晰地认识到，组织的竞争成效，将不仅取决于资本、技术和产品的优胜与否，而且取决于能将所有这些要素动态整合并加以有效运用的卓越管理能力。

第一节　组织与管理

组织是社会中最常见、最普遍的社会活动主体。我们每个人的衣食住行、接受的各种网络服务、享受的各种生活便利，大多来自各类不同的经济与社会组织，我们同时在各种组织中工作，从外部世界获得资源，通过组织将其转化为有价值的产品或服务，以保障社会经济的有效运行。这些组织都是为了实现共同目标而一起工作的人的集合，他们和其他资源投入（物质资源、财务资源、信息资源等）一起，构成了组织系统（见图 1－1）。组织的存在，使人们可以共同完成单个人无法完成的任务，满足社会成员对其产品或服务的需求。组织系统运作实现的价值增值（更大的产出），使组织可以不断地吸引新的外部资源投入，持续向社会提供有效的产品、服务。

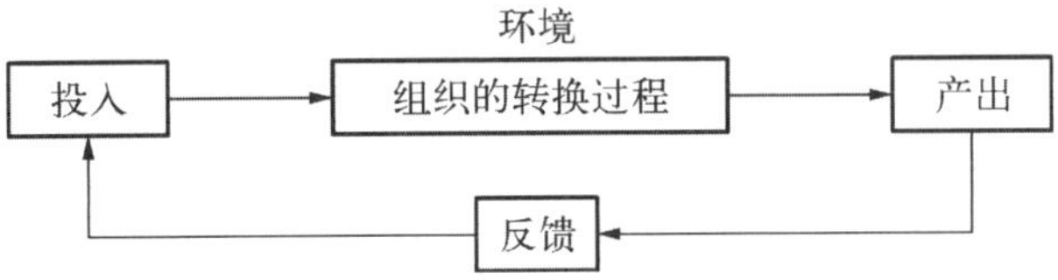

图 1－1　组织系统

一、为何要学习组织与管理

设想一下，你早上醒来，洗漱整理、吃早点、打开电视或手机查看新闻、乘坐各类交通工具去上班或学习，在这看似平常的过程中，至少使用了十多个组织的产品或服务。这里涉及的组织有各类公用事业公司（电力、煤气、自来水）、制造厂商（手机、服装、日用品、餐点）、服务厂商（早餐店或便利店、公交或地铁、通信服务）等。由此可见，组织是当今社会中各类机构的最普遍形式，组织的正常有效运行是保证整个社会平稳运行、经济繁荣增长的基础。正是由于组织具有这种主导地位，因此学习和了解如何管理组织、实现各类组织的高效运作是十分必要的。

掌握管理组织的能力对每个人都有价值。也许有人会说，我将来不准备当管理者，学管理有什么用？其实，只要你在一个组织中工作，你不是管理者，就是被管理者。学习管理将有助于你洞察上司的行为方式和组织内部运作的情况。即使你选择从事自由职业、不受雇于特定组织，你在工作中也需要与各类组织及其成员打交道，同时也需要主动进行自我开发、终生学习和有效的自我管理。学习管理将使你拥有更广阔的视野和理解力，这对你的未来同样有价值。非管理专业方向的学生也应当明白，有朝一日你会成为相关专业领域中的管理者，对管理过程的理解将为你以后发展管理技能打下良好的基础。

也有人会说,管理者面对大量鲜活、复杂的现实问题,无法在抽象深奥的管理理论和课堂的管理学习中找到答案。系统化的管理理论学习能真正提高管理者解决实际问题的能力吗?这是相当常见的质疑。人们往往将管理理论视为“不切实际”的构想,认为管理者只有经历实践磨炼才能切实成长。但这种非此即彼的想法将正规学习与工作实践对立起来,却忽视了一个问题,即虽然经验积累在管理技能开发中会起到关键作用,但正规的管理学习使未来的管理者(学生)有机会学习多种思维框架和分析技术,探讨不同的管理过程及管理工具的应用,进而增进对各种管理情境下发生的问题的深度分析和应对能力。现实中的管理者(特别是新任管理者)很难有机会全面地、多视角地分析管理情境和管理问题,而这正是系统化管理学习的巨大价值所在。

二、什么是管理

管理实践虽然普遍存在于各类组织,但管理的定义并非一目了然。以往的研究者从不同视角,提出了不同的管理定义:“科学管理之父”泰勒认为,“管理是确切知道要干什么,并使人们用最好、最经济的办法去干”;管理过程学派的代表人物哈罗德·孔茨(Harold Koontz)认为,“管理是设计和维持一种环境,使以群体方式工作的人们能有效达成预定目标的过程”。斯蒂芬·罗宾斯(Stephen P. Robbins)在其2021年出版的《管理学》(第15版)中将管理定义为,“涉及协调和监管他人的工作活动,从而使其工作可以有效率且有成效地完成”。通过整合前人的相关概念、定义,本书将管理定义为:管理是对组织的人力、资金、物质及信息资源进行计划、组织、领导和控制,以有效达成组织目标的过程(见图1-2)。

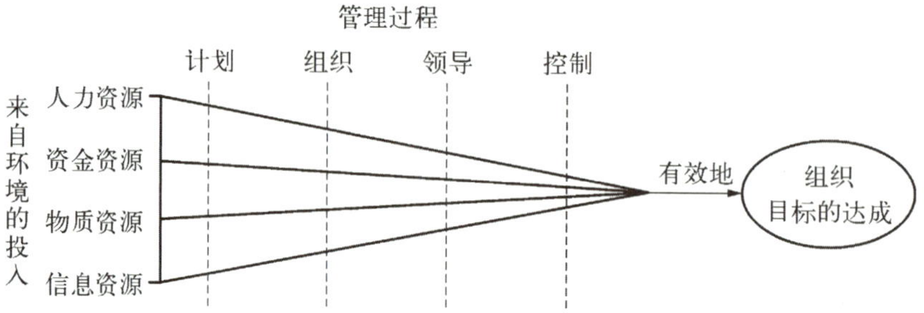

图1-2 管理概念示意图

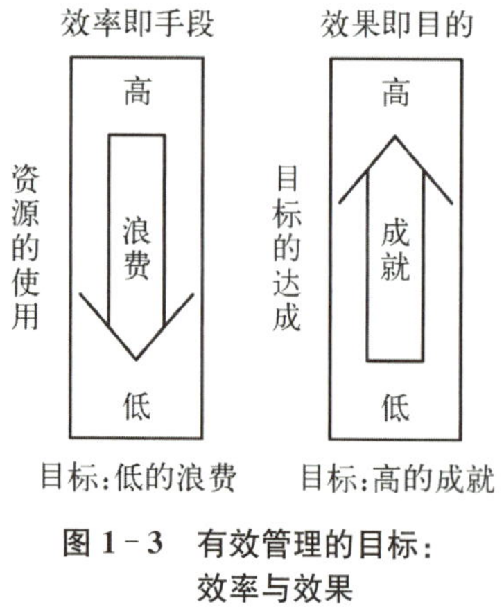

图1-3 有效管理的目标:效率与效果

在这一定义中,“有效”的管理包括效率和效果两个方面。效率体现了管理过程中投入与产出之间的关系。假如在一定的投入水平下,最终的产出成果越多,则效率越高;同理,同样数量的产出所消耗的投入越少,则效率越高。然而,仅仅关注效率还不够,管理还涉及如何产生实质性的成果(达成企业经营的目标)。企业经营的目标可以用多个不同指标来评判,包括财务指标、市场指标、长期的战略目标等。如果管理者达成了组织的目标,就可以认为管理是有成效的。所以,效率涉及手段,而效果涉及目的(见图1-3)。

三、管理的职能

有效的管理需要兼顾效率与效果。具体来看，管理活动应该包括哪些基本职能呢？对这一问题存在很多不同的答案。自 20 世纪初法约尔提出管理者的 5 项管理职能（计划、组织、命令、协调、控制）以后，不同的研究者提出了不同的观点，补充了指导、指挥、激励、协调、沟通、监督、创新等职能。20 世纪 50 年代，孔茨和奥唐奈（Cyril O'Donnel）从管理过程的角度提出，计划、组织、人员配备、指挥和控制是管理的基本职能，这一提法得到了广泛认可。随着管理理论的最新发展，常见的基本管理职能被总结为计划、组织、领导和控制 4 项职能（见图 1－4），本书也将围绕这 4 项职能来讲授管理的重要概念、原则、理论和技术。

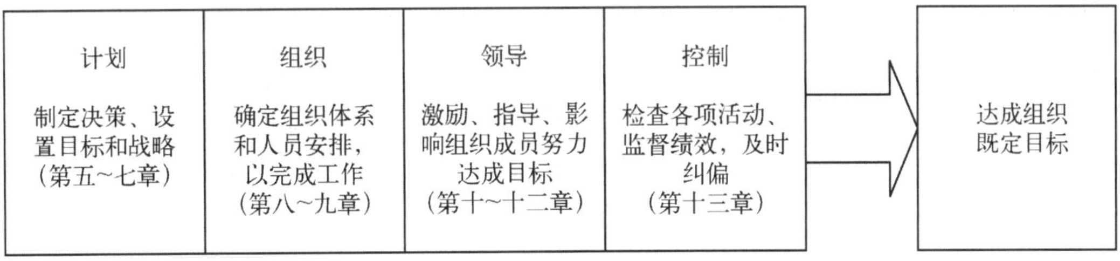

图 1－4　管理职能

（一）计划工作

计划工作是各级管理者的首要职能，它领先于其他管理职能，并为其他管理职能奠定了基础。计划工作包含预先限定目标，根据目标发展战略，确定达成目标的行动方案，为组织、部门和个人勾画出年度、月度和每日的行动路线等内容。计划工作的时间长度和范围因管理层次和性质不同而各不相同。高层管理部门的战略规划时间跨度 5～10 年（长期计划），它涉及组织的总体目标、战略、业务选择和调整及投融资等重大项目。基层管理部门的计划可能只涉及当天的活动或近期的工作日程安排。

在一个组织中，管理者的计划是相互关联的，高层管理者设定的企业发展目标和战略规划，决定了下级管理者执行的经营计划和日常工作计划。各级管理者的计划都必须服从并支持组织的总体战略规划。但企业的战略价值实现过程必然是一个与外部持续互动的动态过程，管理者的计划会受到外部环境及各类利益相关者的影响。在计划过程中，管理者也需要做出决策，在多个备选目标中加以取舍，并在外部环境和内部条件发生变化时，及时修订计划。因此，组织的计划工作是相当复杂的，需要具备动态调整的弹性。

（二）组织工作

组织工作涉及人力、财力、物资、信息和其他实现组织目标所需资源的配置和协调，是组织目标达成的保障和依托。组织工作包括建立合适的组织结构，确定组织内部的部门专业化方式、汇报关系和职权分配，吸引人员加入组织、明确其职责、实现适人适岗的有效人员配置，创造条件使组织成员及各类资源得到最有效的使用。

传统的大型企业，组织工作往往强调稳定的结构设计和组织体系，通过提升组织内部安排的制度化和人员专业化来提升组织效率。但在面临快速变化的外部环境和市场竞争的当下，企业更倾向于建立具有柔性和适应性的组织，来提高其满足客户需求的能力。同时，人力资源管理的实践也不断因无处不在的信息技术、零工经济、居家工作等因素的冲击而发生改变，能否吸引和留住高层次、富有热情和创造力的人才,对企业的成功至关重要。

(三) 领导工作

计划与组织工作明确了组织目标和人员配备,而领导工作则决定着人们能否自愿并充满激情地为实现组织和群体目标而努力。领导包括激励他人、引导他人,与他人沟通,通过权力、影响力和谈判来影响他人,以及构建团队来达成组织目标。好的领导者能激励和引导他人为实现组织的目标而努力工作。领导职能是每一位管理者构建团队、激励下属时必须履行的职责。

(四) 控制工作

人们在管理过程中,由于受到外部因素的干扰,往往出现实际成果偏离初始目标的情况。控制工作的目的正是规范组织的活动,以确保实际绩效与预期的标准和目标保持一致。控制涉及建立绩效标准,对照所建立的标准衡量绩效,并在出现偏差的情况下进行纠偏活动。管理者运用控制手段,预防问题的出现,及时把握问题的症结,并有效解决存在的问题。控制工作中对问题的诊断和分析,离不开精准、可靠、切合实际的评判标准。此外,它也取决于组织对绩效达成过程的全程监控。信息技术在企业的广泛应用,大大降低了数据的获取成本,有利于控制的有效实现。

上述各项管理职能在各类组织、各级管理岗位中都是普遍存在的。管理工作从计划(决策)开始,经过组织、领导和控制,完成一个管理周期。基于控制的结果评价又会产生新的计划,开始新一轮的管理循环(见图 1-4)。管理者推动这些基本管理职能的有效开展,并影响管理效能的达成。

第二节 管理者及其角色

在组织中,各级管理者能否有效行使其管理责任、创建有利的组织氛围,将直接影响下属员工对群体及组织目标做出最大贡献的能力。身为管理者,需要明确两个问题:管理者存在哪些不同的类型,他们在管理职能上有何差异?管理者在实施管理职能时会扮演哪些角色,并展示何种工作行为?

一、管理者的分类

在传统的金字塔形组织中,可以将组织成员简单地分为两类:管理者和作业人员(见图 1-5)。其中,作业人员的主要工作是制造产品或提供服务,不承担监管他人工作的责任。而管理者的重要工作职责是指挥和监管他人。无论管理者处于哪个组织层级,他们的共同特点都是拥有直接下属,也因此,我们可将管理者定义为:在组织中指挥他人工作、对他人的工作成果负有责任的人。

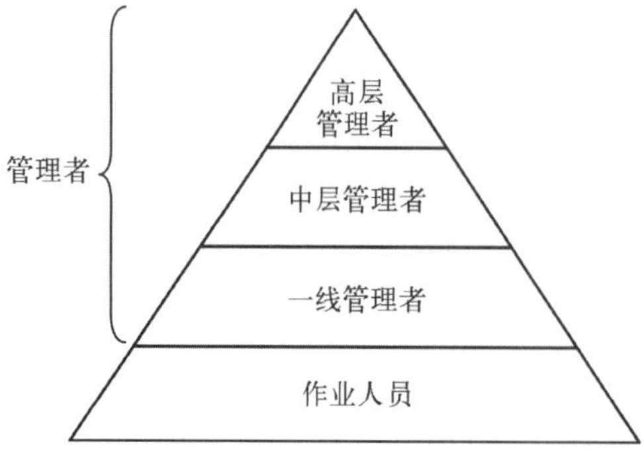

图 1-5 管理的层次

(一) 不同组织层级的管理者

根据管理者所处组织层级的不同,大致可将管理者分为三类:高层管理者、中层管理者和一线管理者(又称为监管人员)。

高层管理者处于组织的最高层，对应的企业职位名称可能是董事长、首席执行官（CEO）、总裁、首席运营官（COO）和副总裁等。担任学校校长、副校长，医院院长、副院长的人员，也是其所在组织的高层管理者。高层管理者花费大量精力关注组织的外部环境，留意市场趋势变化带给组织的长期机会和挑战，负责制定组织的目标和战略来应对环境变化，并拥有对组织的资源分配权、人力资源调配权，最终需要对整个组织的绩效负责。因此，高层管理者应该是高度关注未来导向、擅长战略性思考的管理者，并有能力应对不确定性和高度竞争的市场环境。

中层管理者的组织层级介于高层管理者和一线管理者之间，对应的职位名称可以是部门经理、事业部负责人、地区经理，或者是工厂、车间的负责人等。中层管理者负责贯彻执行高层管理部门制定的目标和政策，同时监督和协调一线管理者的活动。中层管理者对组织的成功至关重要，因为他们是组织战略规划的关键执行者，他们的管理能力将直接影响员工、客户和供应商的工作活动成效。

一线管理者是直接指导作业人员的管理者，对应的职位名称包括工长、领班、小组长或办公室主任等。一线管理者的主要职责是给下属安排具体工作任务、程序，保障下属的工作条件和工作环境足以推动工作流程顺利进行；协调下属间的合作；确保下属有意愿并有能力完成工作。一线管理者不仅是监督者，而且应是下属的导师、教练和助手。他应经常与下属直接交流和沟通，并帮助上级管理部门了解要想取得卓越的绩效，下属需要何种资源和支持。下属完成工作的能力也取决于一线管理者的计划和安排工作的能力。一线管理者在训练和调配员工方面的工作效能，将会决定下属的工作是优秀还是普通。

一线管理工作并非“大杂烩”。一些成功企业的经验表明，一线管理者必须是高素质的管理者，负有重要的计划和决策责任。在权力重心下移、强调授权和赋权的组织中，需要扩大一线管理者的职权范围，使他能全权处理涉及所在部门的各类问题，甚至有权雇用、训练、推荐、提拔本部门的员工并合理安排其工作活动。

所有管理者都需要执行管理的四大基本职能，但其管理活动的侧重点有所差异。图 1－6 显示了不同层级管理者的相对时间花费。高层管理者在计划、组织职能上的投入多于低阶管理者；而一线管理者则花费大量时间进行团队和人员的领导与激励。不同层级的管理者在控制职能上的时间花费大致相当。

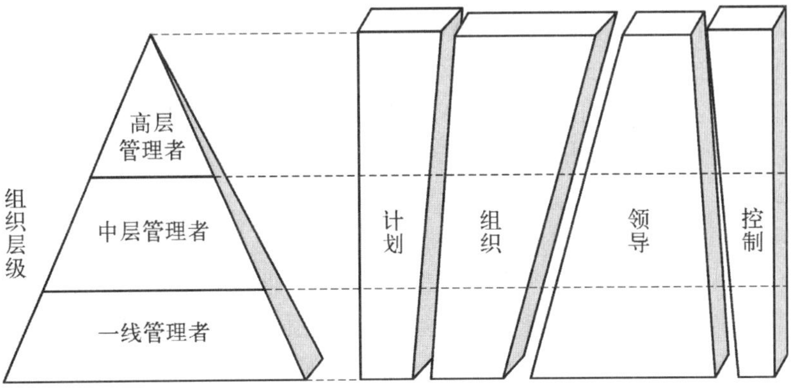

资料来源：Harold Kontz，Heinz Weihrich. Essential of Management：An International and Leadership Perspective［M］. 9th ed. New York：McGraw-Hill，2012：5，表 1.1。

图 1－6　不同组织层级管理者投入于管理职能的时间

(二) 业务领域:职能管理者与一般管理者

除了按职位层级划分管理者,我们还可以按管理者负责的业务领域(具体职能或部门)来划分管理者的类型。在企业中,这些具体的业务领域可能包括研发、营销、财务、生产、人力资源管理、行政等。但企业中除了这些负责特定部门或活动的职能管理者(Functional Manager)之外,还有负责多个业务领域的一般管理者(General Manager)。

1. 职能管理者

职能管理者负责企业内的单个职能、活动或部门,对应的职位名称可能是生产副总裁、财务总监、人力资源经理、生产经理等。职能管理者对组织中的单个活动负责。企业的职能管理者中特别值得关注的有:

(1) 营销管理者

营销管理者的主要职责和营销职能有关,即把该组织的产品和服务送到消费者/用户手中。营销职能包括市场调查、产品的调拨、定价与销售、促销推广以及消费者心理研究等。市场营销是企业取得成果的一个基础领域,它推动了企业与消费者间的相互了解,加快了市场销售过程,因而营销人员在企业中具有举足轻重的作用,这一点在快速消费品、电子消费品企业中尤其明显。

(2) 财务管理者

财务管理者主要负责企业资金的筹集与使用、预算与核算、投资与分配等。企业的生存和发展离不开资金的获取和有效利用,财务管理者对企业财务资源的计划、决策、使用和控制,决定了组织能否以合理成本获得资金、有效运用资金并支持企业的各项经营活动。

(3) 生产与营运管理者

生产与营运管理者的主要工作是构建与维护产品制造和服务提供系统,并负责计划、控制日常生产营运活动。典型的任务包括生产控制、库存控制、质量管理、物流管理、工厂布局和厂址选择等。这一职能的产生最早源于制造企业的生产需要,但目前这一领域的工具和原则已普遍应用于服务业和各类其他组织。企业关注的诸多热点问题,如提高生产率、改善质量、降低成本、绿色节能地利用各类资源和能源等,使生产与营运管理者在组织中的地位变得更为重要。

(4) 人力资源管理者

人力资源管理者主要负责将组织的战略目标、文化转化为人力资源管理制度和实践,通过人力资源规划、员工的招聘和甄选、培训和发展、设计绩效和薪酬制度,实现差别化地吸引、保留、激励或解雇不同类型的员工。优秀的人力资源管理者有能力在充分了解组织的人才需要的基础上,有效建立起一支高绩效人才队伍,确保人员配置足以支持企业战略目标的实现。

2. 一般管理者

组织中负责多个职能或活动的管理者,被称为一般管理者。最受人们关注的一般管理者无疑是大型企业(特别是上市公司)的CEO、总裁,他们对企业的全部业务领域的运作过程和成果负责,他们带领企业取得的成就不断见诸报端,被视为领导力的绝佳例证;如果企业经营失利,他们同样会成为各路人马口诛笔伐的对象,并可能因此黯然下台。此外,组织中的COO、常务副总裁、各事业部或子公司的负责人,都需要同时负责多个业务领域,也属于企业中的一般管理者。

二、管理者的角色

当从管理角色视角来描述管理者时,我们关注的不是管理者从事的某些具体的管理活动,而是考察扮演管理角色的那一类人所承担的期望和责任。换言之，管理者的角色想要解答的问题是，要想成为一名成功的管理者，当你就职于不同类型的组织中(不同的企业规模、不同行业、创业企业或成熟的大企业，甚至是非营利组织)时，你需要承担的期望和责任是什么，会存在明显的差异吗？对这一问题，亨利·明茨伯格(Henry Mintzberg)的研究得出了令人信服的完整答案。

20 世纪 60 年代后期，明茨伯格对一些高层管理者进行了现场观察研究。他据此提出，管理者在工作中扮演着 10 种不同的角色，这些角色分别与人际关系、信息和决策领域有关。

(一) 人际关系角色

人际关系角色是管理者的正式权力基础，管理者在处理与组织内部成员及外部利益相关者的关系时，就在扮演人际关系角色。具体来看，管理者扮演了 3 种人际关系角色。

1. 挂名首脑

管理者是其所在单位、部门的首脑和代表。由于这种“领导人”的地位，他必须经常行使某些礼仪性的责任。例如，管理者有时需要接待来访参观者，有时出席行业峰会及公司年会或参加一些必要的商务应酬等。

2. 领导者

管理者是组织氛围的创建者和引导者，为员工的行为和成果负责。管理者的领导者角色需要其关注员工培训、激励、奖惩，以提高员工绩效并鼓励其职业成长。

3. 联络者

管理者除了与上下级交流外，还需要发展横向及外部的联系。管理者需要和组织内其他部门的管理者、技术专家或员工共同工作，有时还需要与外部人士(如供应商、客户、媒体等)合作与交流。在这一角色中，管理者通过发展外部联络来获取所需的信息。

(二) 信息角色

管理者需要确保与其共事者具有足够的信息，能顺利完成工作。管理者既是所在单位的信息传递中心，也是组织内部信息传递渠道的中间节点。管理者在信息方面也扮演了 3 种角色。

1. 监督者

管理者持续寻求并获得大量有用信息，使他们能了解组织和环境变化的实时动态。管理者收集包括内部业务、外部事件、分析报告、各种利益相关者的意见和倾向等信息。管理者通过获得的信息来识别面对的潜在机会和威胁。

2. 传播者

管理者对信息的掌握使其承担了传播者的角色，即把外部信息传播给所在组织，并将内部信息传达给工作小组成员。重要的是，管理者必须确保员工具有必要的信息，以切实有效地完成工作。

3. 发言人

管理者有责任代表其所在组织或部门发言，一方面要使上级了解本部门的情况，另一方面也需要向组织外部传达信息。例如，向董事或股东说明组织的战略方向，向消费者说明企业的新产品开发情况。

(三) 决策角色

管理者需要在管理过程中处理信息并得出结论，指导所在单位的行动路线和计划实施。

决策角色是管理者最重要的角色,可具体细分为以下 4 种类型:

1. 企业家

管理者需要不断提出新思路、新方法来改进组织目前的经营和绩效,这就要求管理者主动推动和设计组织变革。企业的高层管理者还有责任确定组织的总体发展方向和战略。

2. 混乱驾驭者

当工作环境中出现了部分失控、纠纷或冲突时,管理者必须在混乱尚处于萌芽状态时就加以解决或纠正。管理者应随时准备处理突发的各种纠纷和问题,如平息客户的不满、员工间的争端调解、与不合作的供应商谈判等。

3. 资源分配者

管理者要负责将组织资源分配于不同的项目和活动。这些资源包括金钱、设施、设备、信息和管理者的时间等。对高层管理者来说,资源分配更是组织战略制定系统的核心。

4. 谈判者

管理者需要花费大量时间参加各种谈判,包括与供应商签订合同,或在组织内部平衡各部门的资源要求等。管理者充当谈判者,是因为他们在组织中掌握着谈判所需的关键信息和权力。

大量的后续研究检验了明茨伯格管理角色分类理论的有效性。研究显示,管理者无论在何种类型的组织中任职,或身处组织的哪一个层级,都扮演着类似的管理角色。当然,管理者工作角色的侧重点会因组织层级的不同而有所差异。在组织的较高层级上,挂名首脑、传播者、谈判者、联络者和发言人的角色更加重要;而领导者的角色(按明茨伯格的定义)对一线管理者更重要。

第三节 管理者的技能

有效的管理者为了开展计划、组织、领导和控制工作,以及扮演各种不同的管理角色,需要具备坚实的专业和管理技能。

一、管理者的基本技能

罗伯特. L. 卡兹(Katz,1974)指出,管理者需要具备 3 种基本技能:技术技能、人际技能和概念技能。任何管理者,不管其所处的管理层级如何,都必须不同程度地具备这 3 种技能。

(一) 技术技能

技术技能是指管理者对某一特殊专业领域的方法、过程、程序、技术和工具的理解和熟练运用程度。管理者在不同的行业、企业及职能领域中工作,需要具备与特定管理工作相关的专业知识,才能有效处理和解决各种工作中的问题。特别是目前随着工作性质的转变,很多企业中的管理者与普通员工的界限变得模糊。一些传统的非管理工作现在也包含了管理活动(因授权而权力下放),而管理者的工作内容除了监管员工、构建团队、协调群体工作,也需要从事直接的业务工作,解决专业问题。

传统上,人们认为技术技能对于中层和基层管理者更重要,而对于高层管理者的重要性相对较低。除了小型企业,高层管理者虽然具备特定的技术背景,但不需要在日常工作中运用具体的技术技能来解决问题。例如，软件公司的总裁可能曾是极富创造力的软件工程师，但他不再需要从事具体的软件开发工作。但近期的研究显示，无论组织层级的高低，管理者具备精深的技术技能都有助于他们获得下属的信任和尊敬（见管理聚焦 1－1）。

管理聚焦 1－1

管理者的技术能力比情商更重要

在很多技术领域，人们担心将个人工作能力强的人晋升为管理者不会产生良好效果，毕竟技术能力高不等于人际能力强。但 2016 年阿尔治（Artz）、古道尔（Goodall）和奥斯华（Oswald）针对美国和英国 3.5 万人的研究显示，上司是不是组织核心业务的专家，会对员工的工作满意度产生重大影响。

研究者提出了 3 个问题来评判管理者的专业技术能力：（1）管理者在必要时能否承担员工的工作？（2）管理者是否因为工作绩效优秀而得到晋升？（3）员工如何评价管理者的技术能力？研究者发现，人们被真正拥有专业技能的人领导时满意度会大大提高。

这项研究是近年来迅速发展的“专业人士领导力”领域的研究成果，显示情商和组织能力对于管理效能虽然很重要，但专业技术能力有助于领导者增进至关重要的可信度。

研究者认为，这项研究说明，医院的领导者应该是优秀的医生，大学的领导者应该是顶级研究人员，而不是目前常见的一般行政人员。数据也显示，上司技术水平高，是目前影响普通员工工作满意度的最大积极因素。研究者说：“影响效果之大，连我们都为之惊讶。”

资料来源：佚名. 领导力：技术能力打败情商[J/OL]. 哈佛商业评论，2017－05－09[2023－01－01]. http://www.hbrchina.org/2017－05－09/5202.html。

（二）人际技能

人际技能是指管理者理解、激励他人和与他人良好合作的能力。这项技能不仅要求管理者擅长与人打交道，而且能创造出一种使群体成员感到安全并能自由发表意见的氛围。有研究表明，人际技能对一线管理者至关重要，因为他们的主要职能就是赢得工作小组成员的合作。另一项研究将这一观点扩展到中层管理者，指出管理者关心的主要事项应该是促进组织中的人际联系与交流。针对高层管理者的研究也提出，高层管理者要有合理的自我认知，并对人际间的关系具有高敏感性。这些研究表明，人际技能对各级管理者都很重要，但其着重点存在差异。

也因此，各级管理者都需要持续努力开发和提升其人际技能，以便更有效地沟通、激励和领导员工，推动所在群体的全体成员共同努力和协作。在美国管理协会（AMA）提供的为期 3 天的软技能培训课程中，各级管理者需要学习掌握的技能包括如何在不制造冲突的前提下发布指令、如何领导和激励团队成员、如何对他人施加影响、如何提供有效反馈，以及如何在信任、尊重的氛围下完成工作。同时，美国管理协会也指出，企业雇主重视而新入职的员工（包括大学毕业生）普遍缺乏的人际技能包括：沟通流畅性（演讲、商业演示、倾听技能）、时间管理技能、自我体察、社会影响力、建设性的冲突管理能力，以及对团队发展和团队成员角色的了解。

(三) 概念技能

概念技能(又称构想技能)是指管理者对抽象、复杂的情况进行分析思考和发现规律的技能。在运用这种技能时,管理者把组织视为一个整体,识别组织中各部分之间的关系,并设想单个企业如何适应广泛的外部环境。随着管理者的组织层级提升,概念技能的重要性也不断增加,管理者此时面对的可能是模棱两可的问题,决策的后果却可能影响深远。这一技能对高层管理者最为重要,概念技能欠缺的高层管理者可能将组织带向错误的方向,进而危及整个组织的成功。

孔茨和韦里奇(Weihrich)对卡兹提出的概念技能加以补充,提出了第四种技能——设计技能。设计技能是指管理者设计解决方案的能力。与概念技能类似,设计技能对组织高层管理者的重要性高于基层管理者。组织内的高层管理者不仅仅作为"问题观察者"来指出问题,有效的管理者必须面对现实,设计出能切实解决问题的可行方案。各级管理者对这 4 项基本技能的相对侧重参见图 1-7。

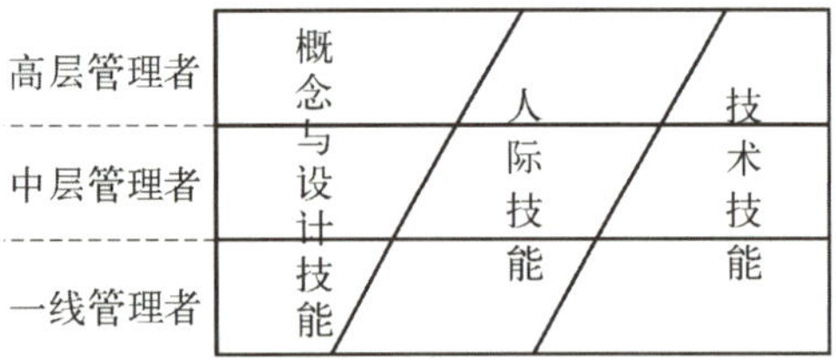

图 1-7　不同层次的管理对各管理技能的需要比例

管理学者格里芬(R. W. Griffin)也对卡兹的 3 项基本技能做了补充,增加了诊断和分析两项技能。

格里芬认为,成功的管理者必须具备诊断技能,就像良医能根据病人的症状诊断病情一样,管理者也应根据组织出现的症状来诊断问题,通过表象分析问题的实质。例如,某一部门出现了较高的离职率,管理者通过管理诊断发现部门主管的人际技能欠佳。管理者可以通过培训该主管或把他调任到不太需要人际交往的岗位上来解决问题。即使在形势有利的情境下,诊断技能也很有用。例如,一家企业产品销量的增长大大超出了预想,其原因可能是相对于竞争者的低定价,也可能是消费者的需求热点发生了明显改变。通过诊断可以找出销量剧增的原因,做出最有效利用这一机会的决策。

分析技能类似于概念技能,是诊断技能的补充。分析技能是指管理者在某一情境下鉴别关键变量的能力,分析它们之间的相互关系,并找出最值得关注的因素。诊断技能使管理者理解并认识所处的形势,分析技能则使管理者决定在该形势下如何行动。分析技能体现在管理者的决策过程中。

二、管理者的效能与工作侧重点

企业成功经营所需的有效管理者,需要在各类管理活动中合理分配时间。在这一类的研究中,弗雷德·卢桑斯(Fred Luthans)的研究结论相当有趣,他指出有效的管理者的管理工作侧重安排明显有别于成功的管理者。

1998 年,卢桑斯和他的同事们从一个新的角度探讨管理者的效能差异。他们想要回答的问题是,组织中晋升最快的管理者与工作最有成效的管理者,是否在管理工作的侧重点上有所不同?这一研究挑战了人们通常的假设——组织中工作最具成效的管理者一定也是晋升速度最快的人。

卢桑斯及其同事研究了四百五十多名管理者。他们发现,所有管理者都从事以下 4 项管理活动:

(1) 传统管理:决策、计划和控制;

(2) 沟通：交换日常的信息和处理文书工作；

(3) 人力资源管理：激励、执行纪律、处理冲突、人员管理及培训等；

(4) 社会网络联系：社会活动、政治活动，以及与外界人士联系。

研究的具体结论见表1-1。可以看出，成功的管理者(晋升速度最快的管理者)与有效的管理者(工作绩效优异，并使下属感到满意、获得下属支持的管理者)都会从事传统管理、沟通、人力资源管理和社会网络联系，但他们在管理活动时间安排上的侧重点存在很大差异。社会网络联系与管理者的职业成功关系最密切，而人力资源管理活动则较少影响管理者的升迁决策。对有效的管理者来说，他们最关注的活动是沟通，而社会网络联系占用的时间最少。

表1-1 管理活动的时间分布 单位：%

管理活动	所有管理者(平均)	成功的管理者	有效的管理者
传统管理	32	13	19
沟通	29	28	44
人力资源管理	20	11	26
社会网络联系	19	48	11

这项研究使我们对管理者的活动有了更深刻的了解：一般而言，管理者在4项管理活动(传统管理、沟通、人力资源管理和社会网络联系)上各花费20%～30%的时间。但成功的管理者与有效的管理者在活动侧重点上几乎截然相反。这一发现挑战了人们的传统假设，即管理者的晋升取决于其管理绩效。同时，它也生动地反映了社交与政治技能对管理者在组织中取得职业成功的重要作用。

迈克尔·波特(Michael E. Porter)及其合作者于2018年发表在《哈佛商业评论》的研究则更关注企业高层管理者的工作侧重点。他们认为，企业CEO可以支配大量组织资源，并获得多种支持，但他们没有足够的时间去完成CEO应承担的所有工作，却依然对企业的全部工作成果负责。CEO对稀缺的时间资源的分配方式，既体现了CEO的价值观、企业的当前工作重心，也反映了CEO的领导风格。这项始于2006年、包含27位上市公司CEO的研究得出了几点有趣的结论：

(1) 管理是个苦差事，需要持续投入大量的时间、精力。研究中的CEO每个工作日平均工作9.7个小时。79%的周末时间、70%的假期时间，他们还在工作。换言之，CEO全年无休。

(2) CEO是组织中重要的联络者。CEO的工作中，约一半(47%)在公司总部完成，其他则在巡视子公司和分公司、会见外部利益相关者、通勤、出差和在家时完成。研究中的CEO平均每周工作62.5个小时。CEO可以将部分工作委派他人，但他们需要花时间和利益相关者沟通，提供指导、统一目标、赢得支持，并为做出明智决策收集必要信息。出差也是不可推卸的责任。CEO必须通过经常巡查来了解企业真实的状况。

(3) 沟通是CEO最重要的工作。研究中的CEO有61%的工作时间用于面对面交流，其他15%的时间用于打电话、阅读并回复书信；剩下24%的时间用于电子通信。面对面交流是CEO施加影响力、了解实际动态并授权推进各项重要事项的最佳方式，CEO可以借此给身边的人提供最大支持和最佳指导。电子邮件、视频会议并未取代面对面的交流。

(4) CEO 的大部分工作本质上要求“主动出击”,包括对问题的预判、实例搜集、分析以及做出合理且及时的选择,CEO 可以针对这些活动设定并推进日程。但“被动回应”计划外的突发事件和危机也是 CEO 最重要的工作。研究显示,CEO 将 43%的时间用于既定的“核心日程”,而应对“结果不明朗的重要事件”花费了 36%的时间。

(5) CEO 必须避免事必躬亲,他们无法直接做出组织的大部分决策,因而需要依赖合理的组织结构和流程,确保企业中的每个人都能做出明智决策。CEO 的工作是确定组织发展方向,并公开、支持、促进和整合其他人的工作,因而 CEO 的时间分布按工作内容分,大致是战略占 21%、各职能和事业部回顾会议占 25%、发展人才和关系占 25%、保持组织结构和文化与企业需求的一致性占 16%,以及并购占 4%。

第四节 未来的管理挑战

20 世纪初期形成的管理原理与制度,在相当长的时间引导着组织分配资源、安置人员、配置权力、激励员工和管理控制的方式。但与物理世界的原理不同,管理学原理并非横亘不变的真理。当外部市场、技术、竞争方式发生巨大变化时,组织也需要相应调整其管理模式。而当下全球化进程的加快、技术的快速发展、竞争环境的持续变化,都迫切要求管理者个人及其企业快速适应新的现实。

用于描述现今企业竞争环境的术语——VUCA 高度概括地提炼出了当前企业面对的复杂多变的市场和外部环境。VUCA 的缩写来自突变的(volatile)、不确定的(uncertain)、复杂的(complex)和模糊的(ambiguous)4 个单词的首字母。贝内特(Bennett)和勒莫因(Lemoine)指出了这类商业运营环境及其应对措施(见表 1-2)。

表 1-2 VUCA 的商业运营环境及其应对措施

	情境特征	可能的表现	应对措施
V(突变的)	不稳定、不可预测、突如其来的频繁变化	因为“新冠”疫情导致的供应链受阻,重要生产原料的交货突然延迟,由此对生产计划、成本和产品价格产生的突发影响	保持经营的灵敏与柔性,增加动态能力和资源储备
U(不确定的)	缺乏足够的相关知识和信息,难以判断特定事件是否会产生重大的影响。事件的基本因果关系已知,但可能的变革未必能成功	竞争对手将在近期推出新产品,你不清楚这一产品的特性及可能的市场影响力	突破现有的信息来源,在更大范围、通过更多非传统的来源收集、梳理、分享和处理信息,运用新视角来解读信息
C(复杂的)	决策中需要考虑大量相互关联的信息,以及错综复杂的影响因素网络。清晰地梳理这些信息绝非易事	企业期望增加全球化经营的力度,但地缘政治、汇率波动、“新冠”疫情不断变化以及不佳的经济前景,使经营决策极为复杂	在复杂的环境下,按经营需要简化经营架构和流程;致力于恰当理解和定义企业面对的挑战,按优先级分配企业的资源投向;聘用或培养专业人员,应对复杂性

续 表

	情 境 特 征	可 能 的 表 现	应 对 措 施
A(模糊的)	难以清晰获知原因-结果关系的性质、基本的“游戏规则”,没有先例可循,无法有效预判事件间的关系	大量消费者通过网络、社交媒体、网红来了解商品信息。企业应该通过什么平台、渠道或主播来推广,才能激发消费者的真实购买意愿呢?	在模糊的环境下,准确预判变得困难,企业需要不断提出新假设,试验不同做法,承担必要的风险和成本,并快速做出反应

资料来源:Nathan Bennett, G. James Lemoine. What a difference a word makes: Understanding threats to performance in a VUCA world[J]. Business Horizon, 2014,(57):311-317。

在一个 VUCA 的世界中,你如何能成长为一名有效的管理者?本课程的学习将如何帮助你迎接管理的新挑战?要回答这些问题,本书读者需要明确管理的本质:管理既是一门科学,也是一门艺术。说它是科学,是因为它已经形成了一套完整且不断发展的知识体系及如何取得组织成效的客观规律,这些知识是可以通过教学和书本加以传播的;但读者也需要时刻记得,管理更是一门艺术,持续变化的管理环境要求管理者应根据环境、时机和对象的不同而调整其管理的思考框架、流程和分析技术,并在长时间的管理实践中不断磨炼和提升自己的管理技能。对管理能力的最终评判,必然需要回归到实践的成果检验中。

在 VUCA 的商业环境中,管理者需要面对大量来自组织内外的挑战。下面是对其中一些重要挑战的简要说明。

一、超越对手,获取竞争优势

竞争优势是企业能比其竞争对手更有效地提供产品和服务的能力。组织可以通过 4 个方面领先于对手:(1) 满足顾客需求;(2) 质量;(3) 效率;(4) 创新。

1. 满足顾客需求

企业需要关注顾客需求。没有顾客,大多数组织将不复存在。关注顾客需求长期以来被视为企业营销及销售人员的工作责任。但是,提供始终如一、高质量的顾客服务不仅是企业生存和获得竞争优势的基础,而且需要企业内全体员工(特别是管理者)的共同、持续的努力。在社交媒体时代,每位管理者都应学习如何与顾客良好互动、快速解决顾客面对的问题,对顾客需求做出快捷的反应。

2. 质量

在大多数行业中,企业面对来自同行业类似产品或服务的竞争。在信息获取和物流成本大大下降的今天,人们不再愿意忍受质量不佳的产品或服务。在快速变化的市场中,总是有竞争者在不断推出各种功能相似但质量更好的食品、日用品、娱乐、软件、游戏,企业无法承担竞争落伍的代价。不断改善产品质量、确保提供产品和服务的稳定性成为备受关注的管理理念。

3. 效率

高度竞争的市场要求企业能以尽量少的人力、物力和资源消耗,来提供高质量的产品。企业经营全过程的效率决定了产品的成本和价格,进而影响企业的盈利水平和市场策略的实现。

4. 创新

创新不仅表现为高科技或其他技术密集型企业的技术创新,而且包含各类企业探索新的版图、承担风险和改变完成工作的方式的所有尝试。创新使企业可以不断向市场提供更新、更好的产品和服务。"创新还是死亡",是每个管理者需要做出的选择。在 VUCA 的竞争环境下,一些曾经广受推崇的优秀管理实践,如强调提升效率、品质和规模的管理实践(如丰田的精益生产系统),不再能确保继续创造奇迹,提供合乎客户期待的产品和服务。运营效率不再是企业经营的最关键成功因素。企业需要把重点从源于运营的竞争力,转向源于创意的竞争力,即企业及其所有成员创新、接纳、成功执行新想法的能力。当组织的目标是效率时,管理过程重视的因素是落实标准化、高度协调、审慎评估风险、减少浪费。但当组织转向创意竞争力时,就会更多地聚焦学习速度与不断试错,提出问题,培养员工的好奇心和风险意识。这意味着组织的管理实践需要全面更新:组织结构、资金分配、技术变革与组织文化的互动整合、市场定位、员工队伍构成及领导方式等,都需要体现企业对创新的支持与高度关注。

二、应对技术变革的新常态

技术变革正在不断加速影响商业领域的每个角落,影响当下及未来的企业经营和工作组织方式。二十大报告指出,中国致力于"现代化产业体系","推进新型工业化","推动战略性新兴产业融合集群发展,构建新一代信息技术、人工智能、生物技术、新能源、新材料、高端装备、绿色环保等一批新的增长引擎",并"加快发展数字经济,促进数字经济和实体经济深度融合"。在这一宏伟蓝图中,物联网、人工智能(AI)、大数据分析和云计算只是其中几项影响企业未来发展方面的重要技术。技术变革使竞争者出现、成长和重挫现有企业的速度远胜过以往,VUCA 会奖励创新,但对失败的惩罚也更严苛。当市场在创造大量新企业、新商业模式和新业态的同时,也在以空前的速度摧毁许多未能顺应潮流的企业。技术变革使管理的复杂性增加,但也给企业经营带来了新的机会。

在所有技术变革中,特别值得提及的是互联网及其相关技术应用对企业经营和管理方式的影响。互联网使企业克服了传统的市场和组织间的地域界限,使企业面对的市场空间急剧扩大;为企业提供了从设计、生产到销售的线上渠道;使共享经济和零工经济成为可能,为企业提供了新的市场机会和人力资源来源;通过 E-mail、社交媒体等新型沟通工具,消费者得以深度参与企业的产品开发与营销活动,也放大了消费者群体对企业产品和品牌的影响力。在管理层面上,互联网技术将管理者与合作伙伴、供应商和最终用户灵活而紧密地联系在一起,使企业的成本管理更为有效,决策效率得到强化,大到战略规划、小到管理和激励单个员工,几乎所有管理活动都发生了变化。尽管管理仍然与战略、与人以及与人际关系密切相关,但现在这一切都将通过网络而发生。但网络在组织生活中的广泛渗透也给管理者带来了挑战,这不仅要求管理者具备在管理中应用网络的能力,更重要的是如何在信息沟通高度透明化的情境下,相应调整企业的管理原则、流程和实践。比如,在网络时代,企业在员工管理、顾客服务过程中的负面事件都极可能快速放大为一场公关危机,管理者需要在组织、制度及能力层面上做好相应的准备。管理聚焦 1-2 谈到了后疫情时代企业数字化能力的重要性。

管理聚焦 1-2

后疫情时代,企业的数字化生存

2020 年以来的"新冠"疫情对全球经济造成了巨大冲击,但突如其来的危机也使经济社会生活领域的数字化转型快速发展,进而为全球企业带来了新的机遇。疫情导致的社交隔离使远程办公加速成为全球社会的新常态,Zoom、腾讯会议等远程视频会议软件快速替代线下会议,成为企业办公的数字工具;全球供应链面临重新配置,更具可持续性、更透明、更具韧性的数字化供应链呼之欲出。

中国企业在这次疫情中表现得相当抢眼。大量企业对技术与商业模式进行了创新升级,通过数字化、全渠道、直播等方式与消费者建立更直接、层次更丰富的接触。另一些企业则加速了经营过程的数字化升级和跃迁,快速将组织沟通、运营和服务活动转向线上平台。经过此次疫情,越来越多的企业意识到数字化有必要上升到企业战略的最高优先级。2020 年 5 月,安永发布的《全球资本信心晴雨表》囊括了来自 14 个行业的两千九百多名高管,其中超过 3/4 的中国受访者表示,企业正在重新评估其运营模式并在数字化等方面进行改革。约一半的受访高管表示,已经开始利用新技术来减轻疫情危机对其业务的影响。

在用户层面上,疫情的出现加速了人们对互联网的应用与依赖,用户已经产生了强大的数字化“惯性”。对云消费、云服务的依赖性已不可逆。这种对互联网的全方位依赖,不仅仅出现在经济发达地区和中青年群体中。用户全场景的深度数字化进一步拓宽了数字边界,出现了巨大的数字服务红利空间。

企业的广告投放向线上倾斜。受疫情影响,用户的行为大量转向线上,许多行业的线上获客需求暴增,很多企业已经开始行动,增加线上数字化投放的比例。

企业的营销链接数字化。这次疫情让很多企业得出的核心教训之一是,营销链路是否实现了充分数字化,对企业能否顺利渡过特殊时期有着关键影响。疫情防控期间很多企业遭遇危机源自线下停摆导致的链路中断。打造全面深度的数字化链路,基于数字全链路的运营与管理应成为企业战略的最高优先级目标。

企业的大量对外服务和运营转向线上。医院的云问诊、学校的云学习、企业的云办公不仅是应对“新冠”疫情的临时举措,而且极可能永久性地改变企业提供核心服务和开展日常工作的方式。

也因此,提升企业的数字化能力不再只是企业某些部门的课题,还攸关企业的生存与发展。这意味着企业要从战略、组织、人才、流程等各层面,对商业思维与商业运营进行秩序再造。企业的数字化乃至智能化转型,将成为推动其应对外部冲击和经济技术环境变化,进而在市场竞争中胜出的利器。

资料来源:根据 2020 年第 7 期《哈佛商业评论》中《数字时代的长期主义》和《深度数字化:开启后疫情时代的双线增长》两篇文章整理而成。

三、全球化扩展了管理的边界

世界经济正在发生根本性的变化。当今的组织面对的是一个超越了传统的距离、时区、语言和国界约束的“地球村”,众多企业在全球市场范围内开展经营、组织生产和销售、设置机构和配置人员,并且,互联网的存在使进入国际市场不再是大企业的专利。从本地市场向国际市场的转变是一个不可逆转的趋势。

全球化经营的现实对各类组织提出了许多新问题。市场全球化为企业家提供更多创新创业机会的同时,也使管理者面临着新的挑战与风险。他们必须就如何应对全球化竞争做出有效的决策;必须决定在提供产品、营销政策、人力资源实践及企业战略方面是否需要做出调整;

面对劳动力的多元化,即员工队伍在性别、种族、民族、年龄和其他特征方面更为多元化,他们必须适应不同国家在文化、语言、企业实践及政府管制上的差异;他们还必须决定如何有效应对多变的宏观环境变化(如地缘政治冲突、“贸易战”、“新冠”大流行)对企业正常经营和全球供应链的冲击。

虽然由于地缘政治因素和全球收入不平等的加剧,部分西方国家对全球化和经济开放产生了质疑,但二十大报告对开放的前景持坚定乐观的态度:“中国坚持对外开放的基本国策,坚定奉行互利共赢的开放战略,不断以中国新发展为世界提供新机遇,推动建设开放型世界经济”,“坚持经济全球化正确方向,推动贸易和投资自由化便利化,推进双边、区域和多边合作,促进国际宏观经济政策协调,共同营造有利于发展的国际环境,共同培育全球发展新动能”。对于学习管理、致力于未来成为社会、经济管理者的中国学生来说,越早了解“地球是平的”、考虑经济全球化对个人职业和未来发展的影响越有利。未来的管理者有必要在学生时代就放宽视野,为充满巨大的市场和创新机会,也充斥着政治文化差异和风险的全球化运营做好能力和心理上的准备。

四、可持续经营与企业社会责任

随着社会经济的快速增长,社会公众在满足了基本生活需要之余,对环境、安全和质量都提出了更高的要求。而近年来频发的自然灾害和全球气候异常,使人们更加关心环境破坏和不可再生资源的消耗问题。广大消费者对各种社会组织所提供的商品和服务及其对环境造成的损害,抱着更加挑剔的态度,并且形成各种消费者协会和形形色色的环境保护组织,迫使管理者不得不认真考虑消费者利益和社会生态环境的保护。现实世界所发生的剧变,必然深刻地影响管理者的目标和战略优先事项。管理者在行使其管理职能时,既要满足出资者对财务绩效的期望,也要兼顾企业运营对各类利益相关者的影响,将环境绩效、社会绩效等目标纳入企业的战略发展框架。

本章提要

当代社会是由各类组织构成的社会。我们每个人都在特定的组织中工作与生活,这些组织的经营管理离不开管理者。管理者管理质量的高低,对每个人都有影响。学习并掌握管理知识不仅有利于社会,而且有益于我们每个人。

管理是运用组织中有限的资源,通过计划、组织、领导、控制等过程,有效地达成组织目标。“有效”是指既要注重效率,也要注重效果。效率强调正确地做事,效果追求的是做正确的事。

管理者不同于作业人员。管理者的主要职责是指挥和监管他人,而作业人员直接执行一项任务或职务,并不负有监管他人工作的职责。管理者的职务分类可按纵向的组织层级和横向的业务领域进行划分。他们一般被分为3个层级:高层管理者、中层管理者和一线管理者。各层级的管理者又可根据不同的业务领域,分为一般管理者和职能管理者。

管理者从事管理工作需要一定的知识基础和基本的管理技能。基本的管理技能分为技术技能、人际技能和概念技能3类,不同层次的管理者对这3项技能的侧重是不同的。此外,有效的管理者和成功的管理者在从事各项管理活动中,各自的侧重也有较大的区别。企业的高层管理者,需要特别关注有效分配稀缺的时间资源。

管理学原理并非横亘不变的真理,当外部市场、技术、竞争方式发生巨大变化时,组织也需要相应调整其管理模式。而当下全球化进程的加快,技术的快速发展,竞争环境的持续变化,都迫切要求管理者个人及其企业快速适应新的现实。用于描述现今企业竞争环境的术语——VUCA 高度概括地提炼出了当前企业面对的复杂多变的市场和外部环境。在 VUCA 的商业环境中，管理者需要面对大量来自组织内外的挑战，包括获取竞争优势、应对技术变革、积极投入全球化、践行可持续经营与企业社会责任。

复习思考题

1. 管理者是如何帮助组织达成其目标的？

2. 效率和效果的区别是什么？为了达成组织目标，效率和效果哪一个更重要？一个组织能否在这两方面同时取得成功？

3. 列出管理的各项主要职能，解释为何计划工作是首要的管理职能。

4. 组织中有哪些类型的管理者？他们分别承担何种工作职责？

5. 何谓管理角色？请列举管理者需要扮演的不同角色。

6. 指出管理者的 3 项基本技能，并解释不同层级的管理者各自所需技能的侧重。

7. 当我们说目前企业面临 VUCA 的竞争环境时，我们是在描述何种环境变化？这种环境变化对当前的管理者带来了哪些挑战？

8. 为何企业期望雇用具备良好管理技能的求职者？你在学习管理学的过程中，可以如何提高自己的管理技能？

课后练习

你准备好成为一名管理者了吗？

欢迎来到管理的世界。你准备好了吗？下面的小问卷将帮助你了解自己是否能满足当今管理者的要求。以下题项反映了一位部门经理需要从事的管理活动。根据各项活动对新任部门经理成功完成目标的重要程度，对各题项进行评级。你应找出其中最重要的 4 项管理活动（评为“极为重要”），并找出最不重要的 4 项管理活动（评为“不太重要”）。

管理活动	极为重要	不太重要
1. 将 50%以上的时间用于关心照顾员工		
2. 确保每个人了解你是本部门的老大		
3. 利用午餐时间与其他部门的同事见面，和他们建立良好关系		
4. 推进你认为改善部门绩效所必需的各项变革活动		
5. 花费尽量多的时间与下属交谈，倾听他们的意见		
6. 确保工作及时完成		
7. 定期与上级交流他对你个人和部门的期望		
8. 为整个部门设定明确的绩效期望和管理政策		

计分和结果解读：

上述8个题项都是重要的管理活动，但通常人们认为，奇数题项对管理者的长期职业成功比偶数题项更重要。如果你对3～4个奇数题项的评级为“极为重要”，可以认为你已经为管理职位做好了准备。一位成功的新任管理者会发现，他需要花费大量时间在关心照顾员工上，包括指导直接下属和同事。在新任管理职位上未能取得成功的管理者，往往就输在糟糕的工作关系、错误地解读了组织的管理哲学或文化价值观。与各方相关人员建立良好的人际关系，往往比坚持提高传统的工作技能、强调控制或任务成果更重要。在担任某一管理职位1年之后，成功的管理者往往会发现，自己50%以上的时间都花在与他人交流、建立关系方面。

2 第二章 古典管理思想的演进

全章提要

学习目的与要求

1. 认识早期管理思想的主要贡献；
2. 了解中国古代的管理思想；
3. 了解工业革命早期的管理思想；
4. 了解古典管理思想发展的历史；
5. 理解泰勒的科学管理理论；
6. 理解法约尔的一般管理理论；
7. 了解韦伯的理想的行政集权制理论。

管理专业术语

Division of Labor	The breakdown of jobs into narrow and repetitive tasks.
Machiavellianism	A measure of the degree to which people are pragmatic, maintain emotional distance, and believe that ends justify means.
Industrial Revolution	The advent of machine power, mass production, and efficient transportation.
Scientific Management	The use of the scientific method to determine the best way for a job to be done.
General Administrative theories	The general theories of what managers do and what constitutes good management practices.
Bureaucracy	A form of organization marked by division of labor, hierarchy, rules and regulations, and impersonal relationships.

当我们想到管理时，往往会将其放在现代组织的框架下来思考。但人类历史上的管理实践早已有之。人类文明史上的重大成就，比如科学发现或艺术作品，有很多源于单个天才的智慧和想象力。但历史上的重大社会工程、伟大建筑，只有在投入巨大人力、物力，并充分运用管理者的才干时才能成为现实。中国的长城、埃及的金字塔、印加帝国的马丘比丘(Machu Picchu)、雅典的卫城(Acropolis)、印度的泰姬陵，无一不是大量人力、物力在长时间的有效管理和监控下才得以建成，并历经千年后仍屹立不倒。

然而，人类系统地研究并形成管理理论是在19世纪末20世纪初。泰勒的管理理论标志着科学管理理论的诞生，后人称这一阶段的管理理论为“古典管理理论”。古典管理理论主要有以泰勒为代表的科学管理理论、以法约尔为代表的一般管理理论，以及以韦伯为代表的行政集权制理论等。本章将从人类早期的管理活动和管理思想谈起，包括中世纪的管理思想、工业革命早期的管理思想。本章后半部分的论述重点将放在对古典管理理论的介绍上。

第一节　早期的管理思想

早期的管理思想是指 19 世纪末管理思想系统化之前，人类经过管理实践和经验总结而成的对管理的思考与认识。早期的西方管理思想按时间顺序大致可分为 3 个阶段，即古代管理思想、中世纪管理思想和工业革命时期的管理思想。同时，中国古代的儒家、法家、道家的管理思想也值得在此处特别着墨，这些思想瑰宝不仅影响着中国历朝历代的国家治理、社会和经济领域，而且直至今日仍然影响和塑造着东亚地区的企业管理理念。

一、古代管理思想

早期人类总是面临一种相对恶劣的环境，食物供应短缺、居住场所不足、用以满足人类生存需求的各类资源稀缺，而且，人的生物属性决定了人在力量、速度和攻击性上并不比其他物种具有主导优势。然而，人类在漫长的进化后成为地球的主宰，制造和使用工具、理性思考和语言沟通、知识传播与继承、团队协作、计划整合和组织资源的能力是使人类社会得以形成和发展的最关键的制胜因素。

人类在各类组织（如家庭、氏族、部落）中共同生活以满足经济和社会需要的过程中，组成了最初的政治单位，通过各种规则及手段来确保社会生活的正常运转，因此出现了有组织的人类活动。在工业化之前，组织的形式主要是家庭、部落、教会、军队以及政府。人们发现，与他人共同工作能放大自己的能力，从而更好地满足自己的需求。在群体中，不同的人带来了不同的技能，劳动分工能更有效地利用不同人的技能。一旦出现了劳动分工，为了实现群体目标，人们就必须达成协议以组织和协调不同的工作任务。自然而然地，群体还会将任务分级，形成一种权威或权力的层级，从而产生了最早的领袖。

在最早出现的组织中，其主要轮廓大致体现了人类历史发展过程中所有组织的共同元素：(1) 必须存在一个目标，或者需要完成的某件事情。也许它是每年一度的浆果采摘、狩猎、某种农作物的播种、免遭外来人的掠夺。(2) 人们必须受该目标或共同意愿吸引，有意愿参与。人们相信为了集体目标努力最符合自己的利益。组织最重要的纽带是，人们把加入该组织作为一种满足自己需要的手段。(3) 组织成员需要使用某些资源或手段来进行工作或战斗。这些资源包括组织中的人、武器、耕种工具或者任何其他东西。(4) 成员的各种活动必须是有组织的，他们相互作用、协调一致以实现共同的目标。如果每个人各自为政，缺乏对时机的把握和协调一致的努力，其结果就是一片混乱。(5) 组织中需要有某个人（或几个人）专门负责带领所有人朝既定目标前进，这样会产生更大的成效。为了实现目标，必须有人来承担各类协调工作，包括解决意见分歧、决定战略和时机、维持各种行为和关系的组织工作。由此出现了管理活动与具体工作活动相分离的安排，也构成各类合作努力中至关重要的部分。管理作为一种活动一直存在，其目的是使人们的愿望通过有组织的活动得以实现。管理能够促进组织成员的努力水平，当人们通过寻求合作来实现目标时，组织和管理活动就会出现。

(一) 早期文明的管理实践与思想

在早期文明中,一些值得关注的管理活动与思想包括:

大约在 5 000 年前,活跃在美索不达米亚(两河流域)的苏美尔人创建了一种类似"公司"性质的管理机构,用来统一管理庙宇,并实现了把宗教礼仪活动与世俗活动分开、各由一名高级祭司负责的双头控制制度。与此同时,他们还发明了文字,并在泥板上记录账目,以便管理庙宇中的财物。这可以被视为最早的管理控制系统和库存账目记录系统。

古巴比伦人对管理思想的演进也做出了重大贡献。《汉穆拉比法典》中有如下条文:"如果一个人雇用一个农工,他每年支付 8 古(一种古巴比伦计量单位)谷物的工资";"如果一位商人把谷物、羊毛、油或其他商品交给代理人,代理人应该写下这些商品的价值,并把金钱还给商人,同时取回一张盖有商人印章的收到金钱的收据。如果代理人由于疏忽而没取回那张收据,这笔没有取回收据的金钱就不会记在他的账上";"如果一个石工造的房子倒塌,而使其中住的人死亡,要判该石工死刑";"如果一个人在另一个人那里存放银、金或其他东西,他应该把这些东西让一位证人见证,并拟订一项契约,然后存放"。由此可见,当时巴比伦人对最低工资、收据处理、责任承担、贵金属存放等都有了较详细的规定,并形成了一定的管理制度。

古埃及约在公元前 27 世纪到公元前 22 世纪之间建造了大批金字塔,其中的一些工程技术问题至今仍是不解之谜。建造金字塔需要耗费巨大的人力和物力(见管理聚焦 2-1)。这类工程的管理复杂性,包括众多奴隶和工匠在劳作、生活中所涉及的实物分配、运输安排、工程协调等所需处理的管理问题,都是金字塔的工程管理者必须面对和解决的。另外,我们还可以通过《圣经》来了解一些古埃及的管理思想。《圣经》中提到了一些萌芽状态的组织制度、管理咨询制度、例外原则及授权原则等。此外,该书中提出的许多古埃及管理思想,目前已成为当代管理名言。譬如,"领导者对未来要有所打算""用你的手写,用你的嘴读,向比你知识丰富的人征求意见""应该对认识你的人和不认识你的人,接近你的人和不接近你的人一视同仁"等。由此可见,古埃及人早在数千年以前就认识到了计划、组织、控制的必要性,以及公正原则和分权原则在管理中的重要性。

管理聚焦 2-1

古埃及的大金字塔

从公元前 2686 年到公元前 2181 年,埃及经历了历史上第一个持久的政治稳定期,史称古王国时期(Old Kingdom,第三王朝至第六王朝)。这一时期最具有代表性的建筑类型是金字塔形的陵墓。

在古埃及金字塔建筑的巅峰时期(公元前 26 世纪),胡夫(Khufu)及其儿子哈夫拉(Khafre)、孙子门卡乌拉(Menkaura)相继在孟菲斯西北的吉萨(Giza)建造了 3 座大金字塔,其中胡夫金字塔是古埃及人建造的最大的一座金字塔。由于两千多年后希腊历史学家希罗多德(约公元前 484—前 425 年)的描述,人们曾经普遍认为这座大金字塔是由数十万名奴隶花费 30 年的时间在"水深火热"的状态下被迫建造的,但是这种说法现在因为许多新的考古发现而被否定。现在人们认为,这座大金字塔是由大约 20 000 名自愿前来工作的劳工利用每年 6~9 月尼罗河泛滥而无法耕作的季节进行施工,用大约 20 年的时间修建完成的。这些劳工在修建金字塔时所居住的宿舍区已经被挖掘出来，有规划良好的布局，还有许多配套的面包房、啤酒馆、市场等，就像一座真正的城市一样。

胡夫大金字塔是一座有着巨大体量的人工建筑物，据估计是用大约230万块平均重量2.5吨的石块叠砌约250层建成。其施工精度之高令4 500年之后的当代匠人自愧弗如。据现代测量，胡夫金字塔东、南、西、北各面底边长度分别为230.56米、230.63米、230.53米和230.42米，其中最长边与最短边的差距只有21厘米，不到千分之一，而南北两边的长度误差更是只有3厘米，几乎是万分之一。此外，金字塔两个相距超过300米的对角点基座的高度误差仅1.24厘米，金字塔南北轴与正北的角度误差只有0.06°左右。即使在当代大型建筑中，要做到这样小的误差，也是极为不易的。

资料来源：陈文捷. 文明的开端：从伊甸园到雅典学堂[M]. 北京：机械工业出版社，2019。

“光荣属于希腊，宏伟属于罗马”，这是人们对古希腊与古罗马的评价，这里面也包含了对它们在管理思想史上地位的认可。在古希腊，人们所处的是一种民主式的城邦，他们倡导民主协商式的管理。古希腊人还利用音乐来规定工作节奏，以缓解人们的疲劳，最终达到增产增收的目的。另外，古希腊哲学家柏拉图(Plato)在其巨著《理想国》一书中首先提出了劳动分工及专业化原理。他在书中写道：“每个人从事几种行业或坚守本行，哪一种更好呢?”针对这一问题，他做了如下论述：“如果一个人按照他的能力，并在恰当的时机做事，他就能做得更多、更好，而且更容易。我们不必对大城市中的物品比小城市中的物品更好这一点感到奇怪。在小城市中，同一个人既要做床，又要做门窗、做犁耙、做桌椅，常常还要造房屋等，一个要做这么多东西的工人是不可能样样都做得好的。而在大城市中，一个人可以只从事一种行业，有时只是从事一种行业的一个分支。一个工人做男鞋，另一个工人做女鞋；一个工人只是缝鞋，另一个工人只是切皮；如此等等。一个只从事这样一种有限范围工作的工人，必定能在工作上取得出色的成就。”他由此得出结论：“应该坚守自己的本行。”此外，苏格拉底(Socrates)、色诺芬(Xenophon)等人还对管理的普遍性原则做了较为具体的阐述。苏格拉底认为“私事”的管理与“公事”的管理只有量上的差别，其他方面都是相同的，而且其管理者也无本质上的差别。色诺芬也认为对某方面(如家务)管理出色的人，肯定也能从事其他方面的管理。

古罗马人继承与发扬了古希腊的管理思想。为了统治拥有8 000万人口、西起英国东至叙利亚的庞大帝国，罗马帝国进行了集权与分权相结合的统治方式。最著名的代表者是罗马皇帝戴克利先(Gaius Aurelius Valerius Diocletianus)，他于公元284年上台执政后实行了一种“连续授权制”的行政制度。所谓连续授权制，就是把罗马帝国划分成大区、区、省等行政区域，皇帝授权给大区首脑，大区首脑又授权给区总督，区总督再授权给省长……当时罗马被划分成19个省份，分归13个区领导，这些区又被归并为4个大区。戴克利先皇帝兼任一个大区首脑，把另外三大区的领导权授予了3个助手。从宏观层面上来讲，古罗马拥有一套较完整的行政集权与分权体制。在微观层面上，古罗马的瓦罗(Marcus Terentius Varro)对农庄管理提出了一些新的观点。他认为，如何选取合格的农庄工人与监工对于农庄管理的成效是非常重要的。他还提出了优秀的农庄工人与监工的标准。

中国是文明古国，其深厚的文化底蕴孕育了诸多管理思想，也产生了众多管理思想家。中国的万里长城、大运河，都彰显着人类文明的光辉，也是当时大规模管理活动的结晶。中国的管理实践与管理成就，见本节第二部分。

古代的管理思想涉及多个方面,虽然并没有形成高度系统化的管理思想,但在计划、组织、控制、人事以及管理普遍性原则等方面,均有所涉及。这些内容形成了丰富而又立体的古代管理思想图景。

(二) 中世纪的管理思想

欧洲文艺复兴时代的作家创造了“中世纪”这个概念,用来描述从罗马帝国的衰落到文艺复兴期间所发生的事情(公元5—15世纪的1 000年间)。在罗马帝国后期,奴隶制度变得很不经济,因为奴隶的持有和维护成本很高,而且他们对劳动几乎没有热情。奴隶制度的废除并不是因为道德水平的进步,而是经济变化的结果。把自由人发展成为土地所有者——佃农,被证明是更加经济的做法。大地主的增加和发展,以及伴随着罗马帝国衰落而产生的政治动乱,导致了经济、社会和政治的混乱,为封建制度的产生孕育了条件。封建主义作为一种文化制度,大约流行于公元600—1500年。封建制度的最底层是农奴,他们耕种庄园主的土地,与近代的雇农非常相似。而且,为了换取庄园主的军事保护,他们需要缴纳一部分劳动所得的产品。封建制度将人们束缚在土地上,确立了严格的阶级区分,建立了一个基于土地世袭的贵族政治时代,使教育陷于停顿状态,使贫困和无知成为普通大众的标志,而且完全抑制了人类的进步,直到文艺复兴时代的到来。一些历史学家喜欢将这一时期称为“黑暗时代”。

但这一经济发展相对迟缓、宗法势力巨大的黑暗时期,也是“黎明前的黑暗”,为文艺复兴及改革时代的新市场和新思想的发展、贸易的扩展、城市的成长、新型中产阶级的萌芽、金钱和信用工具的自由流通,以及文化艺术科技的广泛创新,提供了基础。管理思想在中世纪受到了压抑,但并没有裹足不前。

其中特别值得一提的是马基雅维利(Niccolo Machiavelli,1469—1527),他是意大利的政治思想家和历史学家,也是中世纪管理思想的集大成者,著有《君主论》《论说集》等书。他的思想被后世称为“马基雅维利主义”,即为结束政治割据,建立强大而统一的国家,君主可以不择手段。他的思想为当时君王管理国家做出了很大的贡献。

在《君主论》和《论说集》中,马基雅维利阐述了大量的管理思想。

(1) 权力接受论。权力接受论是指权力的根源是自下而上、来源于群众的,领导者取得权力只是接受了群众的授予。马基雅维利非常强调领导者得到群众拥护的重要性,认为政府的存续、统治的稳定都来自群众的支持。

(2) 组织的凝聚力。马基雅维利指出,一个国家要存续,必须要有凝聚力。为了形成强大的凝聚力,国王应亲临那些被他所征服的领土,还要注意抚慰下级官员及平民百姓。为了增强凝聚力,国家立法是不可废的,法律也应当是稳定的。

(3) 好的领导者。一名称职的领导者应当是众人的楷模,甚至是精神上的领袖。他不仅应善于利用时机,而且应善于用人、管人。

(4) 组织的存续。马基雅维利认为,组织的存续是组织的一个主要目标,要达到这一目标,领导者及群众应经常处于警惕状态,以防止或扑灭混乱。此外,在事关组织存亡的关头,领导者应背弃任何无用、过时的誓言,抛开所有道德上的借口,甚至可以不惜采取严酷的措施。

二、中国古代管理思想

中国有5 000年的文明发展历程,是人类古文明中唯一一个从未中断过的文明。中国自秦朝起就形成了与现代中国国土相近的统一国家,以中央集权统治幅员广大、人口众多的疆域。在长期的政治、经济与社会发展过程中，中国既有无数次改朝换代的分分合合、遭受频繁的战争与外族入侵、应对季风气候带来的各类自然灾害，也有许多英明的帝王、英勇的军事将领、睿智的思想家、精干的各级官僚和工程管理者带领整个国家克服面临的种种挫折，走向繁荣，保持着中华文明的统一与延续。这就意味着中华文明在国家治理、统帅军队、组织战争、治理经济、发展生产等领域，积累了大量的管理思想和实践。在此，仅对中国文化中源远流长、影响深远的儒家、法家、道家及《孙子兵法》做一简单介绍，这些中国古代的瑰宝，直至今日仍影响着东亚及中国企业的管理风格。

（一）儒家的管理思想

儒家思想始于春秋末期，以孔子和孟子为代表，倡导利益一元化的管理体制，在“人性本善”的前提下提出了以仁德为核心、以义与礼为准则、以和与中庸为行为规范的管理思想模式。

行仁政的管理核心。孔子主张“行仁德之政，因民之所利而利之”，管理活动“以民为本”，把关爱民众作为管理民众的前提。孟子也指出“得民心者得天下”。在孔子看来，管理一个国家首先要管理人，而人的管理又分为“正己”的自我管理和“安人”的社会管理两大部分。孔子十分强调管理者的“正己”在管理中的巨大影响，提出了“其身正，不令而行；其身不正，其令不从”的观点，认为“安人”必先“正己”。在此基础上，孔子针对如何平天下的问题，提出一个逻辑次序，“身修而后家齐，家齐而后国治，国治而后天下平”。

义与礼的管理准则。孔子主张“君子以义为上”“君子以义为质”“君子喻于义，小人喻于利”，即义应当成为人的内在本质，取义、尚义、重义、守义，先义而后利，这是治国治民的重要准则。“道之以政，齐之以刑，民免而无耻；道之以德，齐之以礼，有耻且格”，表明儒家认为，单纯依靠政令、刑法等强制性举措来惩戒，即使在短期内能奏效，其作用也不会长期持续。而以道德教化使重义轻利的价值观内化为民众的自觉行为，能达到更理想的治理效果。孔子也主张用“礼”的规范来引导约束人们的行为。“齐之以礼”，就是用合乎“礼”的道德规范、行为准则和典章制度来进行社会管理。

和与中庸的行为规范。孔子主张“礼之用，和为贵”“君子和而不同，小人同而不和”，强调社会成员之间要建立良好的关系，但并不意味着要为了和睦而放弃原则。凡是无关原则的小事，要讲协调、重和睦，但事关重大的原则问题，则要坚持原则，不应苟同。孟子也指出，“天时不如地利，地利不如人和”“得道者多助，失道者寡助”。要做到“和”，孔子认为“中庸之为德也，其至矣乎”，即要把握“过”和“不及”两个极端，而用中庸之道去引导人们，追求合理和适度。

儒家思想自汉朝以来，成为中国传统文化的主流，成为规范和处理国家、社会、家庭及人际关系的主要行为准则。儒家思想在中国封建社会形成数千年超稳定组织的过程中起了极其重要的作用。而且，儒家思想早在一千多年前的唐朝就已超越国界，传播到日本、朝鲜和东南亚各国，并随着这些国家和地区的经济现代化，成为影响其企业管理的重要文化因素。例如，东亚各国及地区的企业文化中，往往将儒家思想中最核心的家庭观引入企业，把“企业大家庭”作为企业组织的理想目标，把对君和父的忠诚用于建立企业中上下级关系的楷模，把“仁、义、礼、智、信”作为塑造企业文化的精髓，形成了与西方企业文化截然不同的特色。

（二）法家的管理思想

法家的管理思想是春秋战国时期建立在“人性本恶”的前提下，以法制、刑治为主要内容的管理思想体系，主要代表人物有商鞅、申不害、慎到、韩非子等。法家倡导“法、术、势”三位一体的极端专制的中央集权制。

"法"是指国家治理的法律制度,主要内容包括定法和执法两大部分。法家重视法律,认为法律有"定分止争""兴功惧暴"的作用,能约束百姓的行为。"人生有好恶,故民可治也""明其法禁,必其赏罚"。由于人性趋利避害,因此法家认为君王可以运用手中的权力来赏罚并督促百姓。

"术"是指驾驭群臣、掌握政权、推行法令的策略和方式。法家韩非子将统治、管理的策略分为三大类:形名术、用人术和治奸术。"形名术,就是循名而责实",就是按官职名分来追究他的实绩,用下属的言论去衡量他所做的事和取得的功效。"用人术"则是"内举不避亲,外举不避仇",坚持任人唯贤,并对有功之臣给予奖励。"治奸术"是用来防止君主统治权被削弱、被篡夺的一系列策略,包括防微杜渐、任人毋重、以法治吏等。

"势"是指统治者的个人威势。强调营造一种号令天下、令行禁止的管理氛围。韩非子认为"设法度以齐民,信赏罚以尽民能,明诽誉以劝沮。名号、赏罚、法令三隅。故大臣有行则尊君,百姓有功则利上,此之谓有道之国也"。这段话的意思是,靠建立法律制度来统一民众的行为,以赏罚有信来充分激发民众的才能,靠公开的赞誉或批判来鼓励善行或阻止作恶。"名号、赏罚、法令"这三者结合起来使用,就可以形成一种"势"。法家还认为"势"的成因不能仅仅归结为权力,还与当权者的人格形象有关。"人主者,天下一力以共戴之,故安;众同心以共立之,故尊。"这段话的意思是,作为君主,天下人齐心合力地拥护他,他的地位才能稳固;民众同心同德地推举、辅佐他,他的地位才尊贵。由此可见,法家所强调的"势",从表面上看是一种权势、威势,而本质上却是一种影响力。

法家的思想是秦国统一六国的思想基础。自商鞅变法开始,秦国接受法家思想,以法治国,削弱奴隶主的权力和利益,允许奴隶和下层人民通过杀敌晋爵。秦军的最小战术单位为伍(5 名士兵);10 个伍为屯(50 名士兵);2 个屯为将(100 名士兵);5 个屯为主(500 名士兵);2 个主为大将(1 000 名士兵)。秦法把军爵分为 20 级,每一级都严格规定了晋爵条件。晋爵的唯一途径就是斩获敌人的首级,斩获多少敌首,就相应得到规定的爵位。而爵位不同,社会地位和生存状态就不同,就连军人的伙食标准都因为爵位的不同而不同。例如,三级爵每顿饭有精米一斗、菜羹一盘、酱半升;二级爵只能吃粗米,最低的一级爵能吃饱就不错了。这种严格的等级待遇差别强烈地刺激着每个秦人的神经,让他们为了赢得更好的生存状态而在战场上奋勇杀敌。

(三)道家的管理思想

道家源自春秋战国时期的老子和庄子,《道德经》《庄子》中倡导的"道法自然""无为而治",其以弱胜强、以柔克刚、以退为进等思想,被用于中国后世的国家治理、经济、文化、军事等诸多方面。

无为而治的管理原则。老子将道视为存在于万物之中的普遍法则,提出"有无相生,难易相成,长短相形,高下相倾,音声相和,前后相随""曲则全,枉则直;洼则盈,敝则新;少则得,多则惑",意思是矛盾的任何一方面都不能孤立存在,而是互相依存、互为前提,对立面的互相转化是"道"的运动规律,物极必反。老子认为人应该遵循道,也要做到无为而治。以"无为"为管理原则,道家认为统治者应遵循天地自然之道以及社会发展规律,谋求发展变化,"为无为,则无不治","无为而无不为"。

以柔克刚的管理策略。老子提出,"兵强则灭,木强则折""天下之至柔,驰骋天下之至坚",即坚强的事物实际上是正在接近死亡的事物,柔弱的事物才有生命力,才是无坚不摧的。老子崇尚水的特性,认为,"上善若水,水善利万物而不争,此乃谦下之德也;故江海所以能为百谷王者,以其善下之,则能为百谷王。天下莫柔弱于水,而攻坚强者莫之能胜,此乃柔德;故柔之胜刚,弱之胜强坚”。他认为水之所以能滋养万物，显示强大的适应性与生命力，恰恰是因为水能“守柔”且“上善”。理想中的圣人是道的体现者，他的言行类似于水，虽不见其形，但可以进入没有缝隙的东西中，处处谦让别人，处事有条不紊，很好地把握时机，将柔转化为刚、弱转化为强。由此，以静制动、以弱胜强、以柔克刚、以少胜多等也成为后世政治治理、军事统驭方面的战略原则。

（四）《孙子兵法》与战略

中国在漫长的文明发展过程中，所经历战争之多、规模之大，是世界各国少有的。早在春秋战国时，就经常发生投入几十万军队的大战役。战争给人类带来了死亡和灾难，但也推动了如何治理军队、如何带兵作战的军事思想的发展，产生了许多不朽的军事著作。

《孙子兵法》就是其中最著名的代表作，也是世界上已知最古老的军事名著。《孙子兵法》全书分 13 篇，分别论述了战争决策、战争准备、战争谋划、作战力量、作战态势、战场变化，以及获取情报。全书抽丝剥茧，把国君或将领思考战争全局问题的主要步骤，或者说战争的几个阶段逐步展开分析。《孙子兵法》没有对战争做简单的道德评判，也没有沉迷于铁血与征服带来的成就感，而是正视战争，正视这种人类解决利益、信仰争端的极端方式，力图用智慧化解或者控制形成战争的外部条件，用智慧而非鲜血来取得最终的胜利。为了取得胜利，孙子强调对宏观局势的预判和谋略的重要性：“夫未战而庙算胜者，得算多也；未战而庙算不胜者，得算少也。”“上兵伐谋，其次伐交，其次伐兵，其下攻城。”“兵者，诡道也……利而诱之，乱而取之，实而备之，强而避之，怒而挠之，卑而骄之，佚而劳之，亲而离之。攻其无备，出其不意。”此外，孙子还为将领们提供了战略决策的原则：“故用兵之法，十则围之，五则攻之，倍则分之，敌则能战之，少则能逃之，不若则能避之。”以军事力量对比来决定相应的用兵策略，这些原则成为现代管理战略的基础（孙子思想在战略管理思想中的地位，具体见本书第六章管理聚焦 6-1）。

《孙子兵法》不是一部普通的兵书，而是一部高度抽象的军事哲学著作。它从朴素辩证法的角度总结了战争与战争指导的基本规律，也就是说，它探讨的是“道”，如何在战争中看待决策的预见性、谋划的宏观性、投入的风险性、实施的灵活性、管理的法规性、以功利为目的的竞争性，以及以小的代价换取最大胜利的观念。这些高度思辨的规律总结使《孙子兵法》的价值超出了军事领域。事实上，《孙子兵法》被誉为东方管理的“圣经”，被广泛应用于社会、商业、体育竞技等领域。

在我国，移植孙子兵学理论于经济领域，指导商业经营，可远溯至战国初期的白圭。《史记·货殖列传》中记述：“白圭乐观时变，故人弃我取，人取我与”，“岁孰取谷，予之丝漆；茧出取帛絮，予之食”，“趋时若猛兽挚鸟之发”。有人问他生财发迹之道时，他不无得意地说：“吾治生产，犹伊尹、吕尚之谋，孙、吴用兵，商鞅行法是也。”白圭堪称是有意把伊尹、吕尚之谋，孙、吴用兵之法运用于商业活动中的第一人。

在国外，把《孙子兵法》的思想应用到企业管理中，最早始于日本的管理者。20 世纪五六十年代，日本正值第二次世界大战后经济恢复和重建期，一批军人开始把军事谋略思想运用到企业经营管理中，将《孙子兵法》《三国演义》等中国典籍与企业管理“嫁接”，从而在管理理论上形成了别具一格的“兵法经营学派”，并在管理实践中创造出让世人为之叹服的管理奇迹。日本移植《孙子兵法》理论用于经济领域的成功，引起欧美商业人士的关注，欧美等国也开始重视东方的经营管理思想，企求从中国古代经典中寻觅东方经营管理方式，以改善西方传统的管理模式。美国军事家和市场学家法兰克·哈伍德（Frank Harwood）认为，“《孙子兵法》中许多古老原则，实际上在 20 世纪已经在商战和兵战中得到广泛应用。”毫不夸张地说，《孙子兵法》是一本关于战略智慧和战略性思考的宝典。

三、工业革命时期的管理思想

工业革命预示着一个新的文明时代的到来。它不仅是技术的革命,而且是生产关系的革命。技术变革使大规模的物质资源与人力资源的结合成为可能,工厂替代作坊、家庭成为主要的生产场所,由此也带来了大量人员管理和组织管理问题,进而催生了新的管理思想。

(一) 工业革命的影响及工厂管理

20 世纪以前,对管理发展最具影响力的莫过于工业革命。工业革命又称产业革命,是指资本主义的机器大工业代替以手工技术为基础的工场手工业的一场重大变革。工业革命的爆发是以 1733 年英国约翰·怀特(John Wyatt)发明纺织机为标志的。此后,1765 年,詹姆士·瓦特(James Watt)改进了蒸汽机,使之适合机器大工业;1769 年,理查德·阿克莱特(Richard Arkwright)建立了最早使用机器的工厂——水利纺纱厂;1785 年,埃德蒙·卡特赖特(Edmund Cartwright)发明了动力织机,蒸汽机在工业中的运用进一步扩大。随后,美国、法国、德国、俄国、日本等国也于 19 世纪先后开始了工业革命。到 19 世纪三四十年代,英国基本完成了工业革命,机械化生产遍及工业、交通运输业、采矿业等各部门。工业革命开创了生产力发展的新纪元。

在工业社会之前,人均收入低、经济增长缓慢、对农业高度依赖、劳动分工程度低,市场几乎不存在地理上的整合。而工业革命使人均收入持续快速增加,农业在社会经济中的比重下降,劳动分工大大提高了生产效率,市场的范围也迅速扩大。在这一转变过程中,新兴的工厂制度的建立与发展,提出了与以往不同的管理问题。中世纪的教会能组织和管理其财产,是因为教义及信徒的虔诚;军队能通过严格的等级纪律和权威来控制大量人员;政府官僚机构能在无须面对竞争或获取利润的情况下运转。但是,新工厂体制下的管理者无法使用上述任何一种办法来确保各种资源的合理使用和配置。

新兴的工厂在日益激烈的竞争环境中发展壮大,需要利用规模经济以有效开展市场竞争。但企业规模的成长面临的主要阻碍因素是缺乏大量训练有素、能够应付大型工厂问题的管理者。因此,早期工厂的规模经常以企业主能够亲自监督的工人数量为上限。其结果是工厂体制的发展出现了两重性:一方面,技术和资本使大规模生产成为可能,市场竞争则要求建立更大规模的工厂;另一方面,生产规模的扩大导致了管理上的许多问题,包括劳动力管理(生产员工的招募、培训、纪律和激励)、合格管理者的发现和培养等。与熟练工人不足的问题相比,缺乏合格的管理者是约束企业经营的更明显瓶颈。工厂规模的扩大使企业主无法再亲自监督管理全部生产过程,因而需要向管理者授权,而训练有素、可信赖的管理者需要像管理自己的资产一样积极运用自己的职权。

这一时期的管理者(直接受企业主领导的管理者),通常是从工人队伍中提拔起来的没有受过教育的工人,他们被提拔的原因是拥有较高的技能水平或者具有维持纪律和秩序的能力。通常,管理者的工资仅略高于一般工人,他们没有接受过复杂的管理知识培训,完全依靠自己的想法来形成领导风格。遇到什么问题,就根据具体情况解决,只有很少的管理者能从其他人解决工厂问题或管理工人的经验中学到知识。此外,企业主经常将其亲属安排到管理岗位上。管理者的另一个来源是会计部门,企业主招募看似有潜力的银行职员和出纳员,认为他们既具备商业才智,又有财务方面的才能。企业主根据自己的工作经验,向新招募的管理者传授必要的管理知识。

这一时期的管理相对粗放，虽然也需要考虑现代管理中的计划、组织、领导、控制等管理职能，但当时不存在有关如何进行管理的常用知识体系和正规教育培训。企业主通过传授生产技术、原材料的来源和特征、机器操作程序、贸易实践和企业的法律责任等知识来增进管理者的能力。管理者的培训是以某个具体行业为对象的，如棉纺、毛纺、采矿或其他行业，这种培训很难被普遍化、一般化。同时，这一时期也不存在关于管理行为的普遍准则，不存在一套关于管理者应该如何行事的统一期望和要求。各行业分别建立准则，对管理者的安全责任、工厂和设备的安全、工程的设计标准以及在维护所有者利益时需要遵循的程序提出了建议。

但总体来看，工业革命时期的企业经营更关注技术问题，而不是管理问题。这一时期知识和技术快速扩展，企业的持续技术创新带来了生产效率的迅速提升，企业主关注的问题是如何获得资金、如何通过技术提高生产率、如何销售产品，以及如何获得足够的劳动力，这是当时的工厂运行迫切需要解决的关键问题。而管理则被视为局部事项，无法实现一般化，而且人们往往认为企业经营的成功取决于管理者的个人品质，而不是他们所掌握的更广泛的管理原则。管理是一种个人艺术，而不是一门学科；是实践的，而不是理论的；是特殊的，而不是普遍的。但当时也有一些先行者，对企业管理活动及其规律性进行了有益的思考和实践。

(二) 工业革命时期管理思想的代表人物

工业革命时期管理思想的代表人物主要有詹姆士·斯图亚特、亚当·斯密、詹姆士·小瓦特、罗伯特·欧文、查尔斯·巴贝奇等人。

1. 詹姆士·斯图亚特(James Stewart,1712—1780)

斯图亚特是英国重商主义后期代表之一，是第一个探讨资产阶级政治经济学整个体系的英国经济学家。他的管理思想主要体现在1767年出版的经济学名著《政治经济学原理研究》中。他先于亚当·斯密提出了“劳动分工”这一概念，认为工人因从事重复操作而更灵巧地工作，从而提高劳动生产率。此外，他比泰勒早100年就提出了工作方法研究，并阐明了刺激性工资的实质以及管理者和工人之间劳动分工的问题。

2. 亚当·斯密(Adam Smith,1723—1790)

亚当·斯密是英国古典经济学的杰出代表和理论体系建立者。1776年，他出版了著名的《国富论》一书。在书中，他系统地论述了“经济人”观点以及劳动分工理论。

亚当·斯密研究经济问题的出发点是资产阶级利己主义，即每个人的一切活动都受“利己心”支配，人人追求个人私利，而这种追求客观上也会促进整个社会共同利益的发展。这种个人私利的追求者，就是“经济人”。所以，他极力反对重商主义，主张资本主义自由放任。他认为，劳动分工之所以能提高劳动生产率，是因为：(1) 劳动者的技巧因“业专”而“日进”；(2) 减少因工作变换而损失的时间；(3) 许多简化劳动和缩减劳动的机械发明，使一个人能够做多个人的工作。

亚当·斯密在著作中还提到控制职能以及计算投资回收期的必要性等问题。他对控制的理解是：必须使一个人为自己的工作成绩而对另外一个人负责，而他本人对那个人则无法施加任何重大的影响。他还认为，只有正确地计算设备的投资回收期，才能进行正确的投资决策。

3. 詹姆士·小瓦特(James Watt Jr.,1769—1819)

小瓦特是改进蒸汽机的发明家詹姆士·瓦特的儿子，他于1800年接管了父亲建在英国伯明翰附近的索霍工厂。在索霍工厂，他实施了一系列早期的科学管理措施：(1) 进行充分的市场调查与研究，为生产提供依据；(2) 选择交通便利并有扩建余地的厂址；(3) 进行符合工作流程的设备布局;(4) 制定工艺程序和机器作业标准;(5) 制定工具维修及采购制度;(6) 实行产品部件标准化;(7) 做详细统计记录,作为管理决策的依据;(8) 制定详细的会计制度;(9) 进行工作研究;(10) 实行按成果付酬制;(11) 推行员工福利制;(12) 制订员工培训计划;等等。

小瓦特的这些措施为索霍工厂赢得了声誉和提高了生产率,并对现代管理制度产生了一定的影响。

4. 罗伯特·欧文(Robert Owen,1771—1858)

欧文是英国空想社会主义的代表人物,也是一名企业管理改革家,被人们誉为"现代人力资源管理的先驱"。欧文的管理思想主要体现于人事管理方面的实践与理论。他于1800—1828年在英格兰的新拉那克工厂担任经理一职。在任职期间,他致力于改进工作条件以及改革以工厂为中心的社区,希望以此来改善工人生活状况,并使工厂获得了很高的利润。他认为:只要对工人加以训练与指挥,企业就可以取得50%～100%的回报,关心劳动者是有利可图的,这远远超出花在机器上的支出所能赚取的回报。所以,应当善待工人,并对他们进行培训,使他们在精神上不至于受到太多的挫折与刺激。

欧文还发明了一种颇为独特的设备(无声监控器)来帮助维持纪律,以激励而非体罚来管理员工。在这种制度下,欧文对主管做出评价,主管也同样对自己的下属做出评价。工厂的每台机器旁都悬挂一块木头,木头的四面涂上黑、蓝、黄、白4种颜色(代表工作成果由低到高的顺序)。每天工作结束时,工人的分数将被记录和转换,并将木头上涂着相应颜色的一面转向走廊。欧文表示,"当天黑时,我只需要看一下每个工人以及他的颜色就行了"。这种做法激励了落后工人克服工作缺陷,并促使优秀工人保持自己的成绩。毫无疑问,这是现代管理中公布销售和生产数据以增进部门自豪感或鼓励竞争的一种雏形。

欧文在人事管理方面的理论与实践,对以后的行为科学理论产生了很大的影响。

5. 查尔斯·巴贝奇(Charles Babbage,1792—1871)

巴贝奇是英国的数学家、机械学家、科学管理的先驱。他的代表作是1832年出版的《论机器和制造业的经济》。

巴贝奇提出了企业管理一般原则的设想,认为在科学分析的基础上,探索出某些管理规律或规则是可行的;他还提出了与后人作业研究方法相似的"观察制造业的方法";他进一步发展了亚当·斯密的劳动分工理论,认为劳动分工的益处在于:(1) 节省学习所需的时间;(2) 节省学习中所耗材料;(3) 节省工序转换所需时间;(4) 节省更换工具所耗时间;(5) 由于重复操作提高了技能熟练度,可以加快工作速度;(6) 由于集中注意力,有利于创新,改进工具;等等。他还强调了劳资协作,提出了固定工资加利润分享的分配制度;倡导了以技术水平及劳动强度为依据的付酬制度;主张工厂建立建议制度;探讨了大工厂的优越性。他还发明了"差分机",被誉为今日电脑的先驱。以上这些都是巴贝奇对管理做出的重大贡献,他为古典管理理论的形成提供了一定的思想基础。

第二节 泰勒与科学管理理论

弗雷德里克·温斯洛·泰勒(Frederick Winslow Taylor,1856—1915)出生于美国宾夕法尼亚州一个富裕的律师家庭。他年幼时就爱好科学研究、调查和实验。他在考入哈佛大学法学院不久，因熬夜读书得了眼疾而被迫辍学，从而放弃了子承父业的理想。1875—1878 年，泰勒在费城一家小钢铁机械制造厂当模具工和机工学徒，当学徒是当时培养精英机械工程师的必经之路。在学徒期满后，泰勒于 1878 年谋职于米德维尔钢铁公司，仅用 6 年时间就从普通工人晋升为书记员、技工、班组长、车间工长，直到 1884 年升任该公司总工程师。

在工作中，泰勒对米德维尔钢铁公司当时的管理方法产生了疑问。当时，该公司权责不明、标准不清，工人积极性低、士气消沉，并最终导致劳动生产率的低下。对此，他提出了一系列方案，并取得了很好的效果。在此基础上，结合后来的工作管理经验，1911 年他的《科学管理原理》一书出版，标志着现代管理方法的出现。由于对科学管理理论的杰出贡献，泰勒被尊称为“科学管理之父”。

一、泰勒的科学管理理论

（一）泰勒科学管理思想的提出

泰勒从未接受过管理方面的正规教育，完全依赖自己的经验来判断应该怎么做才能提高企业的生产成果。虽然当时的工厂管理已经建立了计件激励体制，但泰勒根据自己以前作为普通工人的经验，认为工人会出工不出力，故意放慢工作速度，他估计，工人的产出只达到最大可能的 1/3。泰勒区分了两种不同类型的磨洋工：“本性的磨洋工”(natural soldiering)来源于“一种自然本能和人们对于松懈的倾向”；“系统的磨洋工”(systematic soldiering)则来自工人“由他们的人际关系所导致的更为复杂的二次思考和权衡”。前者可以通过管理者激励或者强制工人达到工作要求来解决。根据泰勒的理解，工人们的系统磨洋工则是出于几个原因。首先，他们担心如果加快工作速度，很快完成工作就可能遭到解雇；其次，根据工人按计件工资率获得工资的经验，如果他们生产更多产品，管理层很可能降低计件工资率，使他们需要干更多活才能获得相等的收入；最后，工人们一直沿用的经验方法代代相传缺乏改变的动机。泰勒把低产出的责任归咎于管理者，而不是工人，因为他认为合理分配工作、提供适当的激励以克服工人们磨洋工的现象是管理者的职责。

泰勒认为，通过确定如何以最有效率的方式完成每项工作并以此制定业绩标准，就可以解决工人磨洋工的问题。问题的关键在于如何为每份工作确定一个公平的日标准。泰勒开始着手测定工人运用现有的设备和材料应能生产多少产品，这就是“科学管理”的开端，即运用科学的实地调查(工时研究)来确定每个工人完成工作任务的最有效方法。泰勒通过使用秒表、磅秤和绳子，严谨地测量工人和原料移动的距离，将工人的每项工作任务拆分为最基本的动作，以确定最迅速、高效的做法；随后，将这些最基本的动作组合起来，加上不可避免的延迟、细小事件及休息时间，确定完成一项工作任务所需的时间及正确方法。

泰勒还指出传统的计件工资制缺乏激励效果。他认为，传统计件工资的主要缺陷是将工人当前的产出作为绩效标准，并提出了一个全新的计件工资体系。这一体系具体包括 3 个部分：(1) 通过工时研究来观察和进行分析，以制定产量标准和工资率；(2) 实施一种差别计件工资率，如果完成工作所花费的时间少于规定时间，就获得更高的计件工资率，而如果花费的时间多于规定时间，就获得较低的计件工资率；(3) 根据个人绩效而不是职位高低支付报酬。泰勒质疑了惯例上允许工人们自主决定如何完成工作的做法，明确提出管理层有责任制定每日标准，在制定公平的计件工资率之前必须首先确定合适的绩效标准，避免依靠猜测或传统来支付报酬。

与一般的观点不同，泰勒并不认为工人报酬的增加就意味着雇主收益的减少，他主张建立一种劳资双方都能受益的系统。传统上,企业主们认为高工资率会增加产品的单位成本,因而希望雇用最廉价的劳动力和支付尽可能低的工资报酬,泰勒并不赞成这种做法,并证明高工资与低成本是可以共存的。泰勒主张通过使用各种科学的原则来为每个工人确定最有效率的工作方法,激励工人在标准、高效的条件下生产更多的产品,这样就可以同时实现高工资和低成本。泰勒向人们表明,使产量提高的真正潜力并不是"更辛苦地工作",而是"更聪明地工作"。为了实现这个目标,泰勒说,管理的目标应该是每一个工人:(1)获得与其能力和体力相匹配的最高等级的工作;(2)被鼓励向其所在等级中的第一流工人看齐,努力产出最大产量;(3)当其工作速度达到第一流时,应根据其工作性质,给予超出其所在等级平均工资30%～100%不等的奖励。

(二)科学管理的基本原理

在《科学管理原理》一书中,泰勒阐述了科学管理的核心观念:科学管理是以工厂管理为对象,以提高工人劳动生产率为目标,在对工人的工作和任务进行研究的基础上制定出标准操作方法,并用此方法对工人进行指导和训练来提高劳动生产率。

科学管理制度又被称为泰勒制,是泰勒极力倡导企业建立的一套以科学管理理念为核心的管理制度。它基于科学管理"四原则",具体包括:

(1)"一个最佳的方法"。管理部门通过科学观察,必定可以找到从事每项工作的"一个最佳的方法"。

(2)科学挑选人员。管理部门应看到每个工人的局限性,找出其"发展的潜能",并给予每个工人必要的培训,使之在某项任务中成为第一流的工人。

(3)经济刺激。泰勒认为,将合适的人选安置在合适的岗位上并不能确保高生产率。他提倡一种经济刺激制度,在这种制度下,工人的工资直接与其产出挂钩。

(4)职能分工。泰勒提倡在管理者与工人之间进行分工,由管理者从事计划、准备和检查等工作,而由工人从事实际作业。特定的专家或"职能工长"将具体负责工作的某一方面,诸如确定最佳的机床转速和检验工作成果等。

在具体运用时,泰勒又提出了作业管理原理、职能化原理、例外原则和精神革命。

1. 作业管理原理

(1)较高的日作业定额。为了纠正当时作业方法不当、纪律松弛、有组织的怠工等不良现象,提高劳动生产率,泰勒制定了一个所有工人经过训练和努力以后,在不损害健康的情况下,能够达到并长期坚持下去的"较高的日作业定额"。这一定额是根据作业时间、必要休息时间和延误时间计算出来的。

(2)标准的作业条件。为了达成上述"较高的作业定额",必须具备两个条件:一个是前面已提到的"第一流的工人",另一个是标准的作业条件。标准的作业条件包括:使工人掌握标准化的操作方法,使用标准化的工具、机器和材料,使作业环境标准化。

泰勒认为,必须用科学的方法对工人的操作方法、使用的劳动工具、工作时间的安排、机器的布置以及作业环境的布局等进行全面分析,消除不合理的因素,把各种最好的因素结合起来,从而形成一个标准的作业条件。为此,泰勒在米德维尔钢铁厂进行了金属切削试验,在贝瑟利恩钢铁公司进行了搬运生铁和铲沙试验。在试验中,泰勒对工人进行了培训,并消除了作业中不必要的环节,改变其中不合理的部分,把劳动和休息时间很好地搭配起来,结果取得了很显著的成效。例如,切削工人的日金属切削量大大上升,生铁搬运工的日定额从12.5吨提升至 47.5 吨等。

(3) 科学地挑选工人并使之成为第一流工人。泰勒认为，每个人都有不同的天赋与才能，只要工作对他适合，就能成为第一流的工人。同时，管理者的任务就是为工人找到最适合的工作，帮助他们成为第一流的工人，激励他们做到最好。

(4) 差别计件工资制，又称为刺激性付酬制度。差别计件工资制是一种根据工人是否完成定额而采取不同工资率的付酬制度。"高工资率"是正常工资率的 125%，"低工资率"仅是正常工资率的 80%。如果工人按质完成或超过定额，就按前者比例支付报酬，否则就按后者支付。差别计件工资制是一种按工作数量与质量比例支付工资的做法，能较有效地调动工人的积极性。

2. 职能化原理

泰勒认为，在企业中应把计划职能与执行职能分开，并且实现职能工长制。泰勒认为，一个班组的工长有 8 种管理职能，而这些职能又可以分为两个部分，并归入两个管理部门分别承担。泰勒把工作流程管理、指示卡管理、工时成本管理、车间纪律管理归为计划部门的职能，而把工作分派、速度管理、检查、维修保养归为执行部门的职能。他认为这些职能不仅要分开，而且应由专门的人来分别承担，这些专人就是职能工长。这 8 个人必须具备以下 9 种素质中的几种：(1) 智能；(2) 教养；(3) 专门的或技术性的知识；(4) 才能；(5) 精力；(6) 坚韧刚毅；(7) 正直；(8) 判断力或常识；(9) 健康。而工人就要从几个担任不同职能的职能工长那里接受命令。

这种职能工长制有三大优点：(1) 由于职能工长只承担某项职能，因此对其培训只需花费较少的时间；(2) 管理职责明确，管理效率较高；(3) 可以降低整家企业的生产成本。

这一制度最明显的缺点：由于一个工人同时要接受几个职能工长的领导(多头领导)，容易引起混乱，因此泰勒的这一原则没有得到推广。但它对于"直线职能制"组织形式的职能划分、"矩阵"组织形式的出现都产生了相当大的影响。

3. 例外原则

泰勒认为，规模较大的企业不能只依据职能原则来组织或管理，还必须运用例外原则。例外原则是指企业高层管理者把一般的日常事务授权给基层管理者去处理，自己只保留对例外事项(特别好或特别坏的重要事项；超过常规或标准的各种例外情况，如重大政策的决定、重要人员的任免等)的决策和监督权。

例外原则对于避免高层管理者陷入烦琐的日常具体事务，以集中精力做出对重大事项的决策，是非常必要和有利的。运用例外原则甚至还可以检验究竟是谁履行了他的职责，谁又是不称职的。

泰勒的例外原则为以后管理上的分权原则和事业部制等管理体制的形成奠定了理论基础。

4. 精神革命

泰勒认为，工人追求的是获得更高的工资，而管理当局追求的是降低成本、获得更高的利润，要想使双方不再为如何分配而针锋相对，就只能通过共同努力提高劳动生产率来实现。为了提高生产率，改变劳资敌对关系是很有必要的，为此，泰勒提倡工人和管理当局双方掀起一场精神革命。而科学管理的实质就是一场在劳资双方中进行的完全的精神革命。

泰勒认为，科学管理不轻视任何可以提高生产率的措施。科学管理实际上是工人们在对待他们的工作责任、同事和雇主方面的一次完全的精神革命，也是工长、厂长、雇主、董事会在对他们的同事和所有日常问题责任上的一次完全的精神革命。没有工人与管理者双方在思想上的完全革命,科学管理将名存实亡,生产效率的提高也仅是纸上谈兵而已。

二、泰勒科学管理理论的追随者

随着泰勒的名声广泛传播,他的任务管理系统被很多企业采用,他的科学管理思想也有了大量追随者。1906年,泰勒担任美国机械工程师协会会长,那些支持和宣扬泰勒思想的人逐渐聚到了一起。1909—1914年,泰勒每年都在哈佛大学讲课,虽然他认为自己的体系只有在车间里通过经验才能学到。泰勒及其科学管理思想因缘际会、恰逢其时,得到了同时代很多人的支持和追随。下面是其中的几位杰出代表。

(一) 弗兰克·吉尔布雷思(Frank Gilbreth,1868—1924)

吉尔布雷思早先是一个砌砖匠的学徒,受泰勒学术演讲的激发,成为其最真诚的追随者。他长期从事动作研究与疲劳研究,力图精简动作,降低疲劳,提高生产率。吉尔布雷思将人手的动作分解为17种基本要素(诸如扳、握、提等),并将其称为"动素"(Therbligs是Gilbreth的逆序拼写),以便更精确地分析每个动作。因其在动作研究上的成就,吉尔布雷思被后人誉为"动作研究之父"。

1904年,吉尔布雷思娶了有心理学专业背景的莉莲,婚后两人共同发展了动作研究原理,并从事工作任务的科学分析。

(二) 亨利·甘特(Henry Gannt,1861—1919)

甘特是泰勒在米德维尔钢铁公司工作时的助理,是科学管理运动的先驱之一,也是人际关系理论的先驱之一。甘特的著作颇丰,主要有《培养工人的勤奋习惯和协作精神》(1908)、《工作、工资和利润》(1910)、《生产和成本的关系》(1915)、《工业领导》(1916)、《工作的组织》(1919)等。

甘特的主要贡献在于:(1) 进一步发展了泰勒的计件工资制,提出了"工作任务和奖金制";(2) 发明了反映生产计划进度的甘特图;(3) 强调对工人进行培训;(4) 提倡工业民主,注重管理的人性化。

此外,对工时测定、降低成本、提高效率、消除浪费以及组织结构都有所研究的哈林顿·埃默森(Harrington Emerson,1858—1931),推动了科学管理理论的进一步丰富化。

三、对科学管理理论的评价

以泰勒为代表的科学管理理论对世界各国工商界都产生了极大的影响。英国陆军少校林德尔·厄威克(Lyndall F. Urwick)发起了一场关于科学管理的运动,成为英国第一位职业管理顾问。日本的"丰田精益生产之父"大野耐一(Taiichi Ohno)承认,他受益于科学管理理论。20世纪90年代,占主导地位的管理变革——企业流程再造理论,也明显带有科学管理的烙印。科学管理代表了效率和消除浪费,其理论可在当今任何一个以标准化生产和标准化质量为基础的行业中看到(如快餐业)。泰勒可能是对20世纪管理学最有影响的大师。

科学管理理论为工作方法的改进和工时定额的制定提供了理论依据;科学管理理论提出了劳资精神革命的构思,为缓解劳资关系增加了可能性;以科学管理理论为核心的科学管理运动加强了公众对提高生产率的关心程度;此外,科学管理理论还提升了管理理论的科学性。德鲁克曾评述:科学管理几乎是一种有关工人与工作的系统性哲学,很有可能是自亚历山大·汉密尔顿(Alexander Hamilton)的《联邦论》(1787)之后,美国对西方思想做出的最有力、最持久的贡献。

但科学管理理论也有两个较突出的缺陷：

第一，泰勒混淆了分析原则与行动原则。泰勒注重的是个别任务而不是综合成果，认为把工作分得越细，人们就会把工作做得越好。现实中几乎所有的实践者都把单个动作看作做好工作的关键，但在行动时应再把单个动作组合成一个整体，才能有效完成工作。同时，人有意愿、个性、情感和思想，对人的管理不应等同于机器。对人来讲，并不存在"唯一正确"的速度和节奏，每个人都有自己的速度、节奏和注意范围。强求人的动作如机器一样整齐划一是不现实的。

第二，科学管理理论的缺陷还体现在计划工作与实际工作的分离。泰勒似乎认为制订计划的核心阶层拥有天赋的统治权力，这与中国儒家"劳心者治人，劳力者治于人"的哲学很相似。计划工作与实际工作是有差别的，这一发现是泰勒最有价值的高见之一。他强调，在做工作之前把计划做得越周密，工作就会做得越容易、越有效，生产率也就越高。在此基础上，他将计划制订者和实际工作者分开，前者设计工作，规定工作节奏和动作并发出指令；后者则接受命令，按规定完成工作。但这一安排过于僵化刻板，计划工作与实际工作更可能是同一工作的两个单独组成部分，而非两种单独的工作。也因此，泰勒的职能工长制并未得到广泛的应用，而组织设计中的直线与职能专业化却广泛得到认可。

在实践应用层面上，虽然切实采纳泰勒的科学管理理论的企业明显改善了工业效率，但是科学管理主要在批量装配（加工车间）和劳动密集型的非装配操作中得到应用，在资本密集程度较高的行业（如金属冶炼、化工、炼油等），科学管理被应用的可能性较低。在企业广泛引入流水线及机械化生产后，科学管理的具体技术和实践的价值明显下降（关注生产车间、体力劳动者的效率提升），而科学管理强调用分析、工作活动标准化提升生产效率的理念则被保留下来，影响着后来的企业不断优化生产过程和管理。

第三节　法约尔与一般管理理论

朱尔斯·亨利·法约尔（Jules Henri Henri Fayol，1841—1925）是法国人，他于 1858 年毕业于圣艾蒂安国立矿业学院，1860 年开始其职业生涯，在法国康门塔里-福尔香包采矿冶金公司工作了一生。因为他一离开矿业学院就当上了矿井工程师，此后又担任了 46 年的管理者，所以人们称他对管理理论的研究是从"办公桌前的总经理"开始的。他与泰勒从"车床前的工人"开始研究管理问题的视角有很大差别，他从整体角度考虑管理问题，自上而下地考察管理实践的特点也体现于其一般管理理论。

法约尔著有《管理的一般原则》（1908）、《工业管理和一般管理》（1916）、《国家管理理论》（1923）、《公共精神的觉醒》（1927）等。法约尔的管理理论针对的主要是一般性经营管理，他将其界定为"一般经验通过尝试和检验之后得到的规律、规则、方法和程序的总和"。因为法约尔的一般管理理论对经营管理理论的杰出贡献，他被尊称为"现代经营管理理论之父"。

一、一般管理理论

法约尔的一般管理理论分为两个部分：（1）管理的 5 个基本要素，它描述了管理者做什么，即计划、组织、指挥、协调和控制；（2）管理的 14 条原则，它是如何进行管理的指南。按照法约尔的观点，理论的目的就在于提供一套可以传授的知识体系，因为管理能力对于组织的成功至关重要。法约尔还指出，"在管理事务上不存在僵化或绝对的东西"，不要指望任何理论是持久不变的。正如管理思想的发展过程所展示的,新知识总是重新塑造着业已成形的理论。管理原理和理论不断出现并接受实践的检验,管理思想正是在不断的磨炼中才得以发展的。

(一) 管理的“五要素”

管理的“五要素”是指计划、组织、指挥、协调、控制 5 个管理职能。

1. 计划

计划是指预测未来并制订行动方案。预测是计划的开始,“管理应当预见将来”是企业界的一条格言,它表示对未来的估计,也表示为未来做准备。

制订行动方案,首先要有一个依据。法约尔认为可供企业选择的依据有:(1) 企业资源,如人力、物力、财力等资源;(2) 目前正在进行的工作的性质和重要性;(3) 企业未来的发展趋势。

行动计划往往包含行动路线、行动阶段、行动手段以及计划目标 4 个要素。在制订时除了要选择恰当的依据以外,还要考虑到下级管理者及一般工人的意见,以便正确地制订可行的行动计划。

一个良好的行动计划有统一性、连续性、灵活性、精确性四大特点。统一性,是指局部目标之间以及局部目标与总体目标之间应当是相互联系、相互作用的。连续性,是指短期目标与长期目标应当是相关的,而且计划之间是相互衔接的。灵活性,是指计划不应当是限死的,计划应能根据人的认识变化做出适当的符合实际的调整。精确性,是指计划应力求精确,排除主观臆测成分。这些都是靠在制订计划时预测的科学性与准确性来保证的。

2. 组织

组织是指确定企业在物质资源和人力资源方面的结构。组织不仅是指确定企业的结构、各种活动和相互关系的规章制度以及员工的招聘、考核、培训等,而且包括对物质资源的组织搭配。企业管理当局的责任就在于使人员和物资的组织与企业的目标、资源和要求相一致。

组织结构必须贯彻统一指挥原则。每个企业主管人员应完成编制计划、建立领导机构、做好协调工作、做出重大决策、配备人员、维护纪律等任务;而为协助企业主管人员,企业参谋机构的主要任务是帮助协调、帮助控制。参谋机构必须直接听命于企业主管,但并不参与下属部门的执行工作,以免违背统一指挥原则。

此外,法约尔认为,组织的效率取决于其成员的素质和创造性。因此,他和泰勒一样,也认为企业必须重视对员工的选择、考核与培训。

3. 指挥

指挥是指保证企业人员能履行赋予他的职能,以使下级有良好的工作表现,使下级增强责任感,最终使企业的活动最富成效性。

法约尔认为指挥是组织建立之后的首要工作,为此他对行使指挥权的管理者提出了 8 个要求:(1) 透彻地了解下属;(2) 淘汰不胜任者;(3) 拟订并了解雇佣协议;(4) 树立良好的榜样;(5) 定期检查组织结构,避免双重领导;(6) 召开助手会议,了解情况,集中力量;(7) 不陷于日常琐事;(8) 力争使职员团结、互助、主动和忠诚。

4. 协调

协调是指让企业人员团结一致,使企业中所有活动和努力得到统一协调,并使企业经营成功。协调还指各种职能的社会组织机构和物资设备机构之间保持适当的比例。

协调和指挥的主要区别在于前者主要是保证组织中各部门的努力相一致,组织活动与企业目标相一致,而后者涉及较多的是上级与下级人员之间的指导关系问题。

如何判断一家企业是否协调呢？法约尔认为，这一问题应从三方面着手：（1）每个部门的工作是否都与其他部门步调一致；（2）各个部门内部的分支及所属单位对自己所应承担的职责和相互之间应提供的协助是否都有清晰的了解；（3）各部门及所属分支的计划是否经常随实际情况的变化而相应调整。

5. 控制

控制是指保证企业中所进行的一切活动符合制订的计划和既定的原则、发布的命令。控制是为了检查其他四要素在实际运作中是否得当，并发现、改正和防止重犯错误。

为了保证控制的有效性，控制必须及时进行，并给予相关人员奖惩。同时，为了保证控制的客观性，检查人员应独立于被检查人员，企业的检查部门应保持客观、独立与公正。

（二）管理的 14 条原则

为了进行有效管理，法约尔提出了管理者在管理过程中应遵循的 14 条原则。

1. 劳动分工

法约尔认为，劳动分工的目的是用同样的努力生产出更多、更好的产品。因为工人总是做同一部件，管理者经常处理同一事务，所以对自己的工作就更熟练、有自信心，从而提高效率。同泰勒的观点一致，法约尔认为劳动分工不仅仅适用于技术工作，而且适用于管理工作以及权限的划分。

2. 权力与责任

法约尔认为，如果要一个人对某一工作的结果负责，就应当赋予其确保工作成功的应有权力，因为权责是互相对应的。

3. 纪律

纪律应以尊重而不是以恐吓为基础。领导不善会导致纪律松弛，而严明的纪律源自良好的领导、明确的雇佣协议和审慎的赏罚制度。严明的纪律又是企业顺利经营的保证。

4. 统一命令

统一命令是指无论对哪一件工作来说，一个下属只能听命于一个领导者。这与泰勒的职能工长制的思想是相反的。

5. 统一指挥

统一指挥是指目标相同的一组活动，只能有一个领导者和一项计划。统一指挥源自健全的组织，它是统一行动、协调力量和集中努力的必要条件。法约尔认为，统一指挥与统一命令原则是不同的。“人们通过完善的组织来实现一个社会团体的统一指挥，而统一命令则取决于人员如何发挥作用。统一命令不能没有统一指挥而存在，但并不来源于它。”

6. 个人利益服从整体利益

在企业中，总目标是至高无上的，个人利益不应超越企业利益。为了保证这一点，管理者要有强硬的措施，树立良好的榜样，并与雇员签订公平合理的协定，此外还要进行认真的监督。

7. 人员的报酬

法约尔以“经济人”假设为前提指出人员的报酬是其服务的价格，所以应该制定合理的报酬制度，尽量使企业中的雇主和雇员都满意。

8. 集中与分散

合理的集中与分散可以使组织各部分运动起来，尽可能地发挥所有人员的才能。集中、分散的程度应当视企业规模、企业环境、企业人员素质等情况而定。

9. 等级链

法约尔认为,为了保证统一指挥,那种从最高权威到最低层员工,一级指挥一级的等级系列是必要的,但在紧急情况下,平级之间跨越权力而进行的横向沟通也是非常重要的。为此,法约尔设计了一种把等级制度与横向信息沟通结合起来的跳板,即"法约尔跳板",亦称"法约尔桥"(见图 2-1)。在"法约尔跳板"中,如果工长 F 的生产车间发生了紧急情况,工长 F 就可以与工长 P 直接横向沟通,条件是所有当事人同意并通知各自的上级。这样,通过"法约尔跳板"就可以把尊重等级系列与保持行动迅速恰当地结合起来了。

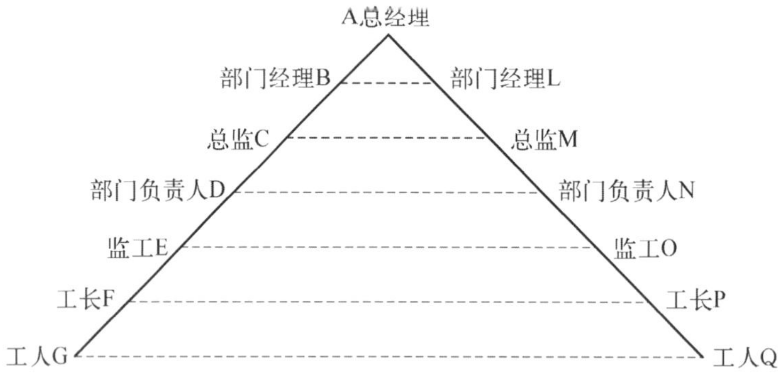

图 2-1　法约尔跳板示意图

10. 秩序

理想的秩序是指有地方安置每件东西,而每件东西都放在了该放置的地方,有职位安排每个人,每个人都被安排在了应该安排的职位上的理想状态。只有这样,才能物尽其用、人尽其才。

11. 公平

为了保证员工忠诚、热心地尽职尽责,在对待员工时,管理者必须做到善意与公道,即"做事公平有理智,有经验,有善良的性格。在对待下属人员时,应该特别注意他们是期望公平、期望平等的。为了最大限度地满足这些愿望,同时又不违背任何原则,不忽视整体利益,企业领导者应当经常发挥自己最大的能力来使公平感深入各级人员"。

12. 人员稳定

法约尔认为,成功的企业需要有一支稳定的员工队伍,应避免人员频繁地流动。当然,对不称职及特别优秀的管理者进行调离与提拔是必要的。

13. 首创精神

法约尔认为,想出一个计划并保证其实现需要发明与执行相结合,这就需要首创精神。一家企业要成功,不仅其领导者要富有首创精神,而且其全体人员都需要具有首创精神。

14. 团队精神

管理者应当积极鼓励员工发扬团队精神,即协调各种内部力量,激发企业人员的工作热忱,发挥每个人的才能,奖励每个人的功绩而不引起其他人的嫉妒,以免破坏企业人员之间的和谐关系。他还认为团结就是力量,而企业经营是亟须这种力量的。

二、对法约尔管理思想的评价

法约尔早在 1900 年就指出,管理能力有别于技能、知识和能力。他认为,管理对企业活动的影响没有被人们完全理解，而专业的知识"会被有缺陷的管理程序彻底毁掉"。他指出，"对企业来说，一位管理能力出色而技术知识平庸的领导人往往比一位技术能力出色而管理能力平庸的领导人要有价值得多"。他关于企业绩效更多取决于领导者管理能力(而非技术能力)的观点，大大领先于他的时代。

法约尔的代表作《工业管理和一般管理》于 1916 年首先发表在法国的一本技术期刊上，1917 年以图书的形式出版后，获得了整个法国的好评，被誉为"首席执行官教育的教科书"。"法约尔主义"从此牢牢屹立在法国的管理思想领域，如同泰勒主义在美国的地位。但由于第一次世界大战，法约尔的思想在法国之外的传播被延缓，几乎在 40 年之后，他的开创性成果才在英国和欧洲的一个小学术圈内获得重视和欣赏。

时至今日，法约尔对管理理论的贡献已经得到普遍的认可和赞誉。法约尔被誉为第一个确定和描述管理要素或管理职能的人，他的一般管理理论被后来的管理过程学派继承(因而被誉为管理过程理论的创始人)，现代的诸多管理理论和行为可以直接追溯到一般管理理论的贡献，例如管理者工作的职能观。同时，他提出的 14 条管理原则是现代管理中很多管理概念，如管理权威、集中决策、避免多头领导的鼻祖。法约尔的各种观点被后来的管理研究者和实践者不断重复，已经彻底渗入了当代管理思想中。虽然这些观点在目前看来是理所当然的，但在法约尔第一次提出时则是革命性的。正如后来的一位观察者所评述的，"无论人们是否承认，很明显，今天绝大多数管理者在本质上是法约尔主义者"。法约尔是当之无愧的"现代管理之父"。

第四节　韦伯与理想的行政集权制理论

马克斯·韦伯(Max Weber，1864—1920)与泰勒、法约尔是同时代的人，他是德国古典管理理论的代表人物，此外，他在社会学、经济学方面都有卓越成就，著有《新教伦理和资本主义精神》《一般经济史》和《社会和经济组织的理论》等经典巨著。

韦伯的作品从本质上说是规范性的，这与泰勒和法约尔提供的以管理实践者为导向的建议形成了鲜明的对比。韦伯的主要贡献是勾画出了他所称的"官僚制度"的主要特征。值得注意的是，韦伯所说的"官僚制度"，指的是基于官职或职能来进行管理，并不存在讽刺、贬低的含义，也与后来人们谈及"官僚机构"时暗示的官样文章、无意义的规则和低效组织无关。韦伯认为"官僚制度"是最现代、最有效率的组织形式。用韦伯的话说，"普遍来说，经验总是表明实行纯粹官僚制度的行政组织，从一种纯粹技术的视角来看，能够获得最高程度的效率，是已知的对人实行必要控制的最理性方法。在精确性、稳定性、可靠性以及纪律的严格程度等方面，它比其他任何形式都要更胜一筹。因此，它使组织的领导人以及与组织有关的人有可能对结果做出尤其精确的计算。归根结底，这种组织在集约效率和活动范围方面都要更胜一筹，而且能够正式应用于所有类型的行政管理任务"。

韦伯所推崇的官僚制度，是与此前的各种管理体系(如君主制和独裁制)相对照的。他认为，在此前的那些管理体系中，所有人的生命和财产完全取决于有权者、专制者的随心所欲，专制者的意愿就是唯一的法律。也因此，韦伯赋予官僚制度的优点很容易理解。另一方面，韦伯认为，官僚制度是一种理论、标准或理想模式，在现实中并不存在。但它可以构成企业组织的准则，也可用于评价企业的相对绩效。从这个意义上讲，韦伯通过提出"官僚制度"，首创了一套组织理论(理想的行政集权制理论，又称行政组织理论)，韦伯也因这一成就而被尊称为"组织理论之父”。

一、理想的行政集权制理论

“行政集权制”即“官僚制度”，是指通过职位或职务来实现管理职能的一套管理制度。韦伯认为，作为组织和管理一个组织的理想方式，它与德国当时的家族企业通过个人或世袭地位来管理的体系天差地别。在理想的行政集权制理论中，韦伯主要阐述了以下三方面的内容：理想的组织形式、理想组织形式的管理制度，以及理想组织形式的组织结构。

（一）理想的组织形式

韦伯认为，任何组织都必须有某种形式的权力做基础，只有这样，组织才会始终朝目标前进并达到它。韦伯指出，存在 3 种权力基础与 3 种组织形式相对应。

1. 超凡魅力——神秘化组织

这种组织的基础是对个别人的特殊魅力和超凡的神圣、英雄主义或模范的崇拜。在这种组织中，支撑组织的“超凡人物”包括“救世主”“先知”和“政治领袖”，他们具有超自然、超人的权力。但一旦“超凡人物”死亡，组织往往会走向分裂，组织形式也就演化成另外两种形式或者逐渐消亡。可见，“神秘化组织”的基础是不稳固的。

2. 传统权力——传统的组织

传统组织的基础是对古老传统的坚持和按传统来分配和运用权力的正统信念。传统或不成文的社会律法决定着谁拥有权力，能以何种方式运用这些权力。可以说，先例与惯例是这种组织行事的准则。在这种组织中，领导人的选拔不是按能力，而是依据传统或继承沿袭确立的，比如国王去世后长子继位的安排。其管理也单纯是为了保存过去一直采用的传统行事方式。可以看出，这种组织形式建立的基础也是非理性的或局部非理性的，其运作效率在 3 种组织形式中是最低的。

3. 法定权力——行政组织

这种组织的基础是对标准规则的“合法性”的信念，这种组织是按规则或程序来行使正式职能的持续性组织。在行政组织中，一个人拥有权力不是因为传统或长子继承权，而是基于法律赋予特定职位的权力。例如，选任制公务员、非营利性组织或上市公司的大多数领导者拥有采取确定行动的权威，是因为他们所在的职位。权力存在于职位本身，而不是谁占据着该职位。组织中的决定、规则都以书面形式规定与记载，法定权利能以多种方式行使。这种组织好比一架旨在执行某些功能而精心设计的机器，机器上的每一个部件都在为机器发挥最大功能而起到各自的作用。这种组织的优点是能够有效地实现组织目标。

行政组织（官僚组织）是建立在法理、理性基础上的最有效率的组织形态，也就是韦伯极力推崇的理想的组织形式。

（二）理想组织形式的管理制度

韦伯对理想组织形式的管理制度进行了一系列的构思。对韦伯而言，理想的组织形式是最有效的，他认为管理者只要按照以下准则，就能很好地组织和管理企业：

（1）明确限定管理层级。从组织的最高层到最低层形成清晰的权力等级和指挥链。

（2）劳动分工清晰。劳动分工有助于明确权力和责任，提高专业化效率。

（3）正式选拔，根据技术能力来选用和提拔人员。

（4）专业人员的职业定位。员工从事专业工作以获得固定薪水，并在各自的专业领域追求“职业发展”。

(5) 正式的规则及其他控制措施。所有员工都须遵从与工作任务有关的正式规定和其他控制措施。

(6) 非个人化。组织中的规则和各类控制措施都是非个人化的，毫无例外地适用于所有情况，避免上司的个人偏好、武断行为的负面影响。

(三) 理想组织形式的组织结构

在理想的行政集权制理论中，韦伯把理想的组织形式即行政组织的组织结构分为 3 个层次(见图 2－2)。

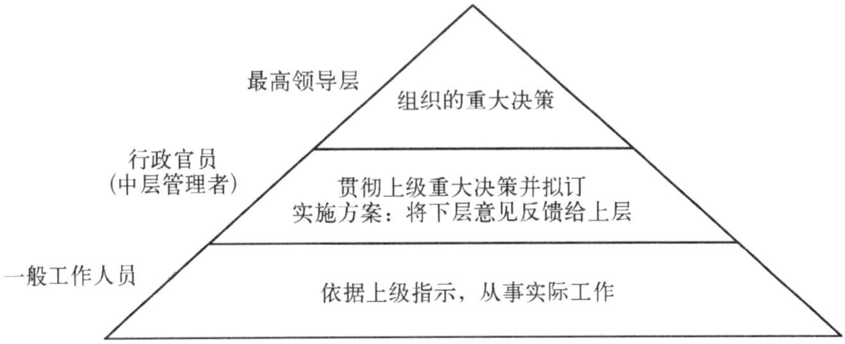

图 2－2　行政组织的组织结构

二、对韦伯管理思想的评价

韦伯的理想的行政集权制理论反映了当时德国从封建主义向资本主义过渡的要求。他总结了在大型组织中的实践经验，为资本主义的发展提供了一种稳定、严密、高效、合乎理性的管理体系理论；同时，也为管理理论的创新做出了巨大贡献。韦伯的理想的行政集权制理论的构想，在现代社会中的各类大型组织中仍然存在，虽然他构想的高度理性乃至刻板的官僚组织形式在今天的流行程度有所下降。现代社会的正常运行离不开各类官僚组织(如现代工业、各类教育和科研机构、医院、公用事业服务)的正常经营。从这个意义上说，韦伯的观点成功经受住了时间的检验。

当然，理想的行政集权制理论并不是十全十美的管理理论，也不如韦伯所宣称的那么有效，这一理想模式存在明显的缺陷。很多管理者认为，理想的行政集权制组织会阻碍员工个人的创造性，限制组织对高度动态变化的环境的快速响应能力。但即便如此，由于企业组织在规模和复杂程度上的发展，官僚组织的组织管理原则在资源配置和使用上仍有指导价值。

本章提要

古典管理思想的变革与演进过程是本章的主题。早期的管理思想依次经历了古代的管理思想、中世纪的管理思想、工业革命时期的管理思想 3 个阶段。此后，在一些先驱们的倡导与推动下，产生了古典管理理论，在此基础上又演化出行为科学管理理论及其他现代管理理论。

在古代管理思想部分，本章介绍了以下内容：(1) 苏美尔人的管理控制系统和库存账目记录系统；(2) 古巴比伦人初具形态的管理制度；(3) 古埃及金字塔的建筑成就体现其在计划、组织、控制等方面的管理实践;(4) 古希腊柏拉图的劳动分工及专业化原理,苏格拉底、色诺芬等人的管理普遍性原则;(5) 古罗马的"连续授权制"。在中世纪管理思想部分,主要介绍了意大利政治思想家马基雅维利的管理思想。

中华文明在国家治理、统率军队、组织战争、治理经济、发展生产等领域积累了大量的管理思想和实践。其中,儒家、法家、道家及《孙子兵法》等中国古代的思想瑰宝,影响着中国自古以来的治国、领兵、行政管理及商业运营,直到今天仍影响着东亚及中国企业的管理风格。

在工业革命时期的管理思想这一部分,主要介绍了西方工业革命时期出现的一大批管理思想家,如詹姆士·斯图亚特、亚当·斯密、詹姆士·小瓦特、罗伯特·欧文、查尔斯·巴贝奇等的管理思想及管理实践。

管理思想是管理理论的核心,管理理论是理论化、系统化的管理思想。直到 19 世纪末 20 世纪初,早期的管理思想才真正发展成为系统、科学的管理理论。泰勒的科学管理理论、法约尔的一般管理理论以及韦伯的理想的行政集权制理论构成了古典管理理论的框架。古典管理理论是本章的讲述重点,它开辟了管理理论的新纪元,并奠定了现代管理理论的基础。

复习思考题

1. 试述早期管理思想的发展,并分析古代管理思想发展迟缓的原因。
2. 请描述中国古代的代表性管理思想。这些管理思想如何影响现代中国企业的管理实践?
3. 为何说工业革命催生了新的管理思想?
4. 科学管理的主要思想及其对管理学的贡献是什么?
5. 简述法约尔提出的 5 项管理要素及 14 条管理原则,这些管理原则今天还适用吗?为什么?
6. 什么是理想的行政集权制?为何韦伯认为行政组织(官僚组织)是完美的组织形式?

3

第三章 现代管理理论的发展

全章提要

学习目的与要求

1. 认识现代管理理论的主要分支和基本流派；
2. 明确行为管理理论的发展历程与主要观点；
3. 理解定量管理与管理科学的主要分支及其发展；
4. 理解组织环境理论的主要观点；
5. 了解现代管理理论的发展状况与趋势。

管理专业术语

Hawthorne Studies	A series of studies during the 1920s and 1930s that provided new insights in individual and group behavior.
Human Relations Movement	The belief, for the most part unsubstantiated by research, that a satisfied worker will be productive.
Behavioral Science Theorists	Psychologists and sociologists who relied on the scientific method for the study of organizational behavior.
Organizational Behavior (OB)	The field of study concerned with the actions (behavior) of people at work.
Management Science	Approach focuses specifically on the development of mathematical model.
Systems Approach	A theory that sees an organization as a set of interrelated and interdependent parts.
Contingency Approach	Recognizing and responding to situational variables as they arise.

管理思想的发展与更替并不存在泾渭分明的某个特定起止年份。泰勒、法约尔和韦伯等人的管理理论被认为属于西方古典管理理论，他们多少有些机械地看待组织和工作，虽然也承认个人的作用，但他们强调的是对个人行为的控制与规范。在时间上与这一时期大致重合的另一些人，则注重对工作中人的行为的研究，并形成了行为管理理论。第二次世界大战期间，英国政府因国防需要，组织了一支科学研究队伍，集中解决一些高度技术性的问题，产生了“运筹学”，有关成果被运用于管理，这样，另一种新的管理理论，即定量管理或管理科学理论，就应运而生了。此后，管理思想领域又出现了许多管理理论的新派别。随着近年来技术变革、全球

化及市场竞争的加剧,许多新的管理理论更是层出不穷。本章将对现代管理理论及其主要发展逐一加以说明。

第一节　行为管理理论

行为管理理论通过关注组织中的人的行为来研究管理。早在20世纪早期就有很多人意识到了员工行为对组织成功的重要性,但这一视角直到20世纪30年代才真正进入主流管理思想的视野。行为管理理论,在早期被称为人际关系学说,后来发展为行为科学,目前对组织中人的行为研究,主要来自组织行为学。管理者在管理员工的过程中所从事的激励、领导、信任、团队合作、冲突管理等管理活动,都是组织行为学的研究对象。

一、早期的行为管理学家

20世纪初期,有4个人脱颖而出,被认为是早期行为管理理论的主要倡导者。这些早期研究者的具体理念虽然各不相同,但他们都认为人是组织中最重要的资产,应受到管理者的重视。他们的理念为诸如员工甄选、激励制度及团队工作等管理实践奠定了基础。

1. 雨果・芒斯特伯格

雨果・芒斯特伯格(Hugo Munsterberg,1863—1916)是原籍德国的美国心理学家。在20世纪初科学心理学发展初期,芒斯特伯格的贡献是多方面的。他是工业心理学、司法心理学和美学心理学的开创者,而且其研究还涉及哲学、心理治疗、实验心理学和教育心理学等领域。由于他最早尝试把社会科学和行为科学(特别是心理学知识)运用于现代组织和管理领域,并最早确定工业心理学的范围和方法,因此被人们尊称为"工业心理学之父"。1892年,他在哈佛大学创办了心理实验室,并先后发表了《心理学与工业效率》《一般心理学和应用心理学》《企业心理学》等著作。今天关于甄选技术、雇员培训、工作设计和激励的知识,有很多是建立在他的研究基础上的。

芒斯特伯格的工业心理学思想与当时的历史背景密不可分。第二次工业革命使工业企业的生产规模不断扩大,为了获得更高的生产率,人们开始关注如何有效利用人的生理和心理资源问题。他认为,科学管理的践行者们往往过于关注原材料和设备,虽然有些人注意到了工人的心理状况(如疲劳、工作单调、兴趣和愉快等)对工作效率的影响,但都缺乏科学理解。1910年,芒斯特伯格提出根据工作成绩确定职业性向的概念,1912年他在《心理学与经济生活》(该书于1913年被英译为《心理学与工业效率》)一书中,对人员甄选、职业伦理、工作绩效的心理因素以及广告心理等方面均有所涉猎。他在这部著作中将自己的研究成果概括为:

(1) 探讨最合适的人,即研究工作对人们的要求,识别最适合从事某种工作的人应具备什么样的心理特点,将心理学的实验方法应用在人员选拔、职业指导和工作安排方面。

(2) 分析最合适的工作,即研究和设计适合人们工作的方法、手段与环境,以提高工作效率。他发现,学习和培训是提高工作效率的最经济的方法和手段,物理的和社会的因素对工作效率有较强的影响,特别是创造工作中适宜的"心理条件"极为重要。

(3) 达成最理想的效果,即用合理的方法在企业中同样可以确保资源的合理利用。他探讨了如何影响个人需要以符合组织利益的必要性。

基于以上的思考，芒斯特伯格指出，心理学家在工业中的作用是：帮助发现最适合从事某项工作的工人；决定在什么样的心理状态下，每个人才能达到最高产量；在人的头脑中形成有利于提高管理效率的影响。芒斯特伯格的研究成果被广泛应用于职业选择、劳动合理化，以及改进工作方法、建立最佳工作条件等方面。芒斯特伯格的著作、研究及咨询活动，传播了工业心理学的影响力，他也成为美国名望最高、最著名的心理学家。但第一次世界大战爆发后，芒斯特伯格接连发表亲德演讲，这使他的地位一落千丈，并于1916年悄然辞世。

2. 玛丽·福莱特

玛丽·福莱特(Mary P. Follett，1868—1933)是美国的政治哲学家，著有《众议院发言人》《新国家》等政治著作。她早年在各种社区服务的志愿者团体工作，这些团体的运作几乎不依赖于正式权力。因此，福莱特认识到，需要重新思考当时对权力、组织、领导及冲突解决所持的主流观点。她通过对各种服务组织进行观察并与之共事，很好地理解了群体动力学及团队工作的重要性。她虽然生活在科学管理主导的时代，但她的学术思想有许多与人际关系运动密切相关，也因此，后人称福莱特为“科学管理和行为科学之间的桥梁”。

玛丽·福莱特的主要观点有：(1) 利益结合原则。她认为，对冲突的解决可以通过仔细检查冲突各方的情形来找到对各方都有利的办法，即通过利益结合来消除冲突。如今，这一原则已被普遍用于谈判策略中，以取得双赢的结果。(2) 形势法则(亦称情景法则)。她指出，是形势本身，而非等级制度，将确定谁拥有权威。发布命令的人应是最了解形势、最能有效完成工作的人，而不必顾虑职位的高低，从而变服从个人权力为遵循形势规律。(3) 协作原则。该原则坚持，人们的协作对整个群体都有好处，并以此来取代让个人利益左右形势。这一原则补充了形势法则，使其更加完善。(4) 循环行为论。领导活动应以领导者和拥护者在情景中的相互影响为基础。她认为，管理是一种以知识为他人服务的“职业”。

玛丽·福莱特关于参与式管理、团队(群体)利益、合作性的冲突解决方案，以及权威应与知识相关的观点，与当代管理思想的主张不谋而合。虽然她的思想在当时看上去过于理想化，但她的一位同事恰如其分地评价说：“玛丽·福莱特是一个温和的人，而不是一位使人印象深刻或争强好胜的优秀演说家。但是在给管理带来人类价值观、心理学以及协作工作经验的所有先驱中，她比其他人更接近管理。她的贡献在重要性和独创性上均不应被低估。”

3. 莉莲·吉尔布雷思

莉莲·吉尔布雷思(Lillian M. Gilbreth，1878—1972)是本书第二章介绍的“动作研究之父”弗兰克·吉尔布雷思的妻子，她不仅对丈夫的研究工作起了很大的作用，而且自身也在管理思想史上占有一席之地，为自己赢得了巨大声誉。她结婚后开始把学术兴趣转向心理学。在加州大学，她写了一篇题为“管理心理学”的论文，后以专著形式出版，此书也是了解工业中人文因素的早期文献之一。1915年，她获得了布朗大学的博士学位，她也是美国第一位获得心理学博士学位的女性。

在她之前，许多心理学家研究的是群体行为，莉莲·吉尔布雷思则注重研究个体行为，并深入探究了心理学在管理中的作用和重要性。此外，她还研究了各种不同的管理风格，认为管理风格主要可分为以下3类：

(1) 传统的管理风格。管理者为严格的驱动型，相信统一命令和集权管理。

(2) 过渡的管理风格。介于传统的和科学的管理风格之间。

(3) 科学的管理风格。管理者仔细甄选人员，全面关心工人的福利，使用各种方式来激励员工，使员工得到充分发展。

莉莲·吉尔布雷思的这些观点在当时是十分超前的。在行为领域，实际上直至20世纪70年代才有人力资源管理这一管理学科，以及全面开发员工潜能的研究热点。而人力资源管理的许多观点，莉莲·吉尔布雷思早在20世纪50年代前就提出来了。莉莲·吉尔布雷思于1972年去世，当时她对管理学领域的重要贡献已经为她赢得了世界声誉，人们尊称她为“管理第一夫人”。

4. 切斯特·巴纳德

切斯特·伊文·巴纳德(Chester Irving. Barnard，1886—1961)是一位没有任何学术头衔的组织社会学家。他曾在哈佛大学攻读经济学，但由于缺少一门实验课的学分而未能获得学士学位。由于终身致力于增进对组织的本质和目标的理解，他被授予了7个荣誉博士学位。巴纳德曾担任新泽西州贝尔电话公司的总裁，也对公共服务工作充满热忱，为多个政府机构和公共组织工作或提供咨询建议。在1961年巴纳德去世时，这位哈佛大学的辍学生作为管理学者，已在历史上赢得了一席之地。

巴纳德最著名的作品——《经理人员的职能》是根据他1937年的系列演讲进行的扩充。他做这些演讲有一个明确目的，即发展出一种组织理论，并且推动其他人来考察协作系统的性质。巴纳德指出：“正式组织是人们之间一种有意识的、谨慎的、有目的的协作。”而贯穿整个人类历史，社会失败都是由于正式组织未能实现人际合作。

巴纳德认为，通过考察正式组织，有可能提高这类协作的效率和效果。正式组织内的协作使群体力量超出了个体单独可以完成的活动。为了从事独自一人无法完成的工作，人们彼此合作；当目标得以实现时，他们的努力就是有效的。然而，个人有个人的动机，他们为正式组织继续做出贡献的程度取决于他们从该组织的成员资格中获得的满足或不满。如果一个正式组织并没有满足成员们的动机，那么成员就会撤回努力或参与，并认为这个组织是无效率的。在巴纳德看来，这意味着在追求群体目标以确保组织能继续生存时，协作系统必须提供足够的诱因以满足个人动机。

巴纳德的最大创见是他的权威理论。他把权威定义为“正式组织中被其贡献者或成员接受并用来支配自己工作行为的一种沟通(命令)的性质”。在巴纳德看来，权威起源于组织的基层，自下而上地流动，即组织的成员通过接受命令并按照命令行事，为上司赋予权威；而通过拒绝服从其上司的命令，他们也可以随时撤回赋予其上司的权威。这一观点与此前的权威思想直接对立。巴纳德进一步指出，个体需要认同权威，如果以下4个条件同时得到满足，他们将接受命令作为权威：(1) 他们理解这个命令；(2) 他们相信该命令与该组织的目的是一致的；(3) 他们相信该命令与他们的个人利益是一致的；(4) 他们能够全身心地遵从命令。也因此，所有组织都倚重能刺激员工合作意愿和合作能力的领导者。除此之外，巴纳德还从更广泛的角度描绘了经理人员的职能及决策过程，并强调组织中道德领导及道德行为的重要价值。

巴纳德是一位博学的管理者，他不仅成功地管理了组织，而且凭借自己的经验和对社会学的深刻领悟，提出了一个关于协作系统的理论。巴纳德的思想还影响了乔治·埃尔顿·梅奥(George Elton Mayo，1880—1949)，使后者从把组织视为生物有机体转变为把组织视为协作的社会系统。巴纳德关于在协作系统内维持均衡的观点也影响了霍桑实验中的其他研究者，后来又影响了诺贝尔奖获得者赫伯特·西蒙(Herbert A. Simon)及其关于组织决策的理论。巴纳德的权威理论、他对道德领导的关注，以及对正式组织和非正式组织中普遍要素的确定，都对管理思想做出了重要贡献。

二、人际关系运动

行为管理理论的早期发展被称为人际关系学说，侧重于对人际关系的研究，包括研究人的工作动机、情绪、行为等与工作间的关系，以及如何按人的心理发展规律来激发其积极性和创造性。对这一领域最重要的贡献来自梅奥领导的霍桑试验，该研究促进了人际关系运动的进一步发展，使人际关系研究成为人们多年来研究管理的普遍方法。

科学管理理论假设在工厂中存在刺激与反应的单一关系，只要对工作做出适当的设计，再加上适当的奖励制度，工人就会按照要求去做，并会尽力提高生产效率，以期提高其工资收入(见图 3－1)。

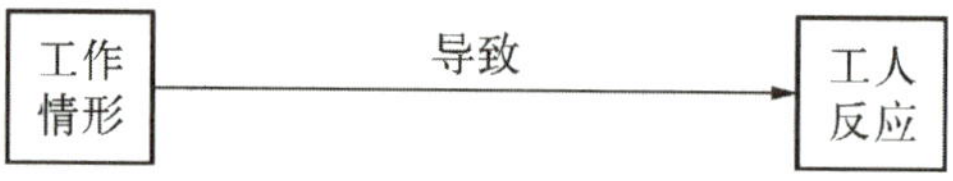

图 3－1　科学管理理论对工作的看法

但人际关系理论提出了一个更加复杂的过程(见图 3－2)。

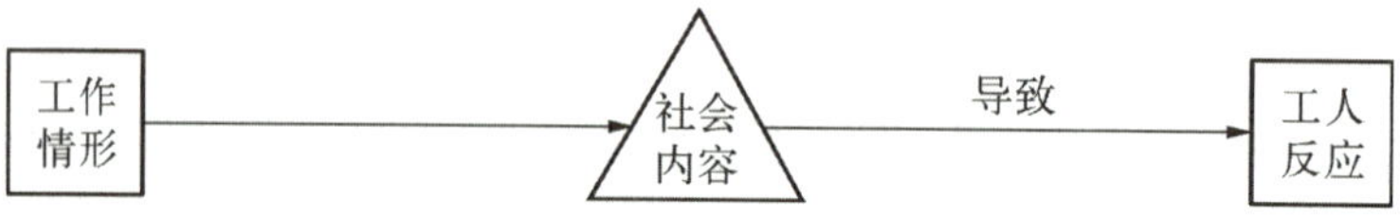

图 3－2　人际关系理论对工作的看法

从图 3－2 可见，人际关系理论认为工人对工作情形的感知主要受社会内容的影响(包括社会环境条件、情感、工作中的人际关系等)。也就是说，管理当局对工人的关心会导致工人满意度的增加，并进而导致更好的绩效。推动人际关系运动的主要理论家还有马斯洛和麦格雷戈等人。

1. 梅奥和霍桑试验

在雷恩(Dainel A. Wren)和贝德安(Arthur G. Bedeian)所著的《管理思想史》(2017)一书中，作者指出，“在管理思想史中，没有任何一项研究能够像美国西方电气公司霍桑工厂从 1924 年开始进行的研究那样，获得如此多的关注，被人们做出如此多的不同解释，在获得广泛赞誉的同时也遭到彻底的批评。……这项研究持续了 8 年时间，并且戏剧性地揭示了先前未曾预料到的员工行为模式。也许，这次研究的最显著特征在于，各种资源是首次被用来研究管理中人的方面，从而抗衡了科学管理时代对技术工程的普遍强调。它对所谓的人际关系运动产生了深远影响”。

乔治·埃尔顿·梅奥，原籍澳大利亚，后移居美国。作为一名心理学家和管理学家，梅奥领导了开拓性的工业研究项目，即著名的霍桑试验。该试验在芝加哥西方电器公司的霍桑工厂中进行，历时 8 年(1924—1932 年)，其间进行了有关员工行为的一系列试验(见管理聚焦 3－1)，为组织行为学的诞生奠定了实验和理论基础。梅奥等人对霍桑试验的结果进行总结，并出版了《工业文明人的问题》一书。书中提出了以下主要结论：

(1) 员工是社会人，除了物质需求外，还有社会需求和心理需求，不能忽视社会因素和心理因素对员工工作积极性的影响。

(2) 企业中存在“非正式组织”，非正式组织以其独特的感情、规范和倾向，左右其成员的行为，并对生产率产生重要影响，管理者应当给予足够重视。

(3) 生产效率主要取决于员工的积极性，而员工积极性的提高又主要取决于员工的态度以及企业内部的人际关系。

(4) 新型的企业领导应具备两方面的能力,即解决经济问题的能力和处理人际关系的能力。

霍桑试验提示管理者:组织中的"人"是最复杂的因素,了解人的心理与行为不是一件很简单的事,必须运用适当的方法来理解和诊断员工的行为和情绪。仅仅具有技术能力并不足以解决在霍桑工厂中发现的那些情绪和行为问题。霍桑试验促进了管理者对人的关注,管理者开始主动寻求提高员工的满足感和激励士气,使得人际关系研究成为研究管理的一种普遍方法,并掀起了一场人际关系运动。

管理聚焦 3-1

霍桑试验

霍桑试验于 1924—1932 年在美国芝加哥郊外的西方电器公司的霍桑工厂进行,是一项由美国国家研究委员会赞助的研究计划。当时西方许多管理者认为,工作的物质环境(如通风条件、温度、照明)和福利的好坏,与工人生产效率有着明显的因果关系。因此,要缓和矛盾,提高生产效率,就必须改善环境和增加福利。

霍桑工厂是美国电报电话公司唯一的电话交换机生产厂,在研究期间,该工厂有大约 4 万个员工,并因开明的人力资源政策和慷慨的福利待遇而闻名。该工厂的员工士气较高,也不曾发生过劳资冲突。霍桑试验的中心课题是想要通过一系列试验来测定各种工作物质条件对生产效率的影响程度。整个霍桑试验经历了 4 个阶段:

1. 照明试验(1924—1927 年)

照明试验由麻省理工学院的杰克逊(Jackson)教授领导,该研究从变换车间的照明开始,计划研究工作条件与生产效率之间的关系。试验包含两个小组:控制组在照明强度不变的条件下工作;试验组的照明强度发生变化,员工在不同照明强度下工作。研究者希望了解照明强度对生产率的影响,预期员工的产出会直接随着照明强度的变化而改变,结果却发现,两组的生产量都持续上升,照明强度的变化对生产率几乎没有影响。究其原因发现:照明强度仅是影响产量的一个微不足道的因素,还有其他许多变量都对试验结果产生了影响。由于影响因素众多且难以控制,因此无法准确测量照明强度对产量的影响。之所以两个小组都提高了效率,是因为参与试验者对试验本身产生了莫大的兴趣。

2. 福利试验(1927 年 8 月—1928 年 4 月)

福利试验的目的是查明福利待遇的变化与生产效率的关系,梅奥在这一阶段加入了霍桑试验的研究。为了对试验进行更好的控制,研究人员决定从工人中选出 6 个女工在一个专门的继电器装配室中工作,1 个观察员被指派加入这个小组,记录室内发生的一切,以研究新环境对产量的影响。一开始,试验引入了多种工作条件的变化:改变工间休息时间、缩短工作日、缩短工作周等,这些变化都使产量上升。过了一年半,在取消工间休息和供应的午餐、茶点并恢复每周工作 6 天后,女工的产量仍然维持在高水平上。研究人员认为,工作条件的改变对产量的影响不大,而社会条件和监督指导方式的改变是导致女工改变工作态度、提高生产率的主要原因。为了进一步研究工人的工作态度和可能影响工人工作态度的其他因素,研究者决定开展大规模访谈,这也成为霍桑试验的一个转折点。

3. 大规模访谈(1928—1931 年)

在上述试验的基础上,梅奥等人进行了一个为期两年的大规模访谈调查,涉及的受访员工有两万多人次。刚开始,调查人员提出了有关督导管理和工作环境方面的问题,但是他们发现员工的回答往往表现得相当戒备,或是千篇一律的陈词滥调。因此,他们决定改变直接提问的方式,允许员工自由选择话题,结果得到了大量有关员工态度的第一手资料。研究人员发现,影响生产率的最重要因素是工作过程中形成的人际关系,而不是待遇和工作环境。员工的工作绩效、职位和组织中的地位不仅取决于其本人,而且取决于其所在群体中的其他成员。这一看法使研究者进一步系统地研究员工在工作中的群体行为。

4. 接线板小组观察试验研究(1931—1932 年)

研究人员选择了接线板小组(由 9 个接线工、3 个焊接工和 2 个检查员组成)进行观察,以研究员工在工作中的群体行为。在观察了相当长一段时间后,研究者有一些重要发现:(1) 大部分小组成员会自行限制产量。原因是员工担心企业会不断提高工作定额,这可能造成一部分人失业,限制产量可以保护工作速度较慢的同事。(2) 员工对不同级别的上级持不同态度。他们把小组长视为小组成员,但对于小组长级别以上的上级,级别越高,工人对他越尊敬,同时对他的顾忌心理也越强。(3) 小组中存在不同派系。每个派系都有自己的行为规范,成员必须遵守这些规范,否则会受到惩罚。研究者由此提出了"非正式群体"的概念,认为在正式的组织中存在着自发形成的非正式群体,这种群体有自己特殊的行为规范来调节和控制人的行为,同时加强了内部的协作关系。

资料来源:Daniel A. Wren, Arthur G. Bedeian. The Evolution of Management Thought[M]. 7th ed. New Jersey: John Wiley, 2017: 229 - 241。

2. 亚伯拉罕·马斯洛

亚伯拉罕·马斯洛(Abraham Maslow,1908—1970)于 1943 年提出了著名的"需求层次理论"(详见本书第十一章第二节的相关内容),获得了最广泛的认可。他将人类的各种需求做了高度的概括,提出了最基本的 5 种需求(生理需求、安全需求、归属需求、尊重需求和自我实现的需求),并认为这些基本需求是相互联系的,并且按照从低到高的优先程度排列。最基本的推动力是生理需求;当这些需求获得满足之后,优先程度便会减弱,就会出现下一种更高级的需求来主导行为。因此,任何需求的强度不仅取决于它在层级结构中的位置,而且取决于它和所有更低层次的需求已获得满足的程度。按照马斯洛的理论,随着每一级的需求获得满足,其重要性就会降低,人们会沿着这个"需求阶梯"往上攀升,直到最顶层的需求。而如果某种更低级别的需求(例如安全需求)受到了威胁或无法被满足,人们也会沿着"需求阶梯"往下移动,而这种低级别的需求又将重新成为首要的动机,并在个体的整体动机系统中占据重要位置。

马斯洛认为人的最高层次的需求是"自我实现",只有在其他所有需求被满足之后,"自我实现需求"才会出现:"一位音乐家必须创作音乐,一位画家必须绘画,如果他想获得终极快乐的话。一个人能够做到什么,他就必须做到……成为他尽可能成为的人,实现他能够实现的事情。"马斯洛认为对自我实现的追求是普遍性的,但是自我实现的需求则很少被实现,而且永远不会完全实现。

随着马斯洛研究生涯的继续,他对 20 世纪中叶大行其道的行为主义和心理分析的观点感到失望,前者强调刺激和条件反射,后者则主要源自对精神病患者的研究。在马斯洛看来,将对人类动机的理解建立在情绪紊乱者的行为上,这显然存在缺陷。他认为,从整体上说,心理学应该是研究完整的人,以及研究人们能够做出的有益的、光荣的、可敬的、创造性的、英勇的价值观和行为选择。马斯洛的"人文主义的心理学"是对行为主义和心理分析的一次反抗,他创造了心理学中广为人知的第三种力量,并得到了越来越多心理学家的认同。

3. 道格拉斯·麦格雷戈

道格拉斯·麦格雷戈(Douglas McGregor,1906—1964)是麻省理工学院的心理学教授。除了在安提亚克学院担任校长的 6 年时间(1948—1954 年),他毕生都在麻省理工学院工作。在安提亚克学院担任校长期间,麦格雷戈发现人际关系模型的原则不足以解释组织生活的严谨性和现实性。他表示:"成为一名直线管理者的直接经验教给我的东西,即便对别人进行再多的观察也无法比拟。我过去认为一名领导者可以作为组织的一位建议者而获得成功。我认为自己能够避免成为一位'老板'。我怀疑,我是在无意识中希望能逃避种种令人不快的必要行为,例如做出困难的决策,承担在众多不确定的选择中确定某种行动的责任,以及犯错误和承担后果。经过几年的时间,我终于开始认识到,一名领导者不能逃避对组织中发生的事情承担责任,更不能逃避行使职权。"

1953 年,麦格雷戈开始系统阐述那些将改变其管理定义的观点:"一位管理者认为,总体而言,人是懒惰的、不值得信任的和与管理者对着干的;另一位管理者认为,总体而言,人具有合作精神并且是友好的,那么他们两人做出的决定将会大相径庭。"在《企业的人性面》(1957)一书中,麦格雷戈扩展了这个观点,即管理者对人的本质和人的行为的假设对决定管理者的工作风格具有最重要的影响。基于管理者对人的本质的不同假设,他们将以不同的方式来组织、领导、控制和激励员工。麦格雷戈阐述的第一组假设被称为 X 理论,它代表的是"传统的指挥和控制观点"。X 理论的假设认为普通人生来就厌恶工作,时刻想着逃避工作,没有进取心,因此对绝大多数人必须使用惩罚措施,如强迫、控制、指挥和胁迫手段,以鞭策他们尽力实现组织目标。麦格雷戈认为,这些 X 理论的假设在现代工业实践中是主流思想。他认为,管理思想的关注点虽然有了某种从科学管理向人际关系的转变,但在基本假设或管理哲学方面还没有发生根本性改变。因此,麦格雷戈提出的 Y 理论被视为"与人力资源管理相关的新理论的一个起点"。Y 理论的假设认为普通人并非生来就厌恶工作,人们愿意通过自我指挥和自我控制来实现他们具有认同感的目标;在合适的条件下,普通人也能主动承担责任;甚至有许多人能在解决组织的问题时,发挥较高程度的想象力、灵活性和创造力。麦格雷戈将 Y 理论称为"个人目标与组织目标的整合",主张这一理论能产生一种能使组织成员共同努力以使组织获得成功,同时最好地实现个人目标的氛围。麦格雷戈希望管理者采用 Y 理论的假设,认为它将改善和提升现有的工业实践。

麦格雷戈的理论在旧的人际关系理念与新的组织人本主义之间发挥了一种桥梁作用。麦格雷戈的基本信念是,组织中的和谐是能够实现的,但它不是依靠强硬或温和的手段,而是依靠改变对人性的假设,并且相信他们能够被信任,能够自我激励和自我控制,具有将自己的个人目标与组织目标结合起来的能力。在麦格雷戈看来,人们如何被对待在很大程度上是一个自我实现的预言。如果管理者假定人们是懒惰的,并且将他们当作懒惰的人来对待,那么,他们就会变得懒惰。与此相对,如果管理者假定人们渴望具有挑战性的工作,并且通过提高员工个人的处置权限来充分利用这一点,那么员工就会通过寻求承担越来越多的责任来做出回应。

三、组织行为理论

梅奥、马斯洛和麦格雷戈等人都对管理理论做出了重大贡献,但是,当代的行为科学家们发现,人际关系理论的许多假设过于简单化了。例如,员工满意度会导致绩效改善的假设并不符合现实,两者的关系并非直接和线性的。满意并非必然导致绩效改善,反过来,优秀的绩效也可能导致员工满意度上升。因此,后来的行为科学研究(主要体现为组织行为学)的侧重点发展为研究有关人的需求、动机和激励、组织中人的个性、非正式组织和群体行为、组织中的领导方式、组织变革、组织文化和组织结构等。

组织行为学产生于20世纪50年代后期,它涉及的学科领域非常广泛,具有综合性学科的特征,有很多理论和方法来自心理学、社会学、人类学、经济学和医学等多个学科。例如,激励和工作态度的研究,和学习、感知过程的研究一样,来自心理学。组织沟通的话题则显然来自沟通领域的研究。组织行为学还求助于管理科学,来进行组织层级与其他结构安排的设计。对过去数十年来大量学者对组织中行为和实践有效性的海量研究的梳理,远远超出了本书的范围,但我们大致可以说,组织行为学已经成为一门研究各类工作组织中个体、群体和组织过程与外部环境相互作用所产生的行为,并以此帮助管理者诊断、预测、引导和控制员工行为,提升组织效率的学科。进入21世纪以后,组织行为学领域更是增添了一些新论题,包括组织行为的跨文化研究、组织中的非伦理行为与决策、人体生理系统对工作中不同情境(如压力、不公正对待)的反应、多元化管理、组织变革、弹性工作和在家工作安排等。可以想见,随着外部世界的快速变化,组织行为研究领域的边界也将不断拓展。

第二节 定量管理与管理科学

尽管泰勒早在20世纪初就提出了以科学作为管理的工具,但是大多数组织直到20世纪四五十年代才开始采取定量技术来解决管理问题。第二次世界大战期间,军事规划者开始在防卫物流问题中应用数学技术,其中特别成功的案例是英国空军通过应用统计、数学工具来最有效分配其数量相对较少的飞行员和飞机,成功对抗数量占绝对优势的德国空军。战后,一些私人企业开始组织定量专家团队来解决大型组织遇到的许多复杂管理问题,通过构建正式的数学模型来帮助管理者进行计划和决策。这一定量管理视角在过去数十年有了长足的发展,电脑和统计工具的快速发展也极大地促进了具体定量方法的发展,包括统计决策理论、线性规划、排队理论、仿真、预测、库存建模、网络建模和盈亏平衡分析等技术。组织将这些技术应用在许多领域,包括生产、质量控制、市场营销、人力资源、财务、分销、计划与研发。这一管理领域也被称为“管理科学学派”。本节将主要介绍其中备受关注的两项定量技术:运筹学和质量管理,最后简要介绍近年来广受关注的循证管理思想。

一、运筹学

运筹学是定量管理方法的基础。第二次世界大战期间,军事上出现了不少新的技术问题,如后勤装备和部队调动、潜水艇战术等,这些问题有的已超出了指战员的知识范畴。为解决这些问题,军事当局组织了许多科学家与专家进行集体研究,为作战和决策提供依据,这样就产生了运筹学(Operations Research, O.R.)。发展至今,运筹学已被广泛用于解决许多管理问题。

（一）运筹学的性质

运筹学被认为是应用分析、实验和定量的方法，研究在既定条件下，如何最经济、有效地使用人、财和物等资源以达到特定组织目标的学科。在使用运筹学解决管理问题时，主要是探讨事物的关联性，用数量加以表示，并用各种模型与变量（或用模拟的办法）进行演算，从而对各种方案做出具体比较，得出所需的结论。

不能说在采用运筹学之前，解决管理问题就没有数量化。不少管理学家认为，在许多方面，管理科学是泰勒提出的科学管理理论的一种继续，加上更复杂的（主要是数学的）方法、计算技术以及对广泛问题进行决策的规则。西蒙也说："运筹学与科学管理在其原理上并无差异，巴贝奇和泰勒如果处于现代，将是运筹学会的创设会员。"

运筹学技术主要被应用于企业的生产管理，因为这个领域具有结构化的问题和决策，而且各种决策规则可以被明确地提炼和设计出来。生产管理面临许多问题，如保持适当水平的库存、进行生产规划和控制、大规模制造、质量控制、获取资本，以及一系列关于其他物质资源的问题。运筹学在这些问题中的应用，就是考虑各种不同的选择方案，然后判断哪套决策组合可能最接近经营者的目标，即找出最好或最优的决策方案。

（二）运筹学的运用程序

运筹学的运用程序包括以下 6 个步骤：

（1）提出问题。提出问题的目的是确定目标、选择最佳行动路线及衡量效果，所以，必须先明确限定问题。此外，一个典型的运筹学问题应考虑多重目标，但为了避免问题的概念和计算过于复杂，简化的做法是把某些目标作为限定条件。

（2）构建模型。构建模型即按系统的关系以数学模型来表述待解决的问题。

（3）模型求解。求解过程分为两个基本程序：首先是用数学演绎法分析程序，尽可能近似地得到一种数学解法。其次是"数字"程序，通常用各种数值代入受控变量来形成一组接近最优解的数值。

（4）测试模型。模型只是现实的表象，无法包括所有变量，所以应对模型进行测试。办法是用模型去解题，并将结果与实际发生的情况进行比较。这些测试可用过去的数据，也可在实践中进行试验，看它是否符合实际情形。

（5）提供控制。随着时间推移，原先的模型可能不再反映现实，必须对模型和解决方案加以纠正和调整。

（6）发挥效用。最后一步是使解答发挥作用，使模型和投入的数据资料有可操作性。这就要求数据资料优质优量并及时准确；同时，运筹工具的效用与成就还取决于管理者的支持和信任，因此对管理者灌输这方面的知识，理解与掌握运筹学的要点，也是极为重要的一环。

运筹学家往往自称为"管理科学家"，他们相信任何知识都可以用数学关系和数学符号来表示，管理活动也不例外。数学方法在管理中确实相当有用，能够为解决复杂的管理问题提供明确简洁的路径，尤其是对那种想避免管理的复杂性和不确定性的人来说，有极大的吸引力。从这个意义上说，运筹学关注的不是探索管理的科学（规律），而是努力在管理中使用科学（工具）。数学和科学被当作帮助解决亘古不变的经济管理问题的工具，即对各种稀缺资源进行最优配置以实现某个特定目标。但批评者认为，运筹学及其他定量管理工具过分关注如何解决问题，却相对忽视如何发现问题。这的确是一个非常有力且中肯的批评。

二、质量管理与统计工具应用

产品质量的重要性并不是新的理念,早期的欧洲手工业行会就在产品上做标记,使顾客能够将产品质量和产品的制造者联系起来。美国钢铁大王安德鲁·卡内基(Andrew Carnegie,1835—1919)认为产品质量是其企业成功的基石:"即使在竞争最激烈的日子,当时每件事似乎都成了价格问题,但企业成功的根基仍然在于产品质量,这是最重要的因素。"泰勒在1903年的论文中也指出,"在采取任何步骤来刺激工人完成更大规模的产出之前,必须制定和充分理解检验制度,否则产品数量的增加可能伴随产品质量的下降"。但在第二次世界大战之后的美国,生产管理的重要性退居到人际关系、公司财务以及不相关产品多元化之后。

同期,第二次世界大战后的日本经济重建,美国工程师们接受的任务是帮助日本经济复苏,这提供了一个绝佳的契机,使在美国相对受到忽视的生产管理(特别是质量控制)的管理思想有机会在日本得到有效实施和提炼升华。其中最杰出的两个人物是爱德华·戴明和约瑟夫·朱兰,他们各自独立发展出了今天使用的统计质量控制理论。

威廉·爱德华·戴明(William Edwards Deming,1900—1993)接受了数学物理学的教育,后来成为美国人口普查局的一名雇员。1947年,他前往日本帮助筹备该国1951年的人口普查。1950年,时任日本科技联盟执行主任的小柳见一邀请戴明讲授统计质量管理,这开启了戴明此后在日本长达30年的演讲和咨询生涯。戴明对美国管理持批评态度,他认为当时的美国企业缺乏坚定不移地改善产品和服务的目标、过于强调短期利润。戴明提出,质量问题的解决应始于组织的最高层,而不是员工,其目标是通过持续改进减少偏差,发现特殊原因导致的结果,以及什么因素失去了控制。

约瑟夫·M. 朱兰(Joseph M. Juran,1904—2008)最初是美国西方电气公司的员工,当时的整个贝尔系统公司都对统计学家沃尔特·休哈特(Walter A. Shewhart)的统计质量管理理念倍加推崇。第二次世界大战之后,朱兰成为一名独立的质量控制顾问,他汇编的质量控制手册成为这一领域的标准参考工具,1954年,日本科技联盟邀请他前往日本。日本企业一直在竭力理解戴明的统计质量管理理念,但直到朱兰到来之后才将质量控制确立为每个人的工作。他的方法要求企业在着手解决那些"琐碎的大多数"问题之前,首先确定并致力于那些最关键的问题,他将这些问题称为"至关重要的少数几个"问题,并称之为"帕累托原则"。朱兰的质量控制三部曲致力于长期持续地改进质量。企业首先进行目标设定,然后组成团队开展各个项目,之后再在每个项目中与朱兰及其同事合作。这种方法融合了统计分析和传统的管理行为,如计划、组织和控制。随着至关重要的少数几个问题以及琐碎的大多数问题得以解决,客户们愈发钦佩朱兰在企业层面的系统方法以及不断获得改进的结果。

此外,日本企业开创性地提出了"质量圈"的理念,即由工人、一线管理者和专家组成小规模的问题解决小组,通过运用统计方法测量生产过程中的每一个关键变量,目的是找到更好的工作方法和获得质量层面的持续改进。在质量圈的应用中,统计质量控制工具被用于迅速确定故障,指明出问题的环节,如工具破损、喷嘴不洁、熔炉过热等。由于统计质量控制能通过小样本实现上述目标,并且几乎实时暴露故障所在,因此生产操作人员能立刻纠正错误。而且,统计质量控制能迅速确定任何变化对整个生产过程绩效的影响。此外,统计质量控制能监控整个生产过程的质量和效率,确定需要持续改进的环节及方式,这被冠以"戴明循环"的名称,日语中则称之为"持续改善"。质量圈成就了日本的经济复兴,日本企业和日本产品在国际市场变得越发有竞争力,时常威胁甚至超越美国产品的市场地位。随着对产品质量的关注不断增加,质量管理及其相关的统计控制工具也不断涌现。阿曼德·V. 费根鲍姆(Armand V. Feigenbaum)在 20 世纪 50 年代提出了"全面质量管理"这个术语。这是通用电气公司举世闻名的"六西格玛"质量计划的一个序幕。

麻省理工学院对全球汽车行业的研究,使其提出了一个新的术语——"精益制造"(lean manufacturing),它描述的是一种整合各种质量控制理念和技巧的方法。在这项研究中,日本丰田汽车被视为精益制造的榜样。丰田的精益制造系统融合了流程改进、零缺陷、即时库存管理、设备安装和改变的次数减少、与原材料供应商的协调,以及与经销商的联系。精益制造概念在整个丰田公司得到贯彻实施,从汽车设计、生产和库存管理,到与原材料和零部件供应链中的供应商以及丰田产品的销售商和消费者的密切接触,也构成了所有期望以低成本生产高质量产品的企业学习的对象。

发展到当下,质量改善、优化生产流程已被视为企业整体战略的一部分,以追求效率和以最低成本生产来实现产品的市场竞争力,进而通过良好的生产战略实现企业的竞争优势。通过产品设计、有效率的加工技术以及质量控制,生产职能同时有助于企业目标的实现。

三、循证管理

循证管理与决策的概念源于循证医学。"循证医学"(Evidence-Based Medicine,EBM)运动始于 1992 年,它是指从临床实践中确定一种特定的临床问题,寻找和评估与特定临床症状相关的证据,然后将这种证据应用到治疗上。与这一思路一脉相承,循证管理指的是在现有最佳的科学证据的支持下做出管理决策,将系统、理性代入决策过程。例如,我们希望医生能够根据最新的医疗发展和研究证据来为病人制订治疗方案。循证管理认为管理者应该做同样的事情,才能在考虑管理问题时更加科学严谨。

著有《循证管理》一书的杰弗瑞·菲佛(Jeffrey Pfeffer)认为,循证管理的核心是重视实践和证据("硬核事实"),不轻信直觉,不以记忆和以往的成就代替思考,更不能用空谈代替行动,而要善于以旁观者的眼光,通过小心地假设检验来对待自己的组织管理实践。他指出,在传统的管理思考中存在大量似是而非的认识,以及全然是无稽之谈的管理流行观点,管理者运用循证管理对此加以分辨和摒弃,将能有效提高组织绩效。近年来,组织中各类数据的整合及对大数据分析的重视,使企业越发关注循证管理思想在组织决策中的作用。循证管理思想的应用,以及如何分析和运用数据来得出有效决策,详见本书第七章。

第三节　组织环境理论

管理思想史上的另一个重要里程碑,是研究者超越了对管理者如何影响组织内部行为的研究,转而考虑管理者如何控制和应对组织与外部环境(或称组织环境)的关系。组织环境是一种超越组织边界的力量和条件的集合,它会影响管理者获取和利用资源的能力。组织环境中的资源包括组织从外部获取用于生产产品或服务的原材料、人力资源,以及其他对组织经营成败有影响的利益相关者群体的支持,特别是购买企业产品或服务的客户。组织环境的研究认为,组织成功的一个重要途径是管理者能有效获取稀缺且有价值的资源。自 20 世纪 50 年代开放系统及系统管理理论、权变理论被提出后,组织环境理论受到了越来越多的关注。

一、系统管理理论

本书第一章图1-1将所有组织描述为一个由“投入、转换过程、产出及反馈回路”组成的系统,就是系统管理理论的核心思想。系统管理理论认为应将组织作为一个整体系统来理解:组织是一个开放系统,依赖于外界的输入(如原材料、人力资源和资本),然后通过组织内部的设计、生产、运营过程将这些输入转变为输出,用于满足市场对产品和服务的需求。外部环境会对输入做出反应,并通过反馈机制影响下一轮系统循环的输入,这就是组织作为一个开放系统不断循环往复的过程(对本书图1-1的更详细表述,见图3-3)。

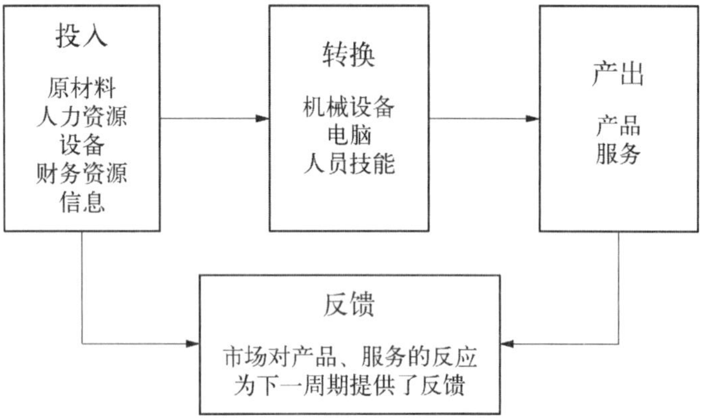

图3-3　作为开放系统的组织

将组织视为一个开放系统,强调了组织的生存依赖于与外部环境有效互动、从外部环境中获取资源并及时适应环境变化。与之相对,封闭系统不受环境的影响,也不与环境互动。如果把组织作为封闭系统来运作,就会忽略外部环境,难以取得所需的资源和适应环境变化,最终导致其对系统丧失控制力,进而分崩解体。

系统管理理论同时强调,组织是一个由多个子系统构成的系统。比如,企业中的各项职能、部门都可以被视为一个子系统。每个子系统都是整体的一部分,并与其他子系统相互依存。在系统中存在协同作用,即整体大于其各部分之和。系统作为整体,其发挥的效用往往是个体单独工作无法达成的。

从系统视角来看待组织和管理,有助于从几个方面增进对管理过程和活动的理解。

首先,研究者预想,组织由“相互独立的因素,包括个人、群体、态度、动机、正式结构、互动、目标、地位和权威”组成。这意味着,管理者在组织的各个部分协调工作活动,确保所有部分都在协作以实现组织目标。例如,系统方法指出,要想实现组织的高绩效,需要产品开发部门设计出顾客认同和喜欢的产品、生产制造部门有能力高效率地生产供货,以及营销和销售部门准确发现目标客户群体和有效传达产品信息。只有相关部门的通力合作,产生协同作用,才能确保组织系统有效地达成目标。

其次,系统方法认为一个组织领域的决策和行动会影响另一个领域。例如,如果采购部门没有获得正确的原材料数量和质量信息,生产部门就无法完成自己的工作。这一交互作用在开放系统成长、发展的过程中,会使其子系统的管理职能变得高度复杂和专业化,此时以整体性的系统思考方式来管理就变得更为重要。

最后,系统方法认为组织不是独立的封闭系统。它们依赖来自外部环境的输入,并提供消化企业产出的市场。如果一个组织忽视政府政策与法律、供应商关系以及其他持续变化的外部因素，就不可能长久地存续下去。

近年来，由系统管理理论进一步发展出了复杂性理论(Complexity Theory)，探讨高度复杂、无序的系统的运作和模式问题。复杂性理论认为，所有复杂系统都是由许多相互依赖的部分组成的网络，它们按照一定的规则相互作用。这一理论目前仍处于快速发展过程中，它被用于战略管理和组织研究来解释组织作为复杂性系统如何在内部互动以适应内外部环境。

二、权变理论

早期的管理学家认为他们提出的管理原则、理论和模型是普遍通用的(普适观)，在一家企业中有效的组织结构、管理风格，用在另一家企业中也必然奏效。后来的研究却发现了很多例外。管理者无法基于简单的原则去应对所有情况，不同的和不断变化的环境要求管理者运用不同的策略。于是，在管理教育领域出现了另一个极端，即个案观(Case View)，否认管理活动存在规律性，认为管理者面对的每个情境都具有独特性，管理者需要从大量的案例分析和实践中学习如何管理。权变方法整合了这两个极端看法，认为情境与管理存在匹配关系，在一种情境下有效的管理实践，在另一种情境下可能产生不同的效果。在面对不同情境时，管理者需要采用不同的管理方法，但组织管理同样存在规律性，相似的管理工具可以用于解决同一类管理问题(见图 3－4)。

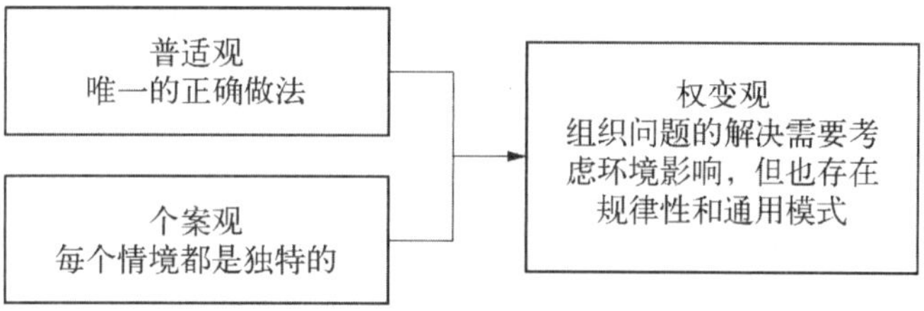

图 3－4　普适观、个案观与权变观

权变理论关注环境变量与相应的管理观念和技术之间的关系(权变关系)。但权变关系不是因果关系，而是“如果-就要”的关系，即如果某种环境存在或发生，就要采用某种相应的管理思想、管理方法和技术，以有效地实现组织目标。具体来看，权变理论的核心思想包括：(1) 企业组织是社会大系统中的一个开放子系统，受环境的影响。因此，必须根据企业组织在社会大系统中的位置和作用，采取相应的组织管理措施，从而保持对环境的最佳适应。(2) 组织的活动是在不断变动的条件下通过反馈和控制趋向组织目标的过程。因此，必须根据组织的近远期目标以及当时的条件，采取依势而行的管理方式。(3) 管理的功效体现在管理活动和组织的各要素相互作用的过程中。因此，必须根据组织各要素的关系类型及各要素与管理活动之间相互作用时的一定函数关系来确定不同的管理方式。

为了有效应用权变理论来指导管理活动，管理者需要了解和识别情境变量。权变理论的代表人物卢桑斯将企业面对的环境分为外部环境和内部环境两个方面。外部环境包括两种：一般外部环境和特定外部环境。一般外部环境包括政治、经济、社会、科学技术、环境、法律等因素，而特定外部环境包括供应商、顾客、竞争者、雇员和股东等因素。特定外部环境因素直接对组织产生影响，而一般外部环境因素对正式组织系统的影响是间接的。由于这两种外部环境因素都存在于组织之外，管理者难以直接控制，因此，它们作为“如果-就要”函数关系中的自变量存在。内部环境是指企业的正式组织系统，它包括组织结构、决策程序、联系与控制、科技状况等因素。一般将内部环境变量视为“如果-就要”函数关系中的因变量,因为它们受外部环境变量的直接影响;但在有些情况下,它也可以是自变量。

权变理论自 20 世纪 70 年代被提出后,很快得到了管理实践领域的认可。权变理论的出现意味着管理理论向实用主义方向前进了一大步。如果说管理既是一门科学,又是一门艺术,那么这种艺术的成分更多地体现在权变中。

管理聚焦 3-2

管理者为什么应当重视管理理论

在管理者眼中,理论经常令人联想到“不切实际”“闭门造车”之类的字眼。但管理理论对实践的意义,远不止于此。理论是预测何种行动将导致何种结果,以及原因何在的一个表述。事实上,管理者采取的每项行动以及制订的每项计划,都基于其记忆深处的某种理论,这个理论使他们期望自己打算采取的行动产生预期的结果。与这种缺乏自觉的理论应用不同,管理者应当有意识地选择好的理论并加以应用。

好的理论至少有两方面的价值。首先,它们有助于我们做出准确的预测。例如,万有引力定律就是一种理论。作为一个因果关系的表述,它使我们能预言“跨出悬崖就会跌得粉身碎骨”,而不必亲自去尝试。的确,因为我们手头掌握的可靠数据都是关于过去的,所以,利用可靠的因果关系理论是管理者自信地展望未来的唯一方式。其次,可靠的理论有助于我们解释现状,从而理解正在发生的一切及其原因。理论还有助于我们区分毫无战略意义的杂音,预示未来重大变化的信号。也正因此,管理学教育可以帮助管理者成为精明的管理理论消费者,使来自大学和咨询公司的最好理论能有用武之地,而肤浅和不够严谨的理论不会带来太多的害处。

管理理论的构建需要经历 3 个步骤:第一,确定因果关系,解释是什么导致了结果出现(而不是仅仅描述与结果相关的特性);第二,对各种情况进行分类,使研究者得以从尝试性推测发展到可靠性预测;第三,研究失败以完善理论。

(1) 确定因果关系。在建立理论的初期,人们一般是找出被研究对象最明显的特性、确定其分类,以及这些特性与某个特定结果的关系。仅仅停留在相关性的表述,可能带来的风险是,相信禽鸟能飞翔是因为它们拥有翅膀,所以,如果人类装上羽翼,也就能飞上天空。在管理学研究领域,很多研究停留在相关性的理论建立阶段,错误地认为,借助大数据及统计分析工具以测量特性与结果的相关性,就能提高“理论”的预测威力。比如,发现高管团队的构成更为多样化的企业的绩效优于其他企业,则认为高管团队异质性是企业绩效增长的原因。遗憾的是,相关性不能等同于因果关系,研究者需要更为具体的现场观察和调查来了解特性与结果的因果联系。

(2) 发展可靠性预测。在管理研究中,研究者不仅需要弄清行动和结果间的因果机制,而且需要说明这一机制取得成功的条件、范围,从而形成可靠性预测。换言之,有价值的理论不仅能说明是什么导致什么、原因何在,而且能说明这种因果机制将在何种情况下产生何种结果。这些理论可以帮助管理者了解,在特定的情况下,什么做法能有利于企业战略、战术的有效实施。很多有希望的管理理论最后被实践者放弃,正是因为其倡导者没有深入弄清它何时有用、何时无用、原因何在，而是轻率地声称它在任何情况下都适用，这严重误导了管理理论的实践者。

(3) 对失败的研究。为了提高理论的价值，研究者还必须弄清企业在什么情况下完全按要求做却仍然失败了。成功的企业及其“最佳实践”更受研究者关注，但当管理者照搬“最佳实践”时，却发现无法达到效期效果，因而他们经常得出“这不管用”的结论。为此，研究者需要探讨“什么时候，该理论不管用”，对这一问题的解答将使实践者在诊断其所处境况的基础上，选择真正适用的理论。

如果将管理理论视为对企业的“治病处方”，则没有一个处方能包治百病。管理者在面对众说纷纭的管理理论时，应成为有鉴别能力的理论消费者。那么，应如何区别好的理论和不好的理论？克莱顿·克里斯坦森(Clayton M. Christensen)提出了以下几点建议，帮助管理者判断什么样的理论或管理建议适合自己所在企业的情况：

(1) 对要求一切都进行革命性变革、全面推翻先前理论的著作，必须格外小心。通常，事物的存在都有其理由，大多数情况下，新的管理方案或理论不会完全推翻原有的想法；相反，它们会带来以权变方式思考问题的新视角，以及对原有行动方案的优化和完善。

(2) 如果作者暗示其研究成果适用于处在各种情况下的所有企业，就不要相信他们。并且，以生产、服务为依据的分类理论，几乎永远不能成为构建可靠理论的有用基础。一个理论的适用范围很少同行业界限相吻合。

(3) 有些管理理论是对其所描述现象的特性分类，这类理论中特性与结果的相关性可以帮助你了解某些特性与企业的经营结果有关联(如管理者的领导特质与绩效存在关系)，但不能用来指导企业的行动。一个真正有效的理论应能说明其内在机理，即一种对某种东西如何起作用的描述。

(4) 请记住，永远不要把某位研究者的研究发现当作最终结论。理论处于不断发展和改进的过程中，实践者需要不断学习和接纳对原有理论的更新，了解原有理论的适用边界。了解理论的解释、预测力，了解理论在指导实践时成功与失败的情况，以发展的眼光来评价和选择理论，管理实践者将从理论中获益良多。

资料来源：克莱顿·克里斯坦森，迈克尔·雷纳. 创新者的解答[M]. 北京：中信出版社，2013：第1章，被迫成长。

第四节　管理理论的近期发展

管理理论和实践在近数十年来取得的成就有目共睹。管理学作为一个知识体系，体现了社会、经济、政治和文化的变化，同时，它也在塑造和推动着这些领域的变化。在纷繁多样、全面开花的管理理论发展热潮中，区分一时的流行风尚与切实影响企业运营的核心理论贡献是困难的，也超出了本书的范围。但仍有必要指出一些重要的管理研究领域及其理论成就。

一、战略管理与竞争优势

随着现代社会环境的快速变迁，以及企业竞争的日益加剧，自20世纪六七十年代以来，管理研究的关注核心逐渐从组织的内部经营转向了如何正确选择战略以更有效地参与竞争。这一时期，战略管理理论的基点是适应环境，战略的目标在于提高市场占有率。到了20世纪80年代，竞争优势的获得开始成为战略构成的本质要素，并相继产生了合作型竞争、战略联盟、"蓝海"战略等新理念。

二、跨文化管理

随着日本经济的崛起和"日本式"管理的风行，如何培养企业文化成为企业经营实践中的一个重大议题，管理学由此进入了一个"文化制胜"的时代。在这一过程中，随着不同国家企业竞争力差异的日渐凸显，比较管理的研究开始成为人们关注的话题。随着全球化的发展，文化的差异、矛盾和冲突日益成为国际竞争和冲突的焦点，跨文化管理的研究也应运而生，从而将管理文化的研究推入一个更为广阔的领域。

三、企业社会责任与管理伦理

企业作为经济社会生活的重要主体广泛影响各类利益相关者，其经营行为不能仅考虑经济利润，还需要承担对消费者、员工、社区和环境的责任。二十大报告指出，"推进美丽中国建设"，"统筹产业结构调整、污染治理、生态保护、应对气候变化，协同推进降碳、减污、扩绿、增长，推进生态优先、节约集约、绿色低碳发展"是实现"人与自然和谐共生"的重要途径。也因此，原本在管理活动中长期处于边缘地位的"企业社会责任"成为管理研究和实践的热点，与之相配套的企业(商业)伦理学及商业伦理教育活动也成为管理理论和实践的重要组成部分。随着社会责任、企业伦理观念的推进，在当今的管理理论视野中，"效率"这一企业价值目标本身也不断被"修正"。在人类的商业活动中，经济利益绝非首要的及唯一的原动力，企业在其生产经营过程中不仅要考虑自身的利益，而且要考虑众多利益相关者的利益。因此，企业的评价标准也开始发生变化，即评价企业不能仅仅以会计利润为准，而应以创造价值为准等。

四、知识型社会与学习型组织

自20世纪90年代以来，人类社会开始进入一个新时代。这场社会变迁的一个重要特征，就是从传统工业经济向知识经济的转变。这场由"知识革命"所引发的社会变革过程表明，知识要素的影响力已经不局限于企业组织中，更成为"创造新社会的权力"。由此，知识管理、组织学习和创新日益成为企业管理研究的重点。而员工作为组织学习和创新的主体，在知识管理中的重要地位也日益凸显，即不能把员工仅仅视为"资源""资产"，或是企业应该努力降低的成本因素，而应将其作为组织和管理的最终目的。这种从物本管理到人本管理的转变，标志着管理理念的一次深刻变革。相应地，组织形式也开始摆脱传统层级结构的制约，展现出向分权化、有机化和流程化转变的趋势。

五、管理范式向有机论的转变

现代主流管理理论研究更多地停留在科学和技术层面，人们或普遍热衷于数学建模，或囿于经验而使案例分析法大行其道。这种对管理的"科学"方面的过多强调，导致了管理实践的机械化。隐藏在这种主流管理知识背后的，正是西方科学研究的机械论范式——组织是一台"机器"，其构建和运营遵循着一种线性的、决定论的因果逻辑。但系统自组织理论，或者说复杂性科学在管理研究中的应用，使一些新概念，如非线性、不确定性、重复性模式等开始替代传统的机械、数学和几何模型。管理学正在经历一场极为重要的范式转换，即从机械论范式向有机论范式的转换，展示出一种有别于传统统治型管理和机械型组织模式的管理新范式的雏形。

本章提要

本章主要阐述现代管理理论的演进、发展过程，着重介绍了古典管理理论之后各种有代表性的管理理论分支与学派。

行为管理理论是现代管理学中有代表性的一个理论分支。行为管理理论着重研究了人们在工作中的行为，进而又研究了人的管理，它是集众多管理学家、管理哲学家、心理学家的研究成果而成的。它与早期雨果・芒斯特伯格、玛丽・福莱特、莉莲・吉尔布雷思的探索分不开，也与梅奥及其霍桑试验、马斯洛、麦格雷戈等的贡献密切相关。行为管理理论在当代的研究成果，主要体现在组织行为学领域。

定量管理与管理科学理论运用计量模型，对管理领域中的人、财、物、信息资源做系统定量的分析，进行优化规划和决策。管理科学理论着重研究了如何有效地对工作进行管理，为此引入了运筹学、系统工程、运营管理与定量决策等理论与工具。可以说，它的主要目标是应用科学的方法、工具来解决生产和作业管理中的问题。近年来，重视实践和证据的循证管理思想受到了广泛关注。

管理思想史上的另一个重要里程碑，是研究者超越了对管理者如何影响组织内部行为的研究，转而考虑管理者如何控制和应对组织与外部环境(或称组织环境)的关系。自 20 世纪 50 年代开放系统及系统管理理论、权变理论被提出后，组织环境理论受到越来越多的关注。

第二次世界大战后，随着管理热潮的掀起，出现了众多的管理学家，诸多种类的管理理论也随之诞生，形成了“百家争鸣”的管理理论“丛林”格局。管理学作为一个知识体系，体现了社会、经济、政治和文化的变化，同时，它也在塑造和推动着这些领域的变化。身处其中，我们难以客观而恰当地评价现代管理理论的发展全局，但仍有必要指出一些重要的管理研究领域及其理论成就，包括战略管理与竞争优势理论、跨文化管理、企业社会责任与管理伦理、知识型社会与学习型组织、管理范式的有机化转变。

复习思考题

1. 人际关系学说的主要思想是什么？霍桑试验产生了怎样的结论和影响？
2. 管理科学学派对管理理论做出了怎样的贡献？
3. 举例说明如何把系统思想应用于管理实践。
4. 为何说权变理论意味着管理理论向实用主义方向前进了一大步？
5. 现代管理理论的创新层出不穷，请简要说明目前几项重要的管理理论发展成果。
6. 请选择你感兴趣的管理理论的创新领域，深入探讨其如何增进了管理者应对外部变化的能力。

4 第四章 组织环境和组织文化

全章提要

学习目的与要求

管理专业术语

- 第一节　组织环境
- 第二节　组织文化
- 第三节　企业社会责任和管理伦理

本章提要

复习思考题

学习目的与要求

1. 清楚组织环境的概念和构成；
2. 掌握一般环境和任务环境所包含的主要因素；
3. 了解组织对环境变化的分析与应对方式；
4. 了解组织文化的含义、构成与主要类型；
5. 理解组织如何影响和改变其文化；
6. 明确组织的社会责任；
7. 了解组织如何通过履行社会责任赢得竞争优势；
8. 阐述管理者面对的伦理困境及影响伦理决策的因素；
9. 认识改善组织伦理行为的几个主要方面。

管理专业术语

General Environment	Broad external conditions that may affect the organization.
Task Environment	The part of environment that is directly relevant to the achievement of organization's goal.
Organizational Culture	The characteristic set of values and ways of behaving that employees in an organization share.
Social Responsibility	The extent to which companies should channel resources toward improving the quality of life of one or more segments of society other than the firm's own stockholders.
Ethics	Rules and principles that define right and wrong conduct.
Preconventional Level	At this level, a person's choice between right and wrong is based on personal consequences involved.
Conventional Level	At this level, moral values reside in maintaining expected standards and living up to the expectations of others.
Postconventional Level	At this level, individuals make a clear efforts to define moral principles apart from the authority of the groups to which they belong or society in general.

组织作为开放的系统,受到外部环境的影响,也会反过来影响外部环境。管理者可以通过计划、组织、领导和控制对组织的运行施加诸多影响,但管理者的行动必然受制于内外部环境的约束,甚至其行动目标和行为方式也需要体现和顺应内外部环境不断变化的要求。本章将从三个方面探讨内外部环境变化及其对管理者的影响:第一节,组织所处的外部环境;第二节,组织的内部环境,即组织文化;第三节,组织的内部环境变化对管理者行为与决策的影响,我们将关注点放在企业社会责任与管理伦理上。

第一节 组织环境

任何组织都不是在与世隔绝的状态下运营的,组织的生存和发展必然与环境发生千丝万缕的联系。从购进原材料到售出产成品以及最终的售后服务,组织不断地与环境进行着输入、输出的转换。组织的管理活动必然受到与之息息相关的环境的影响。特别是如第一章所说,当前的商业环境具有 VUCA 的特点,成功的管理者需要对内外部环境的变化做出及时和恰当的反应,甚至是积极主动地管理环境并制定相应的战略。因此,我们有必要首先来探讨管理者面对的组织环境。

一、组织环境的概念

组织环境是指一切存在于组织内外并对组织有现实和潜在影响力的因素。总的来说,组织环境可分为外部环境和内部环境两大部分。组织的外部环境是指存在于组织之外、对组织产生影响的所有因素。外部环境可以进一步分为两个层次:一般环境(General Environment)和任务环境(Task Environment)(见图 4-1)。组织的内部环境主要是指组织文化,它由组织内部所共享的价值观、规章制度、规范条例、风格特征等构成。组织文化将在本章第二节加以说明。

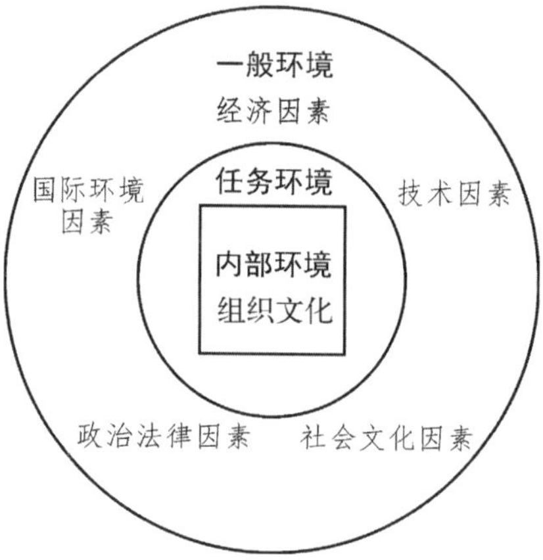

图 4-1 组织环境

二、一般环境

组织的一般环境,又称宏观环境,是指存在于组织之外的、广泛影响所有组织的绩效的多种因素和力量的总和,通常包括经济、技术、社会文化、政治法律、国际环境等因素。

(一) 经济因素

经济因素是指组织经营所涉及的国家的整体经济发展状况,包括 GDP 的增长水平和趋势、一般物价水平、失业率、消费者信心、利率、汇率、劳动力市场状况等。对于在全球范围内开展跨国经营的企业,理解全球商业环境中的经济因素是极其重要的。

如果宏观经济繁荣和快速发展,此时的消费者信心较强,就有可能做出当下增加支出的决策,这通常有利于企业扩大市场;反之,如果经济萧条、市场不景气,企业就可能面临相对萎缩的市场。社会物价水平和通货膨胀率的变化,也对组织经营与管理有很大影响。在劳动力、原材料价格不断增长,商品价格却无法同步增长的经济环境下,管理者或者需要通过提升效率来降低成本，或者需要产品设计或营销渠道的创新来突破困局。此外，利率及其未来变化趋势对房地产业的市场需求影响极为明显，而汇率变化则明显影响严重依赖进出口的企业。

（二）技术因素

在一般环境的诸多因素中，技术是其中变化最为迅猛也是最难以预测其影响的要素。技术因素通常是指企业运营依托的主要技术，或者经济运行过程中所需的各类硬件和软件系统。技术进步正在加速，不断创造出新的产品、先进的生产技术及更高效便捷的管理、沟通方式。

技术进步使企业能进入过去难以服务的市场，比如传统的网络基于“互联网＋社交”的“拼团”使拼多多可以低成本、广泛地接触中国三、四线城市的大量消费者，成为中国电商领域中后发先至的重要玩家。新技术还能提供新的生产技术，近年来被人们寄予厚望的生产技术创新，包括 3D 打印、工业机器人、AR/VR 等新技术层出不穷，不断吸引企业做出高额投入，企业管理者无法承担错过此类技术浪潮的风险。此外，新技术还能提供新的管理和沟通方式。互联网、社交媒体和视频会议的成本下降及可靠性提升，使大量企业在面对突如其来的“新冠”全球疫情时，快速适应了持续变化的外部环境。

（三）社会文化因素

组织处于社会中，随着社会价值观、习俗、观念、态度和生活方式的变化，组织的管理活动也应采取相应的调整措施，包括对产品、服务以及内部政策的调整。例如，随着经济发展放缓和疫情带来的不确定性，越来越多的消费者从追求名牌、通过消费来获取地位和认同的生活方式转向追求简约、共享的生活方式，期望能在消费的过程中表达对自然、环境和社会价值的认同。同时，消费者越来越强调对个性化的、小众产品的消费，以此来表达“差异化的自我”，其购买行为和选择日益受到朋友及社交媒体的口碑影响。这两种作用的叠加正在使知名品牌、传统商家广告的影响弱化。由此而产生的消费者行为方式和偏好的变化，要求企业不能忽视社会文化因素及其变化的影响，必须做出及时的管理应对。

（四）政治法律因素

政治法律因素包括政局的稳定性、国际关系以及影响组织的法律、法规等。国家政局稳定，有利于组织管理部门增强投资信心，制订长期发展目标和计划；反之，则会动摇投资信心，使得管理者只注重眼前短期利益。另外，国际地缘政治关系紧张，会改变企业对投资环境和机会的预期，故而抑制企业对外直接投资与贸易，限制企业经营活动的范围。而国家立法机构制定的法律、法规更是会对组织的行为起到监督、约束和引导作用。

（五）国际环境因素

“地球村”时代的到来，给众多企业的海外发展创造了机遇，中国也有大量企业通过跨境投资或兼并收购积极开展海外经营，涉猎行业包括消费及工业产品、生命科学与医疗、电信、房产、能源、对外工程承包等。这些企业或者利用“一带一路”提供的发展机会，或者利用欧美发达国家的成熟市场，充分利用全球资源最优化配置的益处来开展国际化经营。它们在国际环境中求发展，所以，也必然受到国际条件和国际市场情况的影响和制约。即便是那些未走出国门的企业，也需要了解市场全球化带来的机遇和挑战，并对来自国际市场的竞争做出应对。在当今社会，地球上已没有任何一块土地能完全独立于世界之外了，而国际环境因素也将不可避免地影响世界每个角落中的每个组织。

三、任务环境

任务环境,又称作业环境,是指对组织构成直接影响的某些实体。虽然不同的组织所面临的任务环境会因组织自身的性质而有很大的差异,但对所有组织而言,构成任务环境的主要成分可分为供应商、客户、竞争者、政府管理部门等几种类型。

(一) 供应商

供应商提供企业生产所需的各种资源,包括原材料(生产商、批发商和分销商)、人力资源(各级各类学校、人力服务机构及劳务外包机构)、信息(各类咨询公司、研究机构)、金融资本(资本市场、银行及其他债权人)。对组织来说,供应商不仅影响资源的稳定供应,而且影响资源的价格和质量,进而影响组织最终产品的成本、价格、质量等。如果组织缺乏足够的市场定价权,则供应商提价就会直接减少企业的利润。也因此,企业往往努力降低资源获取时对单个供应商的依赖,并运用供应链管理来改善企业的供应商管理。

(二) 客户

客户是指购买企业的产品或服务的人或其他实体。各类组织都是以满足客户的需求为目的而存在的,也是通过客户对组织输出品的吸收而得以正常运转的。组织能否成功,关键在于能否满足客户的需求,使客户满意,甚至超出客户的期望。很多企业同时服务不同的客户群,比如招商银行就同时在零售业务(个人客户)和企业业务(企业客户)中提供金融服务。尽管这两类客户对企业的成功和发展都很重要,但这两类客户的服务流程截然不同,企业对这两类客户的战略发展重心也存在明显差异。在网络时代,还有很多企业邀请最终用户参与产品的研发和生产过程。小米就是其中的典范,小米模式强调"参与感",从产品设计研发、到客户服务,都和用户打成一片,企业运转的各个环节尽量向用户开放。而用户由参与而产生的企业认同,成为小米经营的最宝贵财富。

(三) 竞争者

任何一个与本企业有同样的目标客户群,并为之提供产品和服务的组织,都是本企业的竞争者。技术创新、全球化扩张以及产品市场的创新,都可能改变市场的竞争格局和企业的竞争对手。没有任何管理者能忽略市场竞争者,否则其代价将是非常昂贵的。在企业制定自己的策略时,必须了解竞争对手在做什么。确定自己的竞争对手,是企业制定竞争战略的前提。在确定了竞争者后,还需要分析竞争者的竞争方式,比如降价、定期推出新产品、与服务或软件捆绑销售。此外,还需要全面理解企业面对的竞争。竞争是多方面的,不仅限于争夺客户,而且在取得原材料、贷款方面也有竞争,在技术开发、推出新产品方面更是竞争激烈,而这些竞争最终又将是管理的竞争、人才的竞争。因此,管理者必须保持清醒的头脑,仔细研究分析本组织的竞争状况及竞争对手的实力,及时采取适宜的竞争策略,才能立于不败之地。

(四) 政府管理部门

政府管理部门是指代表国家和社会利益而监督企业经营的国务院各部委及地方政府的相应部门,如工商行政部门、技术监督部门、财税部门、物价部门、人力资源和社会保障部门、环境管理部门等。政府管理部门拥有特定领域的官方权力,可制定有关的政策法规、征税、对违法的组织采取必要的行动等,而这些直接影响企业管理者的决策空间和可能的收益。电信、医药、食品等行业的企业更是会各自接受工信部、检验检疫管理部门的直接管理或监督。

了解组织环境的各项构成要素是什么，并且考虑其中的一些特定要素，对于管理者的决策相当重要。毕竟，外部环境会对管理者的决策和行动形成约束和挑战。具体来看，外部环境的变化，会直接影响企业战略和短期经营目标的选择和实现的可能性；快速或出乎意料的环境变化，大大提高了组织经营所面对的环境不确定性和动态性，从而增加了管理者经营决策的复杂性；任务环境中各类利益相关者（如供应商、客户、竞争者等）既会受到组织管理决策和行动的影响，同时也是组织目标需要考量的因素。事实上，研究者发现，高绩效组织的管理者在制定决策时，会考虑所有主要利益相关者的利益和目标。

四、组织对环境变化的分析与应对

如果管理者不了解环境如何影响其组织，或无法识别潜在的重要机会和威胁，他们的决策制定和计划执行能力就是极其有限的。例如，如果不能及时了解顾客偏好及其变化趋势，组织就很难设计新产品、安排生产、制订市场营销计划。很显然，及时和准确的环境信息对运营一项业务是至关重要的。

但是关于环境的信息并不总是容易获得，这在 VUCA 的商业环境中变得更为困难。历史的经验表明，即使是经济权威人士也很难预测经济状况将好转还是持续低迷；技术专家也难以准确预判未来的技术方向。此外，管理者对企业近期的盈利预测很难做到准确，更不用说有效预测竞争对手的未来行为及竞争态势。换句话说，企业几乎总是在不确定的环境条件下运营。环境的不确定性意味着，管理者没有足够的环境信息来支撑决策或预测未来。不确定性主要来自两方面：复杂性和动态性。环境的复杂性指的是管理者必须处理的问题的数量，以及它们相互之间的关联性。例如，在工厂数量众多的行业中，企业之间以不同方式竞争，这会使行业环境的复杂性和不确定性变大。只有几个主要竞争对手的行业环境的复杂性和不确定性则相对较小。同样，环境的动态性是指发生在该行业内部的非连续变化的程度。比起变化不是太大、可预测的行业，产品和技术迅速变化的高成长性行业往往更不稳定。

（一）环境分析

随着环境不确定性的增加，管理者必须开发、收集、整理和解释关于环境信息的技术和方法，具体包括环境扫描、情景规划、预测、标杆管理等（见本书第五章对这些技术的具体说明）。值得指出的是，通过分析宏观环境和竞争环境，管理者可以识别可能影响组织的机会和威胁。了解环境现状及其可能的发展方向，是管理者做出重要决策和战略规则的前提。

（二）组织对环境变化的应对

对于管理者和企业而言，外部环境虽然构成了经营决策的重要约束，但面对这些限制因素，管理者也并非完全无能为力，有效的管理者可以采用多种手段对外部环境及其变化做出应对。具体来看，管理者和企业应对环境的做法主要分为三类：（1）改变所处的环境或选择新环境；（2）影响环境；（3）适应环境。

1. 改变所处的环境或选择新环境

企业不必完全受限于所处的环境，而可以主动选择或改变自己运作的环境。这一类应对被称为战略调配（Strategic Maneuvering）。当企业有意识地改变其生存环境的界限时，它可以操纵潜在的威胁和利用随之而来的机遇。管理者可运用的战略调配行动，包括领域选择、多元化、兼并收购和股权剥离。

（1）领域选择。领域选择是指企业进入其他适宜的市场或行业，比如，竞争程度较低的市场，或快速增长的市场群体。比如,人口老龄化使很多中国企业意识到养老、健康、预防医疗及其他针对“银发族”的产品和服务的市场将会快速增长,向这一市场领域布局就属于典型的领域选择。

(2) 多元化。多元化是指企业投资于多种业务或产品,或者为减少对单一市场或技术的依赖性而扩大经营和服务。苹果公司通过在个人电脑的基础上增加 iPod、iPad 和 iPhone 系列,成功打造了多元化的产品线。

(3) 兼并收购。兼并收购产生于两家或多家企业合并,或者一家企业购买另一家企业来组成一家企业时。并购通过整合的运行模式,可以提高企业效率,或提供相对快捷的进入新市场或新产业的机会。

(4) 股权剥离。股权剥离产生于企业出售一项或多项业务时。企业可能因为一项业务的经营或盈利前景不佳而决定剥离,也可能因为该项业务的独立运作更有利于应对环境变化而决定剥离。

2. 影响环境

在重新定义企业环境范围的基础上,企业管理者还可以制定旨在改变环境的积极应对措施。积极应对措施一般分为独立行为和合作行为两类。

(1) 独立行为。企业运用独立策略来改变其当前环境中的某些方面(见表 4-1)。很显然,企业有相当多的手段来影响环境,将其改造得更有利于自身竞争战略的达成。

表 4-1 独立行为的具体表现

策略	定义	举例
竞争野心	发掘独特竞争力或通过提高内部效率来获取竞争优势	降低价格,重视广告宣传
竞争绥靖	改善与竞争者关系的独立行动	帮助竞争者获得稀缺资源
公共关系	建立维持企业在利益相关者心中的有利形象	赞助体育赛事
志愿行为	志愿投身于各利益集团、事业和社会问题	慈善捐助
法律行为	针对侵害企业利益的当事人提起法律诉讼	起诉侵权当事人
政治行为	通过影响有政策影响力的官员或公众人物来创造更有利的商业环境或限制竞争的行为	参与政府部门的政策咨询

资料来源:改编自 Thomas S. Bateman, Scott Snell. Management: Leading & Collaborating in a Competitive World[M]. 14th ed. New York: McGraw-Hill, 2020: 60,表 2.8。

(2) 合作行为。合作行为是指两家或多家企业运用合作策略共同来影响环境的行动。企业可以通过与供应商、客户或其他集团就交换货物、服务、信息、专利等方面达成协议,来稳定未来与外部利益相关者的关系,以此强化其资源获取与环境应对的能力。企业也可以联合多家企业一致行动,来应对特定的负面环境事件。在“新冠”疫情防控期间,携程推出“同袍”计划,以小微贷款向平台上的机票、酒店、旅游度假等合作伙伴提供支持,就是这类合作行为的一个例证。此外,企业还可以建立战略联盟、伙伴关系、合资企业或与竞争者合并来应对环境的不确定性。

3. 适应环境

为应对环境的不确定性,企业会不时调整其结构和运行程序,比如通过分散决策权来应对由高度复杂的环境导致的不确定性。当企业在全球的多个市场提供不同类型的产品,且当地市场的本地竞争者力量快速增长时，企业的高层管理者或管理团队极可能无法跟进所有活动或掌握一项业务的所有运作细节。此时，总部的管理团队会选择将权力授予各地区事业部的管理者，让他们做出对企业有利的决策，这一权力分散化的应对策略被称为“授权”。而在应对因环境动态变化导致的环境不确定性时，企业通常会建立更加灵活的组织结构。正式稳定的传统官僚式组织往往决策效率低、行动缓慢，在产品、技术、竞争者不断发生改变时，有机式结构往往能赋予组织灵活变动的能力（见本书第八章）。此外，企业还可以通过增加额外的资源储备、与各类资源的供应商建立稳定的合作关系来影响环境。

在企业选择对环境的应对策略时，需要关注 3 个方面：（1）企业应该尝试改变适当的环境因素。在明确了环境中导致企业出现问题、为企业提供机会、允许企业成功地加以改变的因素时，环境应对就会变得更有效。（2）企业应该有针对性地选择相关环境因素来做出反应。例如，在管理竞争环境时，企业可以采用竞争野心策略来占领新市场，通过政治行动来形成有利的政策环境，同时通过合作行动来管理客户和供应商。（3）企业应该选择低成本、高收益的应对方式。投资回报率的计算应考虑短期和长期的财务影响。仔细考虑这些因素的战略管理者将会更有效地带领企业参与竞争。

第二节　组织文化

每个人都存在区别于他人的某些稳定的心理特征（个性），影响着人们的行为方式和与他人互动的方式。当我们形容某人热情、外向、随和、敢于冒险时，我们描述的便是此人的个性特征。与此相类似，组织的行动虽然会受到上一节所说的外部环境的影响和约束，但组织的行为方式和决策风格，大到战略定位，小到内部人际沟通与互动，同样有相对稳定的倾向，我们将其称为组织文化。组织文化提供了一个组织和指导组织成员工作行为的基本框架，也是决定组织成员将如何思考和行动的组织内部环境。

一、组织文化的含义

组织文化是企业成员所共享的关于组织及其目标和实践的一系列重要假设，还包括被全体员工接受和认同的关于组织性质、准则、风格和特征等方面的认识。组织文化为原本分散的各个组织单元、群体和个人提供了黏合剂。这一黏合剂包括对重要事项的共同看法：个人应当关注顾客服务还是坚持内部政策、标准？它也传达了关键概念、原则和观点的共同含义，比如，“顾客满意至上”意味着个人应该超出工作职责范围来服务顾客，还是只要按工作手册规定执行就可以？对这些问题的回答构成了组织文化的重要内容。但就像人的个性一样，组织成员可能很难就其文化做出定义，但组织文化在不同组织之间差异明显，人们往往因为更换工作而强烈意识到不同组织间的文化差异。

组织文化作为一套所有组织成员共同认可和遵循的价值观体系，具有 3 项特征：首先，组织文化是一种对组织的感知，而不是某种切实存在、可触摸或看见的东西；其次，组织文化具有共享性，即组织成员会形成关于组织文化的一致看法，同一组织中不同背景、不同组织层级的个人会用相似的语句描述组织文化；最后，组织文化是描述性的，组织文化不是其成员对组织的评价，它所关注的是员工对组织的感知和理解，与员工的个人偏好并无直接关联。

任何组织都有自己的文化，只是强弱程度不同。强大的组织文化对于人们如何思考和行动有很大的影响。强文化是指每个组织成员都理解并信任企业的目标、重点和实践。如果企业鼓励和促进的行为与组织战略相匹配的话，强文化就可能成为组织竞争优势的来源。例如，迪士尼公司的文化鼓励对顾客服务超乎寻常的投入，苹果公司的文化鼓励创新。这些企业的员工不需要依靠制度手册来决定其行为，因为“我们这里做事的方式”的相关信念已经深深根植于组织文化中。反之，一个鼓励不恰当行为的强文化则会严重限制一个组织有效应对外部环境变化及达成其战略目标的能力。

与强文化相对，弱文化具有以下特征：不同的组织成员有不同的价值观，缺乏对企业目标的共识。他们不清楚在日常工作中适用什么原则来指导决策，他们观察到的管理者说一套、做一套。可以想见，这样的文化会导致管理过程的混乱和冲突。大多数期望有所作为的管理者相信，有必要创建与组织战略相匹配的强文化，以鼓励和支持能增进管理效能的目标和行为。

二、组织文化的构成

组织文化的4项核心要素是组织成员的行为、规范、信念和价值观。这些要素构成了一个层级结构，从底部的组织核心价值观，到顶部的无数外显的组织成员行为(见图4-2)。这4项文化要素彼此高度相关，但它们又在可观察、可理解的程度上存在很大差异。下面将通过产品导向和顾客导向的文化的对比，来说明这4项要素。

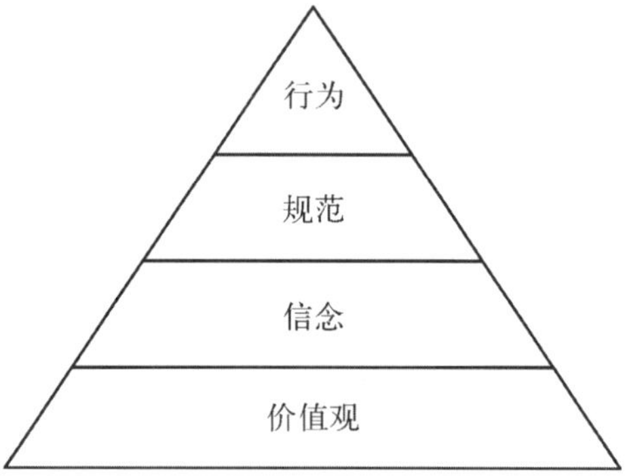

图4-2 组织文化诸要素的层级结构

1. 行为

行为是指组织成员在组织范围内的日常活动及实践。例如，如何设计产品，如何从供货商、渠道和最终顾客处收集数据，如何对待顾客，如何规范组织成员的着装方式和言谈举止，如何进行内部的人际互动，如何与外部人士交往。行为位于组织文化的表层，是文化中可见度最高的要素。在产品导向和顾客导向的文化中，很容易观察到截然不同的行为。顾客导向文化的常见行为包括各级管理者会频繁拜访顾客，与顾客一起测试新的产品构想，请顾客就具体决策的某些方面提供看法。而在产品导向的文化中，个人行为和组织实践的执行很少涉及顾客。组织成员花费大量时间研究开发最新技术，却相对忽视顾客对这类具有技术先进性的产品的看法。

2. 规范

规范位于个人行为之下，支持并解释着这些行为或组织实践的合理性。规范是行为的“游戏规则”，支配着组织成员之间的日常互动关系及与外部实体间的互动。规范体现在各类组织实践或行为模式中，例如，下属对上司是曲意逢迎还是直言不讳，组织成员是否应该及时与他人分享信息，以及个人利益是否应该服从于团队、群体或组织的利益。在与外部主体(如顾客和供应商)打交道的过程中，规范往往也表现得很明显。比如，在与供应商和顾客的交易中，是否关注以合乎道德的方式行事；在与其他外部主体交谈时，是否从不毁谤竞争者。产品导向和顾客导向的组织文化也会表现出截然不同的规范。在顾客文化中推动的规范包括总是关注顾客的看法，利用各种途径与顾客交流产品心得，尽快地将顾客反应和建议纳入产品修改方案中。而在产品文化中，主导的规范包括为了达到设计标准而进行产品测试，技术先进性将会确保市场的正面反应，因而有必要将新技术尽快应用于产品中。

3. 信念

管理研究者相信，行为和规范源于基础性的信念和价值观，尽管后者也能通过行为和规范得到强化。信念是由一群人共享的、关于世界的因果关系的看法，包括世界是如何运行的、什么会导致成功。信念不像支配日常行为的规范那么具体，而是提供关于组织成员应当如何行事以达成期望成果的一般指导原则。随着时间的推移，组织会形成数量众多的信念，涉及组织内外部的各种事项。关注外部的关键信念与战略和竞争环境有关，往往涉及顾客、供应商、技术、政府以及竞争者。关注内部的关键信念与组织属性、管理和领导组织的方式有关，包括卓越的管理意味着什么、什么是有效的领导风格，以及成功的组织是什么样的。同样，主导产品导向和顾客导向文化的也是截然不同的信念结构。顾客导向文化秉持的信念可能包括：只有能为顾客带来增值的产品才能有市场，与顾客合作开发的产品更有可能在市场中取胜。与此相反，产品导向文化的信念可能包括：产品的技术先进性本身就是最好的“推销”，顾客参与产品开发过程只会导致延误，厂商比顾客更了解未来的产品开发方向。

4. 价值观

价值观构成了文化中最深层的部分，它是指组织（及其成员）认为重要的，或者高度关注的事项。换言之，价值观是关于组织应该或想要为之努力的目标的表达或主张。价值观支持或反映着组织所寻求的最终理想或结果。价值观是组织文化中最难理解的部分，必须由观察者推导出来。尽管有些组织公开宣称其主要价值观，但管理者有必要通过收集真正影响组织决策、行动和实践的资料来了解其真实的价值观。毫无疑问，产品导向和顾客导向的文化也会表现出迥异的价值观。顾客导向文化的价值观往往包括：组织的存在目的就是满足顾客需求，企业所有决策的最终评价标准都最终体现为给顾客带来的价值，顾客总是对的。而产品导向文化的价值观则完全不同：最重要的是设计和开发出完美的产品，产品创新和营运效率是主导的决策标准。

价值观和信念虽然位于组织文化的底层，并非清晰可见，但它们的重要性毋庸置疑。没有一套指导性的信念和价值观，企业就是缺乏方向感的：组织成员在考查其行为、评价现行的规范，或者确定计划行动是否相关或合乎要求时，将没有可以依据的标准。一个组织的核心或基本信念和价值观往往惊人的持久，因此，管理者有必要分析和了解组织中的指导性信念和价值观。

三、组织文化的类型

组织文化的分类方式众多，其中一种是根据组织的相对控制取向（强调弹性还是约束）和关注点（强调组织内部还是外部市场）两个维度，将文化分为 4 种类型：官僚文化、氏族文化、企业家文化和市场文化（见图 4-3）。

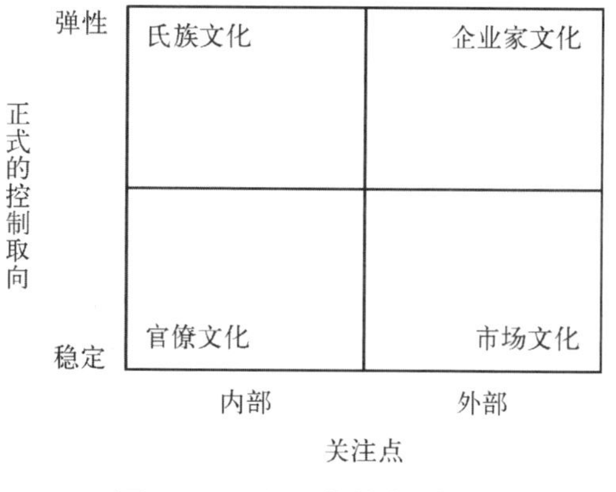

图 4-3 组织文化的类型框架

（1）官僚文化型的组织重视正式化、职务等级、规则和标准操作程序。组织中有大量书面的表格、手册来指导员工，明确定义员工的任务、责任和工作目标，管理者的主要角色是协调、组织和强化规则。

（2）氏族文化型的组织强调传统、忠诚、个人承诺、团队工作、自我管理和社会影响。在氏族文化里，组织成员有着强烈的同一感和高度的相互依赖,共同的目标、认识和行为倾向则促进了沟通、协调和整合。组织成员基于对组织的承诺(忠诚)而乐于承担额外的工作任务,并相信组织会在加薪、晋升和其他社会认可方面给予公平回报。

(3) 企业家文化型的组织强调冒险、适应变化和创造性。企业家文化常见于成功的中小型企业,它们鼓励员工的首创性、弹性和自由,以巨大的热情进行试验、创新和变革,通过提供全新的、独一无二的产品服务实现快速成长。

(4) 市场文化型的组织强调达成可测量的具体目标(如销售增长率、利润率和市场份额),竞争和利润取向在整个组织中盛行。组织与员工的关系建立在功利主义上,个体有义务完成特定水平的绩效,而组织则许诺给予相应的奖励。组织不强调发展同事间的社会关系与非正式网络,而更重视员工的个体能力和独立性。

研究发现,组织文化与组织的经营绩效高度相关,组织文化有助于提高个人满意度、增强员工对工作行为的稳定预期,因此,管理者应通过构建、维护和改变组织文化来影响组织绩效。

四、如何改变组织文化

(一) 组织文化改变的合适条件

组织文化是在组织的长期发展过程中逐步形成的。在组织文化确立后,其基础层构成要素(信念、价值观)会在相当长时间保持稳定,在短期内难以发生变化。因此,当组织的文化随着时间推移变得与组织目标或战略不相适应,成为管理上的障碍时,很少有管理者能够改变它,短期内更是如此。即使在最合适的条件下,文化变革的时间维度也要用年来估计,而非几星期或几个月就能一蹴而就的任务。那么,能促进文化发生改变的“合适条件”是什么呢?研究表明,在以下条件大部分或全部存在的情况下,组织文化最易于发生变更:

(1) 有严重危机出现。突然发生的资金周转困难,失去某位主要客户,竞争对手有了惊人的技术突破等,这些危机可能对原有组织文化形成冲击,产生削弱作用。

(2) 领导班子换人。新的高层领导可能带来一些新的价值观,员工也会产生一种他们能够带领大家渡过难关的感觉。这里的领导班子可以指组织的总裁、总经理,也可能包括所有高级管理者。

(3) 组织年轻,且规模较小。组织成立的时间越短,文化就越不稳固。同样,组织规模越小,管理层对于新事物、新的价值观就越容易交流沟通。

(4) 文化尚未得到广泛认可。文化越为广泛接受,其价值观就越能被组织成员所认可,改变文化就越困难;反之,若未能得到广泛认可,组织文化就越容易变更。

值得注意的是,即使上述这些条件都存在,也不意味着组织文化一定会发生根本性的变化,而且任何较为显著的组织文化的变更都需要很长的时间。因此,在中、短期,组织文化应被视为固定不变的限制因素。

(二) 改变组织文化的成功策略

本章第一节指出,企业与管理者对环境的应对方式之一,是通过改变组织自身以适应环境。管理者实现这一改变的最重要工具之一就是转变其组织文化,使其与不断变化的竞争要求和组织目标相匹配。具体来看,企业可以通过以下 4 种策略来改变组织文化:

1. 创始人和领导者的行动

组织文化始于其创始人和领导者的愿景。创始人定下的基调,强调了什么是最重要的,什么是次重要的。创始人通常是卓有远见的人，在组织规模尚小时，他们用自己鲜明的好恶和价值取向向所有成员传达自己关于组织愿景的想法，以身作则，为其下属们树立了强有力的榜样。专家认为，组织文化有时还反映了创始人的个性，而这种文化烙印常常会留在组织中几十年。

领导的一些象征性的言行，有时会在正式事件中彰显出来，通过一些难忘的事件来象征一种新文化(或所需的文化)。但同样重要的是，在看似平凡的日常活动中(诸如会议怎样开、管理者的办公室安置在何处，以及谁安排领导的日程表、各项活动安排时间的长短等)，员工们也会通过观察组织的现任管理者，来决定是否要认真对待一次文化的变革，以及如何转化为行动。所以，领导者的一举一动如果与员工期望的文化信号相一致，对引导组织文化的发展就能起到潜移默化的作用。

2. 树立典范

向组织成员讲述能强化组织文化的故事和典型事例。让组织成员共享一些故事和传说，这有助于重塑组织的典范。

组织也可以在各类仪式中表达和强化组织的重要价值观和目标，通过仪式使员工了解组织强烈支持或意图摒弃的某些行为和价值观。例如，为了破除官僚主义，一些管理者当众把一些束缚人的旧规章制度付之一炬。也有的企业引入了一些不同寻常(甚至有疑问)的仪式，以促使绩效导向型文化的形成。

3. 奖励制度的导向

奖励制度在引导组织文化方面也有很强的影响。凡是员工中与组织文化相一致的行为都应鼓励，将奖励与行为挂钩。另外，对那些帮助员工理解组织文化的管理者也应给予奖励。

4. 用人方式与开展组织社交活动

雇用那些价值观与组织文化相一致的员工；同时，通过开展团建活动(集体活动)，让个人学习组织的主导价值观、组织期望的行为，以及在组织中承担角色所必需的社会知识。如果新员工和求职者都明确了组织的价值观，就大大有助于他们迅速而又深入地将这些价值观内在化。

管理聚焦 4－1

构建实验文化

缤客(Booking.com)是一家网络住宿平台，在不到 20 年的时间里从荷兰一家小小的初创公司发展成为全世界最大的网络住宿平台。其成功的秘诀之一，是持续的在线实验和测试。公司的所有员工都有权进行任何测试，而不必经过管理层批准。据估计，缤客一年中的测试数量超过 2.5 万次。公司随时都在进行登录页面置换，这意味着身处同一区域的两位用户打开网站看到的不会是同一个版本。除了缤客以外，其他企业也发现了在线实验的力量。亚马逊、脸书、谷歌和微软等数字巨头都发现，在营销和创新领域，在线实验能够扭转局势。举例来说，在线实验帮助微软必应(Bing)部门实现了连续几十个月的在线升级。当今世界数字化程度越来越高，倘若不进行大规模在线实验，企业是无法长期存活下去的。通过在线实验，企业不必再猜测客户想要什么，而可以通过网络一次次的大规模“客户调查”,让客户自己表达他们究竟想要什么。

但斯特凡·索凯(Stefa Thomke)在研究了十多个组织、分析过一千多组匿名实验数据后发现,这并非企业常态。更多的企业只做了有限的测试,且影响甚微。索凯认为,导致企业在线实验能力差异的原因,关键在于文化。企业在尝试提升在线实验能力的过程中往往发现,障碍并不在于工具和技术,而在于组织内部共通的行为、理念和价值观。实验成功和失败的比例接近1∶10,在许多重视效率、可预测性和“胜利”的组织看来,失败就意味着浪费。要想成功创新,企业必须让实验成为日常工作不可或缺的一部分——即使预算紧张也不例外。这意味着要营造一个良好的环境,能够培养员工好奇心,重视数据甚于意见,让每个人(不只是研发部门的人)都可以执行或委托执行测试,而且管理者乐于接受新的领导模式。

培养好奇心。组织中自上而下的所有人都要重视意外惊喜,尽管要为此调拨资金非常困难,而且无法预测惊喜会在何时以何种频率出现。不过,一旦转为这种思路,好奇心就会在组织中占优势,员工不再把失败当成昂贵的错误,而是将其视为学习的机会。亚马逊对手机游戏《空中防御》(Air Patriots)的修改就是一个经典的例子。一次推出新版本时,用户反馈令开发团队大吃一惊:7天用户保留率暴跌70%,收益下降30%。团队发现,新版本无意中将游戏难度提升了约10%。但团队没有简单地将难度调回原水平,而是进行测试,使用4个新的难度级别及一个对照组,并发现最简单的版本效果最好。基于这一实验的新版本使用户游戏时间增加了20%,收益也增长了20%。但这样的应对方式并非常态。在许多企业里,实验涉及的风险令管理者不愿为之投入资源。很多组织还在实验的性质和数量方面过于保守。过分强调成功实验的重要性,可能鼓励员工关注类似的解决方案,或其他已知的可行办法,避免尝试可能失败的新创意。

坚持数据甚于意见。在线实验的实证数据与固有观点相冲突时,不管提出该固有观点的是什么人,都必须选择相信数据。但大部分企业很难做到,人们倾向于欣然接受确证自己偏见的“好结果”,面对与自己假设不相符的“坏结果”则往往会提出疑问并全面调查。应对这个问题的方法是,坚决执行实验数据确认的改变。当然,并非所有管理决策都能以在线实验为基础,比如是否收购某家企业的战略决策。但如果在能够测试的方面都充分实行在线测试,实验就可以为管理决策发挥重要的辅助作用,推动健康的争论。

实验民主化。缤客所有员工都可以发起涉及数百万客户的实验,不必经过管理层认可。在公司的1 800个技术和产品相关员工中,约有75%主动使用公司的实验平台。实验平台的标准模板使他们能轻松设置测试,而招募参与者、随机取样、记录浏览者行为和生成报告等步骤都是自动完成的。推动实验的个人和团队需填写电子表格,公司内所有人都能看到表格内容。实验开始后的最初几个小时,团队要密切关注,如果主要指标或次级指标迅速失败,团队就可以停止测试。最初一段时间过去后,平台会继续自动运行数据质量检验,在出现问题时发送警告信息。所有人都能看到实验生成的实时数据。由于缤客实验基础架构的集中化,所有人都用一样的工具,这使大家信赖彼此的数据,并可以讨论和承担责任。实验民主化让员工获得了将自认为有价值的新方法付诸实践所需的自主权,并让所有员工参与监督实验和实时提供反馈。

接受不一样的领导模式。如果所有员工都积极参与实验、坚持数据优先于管理者的个人意见，员工就有能力自行做出好的决定，加速创新和改进。在这一过程中，领导者该做些什么呢？研究表明，领导者应做以下几件事：

（1）设定整体战略目标，帮助员工了解自己的实验如何对整体战略目标起到支持作用。

（2）为大规模实验做好相应的系统、资源和组织结构设计。

（3）以身作则，和其他员工一样，领导者的创意也需要接受测试。

（4）用行动支持实验文化，放手让员工试错，并接受自己也可能出错。

资料来源：斯特凡·索凯：构建实验文化[J]. 哈佛商业评论，2020(3)。

第三节　企业社会责任和管理伦理

以 VUCA 为特征的组织外部环境带给当前的企业管理者巨大的生存和盈利压力，管理者为了获得良好的经济绩效而可能忽视社会公众对企业社会责任和管理伦理的期待。虽然企业社会责任与管理者伦理行为的问题不是一个新话题，但近年来大量充斥报端的企业财务造假、产品造假、“血汗工厂”“996”等负面新闻，都显示企业在面对巨大的外部环境压力时并非总是能做出正确的管理决策和行为选择，有必要重视企业及其管理者在实现其组织经济目标的同时，是否遵守管理伦理要求并承担必要的社会责任。

一、企业社会责任

企业作为一个经济主体，是否应优先考虑其社会责任？企业承担社会责任会影响其财务绩效吗？企业应在多大程度上承担社会责任？这些问题一直备受争论。由于企业规模日益增大、财富几可敌国，跨国企业在全球市场的影响力也超出了经济领域，社会公众对机会平等、污染控制、能源和资源节约、消费者及劳动者保护等议题的关注最终都落实在了企业，特别是大型企业的群体上。也因此，外部环境通过公众对企业社会责任的期待，被纳入企业经营目标集合中，并影响着企业的战略选择。

（一）什么是企业社会责任

将企业社会责任(Corporate Social Responsibility, CSR)视为企业应尽的义务是在 1953 年被提出的，这一观念旨在使企业制定的政策、做出的决策和采取的行动符合社会的整体目标和价值观。企业社会责任的支持者认为，企业和社会是紧密交织在一起的：企业依赖消费者购买他们的产品，而消费者需要依赖企业提供的商品维持幸福健康的生活。同时，企业与公众之间也存在社会契约（一系列隐含的权利与义务），虽然具体细节会有变化，但它同样构成了企业正当性的来源。如果企业无法承担其社会义务，则利益相关者将会采取行动反对这家企业。例如，消费者会抵制企业的产品，而高素质的员工也会离开缺乏社会责任感的企业。

研究者指出，企业需要承担 4 个领域的责任：经济责任、法律责任、伦理责任和慈善责任（见图 4 - 4）。如果企业在这 4 个方面都能承担应尽的责任，就能有效回应所有利益相关者的诉求。在实际的商业活动中，企业可能对某一个、两个或全部 4 个方面予以关注。

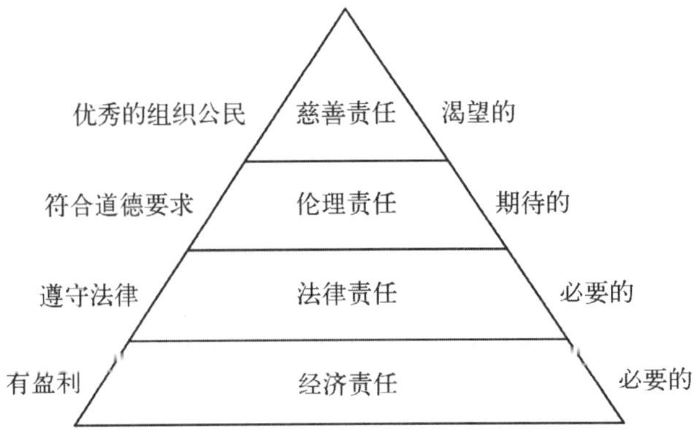

资料来源：Thomas S. Bateman，Scott Snell. Management：Leading & Collaborating in a Competitive World[M]. 14th ed. New York：McGraw-Hill，2020：153，表5.7。

图 4-4　企业社会责任的四大领域与绩效金字塔

1. 经济责任

经济责任是指企业要承担获取利润并增加股东价值的职责。企业组织是社会最基本的经济单元，因此，企业首先要承担的职责是提供社会公众需要的商品和服务，并且可以通过销售这些商品和服务而盈利。企业会在经营活动的全过程中采用多种直接或间接的方式来提高利润，直接的方式包括降低生产成本、提高员工生产效率等，间接的方式则包括打造强大的企业形象及提高员工的合法合规意识等。间接行为是指那些无形的，但随着时间推移会提高经济效益的事务（例如，提高员工的道德意识和水平、增强消费者对品牌的认知度，以及在整个组织中培育强大的领导力等）。

2. 法律责任

企业的法律责任可以被简单地界定为要遵守经营所在国家和地区的与商业行为相关的法律法规。法律责任设定了企业在经营时必须恪守的边界。换言之，企业应在法律的边界内履行其经济责任。企业履行其法律责任的方式也有很多种，最常见的有：严格遵守法律、预见并避免可能的违法行为，以及避免民事诉讼及由此产生的违法成本等。法律是企业行为应遵循的底线准则。

3. 伦理责任

伦理责任是指企业的经营活动应符合未包含在法律条文中的社会期望。伦理责任会随着时间推移而不断变化，比如，社会公众以往可能更关注生产过程和产品的安全性，目前则延伸到关注企业在招聘员工时不应歧视特定人群、合理的工作时间安排以及给予员工合理的报酬，对环境的高度关注还使社会公众对企业在可持续发展和环境污染等问题上承担的责任提出要求。

4. 慈善责任

慈善责任是指符合社会和企业价值观的附加行为和活动，例如支持特定弱势群体或本地社区的项目、组织对自然灾害或弱势群体的慈善捐款。企业履行其慈善责任不仅仅体现了其资源的利他主义用途，事实上，管理良好的"有策略的慈善"与股东利益并不矛盾，反而能够增加股东的财富。

（二）企业社会责任是否会影响经济绩效

社会责任活动的发生必然导致组织内部成本的增加，这是否意味着组织履行其社会责任会导致财务绩效下降呢？组织的社会责任与其股东价值之间到底存在怎样的关系呢？许多学者针对这一方面进行了研究，但由于在衡量“社会绩效”和“经济绩效”时受到方法论的影响，其结论并不一致。社会责任的反对者与支持者各执一词，莫衷一是。

以米尔顿·弗里德曼(Milton Friedman)为代表的反对者认为，企业唯一的社会责任就是提高利润。他认为，虽然社会福祉也很重要，但政府应当承担这部分责任，而企业则应专注于在法律允许的范围内实现利润最大化。与其观点一脉相承，许多研究者认为，在市场经济中，要求企业承担社会责任不仅会降低其财务表现，而且会对其商业目的造成损害。有多个研究支持弗里德曼的观点，显示出企业的社会责任行动会对经济业绩造成负面影响。研究者由此推论，社会责任需要企业在相关领域进行投资，进而对短期利润造成负面影响，但这类投入只会带来不确定的收益，因此长期来看无法弥补对利润的负面影响。

得出社会责任与企业绩效负相关的结论，与研究者对关键变量的衡量方式有关。对“社会绩效”的衡量，最常用的一种方法是通过对企业年度报表的分析、对企业文档中有关社会行动描述的引证以及组织在公众中的“声誉”指数等标准来测量。而对于“经济绩效”的评估，虽然通常以净收入、权益收益率或者每股价格等客观标准来衡量，具有较强的可信度，但它揭示的是短期内的财务绩效，而社会责任对企业利润的冲击(正面的或负面的)需要经过一段较长的时间才能完全体现，也就是说，这种作用的结果具有一定的时间滞后性。所以，这类研究往往只能揭示社会责任对企业短期财务绩效的影响，而与长期战略目标的达成、竞争优势的提升无关。

将利润最大化原则和企业社会责任原则对立起来的观点，目前越来越受到质疑。其中一个原因是，近年来的许多实证研究表明，社会责任对财务绩效有正面或中性的影响，在一定程度上驳斥了前述观点。但更重要的原因，是将企业视为社会成员的观点大行其道：企业需要承担其社会责任，应当积极负责地参与到社会和环境事务中。事实上，甚至可以说，社会公众对企业社会责任期待的变化正是造成社会责任-财务绩效关系变化的重要原因，各类利益相关者通过多种具体行动来支持企业负责任的行为，并最终体现为企业经营状况的优化。比如，消费者关注企业是否践行社会责任，他们会根据企业的社会责任行为来做出购买决策。企业的社会责任行为还可能影响其他领域的成本和收益：由慈善捐助带来的企业市场声誉改善和税金减免；企业市场声誉使其能吸引更多有才华的员工加入；遵守法律的行为有助于避免法律诉讼；良好的企业社会责任行为吸引了投资者的关注，使投资者增加对企业的持股；等等。从这个意义上说，可以将社会责任视为一种长期投资，帮助企业获得长期的竞争优势。

（三）如何通过履行企业社会责任赢得竞争优势

企业践行社会责任可以成为机遇、创新和竞争优势的来源，它是对企业未来的投资。也因此，企业应将社会责任视为战略的一部分。履行社会责任必须有明确的计划，被审慎有效地执行，并要定期做出评估。具体来看，企业可以通过以下几个方面的努力，使社会责任行为帮助其赢得竞争优势：

1. 支持核心商业活动

当企业社会责任可以为企业的核心商业活动提供支持时，它就具有战略意义，这些核心商业活动会对企业的使命、愿景和战略有所贡献。与员工相关的企业社会责任行为是其中最重要的一个方面。吸引并留住技能娴熟、有创造力和工作态度积极的员工，是企业满足客户需求和将自身与竞争对手区分开来的必要条件。在以往，企业能获得成功通常是因重视生产工艺、能够获得资本市场的支持、规模经济、专利以及产业吸引力所造就的。尽管这些竞争优势的来源依然重要,但招募最具才华的员工正变得越来越重要。有研究表明,表现出更高社会责任行动、积极性更高的企业,往往会被视为更有吸引力的工作场所,这意味着有才华的员工会更愿意主动在劳动力市场上搜寻这类企业,并且更愿意在这类企业中长期任职。通过吸引更高质量的劳动力,企业可以形成一种竞争优势。对员工而言,积极践行社会责任行动的员工也会有更好的自我形象,这会提高其自身的道德要求和水平,有利于企业盈利能力的提升。

除了与人相关的因素以外,企业还可以利用社会责任提高自身所处的商业环境的质量。通过投资教育、污染物减排以及慈善捐助等项目,企业可以提高生产效率,并因社会财富提升而造就新的商业和投资机会。

2. 创建战略社会责任平台

虽然社会责任对组织的长期发展有战略价值,但与之相关的企业变革和具体实施会存在很大困难。研究者建议,企业应努力参与实施战略社会责任(Strategic CSR),将社会责任行动与企业商业活动直接挂钩。下面的四步骤模型是所有希望实施战略社会责任的管理者都可以使用的有用工具(见图 4－5)。

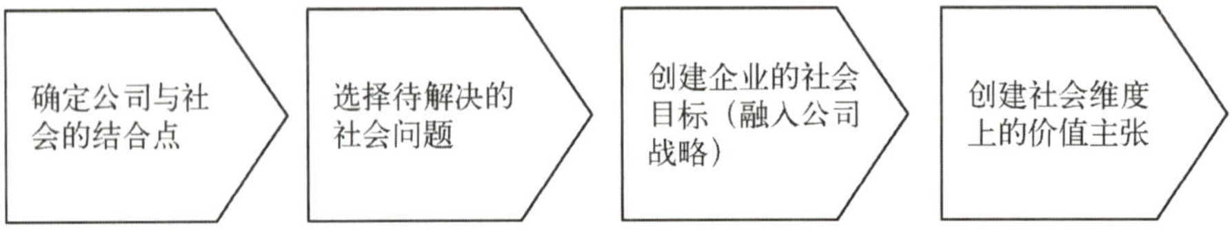

图 4－5　实施战略社会责任的四步骤模型

实施战略社会责任的第一步,是企业确定所有外部期待与内部经营的结合点,这可以从自内而外和自外而内两个方向来分析。自内而外的结合点由企业价值链上会对社会造成影响的所有活动构成,包括企业招聘和解雇员工的政策、温室气体排放,以及供应链管理等。自外而内的结合点则是由可能影响企业提高生产效率和执行战略等方面能力的社会层面构成,包括行业法规与政府管制政策、可获得的自然资源、可选择的人力资源以及竞争性对抗方式等。

实施战略社会责任的第二步,是选择待解决的社会问题。企业在选择待解决的社会问题时,一个重要的指导原则是,要考虑该社会问题的解决能否在创造社会利益的同时,让本企业受益。企业应避免去解决与其核心商业活动无关的通用问题,而是专注于解决与企业价值链直接相关或可以改变企业所处行业竞争情境的问题。

在选择某个特定的问题后,第三步是创建企业的社会目标,其中应涵盖自内而外和自外而内两个维度。企业应从优化组织内部流程以减少负面的社会影响和直接投入资源以减少社会问题两个方面来思考具体行动目标。

最后一步,企业应当利用已确立的社会目标,创建社会维度上的价值主张。企业可以借此增进在相关领域的社会影响力,这也构成了企业整体战略的一部分。例如,一家食品生产企业积极回应消费者和社会公众对食品安全和环境保护问题的关注,提供有机、天然和健康的食品。对这一社会目标的关注使企业在健康食品领域赢得了忠实的目标客户群体,这一群体有意愿为其产品和服务支付额外的溢价,而企业也因此获得了额外收入和市场份额增长从而提升盈利水平。视所在行业的性质和竞争情况的不同,企业和管理者有多种将社会责任转化为潜在收入来源的选择。

二、管理伦理

管理者在面对外部环境的不确定性和由此产生的相互冲突的目标时，可能需要做出与伦理相关的决策。比如，为了满足企业快速增长的业务需要，要求员工持续长时间加班是可接受的吗？为了增加销售量，给客户公司采购经理商业贿赂或回扣是可行的做法吗？与企业的社会责任相似，管理者在做出决策时，也需要权衡经济、法律、道德等方面的义务，并面对来自各不同利益相关者的压力。下面我们将从管理者面对的伦理困境、影响管理伦理的因素、改善企业伦理行为 3 个方面具体描述管理伦理的内容。

(一) 管理者面对的伦理困境

管理伦理是指在管理领域内涉及的是非规则和准则。管理者的伦理行为是一种与主流的社会规范和文化准则相一致的管理行为。它与通常所说的合法行为不是同一个概念。合法行为(Legal Behavior)是指那些被法律与法规所承认和允许的行为举措。它通常较为客观，受法律和法规的严格约束，并强制要求任何组织都予以执行。伦理行为则带有很强的主观意识，有时在是与非之间甚至很难决断，它更多地受到公众舆论以及社会压力的影响。合法行为与伦理行为之间多数时候是一致的，但有时候也会出现“合法不合理”或“合理不合法”的状况，这时就需要根据场合、情景以及个人的是非态度、道德观等加以权衡。

罗什沃斯·基德(Rushworth Kidder)指出，人们经常面对 4 种道德困境，可以作为(道德判断时的)模型或范式。

(1) 真相与忠诚。比如，如实回答某个问题，可能损害你对他人明确或默示的保密承诺。

(2) 个人与社会。比如，你是否应该保守关于某人疾病状况的秘密，而这一疾病可能给更广泛的公众带来威胁。

(3) 短期与长期。比如，父母如何选择是现在花时间和孩子相处，还是投入更多时间在事业上。后者从长期来看，会给家庭带来更大的收益。

(4) 公正与仁慈。比如，选择原谅一个人的过失，认为其“情有可原”，还是坚信他/她应该“从中得到教训”。

在解决这些伦理困境时，通常存在 3 种不同的伦理思考框架(原则)：基于终极目标的思考、基于规则的思考，以及基于关爱的思考。

(1) 基于终极目标的思考(Ends-based Thinking)，往往是“为了最大多数人的最大利益”。在哲学上，这一原则也被称为功利主义，这一观点的逻辑前提是一项行动的后果或结果能最好地决定该行动正确与否。但人们往往无法事先预见个人行为的全部后果，更难预判存在更广泛社会影响的政策决策等集体行动的后果。即使可以知晓其行动结果，这一方法也存在其他问题。例如，如果一项医学研究的成果可以救治成千上万人的性命，牺牲少数人的生命用于实验，在伦理上就能站得住脚吗？

(2) 基于规则的思考(Rule-based Thinking)符合康德哲学传统，它可以通俗地表达为“遵循最高原则或责任”。这一思考方式不取决于对行动结果的预判，而取决于每个人在所有时间、任何一种情境下都应当坚守的行为标准。这一原则看似崇高，实则将个人的所有行为限制在僵化、缺乏个人思考的教条下，全然不考虑决策的具体情境，这最大限度地降低了个人判断在道德决策中的作用。

(3) 基于关爱的思考(Care-based Thinking)描述的是世界上多个宗教中公认的黄金法则:"己所不欲,勿施于人。"本质上,这一方法在确定行动的正确性时,使用了可逆性标准。在思考特定行为时,我们站在行为对象(而非行动者)的立场上,并以我们的心理感受为指导来决定最佳行动路径。

这3种思考框架并没有明显的孰优孰劣,在考虑行动正确性时,应从这3个原则视角来思考,分别将每个原则应用于个人面对的具体情境并权衡综合分析结果,然后做出道德决策,才是明智的做法。换句话说,一个原则可能在某一情境下提供明智的指导,但在另一种情境下,适用不同的原则可能更右前。在不同情境中可能存在一些关键但微妙的差异,在选择最终的行动路径前,应当尝试着使用3种原则来加以评判。

(二) 影响管理伦理的因素

管理者的行为和决策是否合乎伦理道德,通常受多种因素的影响。最主要的因素包括个人伦理道德的发展阶段、个人特征、组织结构设计、组织文化以及伦理道德问题的强度等。这些因素共同作用,将最终决定组织或个人所采用的手段是道德的还是不道德的(见图4-6)。此外,个体道德感的强弱也并不是一成不变的,它在很大程度上是由个体所在组织的环境决定的。缺乏强烈道德感的人,如果在组织中受到规则、政策、工作规定或加于行为上的强文化准则的约束,他们产生不道德行为的可能性就小,久而久之,会产生一种道德认同感,从而改善自身原本的道德伦理观;相反,原本非常有道德的人,也可能在一段时间后被组织的结构和组织中允许或鼓励不道德行为的文化所腐蚀,从而削弱自身原有的道德感。所以,在组织内部建立一个良好的道德伦理系统是非常重要的。接下来,我们就分析一下那些最终将影响组织或个人伦理行为的主要因素。

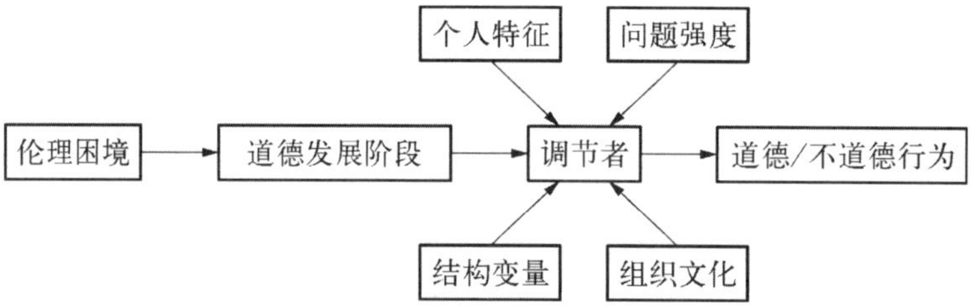

图4-6 影响伦理行为的因素

1. 道德发展阶段

美国心理学家科尔伯格(Lawrence Kohlberg)的研究表明,道德在认知层面的发展存在着前后相继的3个水平的发展时期,而每一个时期又分为2个阶段,一共有6个阶段。每个阶段对道德情境的分析过程都比前一个阶段在认知上更为复杂,并且,各阶段的排序是固定不变的。

第一个时期是道德成规前期(Preconventional Level)。伦理道德处于这一水平上的人们在进行是非曲直判断时所参照的唯一指标是个人利益的得失情况。通俗一点说,也就是人们的行为方式是由趋"利"避"害"的原则决定的。这里的"利"是指自身利益的可得性,"害"则是指所受惩罚的规避性。这一水平中所包含的两个道德伦理阶段:(1) 为避免受罚而遵守规则的阶段;(2) 为获取直接利益而遵守规则的阶段。

第二个时期是道德成规期(Conventional Level)。伦理道德处于这一水平上的人们较看重他人的期望以及对传统秩序的维护。这一水平中所包含的两个道德伦理阶段:(1) 做周围人所期望的事情；(2) 通过履行他人所赞同的准则来维护传统的秩序。

第三个时期是道德自律期(Postconventional Level)。伦理道德处于这一水平上的人们开始摆脱他们所属群体和一般社会的传统观念，确立自己的价值观、道德伦理观以及一系列进行是非判断的个人道德原则。这一水平中所包含的两个道德伦理阶段：(1) 支持自身认可的价值观和权利，而不管该价值观和权利是否符合多数人的意见；(2) 遵循自己所选择的道德原则。

以上 3 个时期、6 个阶段展现了人们道德伦理观的形成过程，一个不断趋于主动、主观的过程，呈阶梯状分布。每个人都会毫无疑问地经历这样一个阶梯式攀登的过程，所不同的只是每个人在其最终伦理道德上的停留阶段有所差异。一般来说，一个人伦理行为的道德水准与其伦理道德所能达到的阶段呈正相关关系。过去数十年的研究表明，道德判断是每个人的全面个人成长和社会成长的一部分，并且，那些道德判断发展得最充分的个人"乐于学习、寻求新的挑战、喜欢有智力刺激的环境、内省、制订计划并确立目标、敢于冒险、从更大的社会历史和制度背景下看待个人存在的意义，并承担起对自己和他人的责任"。

2. 个人特征

研究者发现，有两个呈现个人特征的个性变量对人们的行为有较大影响。这两个个性变量是自我强度和控制点。自我强度是衡量个人自信心强度的一种个性变量。通常，自我强度高的人具有较强的自信心，他们更多地会做他们认为正确的事。所以，与自我强度低的人相比，自我强度高的人在伦理判断和伦理行为之间有更高的一致性。控制点(Locus of Control)则是用于衡量人们相信自己能掌握命运程度的个性变量。具有内控倾向的人认为自己对命运有绝对的控制力，具有外控倾向的人则认为自己一生的命运是由运气和社会来决定的。因此，一般情况下，与外控倾向的人相比，具有内控倾向的人在伦理判断和伦理行为之间表现出更高的一致性。

3. 结构变量

良好的组织结构有助于强化组织成员的伦理行为。一般而言，清晰明确的组织结构设计能提高员工对伦理行为的认识程度，而组织正式的规章制度、清晰的职务说明和明文规定的道德准则不仅能有效减少组织运作的模糊性，而且能促进行为的统一性。此外，上级的行为以及组织绩效评价系统的完善与否也是两大关键因素。上级管理者的行为标准对其下属而言往往会产生最直接且有效的影响，而组织在评价时对结果和手段的重视态度也会对员工伦理行为的选择产生较大的影响。

4. 组织文化

组织文化的内容和力量同样会影响组织员工的伦理行为。可能形成较高伦理标准的文化是一种高风险承受力、高度控制以及对冲突高度宽容的文化。处于这种文化中的组织员工会被要求不断创新和进取，并会对道德和不道德行为产生清醒的认识。而从文化力量的角度而言，如果企业拥有强文化并且支持高伦理标准，那它会对组织员工的伦理行为产生非常强烈和积极的影响。例如，强生公司有一种长期承诺为顾客、雇员、社会和股东履行义务的强文化。当有毒的泰诺胶囊在商店货架上被发现时，美国各地强生公司的雇员，甚至在强生公司还未发表有关中毒事件的声明之前，就自动将这些产品从商店撤走了。事实上，并没有人告诉这些雇员在伦理道德上什么是对的，但他们知道，强生公司对他们的期望是什么。

5. 问题强度

影响伦理行为的最后一个主要因素是伦理道德问题本身的强度(严重性)。如图 4－7 所

示,有 6 个相关特征将最终决定问题的强弱和重要性程度。与这 6 个特征对应的问题如下:

(1) 某种伦理行为的受害者(或受益者)受到多大程度的伤害(或利益)?

(2) 舆论在多大程度上认为这种行为是邪恶的(或善良的)?

(3) 行为实际发生和将会引起可预见的危害(或利益)的可能性有多大?

(4) 伦理行为对有关人员的影响的集中程度有多大?

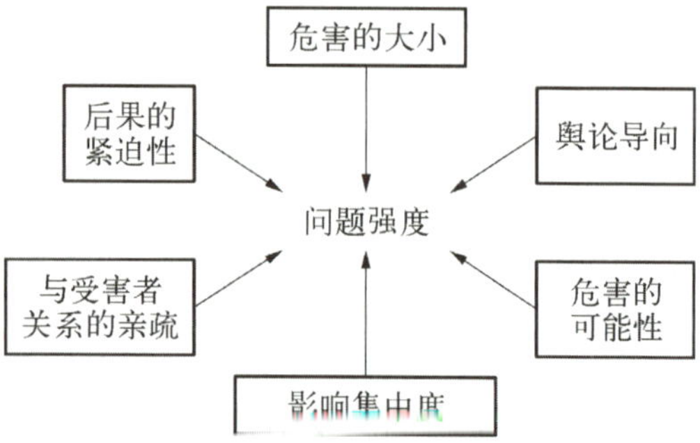

图 4-7　决定问题强度和重要性的特征

(5) 你觉得(在社会、心理或物质上)你与该种邪恶(或有益)行为的受害者(或受益者)的亲疏关系如何?

(6) 在该行为和它所期望的结果之间,持续的时间有多久?

根据以上 6 个特征可知,某行为造成危害的可能性越大,从其行为到后果的时间间隔越短,人们与受害者的关系越近,其危害性越强,影响集中度越显著,舆论谴责越强烈,那么该问题的强度就越大,其重要性程度也就越高,人们对该行为具备道德性的期望也就会越强烈。

管理聚焦 4-2

原则至上的领导

对管理者而言,为所有员工做出基于价值观的个人行为示范是至关重要的,而同样重要的是(特别是高层管理者),应确保使用清晰的价值观指导组织中每个人的行为。这就要求管理者做出个人行为表率,这是在整个组织中推行符合道德准则的行为的前提。如果最高管理者对价值观持漠视态度或只是做做样子,组织中的其他人就不会认为按准则行事是非常重要的。

值得注意的是,组织的道德行为不是组织成员的集体道德水准的简单相加。为此,需要关注不同组织层次上的道德行为。柯维(Stephen R. Covey)开发出了一种名为"原则至上的领导"(Principle-centered Leadership)的方法,并提出,领导的各个层面(个人层面、人际层面、管理层面和组织层面)存在基本的相互依赖关系。每个层面的独特作用可以表示如下:

个人。个人的第一需要是成为值得信赖的人,而这取决于个人的品质和任职能力。只有在个人值得信赖时,才能与他人建立信任关系。

人际。缺乏信任的关系的一个特征,是为自我保护而努力去控制及核实彼此的行为。

管理。只有在信任关系的背景下,一位管理者才会冒险授权他人,使他们充分发挥才华和活力。但即使采用授权式领导风格,对高绩效群体的领导仍取决于团队塑造、委派、沟通、协商和自我管理。

组织。当组织结构、制度(如培训、沟通、奖励制度)、战略和愿景保持高度整合并相互支持时,组织是最富创造性和生产性的。换言之,特定的组织构架比其他安排更有可能培养和强化其成员的道德行为。

但即使组织清楚地将受到每个人欢迎的价值观印在纸上，价值观冲突仍可能出现。如果员工认为管理者的行为未能体现公司的重要价值观，就会出现价值观冲突。当组织中的下属成员认为领导者违背了价值观时，他们不太可能向后者主动表达负面感受。因此，领导者本人需要定期询问员工的所思所想，积极主动地激发讨论。

资料来源：Richard L. Hughes，Robert C. Ginnett，Gordon J. Curphy. Leadership：Enhancing the Lessons of Experience[M]. 10th ed. New York：McGraw-Hill，2022：157 - 158。

（三）改善企业伦理行为

在日趋激烈的全球竞争中，通过建立规范的道德伦理制度来创建一个有利于减少道德冲突和提高声誉的组织氛围，已成为各组织获得成功所必不可少的基础。伦理标准、态度和规则不仅有助于组织利益，而且从长远看有助于增加个人和整个国家的价值和财富，有助于社会和谐发展。为此，组织的高层管理者应特别重视以下几个方面：

1. 新员工招聘

组织在招聘的过程中，应重视对应聘者个人价值观和性格的测试。一般可通过面试、笔试以及情景测试等多种形式进行综合了解，并据此对那些在伦理道德上不符合要求的人员进行淘汰和剔除。虽然这种甄选过程会受一些主观条件和客观条件的影响而有时显得不那么可靠，但不可否认，它是组织了解个人伦理道德发展水平、个人价值准则、自我强度和控制轨迹的一个良好机会。

2. 制定明确的伦理准则和决策规则

伦理问题具有一定的主观意识性，就好似一句俗语所说，“仁者见仁，智者见智”，在不同文化背景和家庭环境中长大的人对于某些问题的伦理判断可能产生大相径庭的观点。所以，在多元化的组织内部应建立明确的伦理准则，这有利于避免组织员工可能产生的迷茫感。《财富》杂志列出的 1 000 家公司中，几乎 90%的公司已建立了明文的伦理法规。伦理准则(Code of Ethics)是表明一个组织基本价值观和它希望雇员遵守的道德规则的正式文件。在伦理准则的制定过程中，要特别注意两个方面：一方面，伦理准则应尽量详尽具体，能让雇员明白组织所要求的工作精神；另一方面，伦理准则又应有足够的宽松度，从而给予雇员们一定的判断自由。

3. 高层管理者的榜样作用

组织伦理准则有效落实的关键在于高层管理者的以身作则，因为组织文化基调的建立通常是自上而下的。高层管理者的言谈举止对其下属而言往往具有很强的表率作用，尤其是在某些敏感问题上，诸如贿赂、晋升、奖惩等问题上，下属员工会更直接地以其上司的行为为模板进行操作，同时还会据此建立起对该问题的道德伦理意识和是非观。所以，作为组织最高决策者的管理者应当时刻警惕自己的所作所为，因为这已不仅是一种单纯的个人行为，而且可能直接影响组织道德伦理氛围的建立。

4. 建立明确且可行的工作目标

工作目标的可实现性对于组织的管理伦理具有很重要的现实意义。若组织给某个员工所制定的工作目标是根本不切实际、难以完成的，那么在该目标的重压下，即使原本很有道德感的人也会迫于无奈而开始采取“不择手段”的态度。由此而造成的价值观和道德伦理观的扭曲,对组织来说是损失重大的。

5. 定期的伦理行为培训

如今,越来越多的组织已开始设立研讨会、专题讨论会以及类似的培训项目,尝试去改善组织的伦理行为。据最近的估计,44%的公司已经提供了不同程度的伦理培训。虽然对于伦理培训的效果有一部分批评者始终持否定态度,但一些实验证明,伦理培训对于伦理行为的实质性变化仍是非常有助益的。这种培训提高了组织员工个人的伦理道德发展水平,即使这种培训没有对行为产生本质影响,它也增强了受训者对管理伦理问题的意识。

6. 建立完善的绩效评价体系

结果和过程是绩效评价的两个主要方面。一个在绩效评价时只看重经济成果的组织是很容易陷入伦理困境的,因为他们往往会为了追求理想的结果而不择手段。所以,在一个坚持高伦理标准的组织里,他们的绩效评价应该是结果与过程兼顾的,有时甚至会更注重其实现结果的手段和途径的道德性问题。

此外,组织还可以通过进行定期和不定期的审计抽查来监督组织的管理伦理,也可以建立一些组织伦理行为的咨询机构,通过沟通来帮助组织成员明确道德伦理问题,更有甚者通过对组织核心价值观的不断强调、对组织内正确行为的不断肯定以及在组织内建立共同奋斗目标等方式,改善组织内部的道德伦理现状。

本章提要

组织环境有内、外部之分。根据其对组织作用的直接与否,外部环境可分为一般环境和任务环境两大部分。一般环境中的5个主要因素是经济因素、技术因素、社会文化因素、政治法律因素和国际环境因素。任务环境虽然因组织性质和经营业务范畴的不同而各不相同,但基本要素是类似的,包括供应商、客户、竞争者以及政府管理部门等。面对不确定的组织外部环境,管理者需要收集、整理和解释环境信息,并积极采取多种手段对外部环境和变化做出应对。

组织文化被视为组织的内部环境。组织文化的4项核心要素是组织成员的行为、规范、信念和共同价值观。这些要素构成了一个层级结构,这4项要素彼此高度相关,但它们又在可观察、可理解的程度上存在很大差异。根据组织的相对控制取向和关注点两个维度,可以将文化分为4种类型:官僚文化、氏族文化、企业家文化和市场文化。组织文化是在组织的长期发展过程中逐步形成的,在短期内难以发生改变。但如果组织文化与组织目标或战略不适应,管理者就需要采取一些策略来改变组织文化。

组织对社会应承担相应的社会责任和义务。具体来看,企业需要承担4个领域的责任:经济责任、法律责任、伦理责任和慈善责任。组织的社会责任与组织所追求的经济绩效并不存在必然的矛盾关系,运用得当,甚至还会成为企业赢得竞争优势的来源。

与企业的社会责任相似,管理者在做出决策时,也需要权衡经济、法律、道德等方面的义务,并面对来自各不同利益相关者的压力。管理者的管理决策可能面临伦理困境,管理者应使用常用的3个伦理思考框架来分析,据以做出道德决策。管理者的行为和决策是否合乎道德,存在多个影响因素,企业可以通过建立规范的道德伦理制度来创建重视伦理的组织氛围。

复习思考题

1. 你认为一般环境和任务环境，哪个更加重要？为什么？

2. 请结合近年来的重大外部环境变化（科技、"新冠"疫情、全球化等），分析这些环境变化如何影响企业的经营与管理。企业可以采取哪些策略来应对外部的环境变化？

3. 什么是组织文化？组织文化由哪几个核心要素组成？

4. 请用本章介绍的组织文化分类模型，分析你所熟知的一家组织（企业或学校）所属的文化类型。

5. 企业需要承担的社会责任有哪些？你认为工商企业应当承担社会责任吗？为什么？

6. 管理者可能面对的伦理困境有哪些？管理者的伦理决策是其个人的选择，还是组织伦理氛围的产物呢？

5 第五章 计划工作与目标的设定

全章提要

学习目的与要求

1. 明确计划工作的含义和作用；
2. 区分战略计划、战术计划与作业计划；
3. 了解计划工作中的 4 种权变因素及权变计划工作；
4. 掌握计划工作的过程；
5. 了解组织的目标等级体系及目标多重性；
6. 掌握目标设定的 SMART 原则；
7. 了解如何实施目标管理；
8. 掌握计划工作的常用工具和技术。

管理专业术语

Planning	The process of setting goals and courses of action, developing rules and procedures, and forecasting future outcomes.
Hierarchy of plans	A set of plans that includes the company-wide and derivative plans of subsidiary units required to help achieve the enterprise-wide plan.
Single-use plan	A one time plan specifically designed to meet the needs of a unique situation.
Standing plan	Ongoing plans that provide guidance for activities performed repeatedly.
Purpose	It is the basic goal, defined by the societal context in which it operates.
Mission	A long-term vision of what an organization is trying to become. The mission is the unique aim that differentiates an organization from similar organizations.
Objective	Specified future conditions that an organization — or member of an organization — hopes to achieve.
Management by objectives (MBO)	A technique in which supervisor and subordinate jointly set goals for the latter and periodically assess progress toward those goals.

计划是一项最基本的管理职能。在集体中工作的人们要取得有效的成果,最主要的任务是设法使他们明确目的、目标及其实现方法。领导者往往在力求实现某一目标前,先构想出一张蓝图。从某种意义上讲,一家企业、一个组织、一个地区乃至一个国家的未来命运,取决于领导者关于未来的构想和计划。可以说,良好的管理始于良好的观念、调查和计划。

第一节 计划与计划工作

计划是所有管理职能中最基本的方面,计划工作先于其他管理职能。英文中把经营称为"带风险的事业"(Venture),就在于许多事情很难预料,而计划正是减少风险的一种重要手段。因此,大到国家、小到企业都十分重视计划,而各个层次的管理者也都需要制订计划,计划和决策的结果将会影响管理者所在的组织。在面对复杂多变的商业环境时,计划工作更是组织生存的必备条件。良好的计划是增强竞争力的重要途径和有力工具。

一、计划工作的含义和作用

(一) 计划和计划工作的含义

阿考夫(Russell L. Ackoff)把计划定义为对所追求的目标及实现该目标的有效途径进行设计。换言之,计划是为了从事某些工作预先规划好的详细方案。计划工作是针对将来活动的决策所进行的周密思考和准备工作。它包括限定组织的目标,为实现这些目标制定总体战略,并提出一系列派生计划,以综合和协调各项活动。它同时涉及结果(做什么)和手段(如何做)。计划工作是行动的前提,它迫使管理者通盘思考问题,尽管不可能预见到未来的一切,但是还能做出情理之中的推论,并对潜在的问题做出研究。

计划工作意味着需要做出关于未来的决策。计划工作包含了目标选择和确定实现目标的行动路线。所以,当你做计划时,实际上是现在决定未来将做些什么。从某种意义上讲,计划仅仅是一组预先制定的决策,让你能实现未来的目标;计划工作则是让你在当下对各种行动路线的未来成果做出预判。

(二) 计划工作的作用

管理者重视计划工作,是因为计划工作指明了方向,减少了变化带来的影响,尽可能避免了重复、遗漏和浪费,并制定了利于控制的标准。具体来看,计划工作具有以下作用:

(1) 计划工作协调了组织成员所做的各种努力。无论是管理者还是非管理者,计划都为他们指明了方向,使所有有关人员知道组织正走向何方,为了达到目标,他们必须做何贡献,并能互相合作,协调各自的活动;避免了组织忽左忽右的摇摆,从而有效地达到目标。

(2) 计划工作通过迫使管理者展望未来、预测变化、考虑变化的影响和制定妥善的应对措施,来降低不确定性的负面影响。它也为管理者指明在面对变化做出反应时所采取的各项行动的后果。

(3) 计划工作说明并确定了组织中每一个部门应做些什么,为什么要做这些事,应在什么时候去做。目的和手段都明确了,低效和无能也就显而易见了。它减少了重复与浪费的活动,并协调各项活动,使之与其他有关活动相配合。

(4) 计划工作建立了目标与标准,从而保证了必要的控制。如果我们不确知究竟要达成什么，也就无法确定是否实现了目标。正是由于在计划工作中提出了目标，在控制职能中才能将实际的业绩与目标相对照，一旦出现重大的偏差，就能及时采取纠偏行动。没有计划工作，也就无所谓控制。

二、计划的层次

不少管理者对计划类型的多样性认识不足，因此无法充分发挥计划工作的效能。有必要注意，计划包括任何有关将来的行为过程。计划有多种不同的分类方式，按计划的层次与广度来分，有战略计划、战术计划和作业计划；按时间框架来分，有长期计划、中期计划和短期计划；按计划内容的明确程度来分，有具体计划和导向计划；按计划的行政效用来分，有指令性计划和指导性计划。其他的分类标准还有按组织层次、按职能、按业务等。图 5－1 展示了组织中不同层次的计划及其与组织层级的关联。

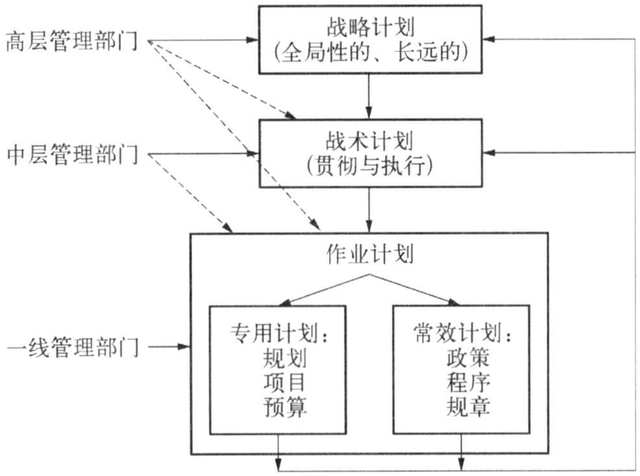

图 5－1　不同层次的计划及其与组织层级的关联

组织中主要分为战略计划、战术计划与作业计划 3 个层级。

(一) 战略计划

战略计划是指应用于整个组织，为组织确立总体目标并寻求组织在环境中的地位的计划。战略计划往往需要为未来 5 年甚至更长时间的组织行动方向制订蓝图。战略计划之所以重要，正是因为我们难以预测未来的环境变化，但仍有必要为未来可能的变化做出准备和响应。高层管理者负责战略规划的开发和执行成效，虽然他们通常不亲自制订或执行整个计划。

战略计划始于组织的使命。组织的使命是该组织为什么而存在的明确阐述。彼得·德鲁克指出，每家企业都需要回答两个根本性的问题：企业的业务是什么？应该是什么？前一个问题的答案是由消费者决定的，它反映了消费者如何看待企业提供的价值。后一个问题要求企业决定自己目前的业务及其未来应选择的方向。一些企业受制于经济形势、竞争压力或其他非常事件而不得不调整方向；也有的企业出于生产率、创新及获利能力等考虑而寻找新机会和寻求新方向。这些大大小小的转移将促使企业重新定义其使命。企业必须明确地限定其使命，并使其为所有的掌权者所理解。

在确定了组织使命后，高层管理者需要制定战略目标。战略目标是与组织长期生存价值、增长相关的主要目标或最终的结果。高层管理者通常制定需要确定反映效果(有合适的产出)

和效率(高的产出投入比)的目标。典型的战略目标包括企业成长、增加市场份额、提高盈利能力、提高投资回报率、提高产出的数量和质量、提高生产率、改善客户服务及奉献社会等。

(二) 战术计划

战术计划通常是由中层管理者提出的对各自部门必须做什么、它们必须如何做,以及谁负责做好它等细节的安排。战术是实现战略所需的手段,它可使战略积极地活动起来并发挥作用。战术计划涉及的时间长度较短,范围较战略计划也要窄得多。其跨度一般不超过1年,在实现长期目标的过程中,代表了一个接一个的短期努力(这些短期努力,有时甚至是互相交叉重叠的),直至目标达成。

虽然在这里我们对战略计划和战术计划分别做了讨论,但实际上它们是交织在一起的。战略是"整体",它由一系列战术计划组成,这些战术计划互相关联、互相依赖,共同实现战略计划。战略计划与战术计划的关系见图5-2。

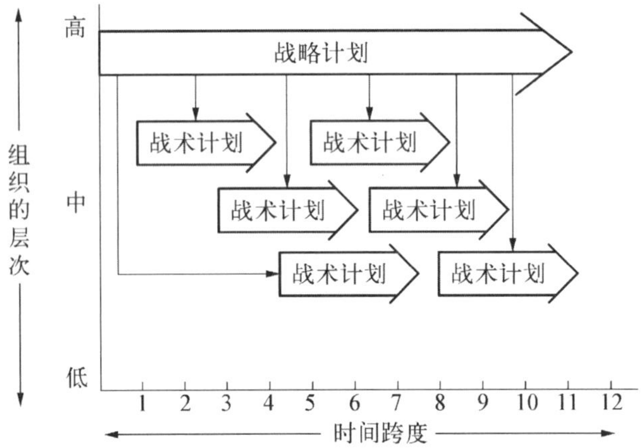

图5-2 战略计划与战术计划的关系

(三) 作业计划

作业计划是管理者用于完成其工作职责的计划。具体来看,作业计划可以是一项专用计划,也可以是一种现存的常规计划。

1. 专用计划

专用计划应用于那些不重复发生的活动。一旦活动完成,该计划就不再需要了。专用计划在目标实现后,就完成了其历史使命。

(1) 规划。规划是为组织总体目标内特定的重点工程或任务所制订的一套专用计划。一项主要的规划可以有其自身的政策、程序、预算等。例如,一家医院的发展规划通常包括大楼的扩建计划、财务计划、员工招聘计划、公用设施配套计划等。当发展规划完成后,这一系列的计划都不再使用。

(2) 项目。基层或一线管理者虽然在组织的规划中发挥了一定的作用,但他们更多的还是介入项目的计划工作。项目是整个规划的一部分。它可以是一项工程或任务,可以作为一个独立的实体来计划和完成,其时间跨度相对较短。一项规划可以包括许多个项目,每个项目都可单独地指派某人去完成。例如,在企业中由采购部门经理负责设计的新的库存控制系统,即属于一个项目。

(3) 预算。预算是预计各种资源和收入数额,以及如何使用它们的一种专用计划。每个组织都需要用预算来控制其财务资源的使用。各种预算的时间长度可以各不相同,但是一般以 1 年为期。到期后,该预算也就失去其作为计划工作和控制工具的价值。可是,有时它还具有历史价值,因为它通常可用来帮助制订将来的预算。

2. 常规计划

持续的或进行中的常规计划(常效计划)通常在一次制订后要持续使用多年,并在这若干年中进行不定期的修改和更新。常规计划主要用于处理那些重复出现的情形、问题与活动。常规计划使管理决策例行化或“程序化”。它指导管理者按一定规则进行决策,从而使整个组织系统取得某种一致性。假如每个经理都能遵循常规计划办事,那么,企业中的所有经理人员对于相同的情况、相同的问题,就都能以同样的方式进行处理而节省不少时间。常规计划并不一定随着时间的推移而变化,它们是相对“固定的”,除非整个系统决策重新进行规划,否则它会继续发生作用。常规计划有 3 种基本类型,即政策、程序和规章。

(1) 政策。政策是管理的指导思想。它为管理者指明行动的方向,并明确在一定的范围内怎样进行管理。当管理者在处理重大领域决策时,政策提供了一个广泛的指导方针。

企业中的政策也分许多种类,如营销政策、财务政策、生产政策、人力资源政策等。在上述各领域中,又可提出一些更具体的政策。例如,人力资源政策中包括晋升、招工、退休、培训和劳工关系等政策,营销政策中包括广告、产品价格、用户关系、退货等政策。

用系统观点来看,组织的政策体系形成一个指导管理思想的等级网络。系统中较高层次的政策,其阐述相对广泛、笼统,但随着政策制定任务的下移,子系统的政策涉及的活动就越来越具体了。管理者应保证这些政策协调一致,各项政策都需围绕整个系统目标,各子系统的政策不应相互矛盾。

组织的政策用书面的形式写下来是一种有益的实践。这使所有管理者都能看到有关政策,并在决策过程中能充分了解该部门的决策将对其他系统产生的影响。当管理者离开某一岗位时,接任者也能从这些书面文件中得到指导,从而防止了组织的混乱,并使决策具有一定的稳定性。此外,各项政策的制定都应有充分的基本理由,这是政策存在的基础。

(2) 程序。组织中各种措施和行动必须符合目标的需要。程序是行动的指南,它具体规定某件事情应该做什么、如何去做。由于程序确定了管理者在特定情况下应采取何种行动,因此相对政策而言,它们要具体得多。对于一个特定问题或情况而言,程序是用来规定行动过程或规定采取哪些例行措施的。具体地说,如有关成本资料的积累和报告、办公室档案和记录的保存、休假的安排、预算的准备以及大量的其他工作,都应有规定的程序。在一些较正规的企业中,通常制定了标准作业程序(SOP),它是指在处理某一具体事例时应采取的例行工作步骤。

一个组织没有政策和程序同样可以存在,但是作为一个管理者,如不利用常效计划,那么他的工作将不胜负担。程序可以使管理者执行“例外管理”,即只是对发生的例外或不平常事件才采取的其他行动。

(3) 规章。规章是一种最简单的计划,它是控制人们在工作中态度和行为的一种特定的常规计划。规章通常在应该怎样行动或禁止什么行动上规定得非常具体,通过建立行动指导准则,达到简化管理者工作的目的。这里的行动指的是个人行为。新员工一进入该组织即应被告知各项规章,但他们需经常被提醒。出于这个理由,在办公室和车间中常常贴有“禁止吸烟”“佩戴安全帽”和其他类似的标语。多数规章是有关员工职业安全,以及有关保持一个良好工作环境的提示。这对防止事故发生、保障员工安全、提高劳动生产率,都有很大的作用。

三、在多变的环境中开展计划工作

在 VUCA 的商业环境中,突然发生的事件和环境变化常常使计划在尚未实施完成前就失去价值。计划的有效性会受到多种权变因素的影响。

(一) 计划工作中的权变因素

影响计划工作的权变因素主要有以下几点:

1. 组织的层次

图 5-3 显示了组织中管理层次与所从事计划工作类型的一般关系。多数情况下,管理者的组织等级层次与其所从事的计划工作角色高度相关,战略计划通常是高层管理者关注的对象,而较低层级管理者的计划活动主要是作业计划工作。如果结合组织的规模来考虑,则大组织中的高层管理者所做的计划工作基本上是战略性的;在小企业中,企业所有者兼任管理者,则战略计划与作业计划层面的工作都需要去做。

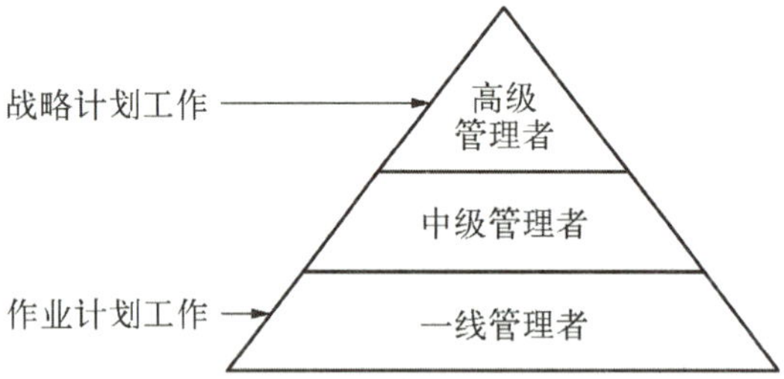

图 5-3 计划工作与组织的等级层次

2. 组织的发展阶段

组织有其生命周期,具体可分为 4 个阶段:形成期、成长期、成熟期和衰退期。在各个阶段其计划工作是非同质的,尤其在时间长度和明确性上,应在各个不同阶段做相应的调整。

处于形成期(幼年期)的组织,需要极大的灵活性。目标是尝试性的,资源的获得很不确定,要确认谁是真正的用户和顾客也较困难,所以,在此阶段,导向计划(指导性计划)更适用。导向计划通常只规定一般的指导方针,它提出重点,但并不把管理者限定在具体的目标或特定的行动路线上。这样,当管理者需要时,就随时能做出改变。

组织处在成长期时,虽然仍以短期计划为主,但由于目标更明确了,资源更易调配了,用户和顾客的信赖程度更高了,因此这时计划也就更具体了。

当组织进入成熟期时,可预见性最大,这时具体计划最适用。具体计划的目标是明确限定的。它不存在模棱两可,也没有容易引起误解的问题。具体计划和导向计划的区别见图 5-4。在成熟阶段,组织处于相对稳定时期,因此,计划期的时间跨度可以更长。

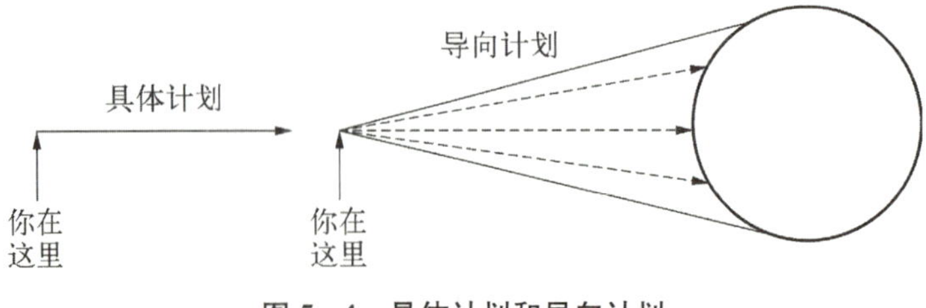

图 5-4 具体计划和导向计划

组织从成熟期转为衰退期时,计划模式也随之逆向变化。当重新考虑目标时,计划又从具体转入指导性,资源将重新配置,并在其他方面也做出相应的调整。

3. 环境的不确定性

环境的不确定性越大，计划就越应是导向性的，计划期的长度也应相应缩短。如果技术、社会、经济、政治、法律等外部环境要素发生了迅速或重大的变化，事先确定的具体行动路线反而会成为组织灵活应对挑战的障碍。当环境的不确定性很高时，具体计划就不得不改变，以适应这种变化，但是这样常常会降低效率和增加成本。因此，当一个组织面临快速变化的环境时，计划就应该强调灵活性。计划中的弹性越大，由意外事件引起损失的风险就越小，但管理者必须在增加计划弹性的成本和由此减少的风险之间做出权衡。一般而言，如果组织所处的环境相对稳定，则可以制订相对复杂、综合的长期计划；如果组织面对的是相对动态的环境，则计划应更关注短期。

4. 未来承诺的时间长度

最后一个权变因素与计划的时间期限有关。当前计划对未来承诺的影响越大，其计划期限也应越长。这里涉及应用计划工作中的一项基本原则——承诺原则，即合乎逻辑的计划工作包含的期限，应是尽最大可能预见未来足以完成今日决策中做的承诺所需的那段时间。计划期过长或过短都是低效率的。

值得注意的是，管理者并非为将来的决策做计划，而是正在为当前决策的未来影响做安排。今日的决策即承诺，指在资金、行动路线、信誉等方面承担责任。所以，明智的管理者一定会承认把长远的考虑结合到今日的决策中是必要的，否则就是无视计划工作和决策的基本性质。

（二）权变计划

权变计划是指管理者发展出其他可供选择的行动路线，当原计划突然失效或变得不再适合时，即能将其付诸实施。由于无法预见的事件可能改变现行计划的结果，因此，权变计划的目的是有备无患，不至于在事件发生后才仓促做出反应。当然，并不是所有的情形事先都能预料，但是，管理者通过理性的推断来预估可能发生的事件是有效开展计划工作所必需的。

权变计划工作的机制如图 5－5 所示，在有关组织现行的计划工作过程中，权变计划工作在 4 个行动点上发挥作用。

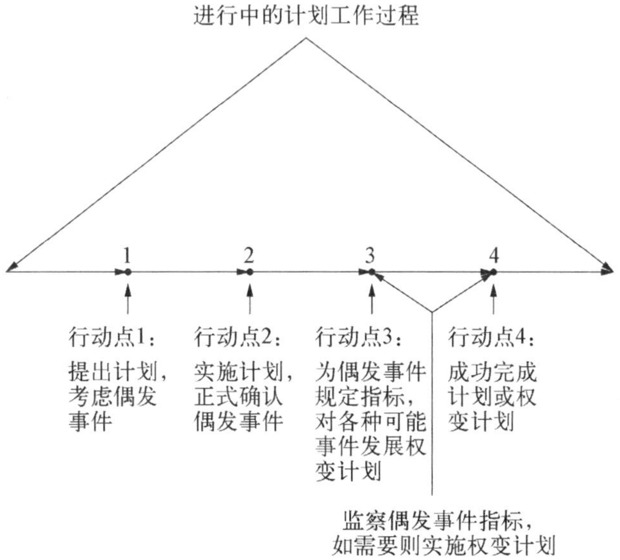

图 5－5　权变计划工作

在行动点 1 上,组织的基础计划被提出,这些计划包括战略计划、战术计划、专用计划及常规计划。在发展这些计划过程中,管理者通常要考虑各种偶发事件。有些管理领导班子甚至指派某人专门充当“反面角色”(devil's advocate),对每一行动路线提出不同的看法,多问几个“但是,如果……又怎么办”等问题。一般而言,大多数管理者在一开始确定其计划时就会考虑各种假设出现的概率大小。假如某企业的计划是基于市场增长 10%的假设,而这 10%的增长的发生概率为 98%,则这一计划的基础是相当牢靠的;如果这 10%的增长的发生可能性只有 15%,则显然不应对这一计划期望过大。各种其他的随机事件(如市场增长超过或不足 10%)都应加以考虑。

在行动点 2 上,已选的计划正在加以实施,这时需要正式确认那些最重要的偶发事件。从理论上讲,偶发事件可以有无穷多个,所以,指出那些发生概率最大的随机事件很重要。只有那些最有可能发生并会对组织产生重大影响的事件,才用于权变计划工作过程。

到了行动点 3,该企业需指定某些指标或信号,这些指标和信号能指示某偶发事件即将发生。例如,一家企业把年通货膨胀率超过 15%作为偶发事件来处理。那么,在这种情形下,一个能早期发现问题的指标可能是连续 3 个月通货膨胀率超过 15%。偶发事件的指标确定后,就应提出权变计划。各种情形下可能的权变计划包括工程建筑的延期、开发一个新的制造过程、削减产品成本等。在这个阶段后,组织的管理者需要监察在行动点 3 所确定的指标。假如表明形势有变,则需贯彻实施权变计划;否则,原行动计划照常进行。

行动点 4 标志着原计划或权变计划得以成功完成。

权变计划工作对大多数组织而言,显得越来越重要了,特别是那些处于非常复杂与动态环境下的企业更是如此。权变计划适用于各种类型的计划,无论是战略计划还是战术计划,长期、中长期或短期计划,都可应用。

管理聚焦 5-1

有计划的机会主义

有计划的机会主义(Planned Opportunism)是维贾伊·戈文达拉扬(Vijay Govindarajan)提出的一个概念。他认为,组织的高层管理者在面对外部环境的非线性变化和偶发事件影响时,需要能识别出预示重大改变的微弱信号,并在此基础上,运用全新视角和非线性思维,来领导组织想象未来多种可能性并制订相应计划。在“有计划的机会主义”中,“机会主义”是指管理者应能认识到未来的不可预测性(受非线性变化和偶发事件左右),而“计划性”则是管理者应对未来变数的方式。计划性机会主义要求管理者对微弱信号——新趋势的早期迹象体察入微,从中推断出人口学、技术、顾客口味和需求、经济、环境、监管和政治力量等方面的重大改变。在接受未来的变化不可预测的前提下,管理者需要对变化做出多种计划的应对。

维贾伊·戈文达拉扬在他所著的《三个盒子解决方案:引领创新的战略》一书中指出,计划性机会主义是一套系统性流程,既能发现即将发生的改变及改变可能带来的机会,也要展开实验,提炼并拓展非线性商业想法。它为企业完成三大重要事项:(1) 为新想法创造循环系统;(2) 培养甄选并落实新想法的能力;(3) 建立支持持续改革的适应性文化。它还要求组织能主动出击，而非被动应对。此外，计划性机会主义会涉及战略规划的调整，以及组织结构和文化的变革，比如扁平化的组织和授权程度更高的员工队伍。具体来看，组织应致力于做到以下几点：

（1）发现并抓住微弱信号。以玩具和游戏制造商孩之宝（Hasbro）为例。孩之宝自20世纪90年代中期开始，发现了一系列游戏领域将被技术颠覆的重要信号，包括PC崛起以及雅达利（Atari）电子游戏系统问世。此外，还存在其他一些微弱信号：美国出生率下降、种族结构多元化、双职工家庭增多，同时，全球化进程加快。虽然孩之宝不能预料到所有可能影响企业未来20年发展的改变，但发现的微弱信号足以指引企业向有成效的方向发展。孩之宝灵活应对本行业中频繁变化的诀窍，在于其在计划制订前总是要问3个基本问题：我们现在的成功有赖于什么因素和条件？其中哪些因素和条件可能在一段时间后发生改变（哪些已经开始改变），是否会危及现在的成功？我们该做哪些准备以减轻或利用这些可能发生的改变带来的影响？其他企业在制订权变计划时，也可以借鉴这一做法，通过客户、一线员工收集微弱信号，尽可能地发散思维、拓宽视野。此时，头脑风暴也是一种有益的技术。

（2）提出对未来的假设。微弱信号只有激发出有助于填补当前市场缺口或建立全新市场的想法，才算得上是重要的。要将想法转化为实际机会，必须了解几个不确定因素，并将这些不确定因素视为一种假设。为进一步完善这些假设，你可以组建一个跨部门团队，请该团队仔细思考一个简单的问题：哪些假设一定能将想法转化为巨额财富？微弱信号的含义一般是中性的，可以被理解为机会、风险或两者都说得通。有的信号可能是真正的信号，有的可能仅仅就是无用信息。所以如果企业开始探究微弱信号，试图将之转化为创新的商业想法，再将想法总结成假设，之后再进行检验，微弱信号就会变得越来越有用。孩之宝决定向基于技术的游戏领域推进时，面临极其不稳定的局面。1995年，没人知道互联网将以多快的速度转变为一个潜在渠道。其后，随着网络日趋成熟，其他问题涌现出来：企业如何兼顾实体和虚拟世界中的顾客，商业模式应如何改变？孩之宝将以上不确定因素理解为阐释潜在机会的假设，包括研发平台、新客户群体、产品线扩展、网站及电子支付等带来的降低成本、扩大销售的机会。

（3）用低成本、低风险的实验检验假设。低成本、低风险实验会挑战很多组织，比如IBM在1993年试图实践一个新想法——普适计算，该理念相当于目前的物联网，即电子商务将从计算机延伸到所有可能联网的载体上。普适计算的提议当时没受到关注，部分原因是覆盖的研究领域太广，也没组成一个正式管理部门。在实际运行中，普适计算的项目类型庞杂，彼此缺乏关联，被分别划入多个核心业务中。由于流程不适合针对发展中市场的新业务，因此IBM后来改变了做法，构建一个名为“商业新机会”（Emerging Business Opportunities，EBO）的机构来孵化萌芽期的风险项目，EBO的框架明显有别于IBM的成熟业务运作。IBM进而将多个与普适计算相关的项目合并为一个事业部，没有短期财务绩效压力，其绩效目标在于形成和检验假设，找到未来驱动利益的首要因素，并取得里程碑式成果。EBO使IBM将更多的研究能力转化为成功的新业务，被证明是有效且风险低的管理举措。

资料来源：维贾伊·戈尔达拉扬.有计划的机会主义[J].哈佛商业评论，2016(5)。

四、计划工作的过程

计划不是一次性的活动,而是一个持续的过程。随着条件的改变、目标的更新以及新方法的出现,计划过程一直在进行。因为组织经营的环境持续变化,所以需要对计划进行更新和修改。计划过程包括 8 个步骤(见图 5-6)。

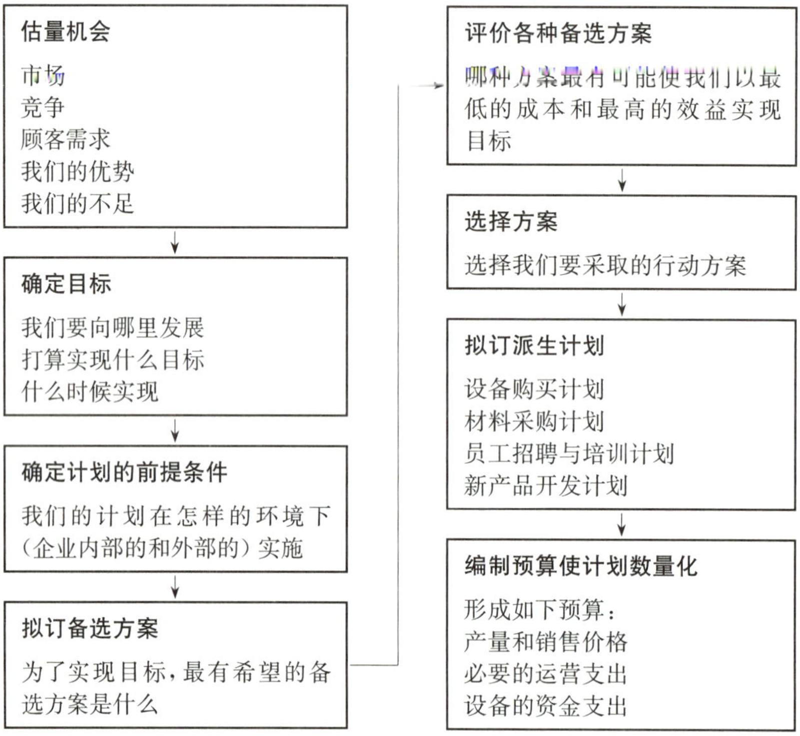

图 5-6 计划过程的步骤

(一) 估量机会

对机会进行估量,要在实际的计划工作开始之前去做,尽管如此,它还是计划工作的一个真正的起点。初步了解未来可能的机会并且清楚、全面地掌握它是很重要的。所有管理者都应根据自己的优势和不足清楚自己所处的地位,明白希望解决什么问题以及为什么要解决这些问题,并且应当了解希望获得什么。制定切合实际的目标取决于对所有这些内容的估计。组织计划要求对机会及其环境做出切合实际的分析诊断。

在计划过程中,一个组织必须实事求是地评估自己的优势和不足。若计划建立在错误的评估之上,就会导致灾难性的打击。当一个组织集中注意自己的弱点时,也应当看到自己的优势,根据自己的优势制定适宜的战略。对自己拥有的资源如财务状况、现有技术、有形设备、原材料等进行评估将是一个很好的起点。这些项目的情况将表明组织实现其目标的能力。

评估外部环境的第一步是界定组织所面对的市场。在界定市场时通常需要进行市场研究和历史分析,分析市场的历史可以明确顾客购买产品的原因,研究市场还可以分辨潜在的顾客以及他们的需求。接下来是考虑行业状况、确定竞争性质及战胜竞争对手的战略。组织应当了解主要的竞争对手及他们的优势和劣势。无论是长期计划还是短期计划,都必须考虑技术的发展。如果组织忽略了环境中技术的发展而生产产品，最终可能发现该产品已经过时，因为在市场上可能已经出现了一种应用现代技术的新产品。

经济状况也是一个重要方面。如果由于经济状况恶化而引起货币市场银根紧缩，那么在市场上投放一种产品，可能面临销售和利润下降。多数计划人员通常会进行经济趋势分析。在进行外部环境分析时，应根据组织和行业的性质以及其他相关方面进行共同估算。

分析外部环境的一个重要目的是寻求和分辨新机会。抓住新机会将为组织扩张和多样化提供可能。分析外部环境及寻求机会意味着收集大量的数据，没有这些数据和可靠的信息，就不能采取任何行动。

（二）确定目标

计划工作的第二步是为整个组织及其所属的下级单位确定计划工作目标，包括长期目标和短期目标。目标设定预期结果，指明要达到的终点和重点，以及依据战略、政策、程序、规则、预算和规划来完成预期的任务。

目标是计划的主要组成部分。在给计划下定义时我们指出，计划包括确定所要达到的预期结果，这些结果就是目标。目标指明个体或组织想要前进的方向，为所有管理决策和行动提供指导，并且构成了测量实际效果（工作绩效）的标准。表 5－1 是组织不同层次的目标。

表 5－1 组织不同层次的目标

组 织 层 次	目 标
（1）企业管理层	获得 10%或更高的净利润
（2）生产部门	未来将轴承产量提高 5%
（3）市场营销部门	保持目前 12%的市场份额
（4）领班	以后 6 个月内将本部门的次品率降低 5%
（5）销售人员	1 年内将销量从 10%提高到 15%

（三）确定计划的前提条件

计划工作的第三步是确定一些关键性的计划前提，并使有关人员同意使用和加以宣传。这些前提条件可以是说明事实的预测资料，也可以是使用的基本政策或者组织现行的计划等。计划工作的前提条件就是计划工作的假设条件，换言之，即计划实施时的预期环境。但组织的外部环境是非常复杂的，即使是组织的内部环境，有时在草拟计划时也需慎重考虑。所以，在计划工作中有这样一个重要的原理：负责计划工作的人员对计划前提了解得越细、越透彻，并能始终如一地运用它，组织的计划工作会越协调。

在制订计划时，组织所需预测的内容很多，包括：未来市场的情况会怎样？销售量会有多大？价格会如何？产品会怎样？技术发展会如何？成本会多高？工资会多高？税率及税收政策会如何？新建工厂情况会如何？采取怎样的股息政策？政治和社会环境会如何？等等。

由于计划的未来环境是如此复杂，因此，要想对未来环境的每个细节都进行假设是不现实的，也是不经济的。我们所要确定的计划前提实际上是指那些对计划来说是关键性的、有策略意义的要素，也就是对计划的贯彻落实具有最大影响的那些因素。

此外,由于全体管理者对计划前提的一致认同对于计划工作的有效进行显得尤为重要,因此,使下级主管者了解什么是他们制订计划所依据的前提,就成为组织中自上而下各级主管者的重要职责。

(四)拟订备选方案

计划工作的第四步是寻找和检验备选方案,尤其是那些不能被轻易识别的方案。很少有计划只存在唯一的备选方案,那些最初并不起眼的备选方案经常被证明是真正最好的。

更严峻的难题有时并不是寻找备选方案,而是减少可供选择方案的数量,以便能够着重分析最突出的方案。即使我们可以采用数学方法和电子计算机,由于成本和时间等因素的影响,因此实际上真正能够分析的备选方案数量也是有限的。计划人员通常必须做一次初选,以便发现最有利的方案。

正确的行动方案必须建立在对内部和外部条件估量的基础上,并与其目标保持一致,这意味着要将机会转化为所选择的行动方案。设计行动方案就是为计划形成一个正式的框架。为了进行行动方案的选择,首先必须提出各种可供选择的方案。决策过程正是从工作计划这一阶段开始的。备选方案必须是在给定条件下可行的,并且是能够实现的。

(五)评价各种备选方案

在拟订备选方案并权衡各个方案的优点和缺点后,接着是按照前提条件和目标对方案进行比较。或许一个方案表明获利程度最大,但需要大量现金支出而且投资回收期较长;而另一个方案获利较小但风险也较小,或许还有其他方案似乎更适合组织的长期目标,这就需要对各个方案进行评价。

如果组织唯一的目标是在某一行业迅速实现最大利润,未来情况是确定的,现金状况和资金的获得无须担心,多数因素能被归纳成一些确定的数据,那么,这种评价就会变得非常容易。但是,计划人员通常面临许多不确定性,如资金短缺问题以及各种无形因素,评价工作往往非常困难,甚至对一些简单问题也是如此。例如,一家企业希望引进一条新生产线来提高声誉,但是预测表明这将导致资金损失,那么,公司在选择方案时所需考虑的问题也就是所提高的声誉是否能完全弥补资金方面的损失。具体的评价方法见本书第七章。

(六)选择方案

选择方案就是在备选方案中做出选择,确定最优的或最令人满意的方案。当然,在选择最优方案时,应以组织的资源、优势、弱点和环境的不确定因素作为指南。

选择方案就是确定计划,即实质性决策。可能遇到的情况是,在分析和评价方案时会发现两个或多个可取方案。在这种情况下,管理者可能决定采取几个方案,而不仅仅是一个最优方案。

(七)拟订派生计划

在做出决策后,计划工作还没有完成,还有第七步工作要做。通常来说,一个基本计划的执行总是毫无例外地需要一系列派生计划的落实。例如,某航空公司在做出购买一个编队新式飞机的计划后,就会自然而然地产生一系列派生计划,如招聘、培训各类人员、购买各种配件、扩建维修设施、编制飞机时刻表等。

(八)编制预算使计划数量化

一旦选择了最优的或最令人满意的方案,计划工作的下一步就是制定具体任务、定额以及分配资源。资源的分配必须以量化的方式表示。这一阶段的计划可称为预算。

预算是用收益和费用来表示的计划，是对资金分配的描述。预算是对支出的许可，当发生偏差时，预算为采取纠偏措施提供信息。从这方面来讲，预算是计划和控制有效的工具。当既定的目标和方案发生偏差时，必须采取纠正措施，此时预算则被用作控制工具。预算有多种类型，如生产预算、销售预算、材料预算、现金预算、人工预算、管理费用预算、资金预算和总预算。在编制预算时，如果组织中各个层次的人员能够广泛参与，就会提高编制和执行预算的有效性。

第二节 计划工作的基础：目标设定

如前所述，计划工作首先需要确定目标。目标是组织和个人活动所指向的终点或一定时期内所寻求的最终成果。目标为组织成员指明了方向，为管理者提供了衡量成就、评估绩效的标准，并且它也是调动员工积极性的一种激励因素。因此，目标构成了计划工作的基础。

一、目标的性质

目标表述了想要达到的最终成果，而主要的目标又受到许多子目标的支持。这样，目标在组织中不仅形成了一个网络，而且有等级层次之分。

(一) 目标等级的层次

如图 5-7 所示，目标形成了一个等级层次，范围从广泛的目的到具体的个人目标。在层级的顶峰为组织的宗旨。宗旨是社会和经济赋予组织的基本职能，也是组织的最基本目标。宗旨是由组织营运的外部环境所决定的。

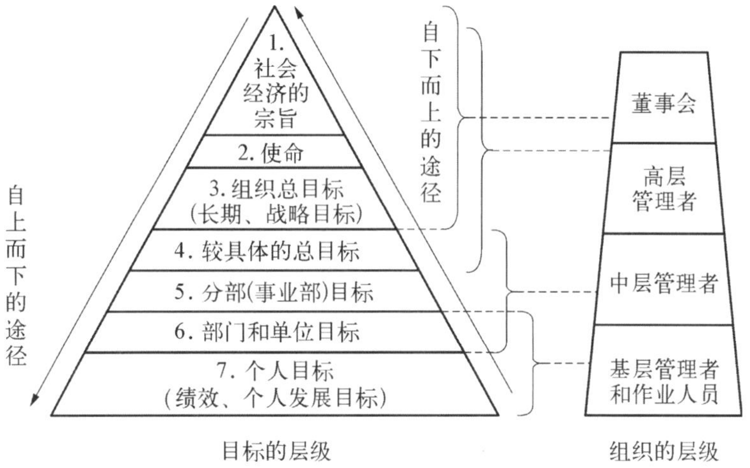

图 5-7 目标等级和组织层级的关系

使命是管理者选择实现组织宗旨的途径。虽然社会限定了一个组织的宗旨，但是主管人员仍需选择最佳途径来实现它。一些正规的现代组织通常用一两句话来表述其使命，即所谓的使命陈述(Mission Statement)，以示与其他类似组织的区别。一个完整的使命陈述通常包括 3 部分内容：(1) 企业的基本产品或业务；(2) 企业的功能；(3) 企业所服务的市场或对象。

例如,一家医院的使命陈述为“向本社区的公民提供全方位的医疗保健服务”;一家饮料公司的使命陈述为“向全国消费者提供高质量的饮用水”;等等。

目标是宗旨、使命的具体化,对企业而言,是其经营活动所要达到的结果。组织的宗旨和使命首先要转换成战略目标,然后层层分解为更具体的总目标、事业部目标、部门和单位目标以及个人目标。

组织中不同层级的管理者涉及不同类型的目标。董事会和高层管理者主要涉及决定宗旨、使命和企业的战略目标,以及关键成果领域中较具体的总目标;中层管理者涉及设置关键成果领域的目标、事业部目标及部门目标;基层管理者则负责制定部门、单位级的目标和下属的目标。有关绩效目标和个人发展目标在图 5-7 中处于目标等级的最底层,实际上,每个管理者都应有这方面的个人目标。

组织在制定目标过程中有两种途径和方法:一是自上而下的方法,即由组织最高管理者(结合董事会)提出总目标,为组织指明方向;然后,由各级上层管理者为下属确定目标。这是设定目标的传统方法。它假设最高管理者最了解应确定什么目标,因为只有他处在综观组织全局的位置上。二是自下而上的方法,是由下属主动为自己的岗位设置目标,并把这些目标逐级呈报给上级。此方法的优点在于高层管理者可借此得到基层信息。而且,由于下属自己参与了目标的制定,因此其积极性更高、责任心更强。上述两种途径孰优孰劣,是有争议的。在现实生活中,自下而上的方法用得较少。实际上,这两种方法都有不足之处,但又各有所长。所以,两者结合起来运用是较理想的。然而,这两种方法又可根据具体情形有所侧重。各种情境要素包括组织规模的大小、组织的文化、高层管理者的领导风格以及计划的紧迫性等。

(二) 组织目标的多重性

“企业的目标是什么?”向 10 个人提这个问题,恐怕十有八九的回答是“利润”。的确,有不少成功的企业很关注销售和利润数据,但利润不是组织的唯一目标,即使对工商企业来讲也是如此。彼得·德鲁克甚至认为利润不是一个主要目标。他在《管理实践》一书中指出:“企业宗旨唯一有效的定义是:创造用户。”“企业考虑它生产什么,这并不是首要的,特别是对企业的前途和它的成功并不是首要的。用户考虑他要买什么,认为什么有‘价值’,这才是有决定意义的。这决定了一家企业是什么,生产什么,能否兴旺发达。”

实际上,从深层次分析,所有组织的目标都是多重的,企业也不例外,它除了关注盈利能力、成长性,追求扩大市场份额外,还会设定与其社会责任相对应的社会目标和环境目标。现代企业是一个复杂的社会机构,它需要在多重的目标和需要之间求得平衡。过分强调某一个目标,如经济绩效,会忽视其他目标的存在,而在配置资源时无视这些目标将会负面影响企业的长期生存。靠单一尺度是难以有效衡量和评价一个组织是否成功履行其使命的。

二、目标的分类

从衡量程度划分,目标可分为定量目标和定性目标。可被衡量的目标称为定量目标,它一定是可以被考核的。例如,将目标设定为在财务年度末实现 12%的投资报酬率,这就是可以衡量的定量目标。有时很难用考核术语来陈述目标,这就是定性目标。例如,某大学制定的目标是“对高质量教育的承诺”,即为定性目标。

从目标大小划分,目标可分为总目标和子目标。总目标是一个组织所要实现或达到的总体结果。子目标是从总目标分解出来所要完成的具体目标，是为总目标服务的辅助目标。

从真实性划分，目标又可分为宣称的目标与真实的目标。宣称的目标(Stated Objectives)是一个组织对其目标的官方陈述，是要使公众相信该组织打算做什么。但是，宣称的目标(见组织章程、年度报告、公共关系通告或组织公开声明)通常受社会对组织应该做什么的舆论的影响。当你发现一个组织宣称的目标常常与其实际的追求南辕北辙时，不必感到惊讶。但你需要特别关注企业真正追求的目标，因为只有真实的目标才能揭示企业真正的组织文化和价值观。如果你想要了解一个组织的真实的目标是什么，就不应过度关注管理者的对外宣传，而应细心观察组织成员实际在做什么，行动反映了一个组织优先考虑的事项。

三、目标设定的 SMART 原则

彼得·德鲁克在《管理的实践》一书中，提出了有效的目标设定应遵循的 5 项原则，用每个原则的首字母缩写合称为 SMART 原则。

1. 目标应具体(Specific, S)

一般组织目标的“通病”是叙述太笼统。所定的目标虽应有一定的弹性，但是一笼统则易显得平凡，产生一种陈词滥调之感。例如，一个组织的增长目标应在具体的目标中反映出增长究竟意味着什么，所以，具体的增长目标应规定：销售收入的适当增长，如“销售额比上年增长 5%”；市场地位，如“到 2023 年市场占有率应达到 15%”；利润率，如“比上年提高 10%”；等等。组织高层的目标越具体，组织基层制定目标的过程就越简单。

2. 目标应可衡量(Measurable, M)

绩效的好坏需要通过对目标实现的程度来验证。例如，“在下一个财务年度将市场占有率提高 5%”，这一目标是可衡量的，它使管理者在年度中能衡量进展情况，并把实绩和预期目标相对照；该目标也隐含了所有与完成目标活动有关的人员的具体行动。相反，如果一个目标仅仅定为“增加市场份额”，则毫无意义，因为对它的理解是因人而异的，从增加市场份额的 1%～40%，都可以说是完成了这一笼统的目标。可衡量目标是人们互相理解的共同基础，它使人们在把实际绩效和预期相对照时有一个基准。

但是，有些目标是非定量性的或较难衡量的，如“提高员工士气”“树立好的企业形象”“加强员工生产安全”等。虽然这些目标不像销售收入、利润率等目标那样具体，但是，把它们转化为可衡量的目标也并非不可能。例如，“员工安全”这一目标可通过降低员工工伤事故率来衡量，“员工士气”这一目标可通过缺勤率或离职率等来反映，“企业的社会责任”这一目标可用员工为社会义务服务的小时数、待业员工的再培训时数和返聘率等加以考核验证。一旦衡量指标被确定，管理部门就能建立控制程序，确定各领域的绩效标准。

3. 目标既应切实可行，又应具有挑战性(Attainable, A)

目标定得太高而不切实际，往往会挫伤员工的积极性。而且，一旦人们意识到某一目标不切实际，就不会再去努力，甚至阳奉阴违、敷衍塞责，造成极大的腐蚀性。反之，目标定得过低，又会被员工视为笑话，甚至被认为是低估他人能力的一种污辱。因此，目标必须具有挑战性，经过相当努力才能实现目标，它的达成应带给人们成就感。目标作为一种有效激励手段的作用也恰恰体现于此。

4. 目标应与其他重要目标相关联(Relevant, R)

一个目标的实现应与组织中其他重要目标(如战略目标)高度相关。如果实现了这个目标，但与其他的目标完全不相关，或者对其他重要目标的实现缺乏影响力，则这个目标即使被达成也意义不大。这一原则表明企业的目标设定往往需要考虑战略一致性,自上而下地进行目标分解和设定。

5. 目标应有时间限定(Time, T)

为了促进目标的达成,还应规定其完成期限。目标应有一段时间跨度,在这段时间终止时,这些目标应该如期完成。在组织中,目标的实现可以日、周、月、年为基础。良好的目标,不论它们是短期、中期还是长期的,相关的时间跨度总是明确包含在目标本身中。

SMART 原则自提出后受到了广泛的认可,在与目标设定有关的诸多领域,小到个人自我管理,大到组织战略管理,都得到了普遍的应用。

此外,企业在目标设定时,还有几点值得注意:首先,目标的设定不应强调活动,而应强调成果。活动是完成目标的手段。通过加强对生产工人的培训可以提高劳动生产率,但培训本身并非目标,真正的目标仍然是提高劳动生产率。其次,目标应尽可能由负责完成它的人来制定,当负责实现目标的人在提出目标的过程中发挥积极作用时,管理部门就更易获得他对该目标的承诺。让执行人参与目标的制定,往往可使目标更切合实际。最后,还应为目标的调整和改变留出必要的时间和资源。内外部环境的变化意味着管理部门可能修正目标,甚至用新目标来替换过时的目标,组织需要为变化预留空间。

管理聚焦 5-2

管理技能:开发你的目标设定能力

管理者的重要职责之一,是为团队设定目标,并帮助员工设定个人工作目标。因此,为团队中的每个人设定目标是每一个管理者需要开发的能力。

如果你使用以下 8 项建议,就可以更加有效地设定目标:

(1) 确认每个员工关键的工作任务。要设定目标,首先要确定你希望自己的员工完成什么工作任务。这些信息的最佳来源是每个员工的工作说明书。

(2) 为每种关键任务设定具体的、有挑战性的目标。确定对每个员工的绩效预期。此外,具体阐述每个员工应实现的目标。

(3) 为每个目标设置具体的最后期限。为每个目标设置最后期限,可以降低模糊性。不过,最后期限不应该随意设置。给定必须完成的工作任务,最后期限必须符合实际。

(4) 允许员工积极参与。当员工参与目标设定时,他们更有可能接受所设定的目标。为了确保员工积极参与,必须使员工感到你确实在真诚地邀请他们参与和投入,而不只是装装样子。

(5) 确定这些目标的优先顺序。当你为某个员工安排一个以上的目标时,按照重要程度为这些目标确定优先顺序是很重要的。确定优先顺序的目的是鼓励该员工根据每个目标的重要程度采取相应的行动和付出努力。

(6) 对目标的困难程度和重要程度进行评定。目标设定不应该鼓励人们选择可轻易实现的目标。实际上,重要的、困难的目标应该受到推崇。这样,即使员工没能完全实现这些目标,他们也会因为尝试困难的目标而获得赞誉。

(7) 建立反馈机制以评估目标的进展情况。反馈能够让员工知道他们的努力程度是否足以实现目标。反馈应该包含自我提供的反馈和上级提供的反馈。

(8) 使目标的实现与奖励紧密结合起来。自然而然地,员工会问:“我可以从中获得什么?”把实现目标与奖励结合起来,会有助于回答这个问题。

四、实施目标管理

(一) 目标管理的概念

不管组织规模的大小,许多组织发现它们需要一种简单、容易理解、可操作的方法来实施计划工作过程。目标管理(Management by Objectives, MBO)被证明是一种行之有效的方法。那么,什么是目标管理?

目标管理是一种系统方法,在该系统中,下属和上级共同确定具体的绩效目标,定期检查完成目标的进展情况,并根据这种进展给予奖励。目标管理现已发展出多种不同的形式,名称也有很多,如绩效管理、成果管理、承诺管理、季度评审法等,但它们的基本原理是一致的。

虽然要确切指出目标管理的来源很难,但绝大多数人还是把该方法的提出和发展归功于彼得·德鲁克。早在 20 世纪 50 年代,他就总结归纳了这一思想,其强大的吸引力在于提供了一种将组织的总体目标转换为组织部门、单位和每个成员目标的有效方式。目标管理的基本哲学可用 4 句话加以概括,即鼓励参与决策、注重自我控制、促进权力下放、强调成果第一。

(二) 目标管理的先决条件

成功的目标管理应具备以下先决条件:

(1) 适合组织的需求;

(2) 个人之间不存在恶性的竞争,倡导团体参与设置目标;

(3) 有充分的培训;

(4) 相关部门参与评价这种方法的成果与可操作性。

(三) 目标管理过程

图 5-8 显示了在目标管理中采用的各步骤的顺序。从组织的高层开始,各管理者检查其部门的目标。然后,把这些目标转换成各关键成果领域所必需取得的具体绩效。例如,25%的投资报酬率、6%的市场份额、增加 18%的销售额、废品率降低 4%、员工流动率下降 10%等。

接着,管理者检查组织结构。在部门或单位中个人在做些什么? 在他们的职责适当地落实后,能否产生所要求的绩效? 假如不行的话,在结构上需要做出哪些改变?

当组织结构调整好后,上级可转向目标的设定。第一步是决定如何把部门或单位目标分解成子目标并委派给下属。这一步骤通过双向的目标设置过程得以贯彻。

上级为每个下属提出初步的目标,同时要求下属也为自己提出一组目标。然后,双方会面、讨论各自的建议,并为下属商订双方同意的最终目标。这些目标通常有 5～6 个,每个目标应具体并有时间限定。如下列各项目标:(1) 至 6 月底人员流动率降为 6%;(2) 至 8 月底增加产量 9%;(3) 全年保持目前的生产率水平;(4) 至 12 月 15 日,销售员队伍扩大 20%;(5) 在 3 月底前完成所有的初级管理培训。

一旦上、下级双方协商确定目标后,这些目标就需要书面记录,上、下级各拿一份副本。以后上级用它来检查下级的绩效并提供协助,下级则用它作为发展行动计划并完成目标的指导。

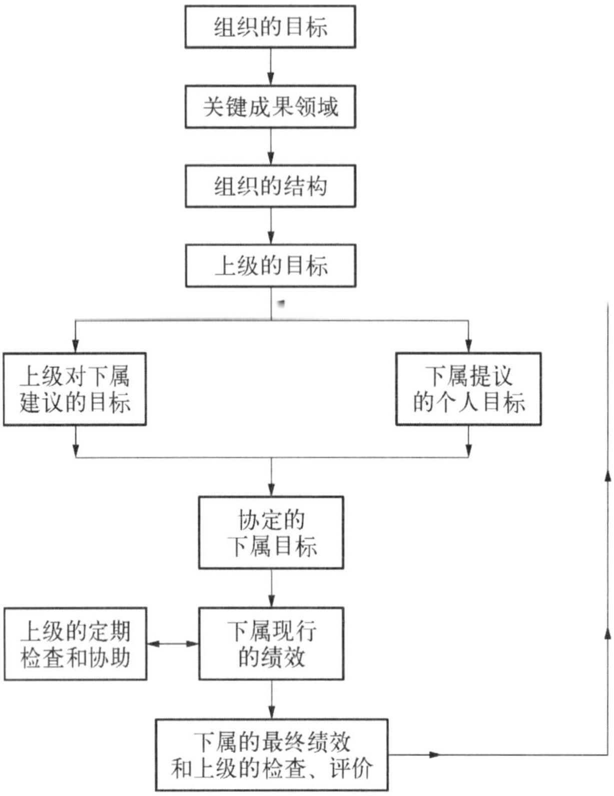

图 5-8 目标管理的过程

整个目标管理周期(通常为一季)结束后,上级和下级再次面对面坐下,讨论下属取得的绩效,并决定如何解决各种遗留问题。在整个周期末,这些评价的结果将作为奖励的依据和下属制定将来目标的基础。

(四) 对目标管理的评价

目标管理已被许多组织有效地加以使用。就其正面效果看,员工通常喜欢参与其自身目标的制定,同时对他们来讲也是一种承诺。在目标管理的过程中,上、下级之间的沟通加强了,从而确保员工了解他们将做些什么、什么时候完成、他们将怎样被评价等。实际上,由于明确了预期的成果,管理者不仅使员工减少了顾虑,而且诱导了个人争取高成就的动机。

但是,目标管理也有其局限,假如运用不当,它也可能使整个规划失效。第一个问题是下属如果一开始得不到高层管理者的支持,多数规划就注定会失败。第二个问题是对目标管理的错误解释常常导致其不能取得预期的效果。人们不理解目标管理的全过程,就不会全力去支持它。第三个问题是管理者不善于为下属制定明确限定的、可衡量的目标。第四个问题是上、下级之间在共同开发目标时个性有冲突。第五个问题是过分强调书面文字工作,使目标管理流于形式,人人忙于填写表格,增加了不必要的成本。第六个问题是有的管理者没能把奖励和员工的绩效相联系,使员工积极性受挫。

研究显示,目标管理的过程可能很费时,并需要参与各方的共同承诺。假如组织能强调计划工作的效果,则目标管理的方法不仅对组织有利,而且对参与者有益。总之,目标管理是有巨大潜力的。

第三节 计划工作的常用工具和技术

在计划工作活动中，有许多工具和技术可加以利用。为了使计划工作更加精确和有效，管理者应对这些常用的工具和基本技术有一个全面、概括的了解，并在需要时能充分加以使用。我们首先考察3种较新的环境分析技术——环境扫描、情景规划和标杆管理，然后介绍各种常用的预测技术。作为应用最普遍的计划工具——预算，将在第十三章详细讨论。最后，将对各种作业计划工具做一简述。

一、环境分析技术

管理者如何对组织的环境进行评估？四十多年前，环境分析技术还是一种非正式的尝试，主要依靠管理者的直觉判断。如今，运用了结构化技术，如环境扫描、情景规划、标杆管理等，使管理者准确分析组织环境的能力得以显著提高。

（一）环境扫描

环境扫描是指审查大量信息来察觉正在出现的新趋势并据此提出一套方案。现在不管是大企业还是小企业，管理者都越来越重视环境扫描，以预估和解释环境的变化。环境扫描发展最快的一个领域是竞争者情报（competitor intelligence, CI）。它寻求竞争对手的基本信息，如谁是竞争者、他们正在做什么、他们的行动将对我们的组织产生什么影响等有关竞争方面的精确信息，使管理者能预估竞争者的行为，而不只是对他们做出反应。

实际上，一个组织关键的战略决策所需的有关竞争对手的信息，其中绝大部分（95%）能从公开的出版物中得到。换言之，获取竞争者情报并非组织的谍报活动。广告、促销资料、宣传品、向政府提交的报告、年度报告、招聘广告、新闻报道和产业研究等都是很容易获得的信息来源。贸易展销会和向本企业的销售人员征询等也是了解竞争者信息的很好来源。许多企业甚至定期购买竞争者产品，并让自己的技术人员拆解分析，以了解、学习有关技术创新。

广泛的环境扫描可以揭示许多问题和联系，它们会影响组织目前或计划中的运作。但它们并非同等重要，因此，通常需要集中于最重要的三四个问题，并根据各个问题提出设想方案。所谓设想方案，是指对未来可能是什么样的一种内部的一致看法。通过提出多种假设来评价某一事件一旦发生的可能后果，并根据不同的特定条件演练可能的对策，这种做法的目的并不是试图预测未来，而是为了减少未来的不确定性。例如，在制定的战略中，对乐观的估计和悲观的估计各提出相应的方案，主动为各种可能的变化做好准备，以获取和保持一种竞争优势。

（二）情景规划

环境扫描是以大量的信息为基础进行推理的。它是将判断建立在已经表现出来或过去的数据资料上，其分析思路是“因为……，所以就……”，它是在变化已经开始后，将信息加以归纳，再说明变化将向某个方面发展。这种方法虽然很重要，但有时在以往的延长线上未必一定预示着未来。

未来总是不确定的，情景规划想要回答的问题是，“如果未来有多种变化，应该怎么办”。在本质上，情景规划是一种分析未来可能事件带来的影响以及企业将如何应对的重要方法，而不是用线性外推法以过去推断未来的变化。壳牌石油公司运用情景规划法成功预测到1973

年的石油危机，为油价上涨10倍做好了充足的准备。很多企业也因此效仿，陆续组建了自己的情景规划小组。

情景规划是一个帮助企业探讨和预测各种未来可能发生的情形的过程。在企业外部(甚至内部)环境发生变化的条件下，情景规划可以预测不同的战略计划和应对策略对业绩产生的影响。例如，情景规划可能拿一个根据过去和现在的线性发展趋势推断出来的情景，跟一个与过去截然不同的创设情景进行比较。情景规划的一大好处就是让企业对未来的思考更加开放。这种思考通常以头脑风暴的形式对未来可能发生的情形进行各种天马行空的想象，因为企业并不会将自己绑定于任何一种可能性。在变化发生前，企业已经考虑过各种可能性，为每一种可能发生的情形准备了应对方案。

情景规划是否有效，取决于计划者能否创设出合乎逻辑、富有洞见的情景。而且，企业应该在创设情景的基础上有更多作为，而不仅仅是引发讨论。如果要针对不同的情景采取真正的行动，企业的战略计划执行部门就要具备一定的灵活性。如今，专业顾问公司往往与客户紧密合作，用自己的情景规划方法，根据客户的实际情况设计最合适的情景。因为不确定性仍然是妨碍企业经营决策的重要因素，所以情景规划也仍然适用于战略决策过程。

(三) 标杆管理

标杆管理(Benchmarking)背后的理念其实非常简单。如果你想改进企业某一项经营活动，或者想改善企业提供的某一项服务，你会寻找该项经营活动或服务表现出色的其他企业，以它们作为标杆，努力向标杆看齐，从而达到提升自己的目的。因此，标杆管理是主动寻求各领域中领先者如何取得卓越成效的最佳方式，并以最佳水平为基准定下指标，赶超对手。实行标杆管理要建立一个相关绩效指标的数据库，一般是从企业内部其他部门、单位和其他企业收集同类经营活动的业绩表现数据，然后以此作为绩效考核指标标杆，与被评估部门的各项业绩逐一比较。例如，如果一家制造企业要提高物流配送部门的业绩，那该企业就可以使用企业其他业务部门的业绩和其他专业运输企业(如快递或物流配送)的业绩作为绩效考核指标标杆。

标杆管理的基本过程有以下4个步骤：

(1) 由管理部门组织或指派成立一个标杆管理计划小组或团队。其最初的任务是确定什么应进行标杆管理、谁是领先者，以及如何收集数据信息。

(2) 小组从内部收集有关作业数据，以及从外部收集其他组织的数据。

(3) 分析数据，对照绩效找出差距，并寻求造成差距的原因。

(4) 制订并贯彻行动计划，努力争取并超过其他组织的标准。

现在，标杆管理法常用的标杆(绩效基准)来源主要有3种：(1) 最佳示范实践(BDP)，主要用于比较一家企业内部各单位的业绩，这是近年来比较成功的管理技术。例如，在同一家连锁企业内，不同零售分店的每平方米销售额可以相互比较。(2) 相对成本状况分析法，具体而言就是将A企业单位销售额的成本结构要素(如劳动力成本、原料成本)逐一与竞争对手B企业对标比较。(3) 最佳相关实践，与最佳示范实践类似，但最佳相关实践的对标对象是业务相关但通常不存在竞争关系的企业。因为不是直接竞争对手，所以彼此可以结为对标合作伙伴，直接收集和比较相关数据。

二、预测

法约尔把预见性说成是管理的本质。他还把计划称为各种预测的综合体。预测既表示对未来的估计，也表示为未来做准备。所谓预测，就是人们对未来某种不确定的东西或未知的事件进行事先的调查研究和分析，得出符合事物发展规律的设想或结论，以指导人们的实际行动和方向。

（一）管理预测的对象

一般而言，管理当局通常最关心两种预测结果，即收入预测和技术预测。然而，实际上组织的任何一般的和特定的环境要素都能作为预测关注的对象。

1. 收入预测

对任何组织来说，收入预测都是一个关键因素。对学校来说，学生人数及来自学生的学费、政府预算的经费，决定了教师的需求、能开设多少课程、教师工资的增长等。对企业而言，关键的计划与前提是销售预测。销售收入驱动着采购要求、生产目标、劳动力需求、库存及其他许多决策。

收集收入预测的数据一般可从过去的收入统计数据着手。例如，上年的收入是多少？近几年收入的变化趋势怎样？一般环境中哪些因素发生了变化，对未来的收入变化将产生什么影响？在特定环境中，竞争者有何举措？当今的市场特征有何变化？这些问题的答案，即收入预测的基础。

2. 技术预测

现代科技的发展速度不断加快。从智能手机、平板电脑、移动应用到基于云计算的技术，技术创新在不断地带给消费者巨大惊喜的同时，经常会给相关企业组织带来巨大的冲击。网络免费音乐下载的流行使传统唱片业几乎退出了历史舞台，而智能手机又威胁到了数码相机企业的生存。而那些成功预测到新的技术突破和预见到该技术对行业影响的企业则欣欣向荣。为了保持竞争力，企业需要去预见最重要的技术趋势，因为它们可能将重新塑造企业，改变未来市场的“游戏规则”（包括如何出售产品、营销、沟通、协作、培训、创新模式等），如果不能比竞争对手更快地利用创新和技术变革，就难以继续在市场上立足。能否准确预测到未来将会出现何种新技术及这些新技术可能的功能性影响，将成为企业开发新的畅销商品的关键，而环境扫描与信息推理技术都能为预测潜在的技术创新提供数据和信息。

（二）常用预测技术

各种预测技术和方法很多，据统计，至今已有 150 种以上。就预测的方式而言，主要可分为定量预测法和定性预测法。

1. 定量预测法

由于数学方法的完善和电脑的广泛使用，定量预测法已成为收入预测和销售预测最常用的方法。这些方法可分为时间序列分析法、相关分析法、经济指标法、替代效果法等。

（1）时间序列分析法。这种分析方法的依据是，假设“过去是今后的序幕”，一种趋势如无意外情况，它将沿袭下去。时间序列分析法是常用的一种趋势外推法，即按时间把过去统计得到的数据排列起来，看它的发展趋势。

（2）相关分析法。此法又称因果法，是最常用的一种统计预测法，一般用于测定企业的销售量和其他各个因素间的相互关系。它是根据已知的或假设的变量来预测某一个变量。使用此法预测是以已找到的一些准确的相互关系为前提的。预测人员需要研究各种变量间的相互关系，从中找出可供预测的指示性资料，或拟出数学公式，以此说明若干变量和某一变量的关系，从而找出某种趋势或相关分析关系。其具体方法有一元线性回归法、多元线性回归法和非线性回归法。

(3) 经济指标法。它是利用一个或多个经济指标来预测经济的未来状态,如利用 GDP 的变化预测可支配收入,利用银行利率的变化预测股市投资的变化。

(4) 替代效果法。它是运用数学公式来预测新产品或新技术将怎样、何时及在什么情况下替代现有的产品和技术,如预测微波炉对传统烤箱销售量的影响等。

2. 定性预测法

定性预测法又称直观预测法。预测虽有许多定量的科学工具,但并不排斥人的主观判断;相反,主观判断在预测特别是决策中占有十分重要的地位。

主观判断实际上也是人的一种思维能力,是指在决策和发现问题过程中敏锐的感觉和闪念。它的表现似乎是非科学的,但本质上是科学的。据研究揭示,在人脑的"海马"区内贮存着大量的记忆信息,这是任何电脑所无法比拟的。这些记忆是潜在的,是不断自我加工综合的,但不能自觉地意识到,而只是在某个问题的触发下突然输出,形成创造性的见解。实际上,不论人们是否意识到,每个人头脑里都有某种预测模型,并以这种模型认识和预测事物。常用的定性预测法主要有以下几种:

(1) 意见评判法。此法是对管理者或专家的意见进行综合与折中,有时也采取对不同意见进行投票的方法,以产生一种大略的平均估测。这种方法的优点在于简单方便,它集中了专家们的经验和判断,也不需要在经济研究和统计上做周密的准备。但它也有严重缺陷,它把预测建筑在意见上而不是事实和分析的基础上,所以往往比较笼统。另外,它折中大家的意见,从而降低了有关人员进行精确预测的责任性。

(2) 销售人员估计法。这是销售预测常用的方法之一,是从销售员和销售经理那里获得他们对预期销量的综合意见。一般先要求销售员对他所负责的那个地区做出销售预测,然后由地区销售经理,再由总部销售经理对销售员的估测进行复核。有时还要对销售人员进行指导,告诉他们企业在正常情况下的计划前提条件。有时还要由企业中有关商标、广告和市场的主管经理对销售人员所做的估测进行复核。首先,此方法的优点在于:销售人员在第一线,最接近用户和竞争对手,所以最了解市场,最熟悉销售情况,他们的意见参考价值高。其次,销售员人多、面广,便于分别按产品、顾客或地区来分析销售预测。最后,此预测速度较快。这一方法的不足之处是销售人员往往只重视眼前的状况,对时限较长的预测,他们一般会由于缺乏对社会、政治和经济发展趋势的基本认识而难以胜任。此外,在一定条件下,当预测用于定额分配时,预测倾向于保守;当销售要求在开支、促销和广告中有更多的自由时,预测倾向于乐观。有时销售人员因预测不是其主要职责,可能有单纯的任务而应付了事。

(3) 客户评估法。此法是综合客户对预期购买量的估计。在开发新商品时,甚至在商品筹划阶段,就将经销商、代理商及与销售渠道有关的人们请到一起共同研究,决定某产品的型号与数量。

这一评估法的优点在于客户、经销商参与了预测工作,将来通常会更乐意推销此商品;缺点是客户不一定掌握有关的预测知识,所以,多数的观点和主观的预感差不多。

预测的目标是为管理者提供有助于决策的信息。虽然预测对计划非常重要,但很多时候管理者的预测并非总是正确的。在对美国、英国、法国和德国的财务经理的一项调查中,84%的被调查者说他们的财务预测中超过 5%的预测不准确;54%的被调查者表示,有超过 10%的预测不准确。另一项调查的结果显示,39%的财务总监说他们只能可靠地预测出未来一个季度的收入,并且,有 16%的财务总监说他们对收入预测"毫无把握"。但是,设法使预测变得尽可能有效是非常重要的，因为研究显示，一家企业的预测能力能够成为一种与众不同的能力。

以下是一些关于如何使预测变得更有效的建议：第一，很重要的一点是管理者需要明白，当环境大体上保持稳定时，预测技术是最精确的。环境越动态，管理者的预测就越有可能无效。而如果是预测非周期性的事件，如经济衰退、偶然事件、不连续的经营以及竞争者的行动或反应，那么预测的效果就相对较差。第二，使用简单的预测方法。它们往往与复杂的预测方法不分伯仲，甚至效果更好，而复杂的预测方法可能错误地把随机数据当成有意义的信息。第三，设法让更多人员参与预测。研究显示，企业中参与预测的人员越多，预测结果的可靠性就会越高。第四，将每种预测结果与"不变趋势"进行比较。根据不变趋势进行的预测大约50%是准确的。第五，采用动态预测方法对未来12～18个月进行预测，而不是仅仅使用某种静态预测方法。动态预测方法可以帮助管理者更好地掌握未来趋势，并有助于他们的组织更加适应不断变化的环境。不只依靠某一种预测方法也很重要，应当采用几种模型来预测，然后将预测结果进行平均，在进行长期预测时更应如此。第六，不要假定你能够精确地确定某个发展趋势的转折点。察觉到的某个重大转折点通常只是由于人们自以为是，而最终发现它只是一个随机事件。第七，请记住预测是一项管理技能，因而能够得以实践并且获得改进。预测软件使得管理者在预测时面临的数学难度有所下降，但"捣弄数字"只是预测工作的一小部分内容，解读预测结果并把这些信息融入计划决策才是管理者面临的真正的挑战。

三、作业计划工具

每个组织及组织中的各级管理者在计划工作中都需使用一些基本的工具和方法，尤其在作业计划中，不少是定量化的工具，有些还需要使用电脑。这些工具和方法各有其优点和缺点，其使用得好坏取决于管理者的应用能力及是否适合特定的情景。

（一）甘特图

甘特图是表示作业计划及其进展状况的最基本的工具。它是一种线条图，纵轴表示要安排的活动，横轴表示时间，线条则表示整个期间计划活动与实际完成的情形。这一工具简明直观，使管理者很容易认清目前计划任务的进展情况（超前于、落后于还是符合进度计划），并实施有效控制。图5-9是某一建设项目的甘特图，空白线框表示计划活动的顺序，涂色的线条则表示实际的进度，整个项目何时开始、何时完成一目了然，并能帮助管理者及时发现实际进度偏离计划的情况，以便采取措施及时纠正。如果把纵向的"活动"一栏改为所使用的资源（如组织中的人力资源等），即负荷图。负荷图是改良的甘特图，用于表明各项资源的负荷情况。

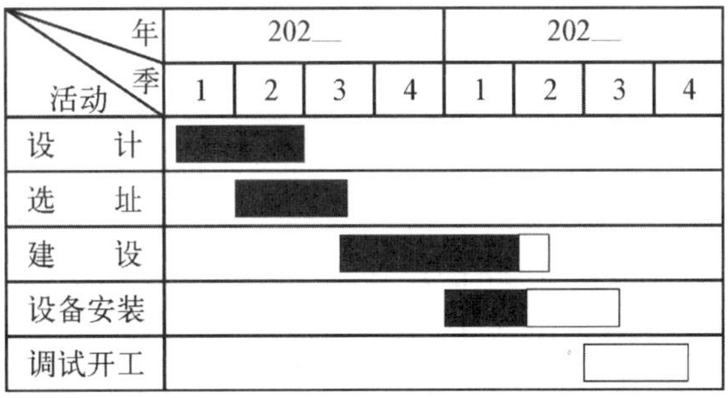

图5-9　简化的甘特图

(二) 网络图

网络图实际上是从甘特图发展而来的,其目的是显示完成某项目所需要的所有活动,以及使计划人员能计算项目从开始至结束需要的时间长度。项目一旦开始后,各项活动所耗的时间可能与原日程安排有出入,这样就需要对网络的时间做调整——有的任务提前完成了,有的任务则拖延了。

图 5-10 画出了一个简单产品的网络图,包括各项活动(箭头)和各事件(圈),以代表一个完整的项目。事件是表示主要活动开始或结束的那一点,活动则表示达到某一事件必须完成的任务(包括各种脑力任务和体力任务)。每一活动都标有完成该项活动所需的时间(估计的),时间单位任选,估测的时间可有多种表示方法:乐观时间、悲观时间和最可能时间等。

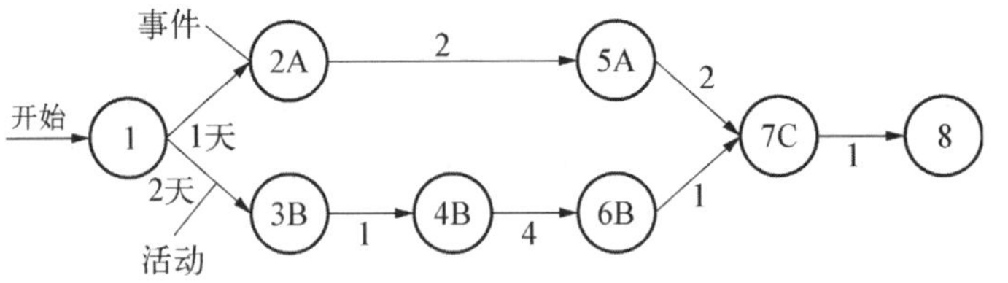

图 5-10 简单产品的网络图

图 5-10 表示两个零部件 A 与 B 的制造,并装配成成品 C——事件 7。事件 1 代表为各零部件安装设备,事件 2 和 5 代表制造零部件 A,事件 3、4、6 代表制造零部件 B,制造零部件 A 预计需要的时间为事件 1、2、5 至 7 的时间总和——5 个生产工作日。制造零部件 B 的总时间为事件 1、3、4、6 至 7 的活动时间的总和——8 个生产工作日。事件 7 组装成品 C,在零部件 A、B 没完成前无法装配,因此,该项目最早可能完成的时间取决于制造时间最长的那个零部件。换言之,即制造作业开始后,即使零部件 A 5 天就完成了,事件 7 也至少在 8 天后才能开始。

网络图画出后就产生了各活动的路线,而花费时间最长的事件和活动序列即所谓关键路线。关键路线之所以关键,是由于它代表了整个项目最早的可能完工时间。在图 5-10 中,从事件 1 经过事件 3、4、6、7 至 8 为关键路线,总共需要 9 个生产工作日。计划人员找出了这条路线,就可设法缩短此路线上的活动时间,以加速项目的完成。假如他们能把关键路线的时间缩短到 4 天,就会出现一条新的关键路线,即连接事件 1、2、5、7 和 8 的路线。这样,就有可能使总的完工时间缩短为 6 天。

网络图使计划人员能集中于一个项目中最关键的耗时活动。一旦项目开始后,随着活动时间的改变,网络呈动态变化,完工时间也随之调整。网络图也可显示一个项目中各部分的内在联系。无论是简单的、复杂的或耗时的项目,都能运用网络图。现在已有有关网络技术的专门软件可应用。

(三) 盈亏平衡分析

所有企业都需要知道,他们的产品销售收入到哪一点就能保持盈亏平衡(收支相抵),在哪一点销售收入又将超过开支,从而产生利润。

图 5-11 所示的这种方法能帮助一个组织确定

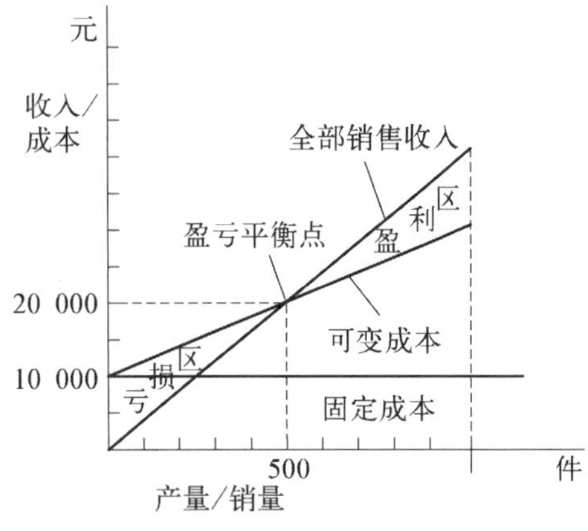

图 5-11 盈亏平衡分析

其盈亏平衡点(保本点)。图中 3 条直线分别代表 3 个主要因素：固定成本、与产量相关的变动成本、与销量相关的销售收入。图中的纵坐标(左方垂直的轴线)是货币量，横坐标(水平底线)是单位的产量或销量。

盈亏平衡点的计算公式如下：

$$\text{盈亏平衡点}=\frac{\text{固定成本}}{\text{单位产品贡献值}}$$

如果用字母 FC 代表固定成本，P 代表产品单价，V 代表单位产品的变动成本，$P-V$ 代表单位产品贡献值，BE 代表盈亏平衡点，则公式可简化为：

$$BE=\frac{FC}{P-V}$$

上述公式表明，当单位产品贡献值为正数时，在销量达到一定水平时，全部销售收入将与全部成本相抵；而全部固定成本等于单位产品售价与可变成本之差乘以盈亏平衡点销售量。

盈亏平衡分析对管理者制订计划很有用，因为它能指出收入、成本和利润之间的关系。例如，图 5 - 11 表示一家计算器生产企业，它每月的固定成本为 10 000 元，每单位产品的变动成本为 20 元，假定每件产品的售价为 40 元，则盈亏平衡点为 500[=10 000÷(40—20)]件产品，即该企业每月产量为 500 件时能保本。假如我们知道该企业的月销售量可达 600 件，则其利润为 2 000[=(600—500)×(40—20)]元。盈亏平衡分析能使管理者分析成本、销售收入发生变化时的影响，并能帮助他们确定产品的最优或最高售价。在市场经济中，生产厂商往往很难完全控制各种成本、产品售价和销量，使用盈亏平衡分析，成本、售价及销量这 3 个变量一旦有变化，管理者就马上能测算出其净效应。

(四) 运筹管理技术

在计划工作中，管理者使用的其他基本工具还有模拟、线性规划、排队论、博弈论等。它们是“运筹学”或“管理科学”学科研究对象的一部分。这些方法要求用数学和科学技术提出模型，由这些模型提供预示变化的信息，确定其他各种行动路线的结果，以及提供对各种方案的分析。虽然这些工具所需的数学知识和要求已超出了本书的范围，但管理者有必要对它们有大致的了解。

1. 模拟

模拟是对真实的活动或过程建立模型，然后操纵模型中的一个或多个变量来评价它们的影响。在政府机构和大学中，都有电脑模拟或模型能显示发生某些变化(如税收、利率的改变)时，我们的经济将如何变化。

模型又有实物模型和抽象模型之分。上述电脑模型是抽象模型的一种；其他如电脑程序、设计人员的图纸、数学或化学方程式等，都属于抽象模型。实物模型相对直观，有三维构造(立体型)，为多数人所熟悉，如制造商制作的产品原型、建筑模型等。一些大型航空公司在培训飞行员和飞机服务员时，都采用了逼真的模拟技术。

管理者要使用模型或模拟，应先知道并理解他们想要模拟的过程，以及其变更的相互关系。使用电脑模拟还应懂得电脑模拟技术的知识。模拟的最大优点不仅在于能鉴别各种设计方案，而且能使正在进行的各种作业的影响减至最小，从而避免时间和开支上不必要的损失。

2. 线性规划

线性规划是试图在给定的各种可能用途和资源限制下确定资源的最佳分配方式。规划之所以称为线性,是因为它要求变量之间的关系是直接的和成比例的。管理者应懂得,假如他要求下属超时加班,那么,超时的工作和工作的产出以及支付的加班费用应成直接的比例关系。

线性规划用于选择与时间或货币成本相联系的各种方案。用户下了订单后,制造商就可用线性规划来确定最佳的(费用最少或最快捷)运货方式。有各种备选方案:卡车运送、铁路或空运等,每一个方案都有时间因素和特定的成本与之相联系。有关管理者可根据定量的测试,对各方案评估其费用和日期,从而选择某种运输方式。对于复杂的线性规划问题,可借助现成的电脑软件来求解。

3. 排队论

排队论亦称候线模型,它用于帮助管理者决定哪种等候队伍或排队的长度最适当。在超级市场、银行、大桥收费处等的主管都要决定设置几个收费口,在什么时候开放多少个出纳窗口等,这些都属于排队问题。多数情况下,管理当局总是希望成本最低——尽量减少开放的服务台数量,同时又不希望顾客排长队而失去等候的耐心。片面强调消除排队现象是不合适的,因为这里还有服务能力的充分利用问题。总之,管理者一方面应考虑尽可能缩短服务时间,另一方面又要考虑增加服务人员及设备数量的后果,要计算空余能力的经济损失。这就是排队论给我们的启迪。

4. 博弈论

博弈论是试图预测在竞争形势下,人们或组织将如何行为。预测的目的是设计一些策略来应对这些行为。博弈论可应用于组织相互竞争的各种场合,如在定价上、在产品开发上、在广告及分销渠道上等。例如,一家企业如果能较准确地预测到竞争对手是否或在什么时候要采取降价措施,该企业就能决定是否也采取甚至提前采取降价措施。

本章提要

计划是一项最基本的管理职能。在集体中工作的人们要取得有效的成果,最主要的任务是设法使他们明确目的与目标,以及实现它们的方法。计划是为了从事某些工作预先行规划好的详细方案。计划工作是针对将来活动的决策所进行的周密思考和准备工作。许多涉及未来的行动过程属于计划范畴。

计划可以分为很多类型,本章最关注的是按计划的层次与广度将计划分为战略计划、战术计划与作业计划。战略计划是指应用于整个组织,为组织确立总体目标并寻求组织在环境中地位的计划。战术计划通常是由中层管理部门提出的对各自部门必须做什么、必须如何做,以及谁负责做好它等细节的安排。作业计划是管理者用于完成其工作职责的计划。它可以是专用计划,也可以是常规计划。

企业在多变的环境中有效开展计划工作,需要考虑到各种权变因素的存在。为了防止计划因环境改变而失效,需要开发权变计划,即其他可供选择的行动路线。此外,计划也不是一次性的活动,企业应将计划作为一个持续的过程,并根据环境的变化而持续更新和修改计划。

计划工作首先需要确定目标。目标是组织和个人活动所指向的终点或一定时期内所寻求的最终成果。任何组织的目标都是多重的,也是多层次的,组织在设定目标时应遵循 SMART 原则。目标管理是一种行之有效的贯彻计划工作的方法,但许多因素也会影响目标管理的效果。

计划工作中有很多常用的工具与技术。在分析环境时,可用环境扫描、情景规划和标杆管理等方法。预测作为计划的前提,有定量和定性之分。定量预测是把数学方法应用于历史数据以预计将来的结果，定性预测则是利用个人的判断和知识来估测未来的情形。作业计划的工具有甘特图、网络图、盈亏平衡分析、运筹管理技术等。

复习思考题

1. 何谓计划与计划工作？企业的管理活动为何应当始于计划？

2. 请举例描述各种不同类型的计划。

3. 理想的计划工作应当包括哪些基本步骤？

4. 企业的目标层次有哪些？请找一家你了解的企业，分析其不同层次的目标是什么。

5. 请根据 SMART 原则，结合本章谈到的目标层次，制订你在未来 5 年计划达到的个人目标。

6. 很多企业表达了“人才是第一生产力”“以人为本”的价值观。请试述当外部环境剧烈变化时(比如宏观经济发展增速放缓等)，企业如何通过计划工作来实践这一价值观。假定你是某一特定企业的高层管理者，请你为此设定目标并制订具体行动方案。

6

第六章 战略管理

全章提要

学习目的与要求

管理专业术语

- 第一节　战略管理框架
- 第二节　战略的层次
- 第三节　战略规划框架与分析工具

本章提要

复习思考题

学习目的与要求

1. 理解战略与战略管理的概念；
2. 了解战略管理对于形成和强化核心竞争力的作用；
3. 通晓战略管理过程的步骤；
4. 了解组织中战略的层次：企业层战略、经营战略和职能层战略；
5. 了解经营战略的适应战略模型；
6. 了解经营战略的竞争战略模型；
7. 掌握常用的战略规划框架与分析工具；
8. 了解战略管理的新趋势。

管理专业术语

Strategy	A course of action that explains how an enterprise will move from the business it is in now to the business it wants to be in.
Competitive Advantages	What set an orgnization apart; its distinct edge.
Strategic Management	The process of identifying and executing the organization's mission by matching the organization's capabilities with the demands of its environment.
Horizontal Integration	Acquiring ownership or control of competitors who are competing in the same or similar markets with the same or similar products.
Vertical Integration	A growth strategy in which a company owns or controls the inputs to its processes and/or its distribution channels.
Conglomerate Diversification	Diversifying into other products or markets that are not related to a firm's present business.
Core Competencies	An organization's major value-creating skills, capabilities, and resources that determine its competitive weapon.
Cost Leadership Strategy	A competitive strategy when a firm aims to compete on price rather than advanced features or excellent customer service.

Differentiation Strategy	A competitive strategy when a company offers a service that is clearly distinct from its competitors, and that customers value.
Focus Strategy	A competitive strategy targets a narrow market segment, either by consumer group or geography.

所有企业及其管理者都需要仔细评估内部环境和资源,进而形成精心设计的应对策略,包括企业在市场中的定位、如何应对环境变化带来的危机和挑战,这就是本章将要谈到的战略管理问题。如果说目标是计划工作的基础和出发点,那么,战略就是组织实现目标所采取的方向和路径。

第一节 战略管理框架

在持续变化的市场竞争中,组织若不能清醒地知己知彼,不能及时了解、分析和利用环境变化,不能对组织进行较长时间跨度的战略性思考,不能扬长避短、利用优势、抓住机会,那么营运的风险就将随时随地让组织付出沉重的代价,甚至危及生存。事实上,如果你关心商业新闻,就能发现大型公司的战略规划、战略调整几乎总是其中的热点。这也表明,战略管理对组织运作和赢得成功具有重要意义,并在高层管理者的工作中占有重要地位。

一、战略和战略管理

(一) 战略和战略管理的概念

"战略"(Strategy)一词早先作为军事术语,是指导战争全局的方略,是战争指挥者为了达到政治目的,根据战争规律所制定和采取的准备战争和实施战争的方针、政策及方法。简言之,战略是指在战争中利用军事手段达到战争目的的科学与艺术。

在组织中,对"战略"概念的阐述更是众说纷纭,至今未形成统一认识。安德鲁斯(Andrews)认为,企业总体战略是一种决策模式,它决定和揭示着企业的宗旨,提出实现企业宗旨的方针、政策、规划,确定企业应该从事的业务,明确企业的经营类型和组织类型,以及企业应该对员工、顾客、社会做出的经济和非经济的贡献。奎因(J. B. Quin)则认为,战略可以是一种模式,也可以是一种计划。战略把组织的主要目的、政策、活动按一定顺序结合成一个紧密的整体,主要包括4方面的内容:(1) 战略是由企业可以达到的最主要目标指导约束经营活动的政策,是可以在一定目标下执行活动的程序;(2) 战略需要围绕其理念和推动力进行;(3) 战略要处理可预见的事件和不可预见的突发事件;(4) 在大型企业中,每个有自己职权的层次都应有自己的战略,每个层次的战略都要形成企业的整体凝聚力。明茨伯格更是从"5Ps"(Plan、Ploy、Pattern、Position、Perspective)——计划、策略、模式、位置和视角5个角度,对战略的概念做了进一步说明。

整合上述的概念定义,战略可以被理解为是确定组织总体目标和保证组织总体目标得以实现的一系列方针、政策、活动的集合体。而战略管理是指围绕战略的分析、选择、实施和评估而进行的管理过程，这一管理活动的有效性将对组织的发展方向具有长远、全局性的影响。

管理聚焦 6-1

战略简史

“战略”并不是什么新鲜概念，它根植于古代军事用语中。在英语中，战略一词源自希腊单词 strate-gos，而这个单词又是由 stratos(军队)和 e-gos(率领)衍生来的。在希腊语中，这个单词的意思是指一支军队的领导者或长官。广义上说，这个词描述的是领导者个人调度庞大资源的能力。

人们普遍相信，最早的关于战略含义的详细描述出现在《孙子兵法》一书中。《孙子兵法》据信成书于公元前 6 世纪，是中国现存最早的兵书，也是世界上最早的军事著作，早于克劳塞维茨(Karl von Clausewitz)《战争论》约 2 300 年，被誉为“兵学圣典”。在这本书中，孙子写道：“百战百胜，非善之善者也；不战而屈人之兵，善之善者也。”又说，“故善用兵者，屈人之兵而非战也，拔人之城而非攻也，毁人之国而非久也”。可以看出，孙子认为战胜对手靠的是精心打造的谋略，而非武力。他相信比对手思考得更加深入长远，要比用计谋武力击败对手更为重要。成功的本质应当是运用战略来避免冲突。这一见解与目前地缘政治学的争论十分相似，那就是究竟该使用外交手段还是武力来解决纷争。许多国家同时积极采纳这两种行动方针。

几千年来，军事战略的发展和运用常常决定了国家和民族的成败兴衰。罗马帝国成功运用军事战略，制订出一套扩展其版图的全面计划。在此情形下，罗马军事战略家们对自己的实力(内部环境)与敌人的实力、条件和未来行动意图(外部环境)进行评估，并基于此拟订作战方案。对罗马人来说，每一场战役的军事战略都会依敌人的不同而改变。此时，战略是一个为了达成特定目标而制订的行动计划。像孙子这样的军事战略家将战略和战术做了明确区分。对军事统帅来说，战术是指战场上军队将会采取的具体行动(比如，冲锋或侧翼夹击)，而战略是指对整个战争的大规划，且通常目的是形成整体军事优势。

战略在商业领域的应用，正是在这些军事应用的基础上产生的。人们将战略概念运用于商业领域。“商场如战场”这句话相信你并不陌生。毫无疑问，商场和战场有某些明显的共性：对击败对手并在竞争中取胜的渴望。无论是在沙场上还是在商业领域发动一场“战争”，任何一个想在竞争中牢牢占据上风的组织，都需要遵循同样的“交战”规则：(1) 比对手收集更多更有效的信息；(2) 分析信息，并列出可能的行动方案。在备选方案中迅速做出选择；(3) 将战略选择转化为果敢的行动。

根据孙子的看法，收集信息是战略开发中不可或缺的一部分。《孙子兵法》有云：“夫战而庙算胜者，得算多也；未战而庙算不胜者，得算少也。多算胜，少算不胜。”信息的收集与分析在战争中的地位是无比重要的，而对于理解商业格局而言，这一点同样很重要。决策者们都必须充分了解对手及竞争环境。由于需要对商业格局加以了解，早期企业领导者们将关注点放在企业规划和分析上，视之为战略的基础。在第二次世界大战以后，由于许多业务的规模、范围和复杂性都有所增加，企业规模不断扩大，业务范围通过不相关多元化扩展至多个行业,因此战略规划的重要性凸显了出来。管理者们倾向于运用战略规划厘清多条业务线,并通过层层目标分解来确保目标得以被制度化(落地)。企业通常会制订3～5年的规划,并会定期更新。

到了20世纪80年代,快速变化的市场环境使这些规划往往很快就跟不上竞争格局的变化。许多企业并未选择基于竞争格局的改变对规划做出修正,而是盲目地决定实施规划,结果自然不尽如人意,战略规划的有效性和重要性也逐渐受到质疑。研究者甚至认为过于热衷于战略规划是美国企业竞争力流失的罪魁祸首。一些研究者指出,由于管理者需要遵循严格的战略及与之配套的制度,规划从本质上削弱了一家企业的创新能力。

很显然,脱离实际状况的战略规划于事无补,而且,企业在对可能的后果缺乏了解的情况下,就做出重要的投资和资源配置决定,也同样是在冒险。在这种情况下,关键决策将会系于个人直觉,缺少理性根据。在多变的市场环境下,企业规划的关键不仅在于计划完备,而且在于确保整个计划是灵活且有很强的适应性。这些计划不该只是高管抽屉里的档案,也不该未经思考就被僵硬地予以执行。计划贵在鲜活。它们应该是一份有生命力的文档,帮助管理者应对可能的机遇和威胁。为了保持有效性,这些计划应当时常被修正和更新。更新计划作为一个“流动”的过程,是在日益复杂的环境中开发战略的关键要素。

资料来源:兰杰·古拉蒂,安东尼·梅奥,尼汀·诺里亚.管理学[M].2版.北京:机械工业出版社,2020:72-73。

(二)通过战略管理形成和强化核心竞争力

一个组织在制定战略的过程中,通常会问这样一些问题:本组织在哪些领域能比竞争对手做得更好?本组织的竞争优势有哪些是竞争对手在短期内难以模仿的?本组织应如何利用这些优势给竞争对手设置竞争障碍?对这一系列问题的回答体现在战略管理中,就是企业寻求和形成自身核心竞争力的过程。

核心竞争力(Core Competency)是指对组织未来成功有关键作用的那些少数的强势能力。它可以是组织中进行多项产品开发所共享的某种关键性技术或技能,也可以是组织所拥有的某项独一无二的资源或系统,甚至可以是竞争对手无法拥有的销售网络或供货渠道。正如“核心竞争力”的提出者加里·哈默(Gary Hamel)和C. K. 普拉哈拉德(C.K. Prahalad)所强调的,今天的企业必须围绕核心竞争力进行战略设计,从而使各战略业务单位能共享和增进这种核心能力。

核心竞争力是组织战略的中心部分,也是战略管理的价值所在。具体来看,通过战略管理过程来形成和强化企业核心竞争力,需要体现为以下3个方面:

1. 核心竞争力的识别和建立是一个自上而下的过程

首先,核心竞争力的识别与建立是由高层管理者开始的。对一个组织而言,核心竞争力的确立是以内部环境分析为主要基础的,包括对组织文化、气氛、结构、财务等内容的分析以及对组织核心过程的分析,在此基础上明确组织自身的强势与弱势,才能最终选择出所需投资开发和善加利用的核心竞争力。这一过程的有效实现是建立在对组织内部环境充分了解的基础上的，因此通常是由高层管理者牵头进行的。其次，核心竞争力是通过组织的战略文化流传开来的，它是以文化为载体向下传递的。

2. 核心竞争力在组织发展的过程中应具有相对稳定性

一个组织的核心竞争力通常是其竞争对手在一段时间内无法模仿或很难模仿的特殊技能。它是组织在某一个方面甚至某几个方面取得独占优势的竞争力源泉，也是组织维护和增强自身竞争地位所依据的主要力量。这种能力对其竞争对手而言通常是在一定时期内难以逾越的竞争障碍，而对组织而言则是使自身比其竞争对手做得更好的可能性力量。基于这些特征，组织的核心竞争力一般是相对稳定的，这能更有利于组织通过长期战略规划对这种特殊技能进行充分挖掘和持续的开发利用。

3. 核心竞争力通常是指组织所拥有的某一种强势能力

任何一个组织都可能同时具备多种竞争优势：融资渠道、关键技术领域人才、资源供货渠道或者无形资产价值，这些优势的共同作用使组织的生存和发展成为可能。但一个组织的核心竞争力是很难多头并进的，这是由组织在人、财、物等资源上的有限性所决定的。组织核心竞争力的成功运用可以使组织拥有比竞争对手做得更好的能力，可以使组织在竞争中取得主动权和导向权，所以，一旦组织认识到自身的核心竞争力，就应该通过战略规划对其进行集中投资，巩固其在特定领域的优势和不同于竞争对手的独特性。通常核心竞争力的培养需要较长的时间和较大的投资，所以组织战略管理对于确定和强化核心竞争力极为关键。

二、战略管理过程

战略管理涉及对战略从分析、选择、实施到评价的全过程，主要包括 4 个相互关联的阶段：战略分析阶段、战略选择阶段、战略实施阶段、战略评价阶段(见图 6-1)，我们在下文一一描述。

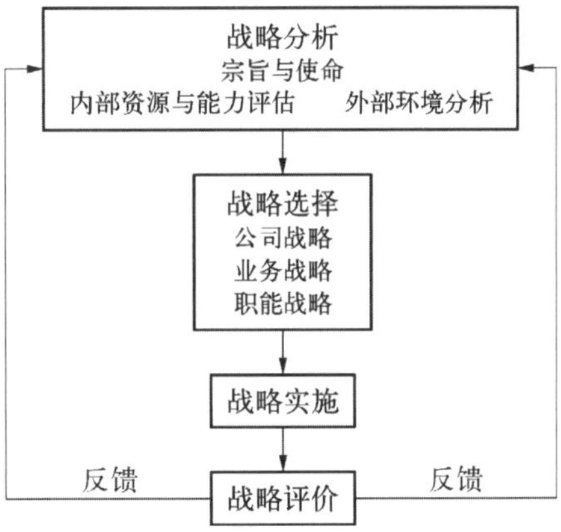

图 6-1　战略管理过程

(一) 战略分析阶段

战略分析是整个战略管理过程的起点和首要环节，为战略的正确选择提供决策依据，因此，它在战略管理全过程中有着举足轻重的地位。在这个阶段，组织的战略管理者将在明确组织宗旨与使命的基础上，通过对外部环境的分析，挖掘市场机会、明辨市场威胁、提炼关键成功要素，并通过对内部资源与能力的评估，理性认识组织自身的优势和劣势，从而确定组织的核心竞争力。

1. 确定组织宗旨与使命

组织的宗旨与使命是指组织中最基本的、使自己区别于其他组织的经营目的，也是组织经营哲学的一种体现。组织的宗旨与使命使处于相同环境的组织在经营活动上具有不同的出发点和目的，也使在目前看来地位相同的组织，在若干年后具有不同的变化和结局。它明确了一个组织"是干什么的"和"应该干什么"，由此确定了组织应从事哪方面的事业或业务，并通常以书面的使命宣言固定下来。在此基础上，组织的全体成员可以形成关于未来理想和发展方向的共识，增进相互理解，促进团队合作，同时也能使各类与组织有利益关系的外部集团和个人获得对组织的基本了解。完整的企业使命宣言的组成要素见表 6-1。

表 6-1　组织使命宣言的组成要素

要　　素	应明确的问题
客户	该组织的客户是谁
市场	该组织在哪些地区开展竞争
对生存、成长和盈利能力的关注	该组织是否致力于发展和财务稳定
核心理念	该组织具有怎样的基本信念、价值观和道德准则
对公众形象的关注	该组织如何回应社会问题和环境问题
产品或服务	该组织主要提供什么产品或服务
技术	该组织技术上是否领先
自我定位	该组织的主要竞争优势和核心竞争力是什么
对员工的关注	对于该组织来说,员工是不是有价值的资产

资料来源：Stephen P. Robbins，Mary Coulter. Management[M]. 15th ed. New York：Pearson，2021：255,表 9-2。

组织的使命全面系统地明确了组织的未来目标、业务性质及其核心理念和价值观,其中回答了组织内外部利益相关者关心的许多重要问题,因此在确定时,应注意以下几个方面：(1) 整合不同观点,宗旨与使命的确定是一项重大决策,应综合考虑各种不同的视角;(2) 关于组织的业务类型,要从组织的外部,从顾客、市场出发寻找答案;(3) 明确组织的真正顾客及其需求;(4) 视需要适时调整宗旨与使命;(5) 发掘市场空间。

2. 分析组织外部环境

目前对外部环境分析所采用的最广泛的方法是由迈克尔·波特在 20 世纪 80 年代所提出的产业分析的五力模型(见图 6-2)。

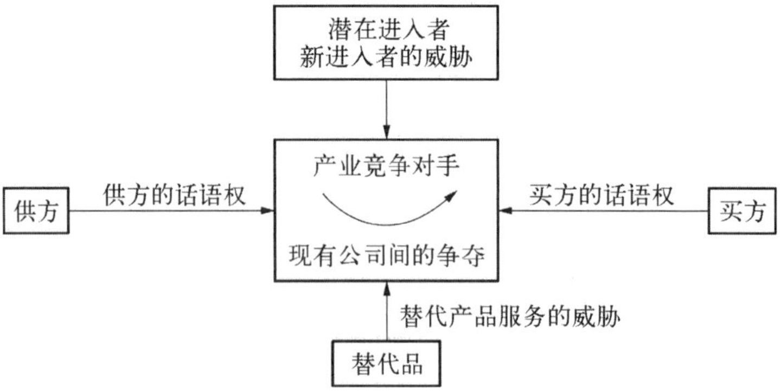

图 6-2　产业分析的五力模型

(1) 潜在进入者的威胁

这是指新的竞争者进入某一特定市场或市场细分部分的难易程度,即所谓的进入壁垒的大小。对于一个产业来说,进入威胁的大小不仅取决于产业进入壁垒的大小,而且决定于准备进入者可能遇到的现存在位者反击的力度和有效性。如果壁垒高筑或新进入者认为严阵以待的在位者会坚决地报复，新进入者就很有可能放弃进入该领域，这样在位者所受的威胁亦相对减小了。常见的进入壁垒有规模经济、产品差别、资本需求、转移成本、分销渠道的控制、与规模无关的成本优势、政府政策等。一般进入壁垒高的产业，其退出障碍也较大，而对于已进入该产业的厂商而言，其竞争也就会相当激烈。

(2) 产业竞争对手的竞争

这是指行业中主要竞争者间的竞争关系及其性质。例如，在饮料业中，可口可乐公司和百事可乐公司之间常常发生激烈的价格战，在广告促销手段上互相攀比，并不断引入新包装、新品种饮料。对于竞争者的分析，不仅要关注重要的现有竞争者，而且要重视潜在的竞争者，对其相对谈判力和竞争状态，如市场占有率、品牌形象、新产品的研究与开发、规模、资金实力等，进行系统的研究、分析。

(3) 替代品的威胁

这是指那些可能取代或减少现存产品和服务需求的替代物所造成威胁的严重程度。例如，对手提电脑的需求因为手机及平板电脑的流行而明显下降。

(4) 买方的力量

这是指某行业中产品和服务的买方对供方所能产生影响的程度。例如，空客 A380 这种超大型飞机的可能买主数量有限，只有为数不多的大型航空公司才会购买此类产品。因此，这些企业(买方)对产品的价格、订货、交货期等都有相当的影响。

(5) 供方的力量

这是指供方对潜在的买方可能影响的程度。例如，一家地方电力公司是该地区唯一的电力供源，显然其他企业要申请用电，就得看对方的脸色。

管理者应在分析外部环境时逐一收集上述 5 项竞争力量的资料，最好有客观数据可依，如供方和买方的具体数据、国际和国内的供需状况、替代品的价格与销售状况、新进入行业的厂商、可能进入的渠道等，以评估产业的吸引力。

3. 评估组织内部资源与能力

对组织所具备的资源与能力的评估，为战略规划提供了重要信息。一个组织的资源就是组织用来开发、制造以及向顾客提供产品的各种资产，包括金融资产、物质资产、无形资产和人力资本，也就是组织拥有"什么"来创造价值。而组织的能力是指用来从事一切必要活动的技能与才智，即组织是"如何"开展工作的。资源与能力共同决定了企业的竞争优势。表 6－2 列举了内部资源与能力分析的主要项目。

表 6－2　内部资源与能力分析

项　目	分　析　内　容
财务分析	通过财务报表，如资产负债表、利润表对财务状况进行分析，通过历史和行业数据对比发展趋势
营销审计	分析主要营销活动的优点和缺点并识别市场、关键市场细分及本企业在关键市场的竞争地位(市场份额)
运营分析	分析组织在制造、生产或服务交付活动方面的优势和劣势

续 表

项 目	分 析 内 容
人力资源评估	分析各层次的管理者和员工的优势和劣势,关注关键人力资源活动,包括人力资源规划、招聘、选拔、安置、培训、薪酬、晋升、考核和工作生活质量
其他内部资源分析	分析本企业在其他活动的优势和劣势,如研究和开发(产品和过程)、管理信息系统工程和采购等

理解企业资源与能力如何支持其战略的一种有效方法是进行价值链分析(Valuechain Analysis)。这种分析方法以系统的方式检视所有企业活动,并确定它们之间如何互动,构成竞争优势来源。根据价值链分析模型(见图 6-3),企业价值链可以分为两部分:基本活动和支持活动。基本活动是指产品的实际生产、销售和提供给消费者的过程中涉及的活动,具体分为 5 类,即内部物流、生产、外部物流、营销与销售、服务。支持活动为基本活动提供了必要的支持,这类支持活动可分为 4 类,即企业基础设施、人力资源管理、技术开发和采购。

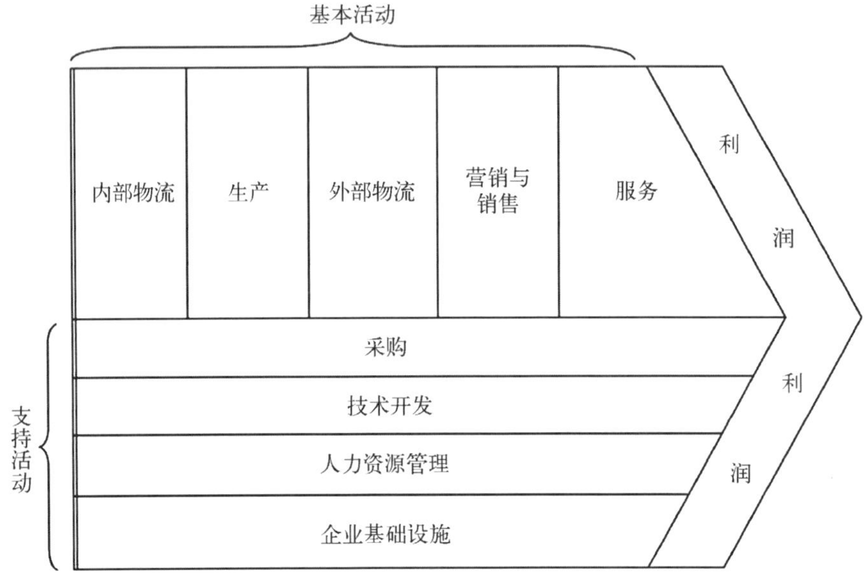

图 6-3 企业价值链

在价值链分析过程中,管理者应从 3 个方面分析企业的整体价值体系。首先,管理者需要了解企业如何使用资源和能力去进行经营管理,并确定在所有这些活动中,企业究竟依托哪些活动为顾客提供价值。企业的某种能力如果是竞争优势的来源,则这种能力必须使企业比竞争者更好地完成基本活动和支持性活动。例如,分析后管理者可能发现,企业主要的增值活动集中在营销和销售环节。管理者还可能发现外部物流问题是企业面临的主要挑战。通过更透彻地了解企业,管理者能够在接下来的管理活动中,重点关注增值活动,并改善那些非增值活动的业绩。

其次,管理者必须将本企业的价值链与竞争者的价值链相比较,以更好地了解市场中的竞争态势,从而决定如何进一步加强企业的增值活动。最后,管理者必须在更大的价值体系中审视企业价值链,其中包括供应商、渠道商和顾客的价值链。正如企业为了给顾客带来价值而维护价值链一样，价值体系中的供应商和渠道商也会这样做。供应商也拥有自己的价值链。在这条价值链上，供应商创造和递送企业价值链中的投入部分。渠道系统可以通过为顾客呈现某种重要功能来影响整个体系中的价值。通过研究其他的价值链，管理者能够深入了解不同系统间的联系，这些联系有助于将生产者和供应商紧密联结在一起，进而增强企业的竞争优势。

在进行了企业的内部环境分析（组织资源、能力和价值链分析）后，管理者应能就以下几个方面做出切实的判断：

（1）组织能用于创造或维持竞争力的强项；

（2）组织的核心竞争力，即对未来成功有关键作用的那些少数强项，如资产、技术等；

（3）组织所需改进的弱项和进行战略变革的阻力。

（二）战略选择阶段

通过对内、外部资源环境的分析，确立了战略目标以后，接着就是把收集整理的关于组织的优势、劣势与环境中的机会、威胁的信息相配合，这一分析方法被称为 SWOT 分析法（见图 6－4）。组织的优势（Strenth）和劣势（Weakness）是对企业内部资源状况的判断。比如，一个组织的优势可能包括先进的技术、持续的正现金流，以及广受市场认可的强大品牌。而劣势可能包括缺乏闲置产能和缺乏可靠的供应商。而外部环境的机会（Opportunity）与威胁（Threaten）产生于宏观环境和竞争环境。机会可能是使供应链更有效率的新技术，或者一个尚未开发的利基市场。威胁则可能包括一个有利可图的利基市场即将面临多个强有力的竞争对手进入。SWOT 分析的目的是通过对组织内部优势和劣势的认识，帮助企业利用环境变化提供的机会，同时避免可能面临的威胁。

优势(Strength)	劣势(Weakness)
√ 技能或重要的专门技术 √ 宝贵的有形资产 √ 宝贵的人力资产 √ 宝贵的组织资产 √ 宝贵的无形资产 √ 竞争能力 √ 使组织能够获得竞争优势的成就或属性 √ 强大的联盟或合作组织	√ 缺乏有重要竞争意义的技能和专门技术 √ 缺乏有重要竞争意义的有形资产 √ 缺乏有重要竞争意义的无形资产 √ 缺乏有重要竞争意义的人力资产 √ 缺乏有重要竞争意义的组织资产 √ 在关键领域里竞争能力正在丧失或很弱
机会(Opportunity)	**威胁(Threat)**
√ 客户群扩大、进入新的地域市场或产品细分市场 √ 扩展产品线宽度，为更广大的客户群服务 √ 将组织的技能或技术诀窍转移到新产品或新业务 √ 前向或后向整合 √ 有吸引力的市场上进入障碍正在降低 √ 出现了从竞争对手那里获得市场份额的机会 √ 市场需求增长势头强劲，可以迅速扩张 √ 并购竞争对手 √ 联盟或合资组织扩大了其地理覆盖面和竞争能力 √ 有机会充分利用技术 √ 市场上出现向其他区域扩展组织品牌或声誉的机会	√ 强大的新竞争对手可能进入市场 √ 替代品抢占组织的销售额 √ 市场增长率下降 √ 外汇汇率或外国政府贸易政策的不利变动 √ 有关部门所采取的管理措施会使公司付出很大代价 √ 容易受到经济萧条或经济周期的冲击 √ 客户或供应商的谈判能力将提高 √ 购买者需求和品位朝偏离行业的方向变动 √ 不利的人口特征的变动 √ 容易受到行业驱动因素的冲击

图 6－4　SWOT 分析法

SWOT分析法揭示了几种特定的利害关系(见图6－5)。

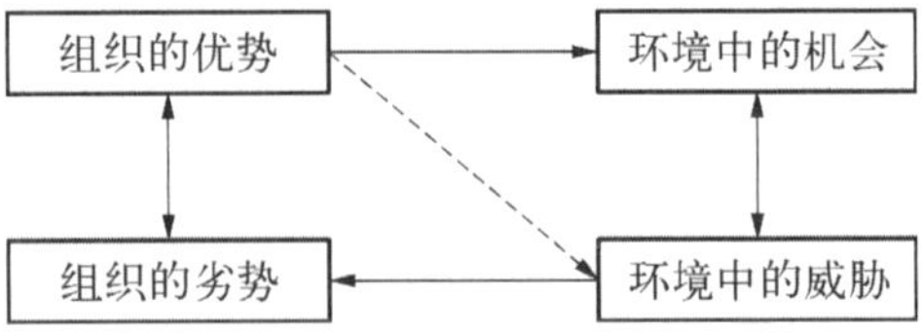

图6－5 SWOT的内部关系图

(1) 组织的优势和劣势与环境中的机会和威胁常常是互相联系、互相转换的。例如，一家企业可能有不少现金盈余(优势)，是因为它没有在研究与开发上花多少投资(劣势)。同样，一家企业产品的市场份额增长很快(机会)，但也可能吸引潜在的竞争者进入这一市场(威胁)。所以，组织的优势也好、市场的机会也好，都不是绝对的，一旦没有妥善运用，就可能走向反面。

(2) 组织的优势应与环境中的机会相对应。例如，比亚迪是以电池研发、生产起家的，当新能源汽车的发展成为当今汽车产业发展的主流方向时，比亚迪利用其在电池(新能源汽车的核心技术)研发和电子领域的多年储备，成为新能源汽车研发、生产领域的领跑者。

(3) 组织应认识到其弱点对环境中的威胁来说特别脆弱。如果组织过分依赖于某一供应商(劣势)，供方的相对谈判力就很强；但是，在这方面处于劣势的企业若能有机会实行后向一体化，兼并这一供应商，那就反而能大大提高自身的竞争力。

(4) 在可能的情况下，企业应利用其优势力量来克服环境中的威胁。例如，苏宁电器原本是一家依托传统连锁店面销售的零售巨头，当网络购物、大数据、云计算等技术对消费者行为和企业营销方式产生巨大影响时，苏宁将自己的战略模式重新定义为“店商＋电商＋零售服务商”，意图在线下开辟超级店、旗舰店、生活广场等，为消费者提供展示和体验以及购物提货等，线上卖电器、化妆品、日用品、图书等实体商品以及各类服务包括金融、商旅等，并且将网络销售平台开放给别的商户。

在完成以上分析后，组织就可着手对各个层次的战略备选方案进行适用与否的评价，进而选定一套相对满意的供执行的战略，并为其实施制订相应的政策和计划。这些战略不仅应注意与各层次要求相符合，而且应能最佳地利用组织的资源和市场的机会。

(三) 战略实施阶段

再好的战略计划，如果不能得到有效执行，就只是一项完备的书面计划，并不会自行取得成功。战略计划工作能否提供成果的突出标志是使关键人员去从事特定的任务。所以，战略实施的首要问题是组织落实，组织是实现目标和战略的手段。阿尔弗雷德·钱德勒(Alfred D. Chandler)说过，“战略决定组织结构”，如果一个组织的组织层战略有重大改变，就有必要对该组织的总体结构重新加以设计。

高层管理者的领导能力是战略计划取得成功的一个必要因素，但是中层和基层管理者执行高层管理部门计划的主动性也十分关键。根据确定的战略计划制订战术计划和作业计划，然后把组织中最好的人员投入实施计划。这里不仅意味着由某个人从事某项任务，而且意味着落实个人的责任、完成任务的时间，以及以何标准来衡量成果等。近年来，战略与组织文化的关系也备受人们关注。企业文化作为一个组织所特有的价值观念、管理风格、行为规范和精神风貌的体现，对一个组织的成功有很大的影响。但是，有时具有强文化的成功组织，也可能为过去的成功所拖累。在实施战略过程中，不同的战略要求组织文化与之相适应。同组织结构一样，文化本身并无优劣之别，它是实施战略并取得竞争优势的手段。

(四) 战略评价阶段

战略评价是整个战略管理过程的最后一个环节。在战略方案实施过程中，需对其实施情况进行跟踪检查，明确各项活动进展正常与否以及预期成果的实现情况。这些用于衡量战略执行效果好坏的指标体系，就是战略评价标准，包括定性指标和定量指标两个方面。在定性指标方面，包括战略与环境的适应性、对环境中的机会和威胁进行再评估和分析；在定量指标方面，一般包括资金的筹措与投放、投资报酬、技术进步、市场开创等内容。此外，还应建立必需的战略管理信息系统，采用先进的手段和科学的方法，进行全面、精准、及时、必要的信息反馈，以便更好地掌握组织内、外部各方面的情况。

由于战略是关于企业未来长期行动路径的蓝图，因此战略的长期稳定性与战略环境的多变性之间常常会产生矛盾，从而导致战略实施结果与战略预期目标之间时常发生偏差，这就需要对战略方案进行调整。一般有以下 3 种情况：(1) 局部性调整。总体战略不变，只在操作执行层进行调整。(2) 职能性调整。由职能部门提出调整方案，报高层审核、通过。(3) 总体性调整。对组织的总体战略进行根本性的修正。

第二节　战略的层次

企业的规模和经营范围千差万别，因而在战略的层次上也存在明显差异。对于同时在多个国家经营或横跨多个行业的大型企业，往往需要同时考虑整个企业的未来行动路线，以及在特定国家或行业的经营定位。而组织的职能专业化，也要求各职能需要以战略为归依来确定自己的任务目标。因此，企业的战略按层次来分，大致可分为企业层战略、经营战略（又称竞争战略）和职能层战略 3 种（见图 6－6）。

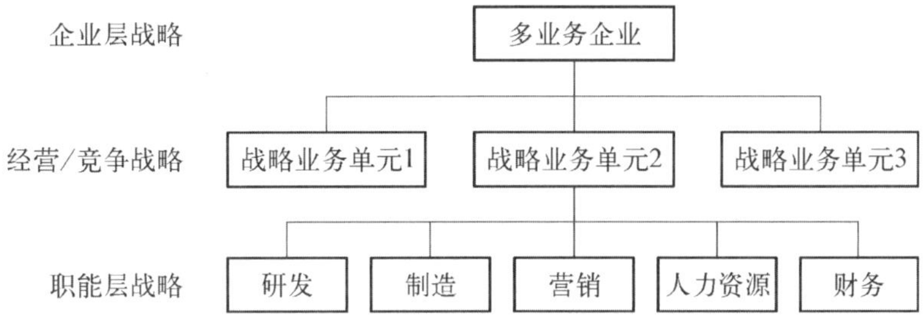

图 6－6　组织战略的层次

一、企业层战略

企业层战略是整个组织的总体战略，通常用来指出组织的总体方向，规定组织从事或准备从事哪些业务，包括在哪些行业经营、各行业间的关系是什么、是否通过收购其他企业或出售业务单元来改变经营版图，以及如何在企业内部共享资源。换言之，企业层战略是指一个组织同时在多个行业和市场上经营时，做出的关于资源配置和业务组合的战略方案组合。此外，企业层战略也包括找到及开发战略联盟或合作伙伴的任务。

企业层战略的实践和研究从第二次世界大战以后开始快速发展，其间经历了 20 世纪六七十年代多元化的关注，其中包含着协同效应、战略业务单元（SBU）和业务组合规划等主题；到了 20 世纪 80 年代，由于多元化对企业价值增值的效果并未得到证实，因此业务重组重新受到人们的关注，此时回响的主题成了兼并收购、归核化（Refocusing）、企业资源与核心竞争力；到了20世纪90年代,研究者开始质疑多元化企业中总部的价值破坏行为,进而企业分立与剥离、经营业务的集中与多元化之争仍是引发争论的议题。可以想见,对企业层战略的最优路径和战略组合并不存在共识,但常见的企业层战略的实现形式大致包括一体化战略、多元化战略、兼并与收购、战略联盟等。

(一) 一体化战略

一体化战略是指企业将互相联系密切的经营活动纳入企业边界之内,组成统一经济实体加以控制和支配的过程。一体化战略又有纵向一体化和横向一体化之分。如果战略目标是扩大市场份额,则常选择横向一体化战略,即收买或合并同类企业或业务。纵向一体化包括前向一体化和后向一体化。有时企业为了扩大其经营业务或控制销售渠道,收购与合并自己的下游产业,即为前向一体化。例如,石油公司搞提炼加工业,利用原油做原料,向前延伸,生产化工产品、制药等。企业也可收买或合并自己的上游产业与业务,则为后向一体化。它是兼并供应商,实行供产联合。例如,汽车制造商原先靠外购轮胎、铁板维持生产,如今收购这些供应商改为自己生产。当供应商或销售商获利过高时,采取纵向一体化战略可克服这一缺陷。

(二) 多元化战略

多元化战略是指企业同时经营多种基本经济用途不同的产品或服务的战略方案。多元化可以是混合多元化,即开发与本组织原有业务并无关联的新业务;也可以是集中多元化,即扩展与本组织原有业务相关的业务。多元化的一个目的是分散风险,即“不把所有的鸡蛋放在一个篮子中”,以避免一损俱损的弊病。另一个目的是提高效益,将核心资产或技能用于多个不同业务,或者将未充分利用的资产部署在多种业务中重复的经营活动中,从而实现成本节约和有效的资产利用。由于市场的快速变化,也有许多管理者实行多元化战略是为了推动企业快速扩张,特别是随着所在行业的业务走向成熟,内部有机增长的机会越来越小,进入新的市场领域就成为企业重要的战略选择。

(三) 兼并与收购

兼并(又称吸收合并),是指两家或者更多的独立企业合并组成一家企业,通常由一家占优势的企业吸收一家或者多家企业。收购是指一家企业用现金或者有价证券购买另一家企业的股票或者资产,以获得对该企业的全部资产或者某项资产的所有权,或对该企业的控制权。这是企业通过所有权变更而进入不同行业领域的重要手段。

(四) 战略联盟

战略联盟是指两个或两个以上的组织为了实现各自的利益目标,出于优势互补的考虑而建立的一种战略合作伙伴关系。这种战略合作伙伴关系建立的动机可能是多种多样的,例如,为了实现技术与市场的互补,为了降低可能遇到的风险,为了加快组织创新的速度,为了避免市场进入的壁垒,为了克服供货或销货的瓶颈效应等,这些都是组织通过结盟方式可以达成的目的。

二、经营战略

企业层战略是确定企业应当从事什么业务,而经营战略(又称竞争战略)的制定则涉及确定如何在特定的市场或行业中更好地开展竞争。经营战略通常是大型企业中的战略经营单元、事业部规划和执行的战略。战略业务单位(Strategic Business Unit, SBU)通常是由一个单独业务或由若干个相关业务所组成的业务部门。经营战略较少强调范围和资源部署,而主要强调竞争优势和协同作用。对于从事单一产品或经营一种业务的中小企业,其经营战略与企业层战略是合二为一的,它所要制定的战略就是经营战略。

(一) 经营战略的主要内容

经营战略较少强调范围和资源部署,而主要强调竞争优势和协同作用,因此,它需要考虑以下几个主要问题:

(1) 依照企业战略的指示,各业务单元需要做出的贡献。例如,生产何种产品或服务,面向何种顾客群,如何配合实现总体目标。

(2) 确定竞争方式。例如,以何种姿态参与竞争(领导者、追随者还是挑战者),如何发挥自身竞争优势,如何与竞争对手相抗衡。

(3) 对各职能部门的要求。例如,需要各职能部门给予何种程度、何种方式的支持与协助。

(4) 业务单元内的资源利用。

(二) 适应战略模型

经营战略的适应模型是由雷蒙德·迈尔思(Raymond E. Miles)和查尔斯·斯诺(Charles C. Snow)提出的。适应战略模型认为,战略管理的基本任务是管理内部的相互关系应与组织的环境保持有效的一致性,即企业或事业部门应使其使命和目标与环境中的机会和威胁相适应。这一适应过程是通过解决以下 3 个方面的基本管理问题而得以贯彻的:

1. 管理问题

有 3 个基本管理问题将决定适应过程,它们分别是企业开拓问题、工程技术问题和行政管理问题。

(1) 企业开拓问题

企业开拓问题亦称企业家问题,此问题在于确定组织的使命。对一家新企业来说,这意味着决定组织将提供哪些特定的产品和服务,以及它将试图进入的目标市场或市场细分部分。对一家现存的企业来说,企业开拓问题即确定是否对现有的产品、服务、市场和细分部分等组合做增加或修改。

(2) 工程技术问题

工程技术问题是工程问题和技术问题的简称,这一问题是要建立一个生产、控制和分销系统。例如,一个制造商原先决定采用装配线技术装配,后又决定应用机器人的自动生产系统,这两种解决办法都属于工程技术问题;又如,大学中确定班级的数目、每个班的大小、教室的安排、选修每门课程的前提要求等,同样也属于工程技术问题。

(3) 行政管理问题

行政管理问题需要对上述两个问题的答案进行思考,并提出合适的组织结构。组织设计中有关集中与分散、控制跨度等的决定皆属行政管理问题。行政管理问题又可分成两个方面:滞后方面与先导方面。组织的结构应与企业开拓和工程技术问题的目前解决办法相一致(具有滞后特点),但它也必须有助于认识和解决将来的企业开拓和工程技术问题(具有先导特点)。换言之,即组织的结构应适合现在和将来两个方面。

企业开拓、工程技术和行政管理问题的求解过程如图 6-7 所示。

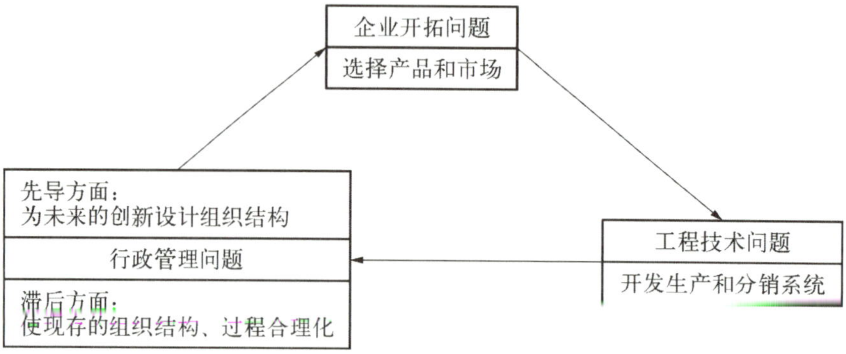

图 6-7　企业开拓、工程技术和行政管理问题的求解过程

2. 战略类型

不同的组织在处理上述 3 方面基本管理问题时可采取不同的方式。企业有 4 种途径或战略供选择，在适应战略模型中，它们分别被称为防御者、开拓者、分析者和反应者。

(1) 防御者

采取防御者战略的组织试图创造和维持一种环境，使这种环境最适应稳定的组织形式。因此，管理部门最关心的也是稳定性。在解决企业开拓问题上，防御者努力在市场中划出一块相对狭小的领域，在该领域集中于有限的产品或提供某些服务。虽然防御者可以用竞争性的定价或高质量的生产标准来捍卫其地位，但很少注意本领域外的趋势和发展。在解决工程技术问题上，防御者更注意高效率的生产和促销技术，而不太注意长期效果。在行政管理问题上，防御者保持严格层级管理体系，以利于控制和提高效率。

(2) 开拓者

开拓者正好与防御者相反。采取开拓者战略的组织试图为自身创造和维持一种动态的环境。开拓者特别注重培育发现并探索新产品与新的市场机会。其企业开拓问题是决定如何做出最佳的市场定位，然后系统地开发这些机会。由于它们强调新产品和市场，所以在工程技术问题上，避免长期投入一种单一的工艺技术，通常使用多种技术，方式灵活，不搞固定的机械化，以使组织在转换产品和市场时，不必完全重砌炉灶。开拓者的行政管理问题是在组织中如何促进生产与经营，而非控制运作。

(3) 分析者

分析者根据其调适的战略，是处于中间状态的组织，即它试图把防御者和开拓者的战略在一个组织中结合起来。其企业开拓问题是在确认并利用新产品与新市场的同时，保持一些传统的核心产品与用户。在工程技术问题上，其力求平衡在组织工艺中灵活性与稳定性间的冲突。在行政管理问题上，其构造的组织一方面支持与现存的核心产品及技术相关的稳定因素，另一方面也努力适应由新产品、新技术所带来的动态变化。在分析者组织中，若干单位和群体维持传统产品，而另一些部门则探索开发新产品和新市场，甚至模仿或紧跟那些有创新精神的竞争对手。

(4) 反应者

反应者实际上是战略的失败。这种战略正如其名称所反映的，是对出现的问题仓促地做被动的反应，因而在决策上表现为不一致和不稳定。这些对环境不适当的反应导致了不良的业绩，进而又影响其未来的行为，在承诺某项战略时表现得犹豫不决。

3. 战略与环境的适应

适应战略模型对组织的 3 个基本管理问题做了深入洞察，同时对组织在战略计划工作过程中可能采取的战略姿态做了分类(见图 6－8)。

环境的稳定程度和组织与环境相适应的程度之间的关系：根据组织环境稳定性的不同，图 6－8 中提出了防御者、分析者和开拓者战略各自适合的位置。当组织有一个高度稳定的环境时，采取防御者战略最合适。换言之，防御者在稳定的环境中运作时，组织与环境的适应程度最高，开拓者与分析者在同样的环境中相适程度就低。对稳定程度低的环境(动态变化的环境)，开拓者战略更为有效。分析者和防御者在这种情形中组织与环境的相适程度也低，并因而产生较差的效果。最后，分析者战略在中度稳定的条件下，显示出高度的组织与环境相适性。

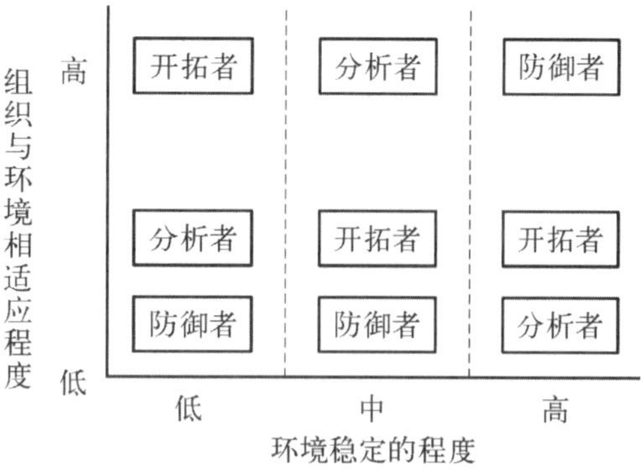

图 6－8 适应模型的战略分类

适应战略模型的主要贡献是它强调了组织与环境相一致的重要性，也帮助组织理解相对其他组织它们所应有的战略地位，以及集中关注一些管理的基本问题。

(三) 竞争战略模型

竞争战略模型(见图 6－9)是由迈克尔·波特提出的，包括通用的 3 种竞争战略：成本领先(Overall Cost Leadership)战略、差异化(Differentiation)战略、目标集聚(Focus)战略。管理当局可以通过分析自身的长处和竞争对手的短处，寻找一种适合组织发展的战略，以维系自身强有力的市场地位，从而避免与产业中所有竞争对手的死拼硬杀。

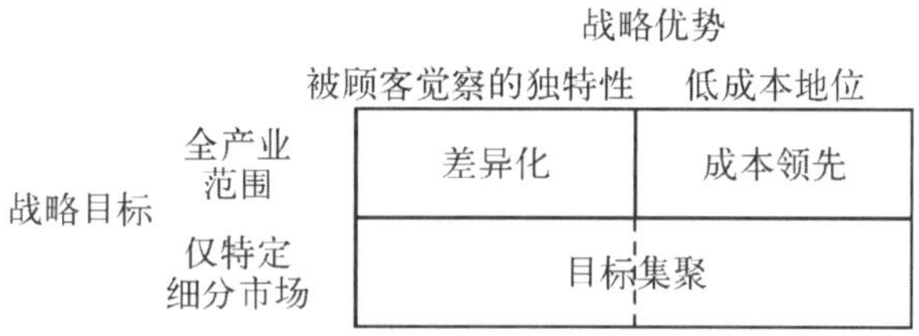

图 6－9 3 种通用竞争战略

1. 成本领先战略

成本领先战略是在 20 世纪 70 年代由于经验曲线概念的流行而得到日益普遍应用的，通过运用一系列针对本战略的举措来取得自身在产业中成本领先的地位，试图以最低的单位成本和因此产生的低价来取得最大的销量。成本领先战略要求积极地建立起达到有效规模的生产能力，在经验积累的基础上全力以赴降低成本，抓紧成本与管理费用的控制以及最大限度地减小研究开发、服务、推销、广告等方面的成本费用。尽管质量、服务以及其他方面也不容忽视，但贯穿于整个战略中的主题是使成本低于竞争对手。

2. 差异化战略

差异化战略是将组织提供的产品或服务标新立异，形成一些在全行业范围内与众不同的特征。差异化的方式、方法有很多种，可以是体现于产品或服务自身的，也可以是实体以外延伸形态所体现的独到之处：特殊的功能、高超的质量、优质的服务、独特的品牌等。这些竞争者无法比拟的特征,能使组织以较高的定价来获取更高的单位利润。差异化战略利用客户对品牌的忠实以及由此产生的对价格敏感性的下降,使组织能尽可能地避开竞争,同时能使组织在追求高利润时不必追求低成本。当然,差异化战略也并不意味着组织可一味地忽视成本,但此时成本已不再是其首要考虑的战略目标了。

3. 目标集聚战略

目标集聚战略是主攻某个特定的顾客群、某产品系列的一个细分区段或某一个地区市场。该战略的前提是,组织能够以更高的效率、更好的效果为某一狭窄的战略对象服务,从而超过在更广阔范围内的竞争对手。结果是,组织或者通过较好满足特定对象的需要实现了标新立异,或者在为这一对象服务时实现了低成本,或者两者兼得。目标集聚战略对小企业最有效。

此外,在后来的经营战略研究中,又有学者提出了用户一体化、系统一体化等较为新颖的竞争战略概念。用户一体化是指组织通过对其用户进行投资让利,从而使用户产生较大的转移成本,促使用户更愿意与组织保持良好的合作关系,而组织也就实现了对其用户的前向锁定。系统一体化则指不仅要对其用户实行投资锁定,而且要对其供应商甚至贷款者、竞争者等与组织业务方方面面有关的其他组织实行锁定联合,形成一个互利系统。随着经济全球化的到来,竞争必将愈演愈烈,用户一体化与系统一体化都将成为大势所趋的竞争战略模式之一。

管理聚焦 6-2

隐形冠军:德国中小型企业的目标集聚战略

德国管理学家赫尔曼·西蒙(Hermann Simon)最早在《隐形冠军》一书中,提出了"隐形冠军"这一概念。这是指那些不为公众所熟知,却在某个细分行业或市场中占据全球领先地位,拥有核心竞争力和明确战略,其产品、服务难以被超越和模仿的中小型企业。例如,德国的伍尔特公司,只生产螺丝、螺母等紧固件,却在全球八十多个国家有294家销售网点,其产品的应用更是上至太空卫星,下至儿童玩具,几乎涵盖了所有行业和领域,年销售额达到七十多亿欧元。德国在全球经济体中排名第四,却仅有不到30家企业在"财富500强"排行榜上,远不及英国和法国;在单个市场中默默占有龙头地位的企业,德国却有1 307家这样的"隐形冠军",是英、法两国合计的9倍,也是世界上"隐形冠军"数量最多的国家,接近全球数量的一半。

但德国的"隐形冠军"企业不应被视为特例,而是一大批有高度竞争力的中型企业的代表,它们构成了德国经济的中坚力量。这些德国中型企业高度专业化,往往由家族经营,它们的业务种类多样,有的是手机用的黏着剂,有的是观赏鱼的饲料,也有的是全世界最贵的耳机。虽然它们的出口导向、组织架构或所有权各有不同,但本质上都是高度专业化的企业,都采用了目标集聚战略。

赫尔曼·西蒙通过对德国"隐形冠军"企业的研究,提出了这类企业赢得竞争优势的主要途径:

(1)"隐形冠军"企业最富有野心的目标就是实现持续增长和获取世界范围内的市场

领导者地位。

(2) 持续增长被证明比爆发式的间歇增长更具稳定性。

(3) 市场领导地位对“隐形冠军”企业来说不仅是指最大的市场份额，而且是指通过设定行业标准和企业标杆实现了对客户、竞争对手以及市场趋势的领导。

(4) 只有通过业务的聚焦和深耕才能成为世界一流企业。“隐形冠军”企业集中关注一个狭窄的细分市场，并通过深入研发获得其独特的产品优势。它们坚信，产品的独特性只能在企业内部产生，不能通过外包从市场上获得。

(5) 典型的“隐形冠军”企业是为单一市场提供单一产品并拥有一个简单组织架构的企业。如果企业经营或者服务的市场比较复杂，它们就提早进行组织形式的分化和去中心化，这样可以确保在复杂的环境中依然能够贴近客户。需要指出的是，也存在集团作战的“隐形冠军”企业，即一家集团拥有多个冠军产品或者冠军子企业。

(6) 业务聚焦会使市场规模有限，而全球化可以实现规模效益。因此，聚焦和全球化是“隐形冠军”企业不可或缺的两大支柱性战略。

(7) “隐形冠军”企业始终保持与客户的紧密联系，对研发和员工进行大量投资，并获得了比同行高得多的利润率。“隐形冠军”企业在市场中的竞争优势来源于多项因素的组合，而产品质量永远居于首位。近年来，它们已经在咨询和系统集成方面建立了新的、难以模仿的竞争优势，从而使得新的竞争者进入市场的门槛提高了。

(8) “隐形冠军”企业领导人的特征是对领导者和企业使命具有高度认同感，也具有实现目标的决心、勇气、毅力、能力以及激励和鼓舞他人的魅力。领导人的任期平均达 20 年，是大型企业的 3 倍。他们往往更关注企业的长期使命，而非短期的利润增长。

资料来源：赫尔曼·西蒙. 隐形冠军：未来全球化的先锋[M]. 2 版. 北京：机械工业出版社，2019。

三、职能层战略

职能层战略是对组织中各主要职能部门制定的发展方向和计划，由组织中各职能领域，诸如生产、营销、财务、人力资源在一特定业务部门或职能部门中加以实施。组织中职能的划分对组织的成功发挥着很重要的作用。职能层战略是为经营战略服务的，通常包括 5 个职能领域：市场营销、财务、生产、研究与开发、人力资源(见表 6-3)。职能层战略一般在一些专业课程中做专门的研究，此处仅做简要介绍。

表 6-3　职能层战略主要关注的问题

职能领域	主要关注的问题
市场营销	产品组合 市场地位 分销渠道 销售推广 定价政策 公共政策

续 表

职能领域	主要关注的问题
财务	资本构成 债务政策 资产管理 分红政策
生产	生产率的提高 生产计划工作 厂址定位 政府管制
研究与开发	产品开发 技术预测 专利和许可证
人力资源	人事政策 劳资关系 政府的规章条例 管理者的发展

(一) 市场营销战略

对多数组织而言,市场营销战略是最重要的战略,它通常反映了企业的总体战略。市场营销战略通常要处理组织面临的许多主要问题。其中之一是产品组合问题。例如,通用汽车公司的雪佛兰分部,其产品组合包括许多不同型号的产品系列。其他的主要问题包括要求的市场地位(如百事可乐和可口可乐争夺软饮料市场的领导地位)、分销渠道(如苏宁云商需要顺应消费者购买行为的变化,在实体店之外增加网购平台)、销售推广(如广告预算和销售人员的规模)、定价政策(如一开始对新产品在被期望的价格范围内定个高价即"撇脂法",随后准备逐步降低价格),以及公共政策(如处理有关法律、文化和规章管制等限制)。

(二) 财务战略

对一个组织而言,提出正确的财务战略是十分关键的。财务战略中一个很重要的部分即确定最适宜的资本构成,包括各种股票(如法人股、公众股等)以及长期债务(如债券等)的组合,从而使企业能以最低的资金成本提供其所需的资本。财务战略的另一个要素是债务政策(如允许借入多少,以何种形式举债)。资产管理强调对流动资产和长期资产的处置(如应怎样对剩余的现金进行投资,才能使其收益和流动性得以最佳结合)。最后,分红政策将决定收益中分配给股东的比例,以及企业留存用于成长发展的收益比例。

(三) 生产战略

从某种意义上讲,组织的生产战略取决于它的营销战略。例如,假定营销战略要求推广优质、高价的产品,则生产部门自然需强调质量优先,至于成本,则是属于第二位考虑的问题了。但是,生产战略自身也有若干重要的问题需要解决。譬如,需提出改进生产率的方法;对制造商而言,生产计划工作(什么时候生产、生产多少以及如何生产等)特别重要;生产战略也包括决定厂址的定位、生产过程中生产工艺的选择(是投资新的自动化技术,还是采用传统的技术);最后,生产战略必须考虑政府主管部门的有关规章条例(如环境保护法规等)。

(四) 研究与开发战略

在快速变化的市场环境中,绝大多数大组织和许多较小的组织需要研究与开发战略。这一领域主要涉及有关产品开发的决策。例如,对企业而言,究竟是应集中精力开发新的产品,还是对现存的产品做改进?应如何利用技术预测,如技术发展趋势、新的发现与突破等?此外,研究与开发战略还包括专利和技术授权的政策。例如,企业开发了某一新的产品或程序并申请了专利,其他企业就不能随意仿冒它,但企业可以通过技术授权来获利,即牺牲一些竞争优势,允许被授权方使用其专利,以换取一定的转让费。

(五) 人力资源战略

许多企业将人力资源管理视为重要的战略支持活动,同时认为有必要提出系统的人力资源战略来支持组织文化培养和经营战略的达成。人力资源战略的内容包括一些人力资源政策事项,如确定薪酬、挑选人员和绩效评估等。其他还包括劳资关系、政府的劳动人事法规等方面的考虑,管理者的发展也需要提到战略高度加以关注。世界上一些著名的大型企业,如宝洁公司(P&G)、通用食品公司等,有自己的企业大学和系统的培训课程规划,以至于一些接受培训的学员将其称为MBA(工商管理硕士)再培训。其结果是这些企业都有强大的人力资源库。这种做法也反映了这些企业人力资源战略的一个侧面。

第三节 战略规划框架与分析工具

在战略管理中,有许多工具和技术可加以运用。其中,有的适用于企业层战略规划,有的则更适合经营战略管理规划,职能层战略则属于其他专业课程的研究范畴。本节将主要关注企业层战略中可能使用的规划框架与分析工具。

一、战略框架

不同性质的企业根据其不同的现实,可选择不同的发展方向。由于企业层的战略计划工作过程带有总体性质,因此我们通常可以用战略框架来解释组织发展的各种不同方向。

(一) 维持战略

维持战略又称稳定战略,其主要特征是组织继续从事当前各种业务,没有什么重大的变化,维持一种温和的增长,或者干脆维持现状。具体来看,实施维持战略的企业可能从事以下活动:通过提供相同的产品或服务继续服务于相同的顾客;维持现有的市场份额;维持组织现有的经营业务。管理者没兴趣改变现状。

(二) 增长战略

增长战略又称扩张战略,是指增加组织的经营层次,如扩大企业规模、扩大市场份额、增加雇员、提高收益等。增长战略可分为两类,即一体化战略与多元化战略(见本章第二节"企业层战略"的相关说明)。

(三) 收缩战略

收缩战略通常是在危急情况下使用的一种战略,是指紧缩经营规模或多元化的经营范围。

多数管理者并不愿意公开承认他们在使用这一战略,因为收缩战略似乎是与组织的增长目标背道而驰的。但如何管理衰退或发展乏力的业务部门,也是管理领域中相当突出的一个问题。出现这种现象的原因是多方面的,如咄咄逼人的国际竞争、体制的失调、产业结构的调整、企业间的收购兼并、新技术的突破等,常常会威胁一家企业的生存。

二、业务组织分析法

对于多业务组织,进行企业层战略分析的常用方法是业务组合分析法。业务组合分析法主要有 BCG 发展矩阵、麦肯锡矩阵和生命周期分析 3 种。

(一) BCG 发展矩阵

BCG 发展矩阵是 20 世纪 70 年代由波士顿咨询集团提出的,所以又称波士顿发展矩阵(见图 6-10)。BCG 发展矩阵是最流行的一种业务组合分析方法,它将组织的每一个战略业务单元标在一个二维矩阵图上,从而显示出哪个业务单元提供高额的潜在收益,以及哪个业务单元是组织资源的"漏斗"。

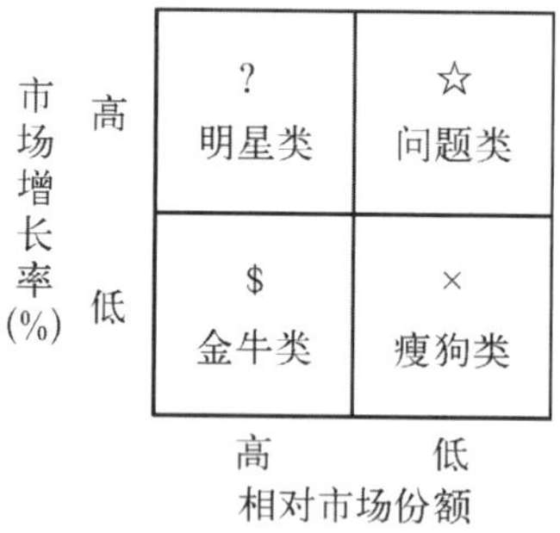

图 6-10 BCG 发展矩阵

BCG 矩阵的横坐标代表相对市场份额,纵坐标代表市场增长率。两个坐标分别有高、低两档,这样就产生了 4 种业务组合:

1. 明星类业务

增长率和市场份额都高的称为明星类业务(Star),这类业务处于快速增长的市场中并占有支配性的市场份额,但未必产生正现金流,这取决于新工厂、设备和产品开发对投资的需要量。明星类业务是由问题类业务继续投资发展起来的,可以视为高速成长市场中的领导者,它将成为企业未来的金牛类业务。但这并不意味着明星类业务一定可以给企业带来源源不断的现金流,因为市场还在高速成长,企业必须继续投资,以保持与市场同步增长,并击退竞争对手。企业如果没有明星类业务,就失去了希望,但高层管理者需要具备洞察力,将企业有限的资源投入能发展为金牛类的业务。

2. 问题类业务

问题类业务(Question Mark)是指高增长、低市场份额的业务。处在这个领域中的是一些投机性产品,有较大的风险。这些业务可能利润率很高,但占有的市场份额很小。这往往是一家企业的新业务。为发展问题类业务,企业必须建立工厂,增加设备和人员,以便跟上迅速发展的市场,并超过竞争对手,这些意味着大量的资金投入。"问题"非常贴切地描述了企业对待这类业务的态度,因为这时企业必须慎重回答"是否继续投资、发展该业务"这个问题。只有那些符合企业发展长远目标、企业具有资源优势、能够增强企业核心竞争力的业务才得到必要的追加投资。

3. 金牛类业务

金牛类业务(Cash Cow)是指低增长、高市场份额的业务。处在这个领域中的产品会产生大量的现金,但未来的增长前景是有限的。这是成熟市场中的领导者,它是企业现金的来源。由于市场已经成熟,因此企业不必大量投资来扩展市场规模,同时作为市场中的领导者,该业务享有规模经济和高边际利润的优势,因而给企业带来了大量现金流。企业往往用金牛类业务来支付账款并支持其他 3 种需要大量现金的业务。

4. 瘦狗类业务

瘦狗类业务(Dogs)是指低增长、低市场份额的业务。这类业务不能产生大量的现金,但也不需要投入大量现金。瘦狗类业务常常是微利甚至是亏损的，它存在的原因极可能是情感因素，虽然一直微利经营，但就像人养了多年的老狗一样舍不得放弃。其实，瘦狗类业务通常要占用很多资源，如资金、管理部门的时间等，多数时候是得不偿失的。

应用该矩阵分析一般分为3个步骤，即识别各业务部门或战略业务单位，把各业务单位分类并归入各矩阵类别中，对各业务单位分别选择不同的战略。明星类业务要发展为金牛类业务，适合采用增长战略。问题类业务往往带有一定的投机性，管理者必须决定究竟是扶植其发展成为"明星"，还是采取收缩战略逐步放弃它。"金牛"不需要投入大量的成长扩张资金，适合采用战略框架中的维持战略，将产生的现金收益用于组织的其他领域。瘦狗类业务适合采用战略框架中的收缩战略，通过出售或清算业务把资源转移到更有利的领域。

(二) 麦肯锡矩阵

麦肯锡矩阵(见图6-11)是美国麦肯锡咨询公司对BCG发展矩阵进行调整后用于业务组合分析的又一种方法，它克服了BCG发展矩阵的一些局限性，通过权数使用多项指标对业务优势及其吸引力进行分析。其横坐标代表业务竞争优势，纵坐标代表产业吸引力。两个坐标都分为高、中、低3类，这样就形成了9类不同的组合。

其中，产业吸引力虽低，但业务竞争优势显著的那一组合是组织利润的源泉，它就类似BCG中的金牛类产品，是为其他类产品提供追加投资的货币来源。组织通过确定各项业务在矩阵中的位置，决定对其是继续投资，还是有选择地投资，或是收回投资。

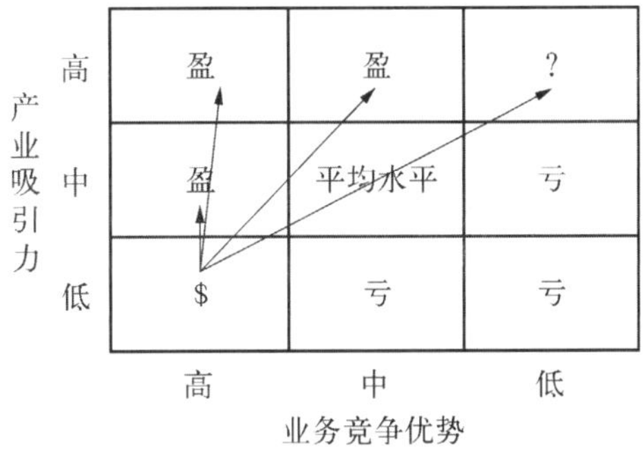

图6-11 麦肯锡矩阵

(三) 生命周期分析

生命周期分析(见表6-4)主要是根据各项业务所处的产品生命周期及其大致的竞争地位来确定战略类型的，适用于无法精确量化、无法用BCG发展矩阵和麦肯锡矩阵分析的情况。但在实际市场中，产品生命阶段并无明显界限，较难精确划分，故该矩阵的实际可操作性较差，更适合于理论分析。

表6-4 产品生命周期分析表

产品生命阶段	好	中等	差
引进阶段	盈	?	亏
发展阶段	盈	盈或?	可能亏
成熟阶段	盈	盈	亏
衰退阶段	盈	亏	亏

业务组合分析法在战略上的应用已经流行了许多年，但也有人提出了一些不同的意见。例如，有的学者认为，假如一个组织的业务组合中没有一项业务有明显的增长，倒不如把主要的管理精力放在怎样提高效率和增加投资回报上。当然，也有的管理者在应用这些矩阵时过

于机械了,对瘦狗类业务的退出策略也并不是一味盲目的,要权衡组织自身现在是否拥有其他能衔接的业务以及该业务的可获利性是否已经到了尽头。但不管怎样,近期的一些研究表明,业务组合分析的理论仍然是有效的,它不仅有利于组织多样化的发展、组织资源的分配,而且有助于组织总体战略的落实,是一种具有指导作用的模型依据。

管理聚焦 6-3

立白的数字化战略转型

立白创立于1994年,和那一时期诞生的诸多国产消费品牌一样,立白经历了消费品蓬勃发展的时代,敏锐捕捉市场空白,牢牢抓住高速发展的市场红利,成就了一代中国品牌。其产品线扩展至今已包括洗洁精、洗衣液、洗衣凝珠、牙膏等品类。立白集团在全国有超过1万个员工,管理着三十多家分、子公司,拥有9家生产基地,逾600家供应商,超过1 000家品牌服务商,120万个以上的零售终端。公司虽然一直在信息化建设上不断投入,拥有多个自建业务系统,但业务系统如同竖井,协同效应很差;员工和经销商间的联系方式还处于依赖传统的电话与邮件模式。再者,数据应用层面仅限于最高管理层,无法让更多决策者及时更新数据与信息,进行辅助分析。因此对立白集团而言,数字化转型既是向着"未知世界跃进"的被动探索,也是朝着最大确定性的主动变革。

为了扫清大家的心理障碍,从2015年开始,立白就向员工及品牌服务商不断传递数字化转型的重要性和必要性。在品牌服务商大会上,立白还会开设"数字化专场",教大家如何使用数字化的工具和方法。这些前期工作为后面立白"All In数字化"打下了良好的基础。

立白在2019年开始全面进行数字化转型与变革,这一年也是立白"All In数字化"战略的"加速年"。立白集团总裁陈泽滨期望通过数字化工作平台,解决敏捷沟通和办公数字化的问题,同时服务覆盖立白的所有品牌服务商、直营、销售、物流、业务员的整个生态体系。立白选择了钉钉作为数字技术服务商,定制开发了名为"嘟嘟"的内部数字化工作平台,如今有将近6万人在使用,包括立白集团的员工与生态圈的全体合作伙伴。"All In数字化"带来的好处,陈泽滨和团队很快就体会到了。以往立白的系统无法直接沟通到人,很多员工提交了审批资料后,一旦出现资料需要补充或者修改的情况,往往要在系统内流转很长时间。不仅流程复杂、等待时间较长,而且审批权限和责任也不透明。如今,在"嘟嘟"上,员工可以在KMP流程审批中调用"嘟嘟",让业务与消息互相穿透,实现协同在线。

"嘟嘟"的界面为员工提供了差异化的专属工作平台。对于CEO、财务、销售、人事、IT等不同职业角色的人来说,他们最高频使用的工作应用并不一样。同时,不同使用者还可以基于自身业务需要,通过低代码开发[①]自己所需要的应用,直接集成到工作台上,普及到每个业务流程和沟通中。数字化的提早布局,使得立白在2020年突如其来的"新冠"疫情下,为企业的生存与发展及早做好了应对准备。过去立白的品牌服务商每年都要召集线下订货会,2020年受"新冠"疫情影响,立白全国逾80%的品牌服务商开通了线上订货会功能。

① 所谓低代码开发,是指无需编码或很少代码就能快速生成应用程序。

从 2019 年到 2020 年，多项数据印证了立白集团数字化战略转型的成果：订单及时处理率由 77%变成了 95%；订单满足率由 82%增加到 90%；违约罚款由 666 万元降至 230 万元。这些变化的数据给予了团队与合作伙伴极大的信心，也使企业的管理者坚定了未来以数字化推动企业内生发展的信心。

资料来源：王晶. 数字化是新的长期主义[J]. 哈佛商业评论，2021(2)。

本章提要

战略是确定组织总体目标和保证组织总体目标得以实现的一系列方针、政策、活动的集合体。战略管理是指围绕战略的分析、选择、实施和评估而进行的管理过程，这一管理活动的有效性将对组织的发展方向具有长远、全局性的影响。战略管理的过程，就是企业形成和强化自身核心竞争力的过程。

战略管理涉及对战略从分析、选择、实施到评价的全过程，主要包括 4 个相互关联的阶段：战略分析阶段、战略选择阶段、战略实施阶段、战略评价阶段。企业的战略按层次划分，可以分为企业层战略、经营战略和职能层战略。企业层战略是指一个组织同时在多个行业和市场上经营时，做出的关于资源配置和业务组合的战略方案组合。经营战略则是确定如何在特定的市场或行业中更好地开展竞争，强调竞争优势和协同作用。本章介绍了经营战略的两个模型：适应战略模型和竞争战略模型。职能层战略是对组织中各主要职能部门制定的发展方向和计划，通常包括 5 个职能领域，即市场营销、财务、生产、研究与开发、人力资源。

战略规划的分析框架与工具很多，本章主要关注企业层战略中用到的工具。企业中常用的业务组织分析技术包括 BCG 发展矩阵、麦肯锡矩阵、生命周期分析。

复习思考题

1. 什么是战略？企业的战略管理为何对企业的核心竞争力至关重要？

2. 简述战略管理过程的基本步骤。

3. 请选择一家你感兴趣的企业，使用 SWOT 分析法来分析该企业面临的机会、威胁、优势与劣势。

4. 请选择一家你感兴趣的企业，使用价值链分析来分析该企业如何为顾客提供价值。

5. 请描述企业中 3 个不同层次的战略，并说明这些战略所涉及的内容。

6. 请说明竞争战略模型的 3 种竞争战略，并思考企业如何选择应采用的最佳竞争战略。

7 第七章 决策

全章提要

学习目的与要求

1. 理解决策的含义；
2. 了解个人做出决策时所面临的多种情境；
3. 了解决策的不同类型；
4. 了解决策过程的各个步骤；
5. 了解最优化决策、有限理性决策和政治决策制定模式的特点；
6. 掌握常见的定量决策技术及其具体使用；
7. 了解影响管理者决策质量的多种个人偏见；
8. 了解企业在群体决策与个人决策间的取舍。

管理专业术语

Decision Making	The process of choosing the best course of action from available alternatives for reaching objectives.
Complete Certainty Condition	The condition exists when decision makers know exactly what the results of each alternative will be.
Risk Condition	The condition that exists when decision makers have only enough information about the outcome of each alternative to estimate how probable an outcome will be.
Complete Uncertainty Condition	The condition exists when decision makers have absolutely no idea what the results of an implemented alternative will be.
Decision Making Process	The steps a decision maker uses to arrive at his choice.
Bounded Rationality	Refers to limits in our ability to formulate complex problems, to gather and process the information necessary for solving those problems, and thus to solve those problems in a rational way.
Decision Tree	A graphic decision-making tool typically used to evaluate decision involving a series of steps.

我们每天都在做出决策——“今天会下雨吗？需要带伞吗？”“中午在哪里就餐？”尽管我们可能并不在意，但事实是我们已经快速做出了选择并顺利地度过了一天又一天。在工作中，管

理者也时常面临一系列与计划、组织、人力资源、领导和控制等管理活动相关的决策与协调问题。在组织的整个管理过程中，都有决策行为存在。当决策风险较小时，管理者可能并不需要进行有意识的决策，因为企业已经为他提供了自动决策的方法。比如，完成一批手机订单需要多少人工、企业的年度绩效评估中他应当填写哪些表格。组织政策、程序、规章的存在，使得许多重复性管理决策标准化、常规化了。

在少数极端情况下，管理者行动的作用微乎其微，无论他采取哪种解决方案都不影响问题的结果。但更常见的情况是，各级管理者解决问题的方法对组织的结构和功能有极大的影响。在本章中，我们将就决策的性质、决策制定的情境、决策类型、决策的过程与步骤、团队决策以及决策分析方法等几个方面展开分析，说明决策在组织管理过程中所发挥的重要作用。

第一节 决策的性质

一、决策的含义

有关决策的概念，不同的管理学派从不同角度进行了阐述。赫伯特·西蒙从决策过程的角度进行定义，他认为，决策就是找出要求制定决策的条件，寻找、拟订和分析可能的行动方案，并从中选择特定的行动方案。邓肯(Dun Can)将理性引入了决策的定义："理性的人对需要采取行动的局面给予的恰当反应。"也有研究者从权变的视角，指出决策是指根据既定环境的要求，管理者从备选方案中选择一项行动方案的活动过程。

综合上述定义，决策是决策者为了解决组织面临的问题，实现特定目标，在充分搜集信息的基础上，提出多种可行方案，依据评定准则和标准，选定方案并加以实施的过程。这一概念包括以下两层含义：第一，决策总是为了解决某个问题，达到某种目的而采取的行动。第二，决策必然伴随着某种行动，是决策者与外部环境、内部条件进行交互作用的过程。科学的决策必须具备以下条件：目标合理；对系统要素的寻找及考虑深入而广泛，而不是挂一漏万；对各要素间的顺序排列合乎逻辑推理关系；决策结果满足预定目标的要求；决策本身符合效率、满意、经济性原则。

二、决策制定的情境

决策可能受到多种因素的影响，如外部经济政治因素、利益相关者的影响、新技术或新竞争者进入市场，都会对决策过程产生明显的或潜在的影响。与此同时，决策者还必须考虑每项决策可能造成的潜在后果，以便有效评估各项决策方案的优劣。

人们在决策时所面临的情境可以分为确定性、风险性和不确定性 3 种，图 7－1 以一个连续区间的方式表述了三者的关系。在确定性情境下，个体能够识别发展状况和事件，并完全可

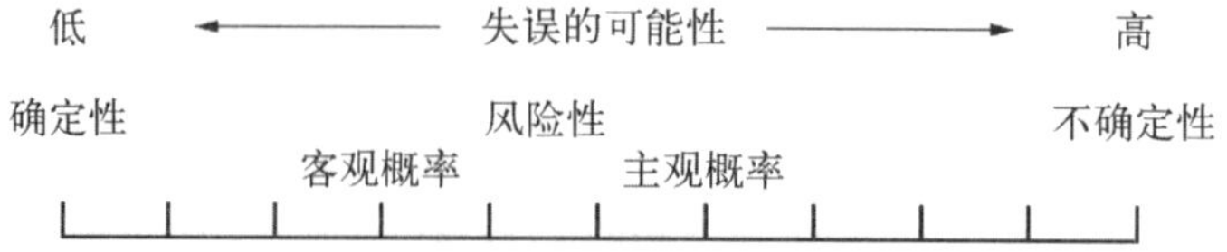

图 7－1　决策制定的情境

以预测它们的影响；当信息变得模糊或模棱两可时，决策制定就会处于风险性情境中，此时，个体开始将决策建立在概率基础上；当个体对发展状况和相关因素的信息知之甚少，决策仅能基于合理猜想时，就出现了不确定性情境。

（一）确定性情境

在确定性情境下，决策者完全了解问题、知道可供选择的方案，并能够完全预测每种解决方案的后果。确定性情境意味着个体拥有决策所需要的全部信息。在确定性情境下，决策信息的完备性和准确性意味着决策者仅仅需要选择有最好预期结果的解决方案。例如，一位投资者想通过银行存款获取利息，他了解到：A 银行的活期存款利率为 1.5%；B 银行的 7 天通知存款年利率为 2.5%；C 银行的大额存单存款期为 1 年，利率为 4.5%，但不允许提前支取。在这 3 种方案的条件、结果都十分明确的情况下，投资者可以结合自己的具体情况，选择一个最理想的存款方式。组织的基层管理者通常在确定性或接近确定性的情境下做出日常决策。

（二）风险性情境

在风险性情境下，决策者能够明确决策问题，详细说明某些事件的概率，识别可供选择的解决方案，并能阐述每种解决方案结果出现的概率。决策者可以根据获取的信息类型、数量和可靠性方面的差异，运用客观概率或主观概率对每个解决方案的成功可能性进行评估。

1. 客观概率

客观概率是建立在事实和数据上的具体结果出现的可能性。有时决策者能通过检查历史记录来确定某种决策可能的结果，如人寿保险公司虽然不能确定特定保险客户未来的死亡时间，但可以计算出各个年龄段保险客户在具体年份去世的客观概率，这些客观概率建立在过去的死亡率会在将来重复出现的预期上。

2. 主观概率

主观概率是指基于决策者的判断和信念认定的具体结果出现的可能性。这类判断取决于决策者的直觉、以前在相似情境中的经验、专长和个人特质（如风险偏好）。

（三）不确定性情境

不确定性情境是指决策者了解待决策的问题是什么，但缺乏足够的信息来确定各种解决方案的结果出现的概率，也无法确定未来事件对决策的影响程度。在极端的情况下，决策者甚至不能确定问题，不能确定可供选择的解决方案及其可能的结果。

与不确定性情境打交道是许多管理者和专业人员（如研发工程师、市场研究人员）工作的一个重要组成部分。例如，管理者可能发现，预测一个全新数码产品的价格、市场需求量是极端困难的。在不确定性情境下，管理者、团队和其他专业人员经常需要通过使用自己的直觉、创造力和所有可能的信息来“消化不确定性”，做出关于行动（决策）的判断。

三、决策者

在企业决策的过程中，决策者既可能是管理者个体，也可能是进行参与性决策的群体。在管理实践中，一些重要决策可能是由 CEO 做出的。这种个体决策的风险：由于决策者个人掌握的信息有限，造成决策不够严谨和周密；由于决策者对未来形势的变化估计不足，导致做出了错误的决策假设；由于决策者与执行者脱节，导致决策缺乏可执行性。管理大师德鲁克针对这一决策问题，指出吸引更多相关人员参与到决策过程中来，能够最大限度地保证决策的正确性。因此，“有利于决策发挥作用或对决策持反对意见的个人，都应该参与到决策中去”。

将决策参与者扩大、实行群体决策,其在决策程序、决策模型的使用上与个体决策并无明显差异,其关键不同之处在于群体决策存在社会交互作用,从而使动态环境更加复杂。基于这一差异,群体决策往往更能集思广益,扩大决策的分析视角和备选方案,并能有效发挥沟通和协调功能;但群体决策往往意味着较慢的决策速度、群体成员间在方案选择上的妥协。因此,管理者在做出决策之前,需要明确决策涉及的范围和选择标准。对决策人选的选择,需要考虑其个人能力、创造性、经验水平、动机及对风险的态度,这是决策成败的关键。

四、决策的类型

决策在组织中是具有普遍性的活动,但决策活动因管理层次、管理部门及决策者风格的不同而不同。因此,可以按不同的标准对决策活动进行分类。比如,可以按决策的影响时间,把决策分成长期决策、中期决策和短期决策;或者按决策的重要程度,把决策分为战略决策、管理决策和业务决策;还可以按决策情境的不确定性程度,把决策分为常规决策、适应性决策和创新决策。

(一) 战略决策、管理决策和业务决策

按决策的重要程度,可以把决策分为战略决策、管理决策和业务决策 3 种。

1. 战略决策

战略决策是所有决策问题中最重要的,是涉及组织大政方针、战略目标等重大事项的决策活动,是有关组织全局性的、长期性的、关系到组织生存和发展的根本性决策。它包括组织资本的变化、国内外市场的开拓与巩固、组织机构的调整、高级经理层的人事变动等。

战略决策一般需要经过较长时间才能看出决策后果,所需解决的问题复杂,主要是协调组织与组织环境之间的关系。决策过程所需考虑的环境变化性较大,往往并不过分依赖复杂的数学模式及技术,定量分析和定性分析并重,对决策者的洞察力、判断力有着很高的要求。在战略决策中,找出关键问题比利用复杂计算更为有效。因此,必要时可以借助组织外部人员(如咨询顾问等)对战略性决策方案进行设定和分析。

2. 管理决策

管理决策又称战术决策,是组织在内部贯彻执行的决策,属于执行战略决策过程中的具体决策。管理决策旨在实现组织内部各环节活动的高度协调和资源的合理使用,以提高经济效益和管理效能,如企业的生产计划、销售计划、更新设备的选择、新产品定价、流动资金筹措等决策。管理决策不直接决定企业组织的命运,但决策行为的质量将在很大程度上影响组织目标的实现程度和组织效率的高低。

管理决策是每个管理者的日常工作内容,它依赖于管理者的经验和综合研究方法,也可使用电脑和数学模型辅助决策。

3. 业务决策

业务决策又称执行性决策,是涉及组织中一般管理和工作的具体决策活动,直接影响日常工作效率。主要的业务决策内容包括:工作任务的日常分配与检查、工作日程(生产进度)的监督与管理、岗位责任制的制定与执行、企业的库存控制、材料采购等方面的决策。

业务决策是组织所有决策中范围最小、影响最小的具体决策,是组织中所有决策的基础,也是组织运行的基础。业务决策是组织中大多数人员经常性的工作内容。业务决策有效与否,很大程度上依赖于决策者的经验和常识,包括使用少量的模型和电脑。

在不同类型的决策活动中,不同管理层级因面对的问题和所授权限不同,所能负责的决策也不同。高层管理者主要负责战略决策,中层管理者主要负责管理决策,基层管理者负责大部分业务决策。

当然,在组织中,3类决策活动的界限并非明确清晰,应按具体情况加以分析和鉴别。在传统上,决策者由管理者担任,但目前随着分权程度和员工参与决策程度的提高,情况发生了很大变化,相当一部分业务决策已转而由有一定工作自由度的作业人员做出。此外,从日本的经验来看,作业人员和基层管理者参与战略决策、管理决策,也不失为一个好办法。这一方法能大大减少基层人员对决策结果的抵触情绪,简化决策完成后的宣传动员工作,推动决策方案的贯彻实施。员工参与决策,管理民主化,是提高管理效率和决策有效性的重要途径。

(二) 常规决策、适应性决策和创新决策

基于确定性、风险性和不确定性情境的考虑,也可以将决策分为常规决策、适应性决策和创新决策。这些决策类型反映了决策者面对的问题类型及解决方法的类型。图7-2呈现了不同类型的问题(纵轴)与不同类型的解决方法(横轴)的组合。这个组合对应于3种不同的决策情境:向右上倾斜的对角线代表了确定性、风险性和不确定性的情境。

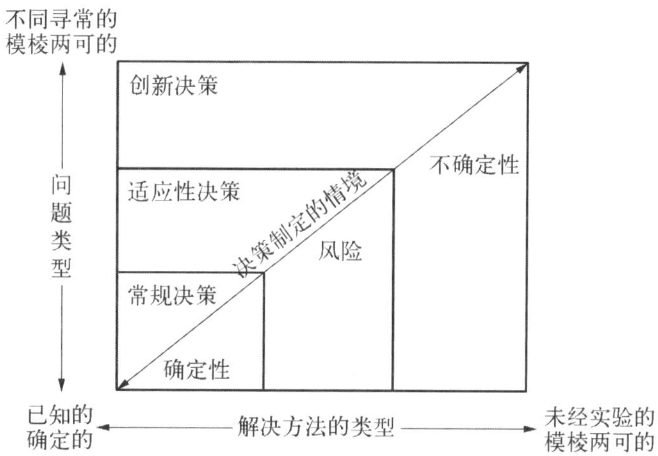

图7-2 常规决策、适应性决策和创新决策

1. 常规决策

常规决策是针对非常确定的、常见的问题和解决方法而做出的标准化决策。常规决策的过程通常体现为那些已经确定的规则和标准化的过程,或者体现为计算机软件,如处理客户订单、在线订票系统等。在企业中需要做出大量的常规决策。不少管理者在处理这类重复出现的问题时得心应手,凭经验感觉就能找出问题的症结并提出解决问题的办法。如果把这些经验和解决问题的过程用程序、规范、标准、制度等文件规定下来,将这些包含管理实践的真知灼见和有效成果的文件作为指导以后处理类似问题的依据和准则,就会使组织受益无穷。

常规决策给组织带来的益处:(1)这些浓缩了管理经验的文件,是大量员工的心血结晶,是组织的宝贵财富,也是组织的专有技术,被视为激烈竞争中的有利条件和企业的立足点之一。(2)完整的程序化文件为新上岗者提供了学习的范本,缩短了新上岗者学习和培训实习的时间。(3)降低管理成本。标准化决策简化了决策过程,缩短了决策时间,简化了方案执行,组织可以聘用学历较低、经验较少的人员担任要求较高的岗位。(4)提高管理效率。常规

决策具体规定了决策的过程，大量的重复性管理活动可以通过授权放到下一级管理层中，这样使管理者能避免陷入日常繁忙的事务堆中，有时间思考组织的重大问题，有精力处理与组织生存和发展有关的非重复性的重大战略问题。

常规决策在日常管理中是不可或缺的，但当一个问题真正需要适应性决策或创新决策时，决策者应当避免做出常规决策。总是试图用同样的方式回应新问题和不断变化的环境，就会形成表面积极、实际无益的局面，这种现象被称为“积极惰性陷阱”(Active Inertia Trap)。很多时候，即使是运作成功的优秀企业也会出现“积极惰性”的现象，曾经给企业带来成功的常规工作方式充斥着管理者的头脑，当环境发生重大变化时，传统的成功模式会导致停滞、减少利润，甚至是灾难性的失败。

2. 适应性决策

贝恩(John W. Payne)等人在《适应性决策者》一书中指出，现实生活中的决策者通常是仅拥有有限计算能力的信息处理者。在面对复杂的、风险性的任务环境时，为了确保其做出最有利的方案选择，他们必须在寻求正确的解决方案与花费尽可能少的决策成本(包括时间、搜寻成本、方案评估努力等)之间找到平衡点。只有在时间-努力成本较低、风险程度较小的情况下，决策者才会选择寻求更优的解决方案。适应性决策反映了有限理性决策模型的思想，即决策过程会受到决策者有限的认知资源的影响，决策结果是决策准确性和决策所需的认知资源两者权衡的结果。

可以说，适应性决策是决策者针对一般程度的不寻常问题和备选解决方案的组合所做出的选择，它主要包括修改、优化过去的常规决策和实践。适应性决策也能够反映“持续改善”的概念，即把努力优化产品和流程当作一种持续不断的挑战，从而提高质量水平和绩效水平。适应性决策将使组织每年都有为数众多的局部提高和改善。

3. 创新决策

创新决策是指基于发现、识别和诊断那些不同寻常的、模棱两可的问题，并提出独特的、有创造性的解决方法而做出的选择。创新决策通常包括一系列小的、相互联系的决策，需要投入较长时间才能制定出来，并需要众多专业人员和团队的参与。创新决策往往意味着对以往经验的突破，决策者没有现成的规则可以遵循，所以这类决策一般不会以一种合理的、有序的方式出现。创新决策主要建立在不完全信息和急速变化的信息基础上，在这种情况下，形势是难以预料的，决策者可能需要在完全确定和了解问题之前做出决策。因此，为了提高决策效力，决策者尤其要注意确定正确的问题，并了解先前的行动能在多大程度上影响后继决策。

在管理聚焦 7-1 中，提供了管理学者菲尔·罗森维(Phil Rosenzweig)提出的一种决策分类，它有助于我们从新的角度来看待决策的性质和决策者所需的技能。

管理聚焦 7-1

四型决策：换一个视角看决策

“决策”这个词被同时指称特性存在巨大差异的各类选择过程，包括日常选择与复杂的决断、小风险赌注与高风险投入、试探性举措与决定性步骤。适用于某种情形的决策理论可能并不能指导其他类型的决策，甚至会将决策者带入歧途。在进行战略决策前，需要先对决策的性质加以分类，进而确定差异化的决策方式。

菲尔·罗森维认为，决策的区分主要表现在两方面：一是可控性，即决策者能否改变选择的内容与结果。例如，在面临选择时，决策者是只能被动挑选，还是可以改变选择内容？决策者做出的判断是一次性的且无法控制后果，还是在做出决策后能在一定程度上影响结果？二是决策结果的衡量标准，即决策的成功是否与竞争对手有关。例如，解决问题的目标是出色完成任务，还是需要比他人更胜一筹？换言之，结果是相对的还是绝对的？决策的区分还涉及很多方面。一些是个人决策，一些是由组织领导者做出的决策；一些是一次性判断，一些是连续性决策——当下的判断将影响未来的决策。但是区分决策的最关键因素仍然是可控性和决策结果。结合两者，可以把决策分为 4 种类型。

Ⅰ型决策：日常选择和判断。当你在超市或百货店购物时，会从货架上挑选看中的商品，例如，一盒牛奶或一罐果酱。这些商品原来是怎样就怎样，你不能改变它们。所以，你在决策上的可控性很低。不仅如此，你只需要挑选最适合你的商品，其他顾客的购买选择与你无关。所以，决策表现是绝对的。类似的还有个人投资决策。你可以选择到底购买哪家公司的股票，但是一旦选定，你就无法左右股票的涨跌。你想赚取高额收益，但并不需要与其他人竞争。你的目标是赚到钱，而不是在比赛中领先于他人。在Ⅰ型决策中，人们往往会存在一些心理误区，消费者行为学、行为金融学都对这一领域的心理误区有大量研究。

Ⅱ型决策：可改变结果的决策。在很多日常情形中，我们会投入精力，凭借才能达成目的。我们做出的很多决策不是简单的被动选择或对结果束手无策。例如，我们需要决定一个项目的完成时间。这是一个可控的决策，项目的完成在于我们的努力。决策者如果拥有充足的信心，哪怕是过度的乐观，也往往能改善最后的结果。有些活动中，我们需要在Ⅰ型和Ⅱ型决策之间切换思维方式。这种学习方法被称作“刻意练习”(Deliberate Practice)，这能带来卓越的表现。刻意练习指的是人们在行动前进行客观和有意识的思考，行动时保持积极乐观的态度与高度投入的精神，行动后进行冷静的分析，即“事后总结”。对于许多需要不断重复的短时任务，比如对于运动员和销售员，有效转换思维方式的能力是卓越表现必不可少的因素之一。

Ⅲ型决策：比他人做得更好的决策。这类决策涉及竞争因素。成功的关键不在于决策者的绝对表现，而在于他们是否比他人做得更好。要做出最佳决策，你必须推算对手的动作，这正是战略思维的核心。阿维纳什·迪可西特(Avinash Dixit)和巴里·奈尔伯夫(Barry Nalebuff)将其形容为“战胜对手的艺术，你知道对手正在试图做同样的事”。个人投资者进行的股票投资通常属于Ⅰ型决策，但如果你是个共同基金经理，需要在年度收益率上打败市场和其他投资者才能获得投资者认可，那你所做的就是Ⅲ型决策。Ⅲ型决策需要你留心并预测对手可能做出的举动，才可能获胜。大部分Ⅲ型决策的指导理论来自博弈论，它是对“动态竞争”(Competitive Dynamics)进行研究的经济学分支。比较有名的例子包括囚徒困境博弈和石头剪刀布游戏，其中，全体局中人的策略将决定最终胜者。博弈论被广泛运用于各个领域，从价格竞争到地缘政治，但其局限性非常明显，即博弈者不能改变游戏规则，决策的可选范围和输赢大小都有事先规定。这种模式对构建理论模型很有帮助,但对管理者的意义不大。毕竟,管理的目的是改善结果。诺贝尔经济学奖得主赫伯特·西蒙在1978年领奖致辞时,将博弈论形容为虽然非常精密,但无法“完全描述人真实的行为”。因此,很多重要决策不能通过博弈论获得答案。

Ⅳ型决策:获得战略成功。在进行此类决策时,我们可以积极推动结果并需要胜过对手。这是战略管理的独到之处。企业高管的决策结果不同于消费者挑选商品或投资者购买股票,高管卓越的领导力、沟通能力和影响力可能直接影响最终结果,这正是“管理”的定义。不仅如此,高管还需要保证所在的组织具备竞争力,能胜过竞争对手,这与战略紧密相关。是否进入新市场、研发新产品或收购一家公司都属于Ⅳ型决策,但Ⅳ型决策不只局限于商业领域,也包括体育、政治等领域。Ⅳ型决策往往包括我们做出的一些最重要的决策,但由于它的过程极端复杂,无法在人为的实验条件下进行研究,因此关于Ⅳ型决策的理论研究甚少。但我们可以大致推断,如果我们能影响决策结果,高度自信的状态将大有裨益;如果我们需要超越对手,那自信心不仅有用,而且至关重要。只有那些高度投入、意志坚定,甚至自信满满的人才可能成为赢家。当然,这并不是说漫无边际的乐观总是和成功挂钩。但是,在面对激烈竞争时,积极的态度能改变结果,所以,胜出者必然属于那些敢于打破常规的人。

在决策前,需要首先辨别决策的类型。对那些我们既无法影响结果,也不用参与竞争的日常判断与选择,我们可以使用技巧回避常见的认知偏差。对于其他类型的决策,我们则需要一套不同的技巧:兼具多种必备技能——同时是“战术家、心理学家和赌徒”。作为战术家,我们需要注意对手的一举一动,并在出招后预测对手可能采取的行动,以便做出最周密的计划与行动;作为心理学家,你必须确定目标、带动和鼓励他人的士气并不断提供清晰直接的反馈来改变结果;作为赌徒,你知道游戏的结果不只是一堆冷冰冰的数字和概率,相反,通过洞察对手,你知道何时增加赌金、何时虚张声势、何时弃牌。决策者需要培养两种关键技能,一是辨别所面临的决策类型,二是采用正确的对应方法,自如地转换心理学家、战术家和赌徒的角色。在面临最复杂的Ⅳ型决策时,你需要做的不只是回避错误。你需要兼具冷静的洞见和分析能力及大胆向前的行动力。

资料来源:Phil Rosenzweig. Left Brain, Right Stuff: How Leaders Make Winning Decisions[M]. London: Profile Books Ltd, 2014: 45-63。

第二节 决策过程

理想状态下,管理决策应是决策规划(界定待解决问题)、决策思考(分析和选择可能的方案)和决策实施(执行解决方案)的全过程。具体来说,决策过程包括识别决策要求、问题诊断与原因分析、决策目标的确定、提出备选方案、分析比较备选方案、选择方案、执行选定方案、评估和反馈等步骤。

一、识别决策要求

管理者所面临的决策要求通常可分为两类:问题或机遇。当组织没有实现预定目标时,问题出现了；而当管理者发现组织具有超额完成现有目标的潜力时，机遇就产生了。识别决策要求是决策过程的起始点。管理大师德鲁克指出："管理者(此时)要回答以下几个问题：这个决策要实现什么？要达到什么目标？这个决策的最低目标是什么？执行这个决策需要什么条件？"决策目标明确与否，直接关系到决策效果的好坏。管理者可以通过定期组织内部报告、管理信息系统和其他信息来源，对值得关注的内、外部环境事项进行扫描和监控。管理者也可以运用非正式渠道获取信息，通过与其他员工的交谈，了解其他组织成员的看法，及时把握当前组织的问题和机遇。

二、问题诊断与原因分析

当某个问题或机遇进入管理者的视野之后，管理者应当开始问题诊断与原因分析这一阶段。通过诊断，管理者可以对与决策情境相关的各项因素进行分析。越过诊断阶段而直接制订决策方案，很容易导致错误决策。

在企业决策的过程中，问题是指"期望目标"与"实际情况"之间的差距。这种差距的大小及其根源(这一问题与其他组织的关系与影响)才是企业诊断和进行相应决策的目的所在(见图 7－3)。

在找出问题的过程中，这一阶段容易犯的错误是将问题的表现视为问题本身，或针对某些问题的细枝末节寻找解决办法。在这种情况下，科学的决策技术对于问题的有效解决无用武之地。

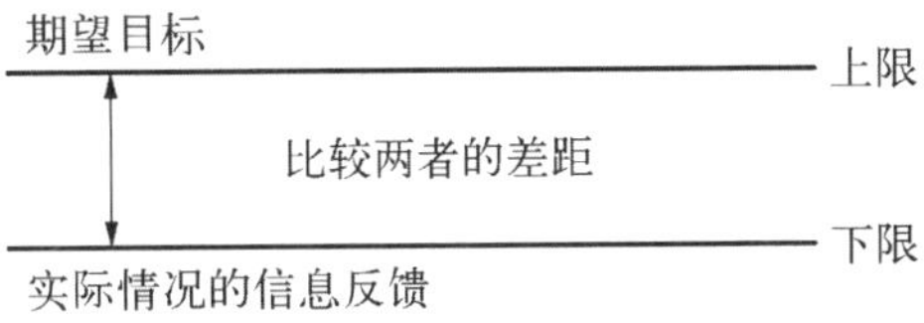

图 7－3 问题诊断与原因分析

在企业决策过程中，要想实现有效的问题诊断工作，应从以下 3 个方面进行深入分析：

(1) 目前实际状况与期望目标之间的差距在哪里？有多大？

(2) 造成这一差距的直接原因和间接原因是什么？

(3) 上一级组织或外部环境是不是产生这一问题的根源？本问题对其他组织目标的影响程度如何？

在这一阶段，追查问题的根源、正确界定待解决的问题是提升决策质量的基础。追查问题的根源可以采用以下两种方法：

(一) 关注"目标已达成"与"目标未达成"之间的差异

关注问题在不同地区、不同时间上的分布差异，发现问题出现较为集中的时间段、地区等，进而深入挖掘造成问题的真实原因。一般来说，造成问题的原因大致可分为"内因(人)"和"外因(工作环境)"两类。例如，某企业的销售经理发现总有部分销售人员不能如期完成年终销售报告，为解决这一问题，他对未完成报告的销售人员的情况和所在地区进行分析，发现在负责华东地区的 100 个销售人员中，有 80 个销售人员如期上交报告，另有 20 个未如期上交。经追查后发现，迟交报告者集中于某一个或几个特定城市，则销售经理可以针对这几个城市采取必要的改正或补救措施；反之，如果这些报告上交延期发生于所有地区，则其原因可能不同于集中发生的情况，相应的纠正措施也应有所不同。

(二) 寻找反面证据来击败假想原因

管理者对某一问题假想出一个原因后，从反面来想，找出可以否定该原因的证据，当逐一反思都无法反击该假想原因时，该假想原因就可以成立，再据以思考对策来加以解决。

在找出问题发生根源的同时，考虑问题的出现对上级目标达成的影响，也是十分有益的。

若能从上级的“目标-手段链”反思中,发现改进“手段”的余地,则解决本问题的良方就自然出现。将思考范围进一步扩展到更大的组织环境领域,则寻找解决方案的自由度更大,解决方案也就更多。

三、决策目标的确定

这一阶段的目的在于澄清解决问题的最终目的,明确应达成的目标,并对目标的优先顺序进行排序,从而减少以后决策过程中不必要的麻烦。

决策目标取决于上一阶段确定的待解决问题。在确定目标时,首先应把待解决问题的性质、结构、症结及原因分析清楚,才能有针对性地确定合理、明确的决策目标。决策目标应有具体量化的成果、明确的完成时间和责任者。例如,在一定的产品数量和价格条件下,确定目标利润;或在一定的人力、财力条件下,确定完成任务的工期等。如果目标过分抽象或模棱两可,决策目标的实现程度就难以衡量。

决策目标往往不止一个,而且多个目标之间有时还存在冲突,这给决策带来了一定困难。要处理好多目标的问题,通常采用 3 种办法:一是尽量减少目标数量,综合待解决的问题;二是按重要性对目标排序,决策时优先考虑重要目标;三是进行目标的协调,即以总目标为基准进行协调。在协调中往往采用折中的原则,降低甚至放弃某些目标,从而实现全局性目标。

四、提出备选方案

在诊断出问题的根由及澄清解决此问题的真正目标之后,应寻求所有可能用来消除此问题的对策及相关的限制因素。通常来说,一个问题往往可以用一个以上的办法来解决,所以在选择之前,应先把所有可能的备选方案罗列出来。这一阶段提出的可行方案应尽可能详尽无遗,方案的数量越多、质量越好,选择的余地就越大。寻找方案的方法主要分为以下两类:

(一) 从过去的经验中找对策

最容易的对策寻找方法,是从过去处理类似问题的经验中寻找可行对策,并套用在新问题上,即“援例使用”“模仿使用”。这一做法在情境相似的常规决策中经常使用。企业管理部门应尽力设法制定(及修正)合乎目标效率的政策、作业程序、办事细则、操作标准等行为规范,指导下级员工的思想及行为,使之成为“例内决策”,用于对付大量的企业例行活动;将为数较少的未规定事项的决策交由上级管理者进行创造性思考,即“例外决策”,或称“例外管理”。

(二) 从未来创新中找对策

企业经营要求管理者将主要力量放在以未来为导向的创新过程中,力求突破改进,有效达成目标。管理者在整个决策过程中,都应当充分开拓思路,改变传统做法。但通常我们最需要创造能力的阶段,是思考对策及寻找相关因素的阶段,因为对策及相关因素发掘得越多,越能扩大与巩固“系统分析”的范畴。

五、分析比较备选方案

这一阶段是对所提出的备选方案进行分析,从而发现最优方案的过程。最优方案就是在资源耗费最小的情况下,与企业总体发展目标和价值观相匹配,并能达成组织理想结果的方

案。在比较各项备选方案的过程中,应当关注以下几项工作:

(一) 预计可能发生的影响后果

在比较各种备选方案的优劣时,必须先预计各个方案对企业目标的有形与无形的影响、长期与短期的影响、好与坏的影响。

(二) 重视方案间的差异

重视各方案间的差异比较,以简化分析过程。当然,决策者也不可过于大意,把方案中的太多因素假设为固定不变。

(三) 以金钱数字表达方案差异

应把各方案相关因素的优劣点转化为以货币表达的收入、支出及投资等数值,以便清楚、客观地了解方案在会计成本收益上的优劣评价。但这种简化的危险在于,它比主观因素更容易掌握,也更“可靠”,极可能导致忽略重要的主观因素。

在以金钱数字表达各备选对策间的差异时,应注意以下 3 点:(1) 尽量应用会计资料;(2) 使用边际成本及收入观念,而忽略固定成本或沉没成本部分,以免干扰各对策间的真正决策;(3) 调整时间差距,当收入与支出在不同时间发生时,必须通过贴现转换为同一时间基础,才能比较方案的利弊。

(四) 精简替代方案的数量

在寻找备选方案时,应尽可能全面无遗漏,但在比较方案的优劣后果时,应减少方案的数量,以利于方案比较。经理人员的精力与时间有限,无法对太多的备选方案进行分析,因此,寻找“有希望”的对策的原则,就是既减少替代对策的数量,又保留有希望获选的方案。常见的做法有两种:一是以限制因素或前提条件进行初选,二是将类似对策归类。

1. 初选

初选的条件,可以在诊断问题阶段加以确定。如一项“增加新产品”的决策,可以设定“必须能以现有生产设备来制造的新产品”才加以考虑,这样就可以剔除许多新产品构思方案。

2. 归类

从每一类中挑选一个代表性对策,与其他类的代表对策互相比较。再将精神集中于其中最好的对策所属的类别,既大大减少备选方案的数量,又不会漏掉优秀方案。比如,在选择工厂厂址时,先从各地区中选出一个代表城市,经过比较(或与先决条件对试后)确定较佳代表城市所属的地区为工厂所在地;再比较理想地区内的所有城市,选择其中的理想城市;最后将理想城市内的所有地段进行比较,确定较佳地段为工厂地址。

在减少备选方案的过程中的一个风险是,决策者可能一开始就剔除了真正的“好”方案。但在实务中,管理者确实无法分析评价所有备选方案、逐一详细计算其成本和收益,所以初选及归类便成了不可或缺的有力步骤。

(五) 集中于关键因素

在决策过程中,宜运用满意原则和关键原则,减少所考虑的相关因素的数量。满意原则是指对各因素设定“可接受的满意”水平,若所有备选方案在某一因素上均达到了满意水平,即表明该因素是“共同部分”,可以忽略;若有些备选方案未达到这一满意水平,则应予剔除,从而大大简化了分析工作。关键原则是在进行烦琐的计算比较前,先找出决定目标实现的关键因素,以减少缺乏吸引力的备选方案的数量。

六、选择方案

在进行详尽的方案分析与比较之后,就应选取一个最合意的(或最优的)方案加以实施。方案的选择主要与决策者的价值观念、决策所面对的不确定性和决策者的数量分析方法相关。为提高决策的准确性,还可以引入大量数量分析方法和模型,协助决策者选定方案。这部分内容将在后面的决策技术中加以介绍。

七、执行选定方案

在实施阶段,管理者需要综合运用管理、行政和说服能力,来保证所选择的方案得以顺利实施。正如德鲁克所说:"只有当决策变成了具体工作和责任时,决策才会彰显价值。"由于决策过程和执行过程往往分属不同层次的人员,在未能详尽考虑方案可行性的情况下进行的决策,可能影响未来方案的实施效果。有些方案将无法实现其决策目标,因为制订这些方案的管理者缺乏必要的资源或动力来实施。因此,德鲁克认为,要将决策转化为行动,在决策之初就必须明确回答以下问题:决策必须让哪些人参与?必须采取什么行动来贯彻落实?应由哪些人来执行?这一行动应该包括哪些内容、经验和标准,以便让执行决策者有所遵循?管理者通过回答以上问题,能使决策真正被分解为具体行动,从而使决策产生预期的效果。

八、评估和反馈

在决策评估阶段,决策者应收集信息,了解决策的实施状况和进展、决策对组织目标实现状况的影响等方面。决策是一个连续的、周而复始的过程,反馈为决策者提供的信息将加快新的决策循环的运行。如果决策失败了,决策者就必须对问题重新进行分析,对不同的方案进行评估,并最终选择一个新方案。反馈是内部控制的一部分,通过反馈的结果,决策者需要判断是否做出新的决策。

在决策过程中,应努力避免发生以下3个方面的错误:(1) 试图为错误的问题寻找正确答案。(2) 在不适当的时机做出决策。决策延误(这一延误本身也是一种决策)的结果有时是不可挽回的。同样,在需要决策之前过早地决策或行动,也是危险的。(3) 决策与行动脱节。一个没有明确行动规划及充分控制执行的决策是不会有效的。

此外,决策过程中还应注意科学分配用于决策的时间。若寻找答案所用的时间过多,将导致在发现问题上分配的时间过少。在决策过程中,发现问题恰恰是最重要也是最困难的工作。在大部分问题中,一旦问题被明确,答案就十分简单了。

第三节 决策制定模型

决策者在制定决策的过程中,往往表现为一定的决策风格,其中隐含着对某一特定决策模型的偏好及选择。决策制定模型反映了影响决策过程的许多假设前提、复杂因素及其存在的不足。这里简要介绍了3种决策制定模型:最优化决策模型、有限理性决策模型和政治模型。

一、最优化决策模型

决策者为了找到最佳的行动方案而进行的决策,就是最优化决策。最优化决策模型又称理性模型,是最早的也是最基本的决策模型,它详细说明了决策者为增加自身决策的逻辑性和做出最佳选择的可能性而应遵循的各个步骤。管理者在使用最优化决策模型时,需要对决策过程的实质进行一系列简化的假设。

要实现最优化决策,必须满足以下一系列假设:

(1) 目标取向。最优化决策假定不存在目标冲突。不论决策是选择要进入的市场,还是决定今天是否上班,抑或挑选合适的人选填补工作空缺,它都假定决策者的目标明确、单一。

(2) 所有选项为已知。最优化决策假定决策者可以确定所有的选择标准,并能列出所有的可行性方案。它假定决策者有足够的能力对标准和备选方案进行评估。

(3) 偏好明确。它假定决策标准和备选方案的价值可以数量化,并能以决策者的个人偏好来排序。

(4) 偏好稳定。除了目标和偏好明确外,它假定具体的决策标准是恒定的,分配给它们的权重也是稳定的,不随时间而变化。因此,不同时间点的标准和备选方案应相同。

(5) 最终选择效果最佳。理性的决策者将选择评估分数最高的方案。根据最优化决策的程序而选取的最有利解决方案将带来最大效益。

图 7-4 显示了决策者制定最优化决策的 7 个阶段。整个过程从确定和诊断问题开始,经过连续的一系列阶段,直到评价和反馈阶段。人们较容易在确定性或低风险的情境和制定常规决策时使用这一决策过程。在接近确定性的情境中制定常规决策,无须经历这个模型的所有阶段。如果某一特定问题重复出现,则决策(解决方法)有可能被当作标准的操作步骤或规则确定下来。

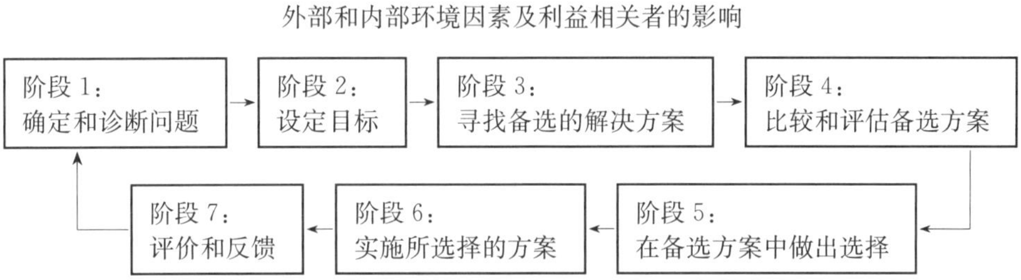

图 7-4　决策者制定最优化决策

最优化决策模型的价值在于它使得决策者在决策过程中更加理性。例如,施乐公司在全公司范围内发展了一套 6 步理性决策过程(见表 7-1),用于解决各类决策问题。在表 7-1 中,第一栏列出了 6 个决策步骤,第二栏说明了待回答的关键问题,第三栏说明了在进入下一步骤前需要进行的工作。这一决策工具鼓励管理者和员工针对决策问题进行更有效的逻辑思维。

表 7-1　施乐公司的理性决策过程

决 策 步 骤	待回答的问题	在进入下一步骤前需要进行的工作
1. 确认并选择问题	我们希望改变什么	确定分歧,用简明的语言来描述“理想状态”
2. 分析问题	是什么阻碍我们达到“理想状态”	列出关键原因,并进行排序
3. 提出可能的解决方案	我们怎样改变现状	列出可行方案表

续 表

决 策 步 骤	待回答的问题	在进入下一步骤前需要进行的工作
4. 选择并规划解决方案	达到目标的最佳途径是什么	制订和监督改变的计划,制定衡量方案效果的评估标准
5. 贯彻解决方案	我们是否在按计划进行	执行方案
6. 评估方案执行效果	执行计划的效果如何	核实已被解决的问题,并在未解决的问题上达成一致

由于计算机在企业决策过程中的广泛应用,定量决策技术(如决策树、线性规划、盈亏平衡分析、预测和运筹学模型)大大提高了最优化决策模型的有效性。但在组织中大量存在的高风险性或不确定性决策情境下,最优化决策模型带有很大的局限性。由于最优化决策的各项假定在现实中不可能完全满足,因此,在企业决策中,往往不能完全遵循最优化的原则进行,人们经常会使用有限理性决策模型或政治模型。

二、有限理性决策模型

詹姆斯·马奇(James Gardner March)和赫伯特·西蒙认为,现实世界中的决策者不可能获得最优化决策所需的全部信息。即使能够获取所需的全部决策信息,决策者也缺乏吸收和正确评价这些信息的智能和心理能力。基于这一分析,他们提出了有限理性决策模型,该模型解释了为什么决策通常是一种具有内在不确定性和风险性的过程,以及管理者实际上是如何决策的。这一模型认识到了决策者和环境对决策的约束,而这些约束决定了决策者追求最优化决策过程的程度。

与理性决策模型不同,有限理性决策模型提出了 3 个重要概念:有限理性、不完备信息和满意原则。

(1) 有限理性。所谓有限理性,是指在某些复杂的决策情境下,备选方案众多、需要处理的信息量巨大,决策者难以在决策前对所有方案和信息进行评估。

(2) 不完备信息。管理者无法获得决策所需的全部信息。造成信息不完备的原因:一方面是管理者掌握的大量信息是模糊信息,管理者可以采用多种甚至是相互冲突的方式进行解释,进而做出不同的决策;另一方面,决策者缺乏时间和资源收集全部可能的备选方案,即使是已知的备选方案,其结果也是不确定的。

(3) 满意原则。在有限理性的约束下,面对未来极大的不确定性,再加上时间限制和昂贵的信息成本,决策者根本不会尝试寻找所有可能的方案。实际上,他们在决策实践中会采用满意原则的策略,即只开发所有潜在方案中的有限样本,在其中寻找和选择较容易确定和达成、较少争议的方案。当面对复杂问题时,决策者的做法是把问题降低到一种易于理解的水平。决策者不是捕捉问题的所有复杂方面,而是抽取其中的重要特点,并在此基础上构建简化的模型,然后在简化的模型范围内进行理性选择。

根据有限理性决策模型,决策制定过程如下:

步骤 1:设定希望达成的目标,或界定希望解决的问题。

步骤 2:确定一个最低的绩效或标准的水平(根据这一标准,即使一个解决方案不完美,也是可以接受的)。

步骤3：采用试探法，把解决方案的范围缩小到一个有希望解决问题的方案。

步骤4：如果无法找到可行方案，则降低期望水平并寻找一个不同的解决方案(重复步骤2、步骤3)。

步骤5：在确定可行方案后，评价它以确定其可接受程度。

步骤6：如果这个单独的方案不可接受，就重新开始一轮不同解决方案的寻找(重复步骤3～5)过程。

步骤7：如果确定的方案可接受，就执行该方案。

步骤8：在执行方案后，评价目标实现(或未实现)的容易程度，并随之提高或降低在以后决策中的绩效标准。

有限理性决策模型中应注意的一个问题：在确定选择哪一个方案时，备选方案被考虑的顺序非常重要。在最优化决策模型下，所有备选方案按编好的等级由高到低全部列出，由于考虑到所有备选方案，因此最初的排列顺序无关紧要，每种潜在的解决方案都会得到充分彻底的评估。但满意原则并非如此。假设某个问题有不止一种解决办法，决策者将会选择第一个可接受的方案。由于决策者使用的模型简单而有限，他们一般以明显的、熟悉的、距离现实不远的备选方案为起点，因此，那些最接近于现实并达到标准的解决方法最有可能被选中。从这个意义上说，管理决策过程更多地表现为一种艺术，而不是科学。在不完备信息和有限理性的前提下，管理者往往需要依靠自己的经验、直觉和判断做出一些重要决策，这一决策过程通常是快节奏的。管理者需要意识到，自己的判断并非总是正确的，不应过分依赖过去的实践经验和思维方式来确定问题或解决方案。

三、政治模型

政治模型是指根据强有力的外部和内部利益相关者的利益和目标进行的决策制定过程(见图7-5)。组织中的大量决策会牵涉多位管理者，他们追求的个人目标不同，这就要求他们通过讨论实现信息共享，并就最终解决方案达成统一的意见。政治模型特别适用于非程序性决策，即不确定性情境、信息有限且管理者对问题本身、待达成的目标和解决方案存在意见分歧的情况。

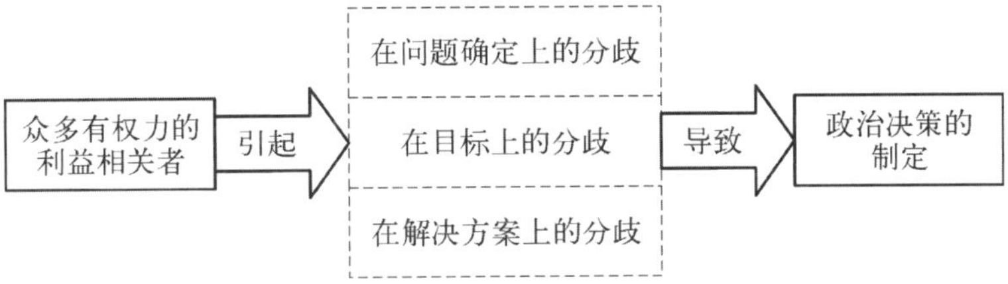

图7-5　政治模型

(一) 在问题确定上的分歧

在政治模型中，外部和内部的利益相关者总是试图根据自己的利益来确定问题。当各种各样的利益相关者基于不同价值观、目标和利益，对于问题的性质、来源及优先顺序的排列存在不同理解时，就会出现冲突。在以政治为基础或以政治为导向的组织中，当情况恶化时，组织很有可能挑出一个或更多的个体充当替罪羊，而其他可能对问题负有责任的人则逃脱了责任,以维持其权力和地位。

(二)在目标上的分歧

政治模型认识到利益相关者之间存在冲突性目标的可能性,同时也认为利益相关者的相对权力大小强烈影响着目标的选择。所谓权力,是指影响或控制个体、团队、部门或组织决策和目标的能力。如果权力集中于特定的利益相关者,则组织的目标有可能反映为这些利益相关者的目标。如果没有一个个人、团体或部门有足够的权力来选择或实施自己偏爱的目标,通常的策略就是形成一个联盟,即由支持某一特定方案的管理者所组成的非正式同盟。在进行复杂的组织决策(特别是决策结果不可预测)时,管理者会加入不同的联盟,通过讨论、协商和讨价还价的过程来争取支持。

(三)在解决方案上的分歧

某些用来完成目标的手段或方法可以被视为零和方案,即我的收益就是你的损失,你的收益就是我的损失。在这种情况下,利益相关者为了进一步扩大自己的利益,会歪曲信息或有选择性地保留信息。组织内部的利益相关者经常把信息看作一种主要的权力资源加以运用。最优化决策模型要求所有员工公开提供各种决策相关信息,但在政治模型下,这一要求往往难以满足。在政治模型下,信息经常:(1)零碎,建立在非正式沟通基础上;(2)主观,而非建立在严格的事实基础之上;(3)根据有权力的利益相关者认为重要的项目来确定。由于信息往往是受操纵的、不完全的,因此管理者需要通过相互交流和交换意见来收集信息、降低问题的模糊性,并通过利益集团间不断的争论来决定目标和实现目标的方案。

最优化决策模型、有限理性决策模型和政治模型的特点见表7-2。对决策程序的研究表明,最优化决策模型在稳定的环境中效果较好,而有限理性决策模型和政治模型在不稳定的环境中更胜一筹。

表7-2 不同决策模型的方法特点

最优化决策模型	有限理性决策模型	政治模型
明确的问题和目标	模糊的问题和目标	多重的、冲突的目标
确定性的环境	风险性及不确定性的环境	不确定性、模糊性的环境
备选方案及其结果的信息充分	备选方案及其结果的信息有限	不连贯的观点,模糊的信息
个体为获取最优结果而做出理性选择	运用直觉为问题的解决寻找满意选择	同盟成员间的讨论和讨价还价

第四节 定量决策技术

决策技术是指决策者在决策过程中所应用的手段、方法和组织程序的总和。本节着重介绍决策者常用的定量决策技术与方法。

一、定量决策模型

（一）定量决策技术的分类

定量决策技术包括一系列科学的处理过程，即决策模型的运用。决策模型大致可以分为数学模型、闭合模型和开放模型。

1. 数学模型

数学模型的目的在于运用数学方式简化问题及分析过程。在不同的决策问题中，数学模型有不同的表现形式，常用的数学模型有线性规划、非线性规划、重置问题模型、等待线问题模型、马尔柯夫过程、存量控制、网络分析和博弈问题模型等。

2. 闭合模型

闭合模型的主要特点：已知重要的可行方案及采用该方案的后果；对各可行方案的选择有一定的准则，并可排定先后序列；决策的目标通常是寻求最佳答案，如生产成本最小化决策、销售利润最大化决策等。

3. 开放模型

开放模型的特点：决策者不可能找出所有可行方案；决策者没有能力衡量所有可行方案；决策者只能找出现阶段满意的行动方案；决策者可根据前一阶段的决策结果，调整其期望水准后，再寻找可行方案，然后选择较为满意的方案，如固定资产投资决策、新产品开发决策等。

（二）决策模型中的有关要素

决策模型中的要素包括自然状态和期望值两项。自然状态是指决策问题中的外生变量，即外部的各种影响因素、竞争者的行动等。每个行动方案与不可控的自然状态的相互影响，都会产生一个特别的结果。这个结果可以用销售量（额）、市场占有率、利润及其他任何可能的结果指标来表示。期望值是指每一方案在各种自然状态下产生的各个结果值与各状态发生的概率相乘的总和。

（三）构建定量决策模型的原则

（1）决策模型应包括对问题最有影响的各项因素，避免纳入不重要的因素。模型并非对真实世界的再现，作为一个有效的分析工具，模型并不需要直接体现每个细节。

（2）建立模型的主要目的是发展各项目标之间的有意义关系，分析达到这些目标的各种可行方案及列出各可行方案的成本和效益。

（3）由于不存在对各种情况都适用的唯一最佳方案，因此应尽可能详细描述构建决策模型和在备选方案之间进行选择的方法和技术。

（4）模型是现实问题的抽象或概括，必然存在大量假设。重要的是应说明在哪些条件下可以出现模型预期的结果。应确定模型的使用范围，在这些范围以内，运用这种模型所取得的结果是有效的，还要确定在哪些条件下这种模型是不起作用的。

（四）定量决策模型中的方案评价

在定量决策模型中，对各备选方案的评价需要明确方案比较的价值选择及相对重要性标准。通常，结果指标有两种度量方式：与方案相关的“资源成本”及与结果相关的“收益”。资源成本是指为达成某种状态（结果）所使用的资源，如方案实施中所需要的资金、劳动力、土地等。效益是由结果而来的报酬，可以用经济、心理、社会及其他的无形价值来表示。决策者根据决策目标的特点，可以采用以下 3 种不同的评价模式：

(1) 变动收益和变动成本的比较。在这一类决策问题中,决策目标是收益与成本之比最大化。此时,决策者对收益与成本的绝对数值均无明确要求,而收益和成本的“差”或“比率”构成衡量方案的重要指标,如利润或投资报酬率指标。

(2) 固定收益下的比较。在完成特定效益目标的前提下,成本最小的方案为最佳方案。此时很容易出现决策问题中的偏差,即决策者在选择最优方案时,先确定期望达成的收益值,再寻求成本的最小化,这往往是以系统的整体收益水平下降为代价的。实际上,很少有方案在投入资源水平不同的情况下,能保持完全相同或相近的收益水平。在这种情况下,就应将收益和成本都视为变量同时考虑。

(3) 固定成本下的比较。在特定预算下,以其中收益最大的方案为最佳方案。

二、定量决策技术与方法

(一) 确定型决策

确定型决策是指决策者确切地知道不可控的环境因素的未来表现,即只有一种自然状态需要加以考虑,每一方案对应一个特定的结果。在确定型决策下,决策方案的选择简化为对每个方案结果值进行直接比较的过程,其主要方法有线性规划和盈亏平衡分析(见本书第五章第三节)。

(二) 风险型决策

风险型决策是指决策者能预知各种自然状态出现的概率,并在此基础上进行方案的比较和分析。由于概率是决策者根据历史统计资料或个人经验推断得出的,带有一定的主观性,因此所有决策均存在一定的风险。风险型决策主要用于远期目标的战略决策或随机因素较多的非常规决策,如投资决策、筹资决策、组织发展决策等。常见的决策模型和技术主要有决策树、期望值表和成本收益分析等。下文主要介绍前两项技术。

1. 决策树

决策树是决策问题的图形表达。在实务上,许多决策涉及一系列步骤,后一步的行动依赖于前一步的决策后果,且每一步骤都面临不确定性,决策树模型最适用于这种多阶段的管理决策问题分析。其优点在于,把可行方案、所冒风险及结果(各阶段结果、最终结果)展示在一张图上,并将概率引入决策问题,使各备选方案的期望收益一目了然。决策树模型包括 4 个要素:决策节点,即树状图中最左端的方框,表示决策的结果;方案枝,即决策点引出的枝条,表示备选方案;收益节点,又称状态节点,即方案枝后的圆圈,表示各自然状态所能获得的收益值;概率枝,即收益节点引出的枝条,表示各个自然状态,由同一个收益节点引出的所有概率枝之和为 1(如图 7-6 所示)。

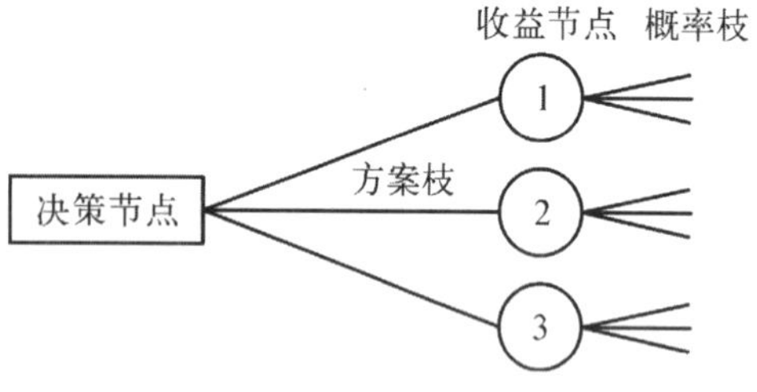

图 7-6　决策树的典型结构

下面举例说明。正兴房产公司拥有上海某区现值为 1 200 万元的土地。对正兴公司而言,存在 3 个土地处理方案:第一,立即卖出土地,地基完全不予开发。第二,开发之后出售,此时,公司面临进一步选择:要么建造地基基础设施(如道路、下水道等)后出售,使其他开发商能在此地基上进一步建造房屋;二是在整块土地上进行充分的房地产开发并销售。第三,不出售也不开发该地块,观望未来的经济发展前景,并在未来地价上涨时出售。假定正兴公司对该地块的 3 种处理方案的经济分析如表 7-3 所示。

表 7 - 3　正兴公司某地块处理方案的成本收益分析

项　目	经济趋势预测		
	上升	不变	下降
概率	20%	50%	30%
单独地基的价值(千万元)	2.5	1.2	0.5
开发收益(千万元)			
1. 仅有基础设施	3.0	1.5	0.8
2. 充分开发	6.0	4.0	2.0
开发成本(千万元)			
1. 仅有基础设施	1.0	1.0	1.0
2. 充分开发	3.0	3.0	3.0

将表 7 - 3 中的所有信息归并入决策树，为每个可能的结果计算净经济收益，结果显示在图 7 - 7 中。在计算时，应将上述数据列于决策树的相应位置，然后从后向前逐步计算，以方案枝的期望值来决定行动方向。

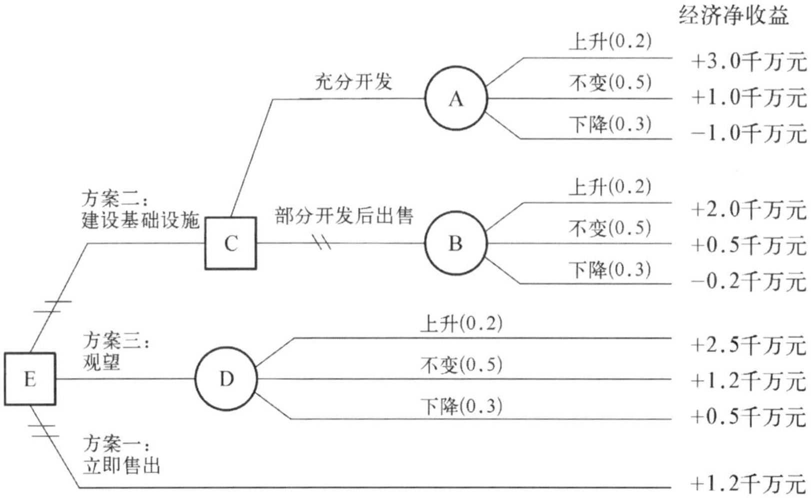

图 7 - 7　正兴公司的决策树

节点 A 充分开发的选择中，经济净收益(开发收益－开发成本)的期望值为：

$$(3 \times 0.2) + (1 \times 0.5) + (-1 \times 0.3) = 0.8(\text{千万元})$$

同理，节点 B 的期望值为 0.59 千万元。

移动到节点 C，决策者需要做出选择，即选取唯一的最优结果而排除其他不利的方案。在节点 C，充分开发比地基部分开发后售出将产生更高的经济净收益。因此，如果决策方案的选择标准为预期净收益最大化，则开发商应选择投资于该地块，进行充分开发。在图 7 - 7 中，我们用一对平行线删除与节点 B 相对应的方案枝来表示排除部分开发的方案。

在节点 E,立即售出、观望和充分开发这 3 个方案的预期净收益分别为 1.2 千万元、1.25 千万元和 0.8 千万元。最终的决策再次取决于决策采用的准则。使预期收益最大化的准则更倾向于“观望”的选择。但另一方面,如果决策者是风险规避型的决策者,就可能选择立即售出,以取得确定的 1.2 千万元的收益,并将这笔钱投向其他商业活动。类似地,损失 1 千万元的可能性,意味着充分开发的方案会被风险规避型的决策者所排除。应当注意:决策树本身并没有做出决策,其仅仅是帮助决策者做出判断的工具而已。

决策树模型可以用来表达更加复杂的情况,如更多的方案、更多层次的风险和概率,并可以用贴现方法来计算现金流出与流入以及投资损失的风险等,只要问题中把这些因素明显标示出来,就均可纳入决策树的分析框架中。

2. 期望值表

期望值表主要用于解决单阶段决策问题,其优点是直观简洁。下面举例说明。

一家大型超市服装部的采购员必须决定对秋季服装的订货。虽然有许多不同货品类别,但其中一种新款将构成该批订货的主要部分。服装尺寸的分布根据过去的统计资料决定。然而,服装订货的总量是待决策的问题。假定采购员一年仅能订一批货,而且必须在秋季销售旺季到来的 4 个月之前订购。服装以 200 件为一个批发单位,每件服装成本为 80 元。秋季每件服装的批发价定为 180 元,秋季未售出的服装按每件 20 元处理。基于决策者的经验判断,本年度期望的需求在 1 000～2 000 件,各种需求量的概率分布如表 7 - 4 所示。

表 7 - 4 各种需求量的概率分布

市场需求(件)	1 000	1 200	1 400	1 600	1 800	2 000
概　率	0.05	0.1	0.2	0.3	0.3	0.05

期望值表如表 7 - 5 所示。

表 7 - 5 期 望 值 表

单位:元

市场需求	1 000	1 200	1 400	1 600	1 800	2 000	方案期望值
	0.05	0.1	0.2	0.3	0.3	0.05	
1 000	100 000	100 000	100 000	100 000	100 000	100 000	100 000
1 200	88 000	120 000	120 000	120 000	120 000	120 000	118 400
1 400	76 000	108 000	140 000	140 000	140 000	140 000	133 600
1 600	64 000	96 000	128 000	160 000	160 000	160 000	142 400
1 800	52 000	84 000	116 000	148 000	180 000	180 000	141 600
2 000	40 000	72 000	104 000	136 000	168 000	200 000	131 200

期望值的计算公式为:

$$\boldsymbol{R}_j = \sum(\boldsymbol{r}_{ij} \times \boldsymbol{P}_i)$$

其中:R_j 为方案 j 的期望收益值;P_i 为各种自然状态 i 的估计概率;r_{ij} 为实施某一特定方案 j

在各种自然状态 i 下的估计收益值。

以本例中的方案 5 订货量为 1 800 件为例。在市场需求量为 1 000 件时，估计收益值为 52 000 元[(180－80)×1 000＋(20－80)×(1 800－1 000)]。同理，当市场需求量分别为 1 200 件、1 400 件、1 600 件、1 800 件和 2 000 件时，估计收益值分别为 84 000 元、116 000 元、148 000 元、180 000 元和 180 000 元。根据各自然状态下的估计收益值及自然概率，可计算方案 5 的期望收益为：

$$
\begin{aligned}
R_5 &= (0.05 \times 52\,000) + (0.1 \times 84\,000) + (0.2 \times 16\,000) + (0.3 \times 148\,000) \\
&\quad + (0.3 \times 180\,000) + (0.05 \times 180\,000) \\
&= 141\,600(\text{元})
\end{aligned}
$$

根据表 7－5 计算出的各方案的期望值中，方案 4 的期望值最大，故订货量为 1 600 件。

(三) 不确定型决策

在不确定型决策问题中，各自然状态出现的概率为未知，不能以客观概率来求得各行动的预期收益，则可由决策者运用主观判断评定概率，并借助上述技术进行分析决策。但概率的评定受决策者经验、认知能力的影响较大，风险较大。此外，可依据其他一些决策准则来选择最佳方案，如小中取大准则、大中取大准则、赫威兹准则、等可能准则、后悔值准则、完整情报的期望值准则。下面以一个例子分别说明。

A 饮料公司计划推出一种养生饮品，但由于缺乏相关的市场数据，它仅能就未来销售情况做出大致估计：市场可能出现高、中、低 3 种需求。公司提出了 3 种应对方案：新建生产线、扩建原有生产线、改造原有生产线。5 年内的损益值如表 7－6 所示。

表 7－6 新型养生饮品的损益值 单位：万元

方　案	高需求	中需求	低需求
新建(P_1)	120	40	－50
扩建(P_2)	80	50	0
改建(P_3)	40	30	20

1. 小中取大准则

小中取大准则又称华尔德法，它是悲观保守者偏爱的方法。其做法：先找出每个决策在各种状态下的目标最小值，再从中选取最大的一个。因为决策者不敢冒险，总是担心未来会出现最不利的状态，所以采用这一准则可以保证决策者的收益不会低于某一特定值，即不论实际情况如何，都不会得到更差的结果。在表 7－6 中，各方案的最小损益值：方案 P_1的最小损益值为－50，方案 P_2的最小损益值为 0，方案 P_3的最小损益值为 20。按照小中取大准则，应选取方案 P_3，即改建原有生产线。

2. 大中取大准则

大中取大准则适用于乐观、勇于冒险的决策者。在这一准则下，决策者比较各方案所产生的最大收益值，选取其中收益值最大的方案。在表 7－6 中，方案 P_1、P_2和 P_3的最大收益依次为 120 万元、80 万元、40 万元，因此，依据大中取大准值，应选取方案 P_1，即新建生产线。

3. 赫威兹准则

赫威兹准则又称乐观系数准则，即决策者确定一个乐观权重系数 α（相应地，悲观系数为

$1-\alpha$),求解每项行动所产生的最大收益和最小收益的加权平均值,并选取加权平均值最大的方案。α 的取值为[0, 1]。其计算公式如下:

$$\text{乐观期望值} = \text{最大收益} \times \alpha + \text{最小收益} \times (1-\alpha)$$

α 的取值对决策结果影响很大。如果 α 接近于1,则决策结果近于乐观或冒险者;如果 α 接近于零,则决策结果近于悲观保守者。在表7-6中,若设定 $\alpha=0.7$,则方案 P_1、P_2 和 P_3 的乐观期望值依次为69、56、34,最佳方案选择 P_1,即新建生产线。

4. 等可能准则

等可能准则又称拉普拉斯准则,即在既无法确知状态发生的概率分布,也无法确定何种状态最有可能出现时,决策者假定各种状态发生的概率是相同的,即当有 n 种有限的自然状态时,假定每种情况发生的概率为 $1/n$,并以此为权数计算各种行动方案的期望收益,以选取期望收益最大的方案。在表7-6中,根据等可能准则,假定高、中、低需求的发生概率各为1/3,则方案 P_1、P_2 和 P_3 的期望值分别为36.6、43.3和30,最佳方案选择 P_2,即扩建原有生产线。

5. 后悔值准则

后悔值准则又称萨凡奇准则,它从后悔(机会损失或损失)值最小的角度考虑问题。决策者只有在某一自然状态实际出现时,才能明确哪个方案的收益值最大。如果决策者采用了最优方案之外的方案,就会感到遗憾或后悔,最大收益和实际选取方案的收益值之差,就是后悔值。采用后悔值准则,就是首先找出各方案的最大后悔值,再选择其中数值最小的方案作为最优方案。

以表7-6的数值计算后悔值,如表7-7所示。

表7-7 新型养生饮品的后悔值计算表

单位:万元

方　　案	高需求	中需求	低需求	最大后悔值
新建(P_1)	0	10	70	70
扩建(P_2)	40	0	20	40
改建(P_3)	80	20	0	80

在各方案的最大后悔值中,方案 P_2 的最大后悔值最小,应选择方案 P_2,即扩建原有生产线。

6. 完整情报的期望值准则

在存在不确定性的情况下,如果决策者能借助有效的预测和其他途径获得完整情报,确定哪种状况将要发生,就能得到完整情报的期望值。当然,这要花费一定的费用和时间,所以,完整情报的期望收益值和非完整情报的期望收益值之差决定了决策者为提高情报完备与准确性而支付的成本的上限。

管理聚焦7-2

用概率思维应对不确定型决策

我们当下面对的由传感器、智能手机和互联设备组成的新世界,意味着数据比以往任何时候都多,但这并没有让领导者更容易在不确定情境下做出明智的决策。在面对巨大的时间和绩效压力时，领导者自然地倾向于用下列两种方式之一来看待局势：要么将其视为确定情境，通过计划、流程和可靠的预算来管理；要么将其视为不确定情境，认为根本无法进行无效决策。但还有另一种方法，可以帮助领导者在模棱两可的情况下做出有效决策：贝叶斯分析（条件概率分析）。这是英国统计学家和牧师托马斯·贝叶斯（Thomas Bayes）在1763年提出的定理。贝叶斯感兴趣的是，随着我们对未经证实的新证据的积累，我们对世界的看法应该如何演变。贝叶斯断定，即使涉及结果不确定的情形，我们也可以在获得新的相关信息时通过整合这些信息而更新我们的认知。

贝叶斯思维对现代的企业领导者越来越具有影响力。在亚马逊14条领导原则之一就是“有勇气；不人云亦云并做出决定”，杰夫·贝索斯（Jeff Bezos）的解释是，这是鼓励领导者避免浪费时间去争取达成普遍共识的策略。最好是做出一个有争议的决定，然后收集资料，必要时进行调整。在Alphabet的登月工厂X，他们有意识地将失败的项目作为一个数据点来庆祝，以此来帮助他们缩小选择范围，并在这样做的过程中加速创新。同样，声田（Spotify）开发了一个DIBB框架［数据（Data）、洞见（Insights）、信念（Beliefs）和赌注（Bets）］，用于探究数据与不确定性之间的关系。他们用之来确定新想法和机会的成功标准，并创造一种评判业绩的共同语言。

但由确定性思维转向概率思维并非易事。在不确定的情境下，数据可能不完美、不完整或者不确定。通常，对于事情为何会如此发生存在不止一种解释；通过使用概率来检验其他备择解释，你可以更好地理解因果关系以及实情。然而，概率思维需要花时间去习惯，因为人类的思维天生就是确定性的。我们通常认为某事非对即错。也因此，决策者需要有意识地学习像赌徒一样思考。

迈克·沃尔什（Mike Walsh）在《算法领导：如何比机器更优秀》一书中提到了一个典型的赌徒思维的例子。拉斯穆斯·安克森是一个研究杰出运动员表现的作家，他认为足球是世界上最不公平的运动之一。因为足球是一项低得分运动，一场比赛的输赢结果并不能准确反映一支球队的真实表现，因而也不能反映该队球员的内在价值。在体育博彩中，职业赌徒成功下注的关键是用影响事件发生概率的相关内情来不断更新你的立场。赌徒并不会力图做到正确，而是努力在时间流逝的过程中犯越来越少的错误。他与一位名叫马修·贝纳姆的职业赌徒合作，在评估一支球队的表现时开始利用统计学的科学应用。根据比赛中创造进球机会的质量和数量，他们的主要表现指标变成了押注一支球队胜负的“预计进球数”，用来更可靠地预测结果，并且当作评估和购买球员的基础。

贝纳姆和安克森的方法可以为面对不确定型决策和大量可用数据的领导者提供借鉴意义。比如，一名有概率思维的人力资源经理可以收集和分析企业最优秀的人才来自何方以及他们整个职业生涯表现方面的数据，从而找到可能被忽视的新的人才来源。一名有概率思维的销售专业人士可能意识到仅仅完成大量交易是不够的，考虑线索来自何方也至关重要。有概率思维的风险经理不会再依赖僵化的信贷政策，而是可能开始深入研究他们的数据，看看他们的客户群中是否有可能被遗漏掉的低风险群体。培养概率思维模式可以让你更好地为算法时代的不确定性和复杂性做好准备。即使事情是由一系列无比复杂的因素决定的，概率思维也可以帮助我们确定最可能的结果和最佳的决策。

资料来源：迈克·沃尔什. 认知概率思维［J］. 哈佛商业评论，2020(4)。

第五节 如何提高决策质量

管理者往往认为自己在做出决策时表现得高度理性,但事实是人类的决策并不是完美的。与电脑不同,我们只有有限的认知能力。我们无法以客观方式来感知世界,我们的偏见也会影响决策方式。认识到这些偏见的存在,可以使管理者改善决策的质量。

一、个人偏见对决策的影响

决策者在决策过程中会受到多种个人偏见的影响,组织行为学对这一领域进行了大量研究,也得出了有益的结论。下面就是对其中一些影响决策的个人偏见的简要说明。

(一) 框架效应

框架效应(Framing)指的是关于问题或决策方案的选择,仅仅因为问题的表达方式不同而截然不同。多年以来,研究者发现当问题的表达方式强调可能得到的积极收益时,人们往往不愿承担风险,转而追逐确定的结果(决策者是风险厌恶的)。但当问题的表达方式是强调可能遭受的损失时,人们更有意愿承担风险以避免损失(决策者会做出风险寻求决策)。这被称为风险性选择框架效应。比如下面的例子:

"政府准备对抗一种可能夺去600条生命的罕见疾病。对抗该疾病有两种不同的建议方案,科学家们认为,这两种方案都会产生某种后果。采用方案A将挽救200条生命。采用方案B有1/3的概率挽救这600人,也有2/3的概率失去所有人。你更偏好哪一个方案?"

当这样一个问题呈现在一群人面前时,72%的人表示选择方案A,而28%的人表示选择方案B。换句话说,他们更喜欢确定无疑地挽救200条生命,而不是有1/3的概率挽救所有人的生命。

然而,用消极的词汇表达这一方案时,情况发生了改变:具体表达如下:

"如果采用方案C,将失去400条人命。方案D有1/3的概率没人会失去生命,2/3的概率600个人都会死。现在你更偏好哪一个方案?"

比较这4个方案,你会发现:方案C只是方案A结果的另一种表达,方案D正是方案B结果的另一种表达。然而,方案C和方案D是用消极的词来表达的,却导致了相反的偏好:22%的人支持方案C和78%的人支持方案D。换句话说,当用"挽救生命"(积极的词)这样的词来表达问题时,人们往往避免风险,但是当用"失去生命"(消极的词)这样的词来表达问题时,人们往往表现为风险偏好。这一效应在多个研究中得到了验证。

风险性选择框架涉及制定偏好于何种行动的决策。但同样的基本理念也适用于不涉及风险、只涉及评估的情境。例如,假定你经过一家超市的鲜肉柜台,看到一盒标有"75%瘦肉"的牛肉糜。当然,如果同样一盒肉上标有"25%肥肉",则这完全是一码事。但你的感受可能不完全相同。事实上,消费者市场研究表明,对于同一牛肉糜样本,当使用积极特性(75%瘦肉)来表达时,人们认为它比消极特性表达(25%肥肉)时更好吃。这一现象被称为归因框架效应,这发生在多种组织环境下。具体来看,当使用积极(而非消极)词汇表达时,人们对同一特性的评价会较好。以企业中的员工绩效评估为例,在这种情况下,以积极词汇表达绩效(如一位销售人员的客户满意度),往往比用消极词汇表达同样的绩效(同一销售人员的客户投诉率)要得到更高的评价结果。

第三种框架效应是目标框架,它关注一个重要的问题:在想要说服某人做某事时,关注于做事的积极后果更有说服力,还是强调不做的消极后果更有说服力?针对某些疾病的早期预防的研究表明,在面对不做某事的后果(而非做此事的益处)时,被试更有可能进行疾病的早期预防。这是目标框架效应产生作用的一个例子。根据这一现象,人们更容易被负面表达信息说服,而不易被积极表达信息说服。

研究者相信,框架效应是由于人们倾向于把用不同的方式表达的相同的事情看成不同的事情。换句话说,关注玻璃杯是"半满"还是"半空",会让人们有不同的想法,虽然他们在头脑中可能承认这两者完全相同。这类研究发现说明人们不是完全理性的决策者,而可能因为情境表达的微小差异造成认知扭曲,进而产生系统性的偏差。

(二) 对启发式思考的依赖

人们为了简化自己面临的复杂决策,经常依赖简单的经验法则(启发式思考,heuristic)来帮助其决策。所谓启发式思考,是指导人们应对一系列复杂备选方案的简单经验法则。启发式思考对决策者可能有用,但这也可阻碍有效决策。人们常见的经验法则有可得性启发式和代表性启发式。

1. 可得性启发式

有时,人们相信以某些信息(哪怕是不完备信息)为依据的决策优于完全没有信息的决策。这就是可得性启发式的基本想法。具体来看,这是指人们往往将决策判断建立在当前可得信息上,即使这些信息并不准确。

例如,假设一名房地产企业的管理者需要了解特定社区中空置房的比例,但她没有足够时间来收集适当的数据,因此她的判断是基于她对全国空置房产的了解。如果她关注的这个社区不够典型,她的估计就可能明显不符合实际情况。换言之,将判断完全建立在目前恰好可以获得的信息上,增加了做出不准确决策的可能性。但人们在决策时经常使用可得性启发式。

2. 代表性启发式

代表性启发式是指人们倾向于以刻板印象认识他人,只要后者表现出其所属群体的典型特征。例如,假设你相信会计师是聪明的、有礼貌的人,而销售员被认为不怎么聪明但十分外向。现在,想象一下,你参加的一个聚会中,销售员的人数是会计师的两倍。在聚会中,你遇到了一个聪明且有礼貌的人。虽然数学上这个人是销售员而不是会计师的概率是 2∶1,但可能的情况是,你将猜测这个人是会计师,因为这个人拥有你印象中会计师所具有的特征。换句话说,你相信此人具有会计师的明显特征,哪怕这一判断明显违反了客观数据提供的信息。研究表明,人们在做出判断时经常出现此类错误。

需要注意的是,代表性启发式并不总是使得决策变得糟糕。事实上,它们非常有用。人们经常使用经验法则帮助简化他们面临的复杂决策。例如,管理科学家们利用许多有用的代表性启发式帮助做出诸如"把仓库设置在哪儿"的决策,股票经纪人也会使用代表性启发式来决定,如何建立一个投资组合。我们也在日常的生活中使用代表性启发式。

尽管如此,代表性启发式和可得性启发式可能被认为是高质量决策的障碍,因为它们不鼓励人们搜集和处理他们应该完成的信息量。仅仅基于易得的信息或者刻板信念做出判断,虽然会简化决策者的工作,但这可能需要付出高昂的代价——不良的决策。正因如此,这些系统化的偏差被视为个人决策过程中的重要阻碍因素。

(三) 个人决策的内在偏见

有时,决策者会做出不完备决策是因为代入决策情境的特定内在偏见,从而使决策者在收集、评价以及使用信息的方式上偏离目标。以下几种个人偏见会特别影响决策的质量。

1. 对隐含偏爱的偏见

隐含偏爱(Bias Toward Implicit Favorites)是指决策者在决策过程的早期,就预先确定了个人具有隐含偏好的选项(受到偏爱的备选方案),而不再仔细考虑其他的选项。在这种情况下,人们使用其他备选项只是为了说服自己隐含偏好的确是最佳选择。为了这一目的而考虑的备选方案,被称为"确认候选项"(Confirmation Candidate)。你可能经常发现人们在心理上歪曲自己对确认候选项的信念,以便证明自己选择隐含偏好的合理性。研究表明,人们会在决策过程的初期就做出决策。例如,在一项针对工作招聘的研究中,调查者发现他们可以在学生承认实际做出决策的 2 个月之前,就以 87%的准确率预测学生会接受哪些工作。很显然,人们的决策受到偏见的影响,因为他们没有考虑到所有可得的相关信息。事实上,他们的判断中往往会歪曲不同选项的优劣势,使其适合自己事先做出的决策。

这一现象清楚地表明,人们不仅未能在决策中考虑到所有备选方案,而且也未能考虑所有可行的解决方案。相反,他们往往很早就做出了决定,并说服自己这一决策是正确的。你可能想到,这种对隐含偏好的偏见极有可能严重影响决策的质量。

2. 控制错觉

控制错觉(Illusion of Control)是指即使一个人无法控制将要发生的事情,他也认为自己能影响事件。赌博就是一个例子:赌徒们坚信自己的技巧或运气能使他们得到大量的意外之财,但事实并非如此。在商界,过分自信的人会导致决策失败,因为他们在决策时忽略了风险,而且无法客观评估成功的概率。因为控制错觉的存在,所以管理者也可能相信自己不会出错,或者对未来抱有普遍的乐观主义态度,这使得他们相信自己能够避开风险和失败。管理者还可能高估了自己以往经验的价值。这些都会导致管理者误以为自己能在很大程度上决定或控制决策结果,从而未能审慎地质疑决策中使用的各类信息和假设。

3. 现状偏见

比起未知,大多数人对已知的、经历过的事物感觉更舒服。当企业不鼓励需要承担风险的行为,而且任何错误都会被公之于众时,人们对改变现状的抵触便根深蒂固。在这样的工作环境中,个体通常更愿意选择不作为,而不愿冒任何风险,以免丢面子、失败甚至被解雇。这种保持现状的行为偏好,被称为现状偏见(Status Quo Bias)。确认性偏好可能使人们过于重视支持保持现状的信息和证据,而忽略了那些有利于变化的信息,进而使人们在面对变化的环境时选择不作为。

4. 承诺升级偏见

组织一直在做出决策,而有些决策必然不成功。当做出了一个不良决策后,理性地解决这个问题的方法可能是停止或改变这种无效行为,换言之,"及时止损"。但人们实际的做法往往恰恰相反,管理者会继续坚持无效的决定,做出无效的后续决策。来看一个例子:假定你是一家企业的高层管理者,企业投资了一个新产品。虽然大家都很努力,但该产品的销量无法达到销售预期。接下来你会做什么?由于该产品前景堪忧,合理的做法可能是终止生产来止损。但你可能不会这么做。你没有接受损失最初投资的方案,而可能继续投入更多金钱,希望用追加投资来挽回此前的投资。也就是说，人们有时会“不断用钱去填无底洞”，因为他们“投资太多，无法停手”了。这就是所谓的承诺升级（Escalation of Commitment）——人们倾向于继续支持以前不成功的行为，因为他们已经投入了太多的成本。

由于承诺升级现象既常见又有很大影响，因此需要考虑如何克服这一问题。达到这一目标的最优做法是使决策者准确了解失败决策的真实成本。当决策者只注重保护自己的声誉时，这些成本容易被忽略不计。但在强调了决策的真实成本（如强调清楚明确的货币成本）和机会成本（不采取其他更成功的行为而损失的利益）之后，人们很难忽视这些信息，并且，这么做可以有效抑制决策者想要对失败行动进行承诺升级的倾向。

二、何时应使用群体决策

群体决策在现代组织生活中已经有相当长的历史。各类委员会、学习团队、工作队伍或者检查小组经常肩负做出重要的日常事务决策的责任。正是因为它们很常见，管理者才会花费大量时间用于各种会议。在这一部分，我们需要看看，在何种情况下，应由群体来做出管理决策。

群体能否比个体做出更好的决策，取决于决策问题的性质。请想象一种情境，人们需要就某个复杂问题（如本企业是否应与另一家企业合并）做出重大决策。这不是一个人独立可以做出高质量决策的那类问题。毕竟，它高度复杂的性质甚至会难倒一位专家，因而更适合于群体决策。研究显示，在解决复杂问题时，如果满足特定条件，比如群体成员具有异质性和互补技能，能自由分享观点，且好主意能获得他人的认可和接受，则群体决策的质量会优于个体决策。但在处理简单问题时（比如将某段晦涩难懂的语言翻译为中文），群体的表现至多能和最优秀的群体成员（个人）一样好，此时，单个专家努力工作要比一群人表现得更好。

事实上，要想使群体的决策表现优于个体，需要满足几个条件：首先，必须考虑谁构成了群体。成功的群体是由具有互补性技能的风格各异的成员组成的。例如，由律师、会计师、房地产代理以及其他专家组成的群体可以比仅由单一领域的专家组成的群体做出更好的企业购并决策。事实上，研究表明，群体成员意见的多样性是群体决策的主要优势之一。可以想见，仅仅拥有技能还不够。要想使团队取得成功，其成员还必须能以公开、友好的方式自由地交流彼此的想法。在一个个体（或群体）威胁另一个不要贡献他（或她）的专业知识的情况下，由风格各异的专家组成的群体所带来的好处可能被抵消。毕竟，拥有专业知识和通过专业知识做出贡献是两件不同的事。事实上，研究表明，只有当最有能力的群体成员的贡献得到最大限度的重视，群体才能从成员的表现中获得益处。总之，要想优于个体，群体必须是由风格各异且拥有互补性技能的专家组成的，这样可以自由地、公开地对群体的成果做出贡献。

三、何时使用个体决策

正如前文所述，在特定条件下，群体的表现往往优于一般人（甚至优秀个体）的绩效。但在某些条件下，个体的表现也会优于群体。

组织遇到的大多数问题需要大量的创造性思维。例如，一家企业正面临着一个结构化程度低的问题，即如何向消费者推广一款全新的厨房智能炒菜机。虽然你认为，这种富有创造性问题的复杂性将会给群体一个天然的优势，但是情况并不是这样。事实上，研究表明，在结构化差的、创造性的工作中，个体比群体做得更好。

虽然如此，群体往往被广泛用于做出此类任务的决策。相应地，有必要回答一个问题：在从事非结构化的、创造性的任务时，如何改善群体决策的质量呢？一个常见的方法是头脑风暴法。这个方法是由一位广告业的高层管理者提出的,他将头脑风暴作为一个提出有创造性的新颖想法的工具。在头脑风暴的过程中,群体成员受到鼓励,以非批判性的方式提出自己的想法,并且把所有想法摆在桌面上,自由公开地讨论。具体地,头脑风暴群体的成员需要遵循4个主要的规则:(1) 避免批评别人的想法;(2) 分享哪怕是古怪的想法;(3) 提出尽可能多的评论;(4) 在别人想法的基础上,提出自己的想法。

头脑风暴法提高了创造性决策的质量吗?为了回答这个问题,研究者们进行了一项比较个体和群体头脑风暴法在解决创造性问题中有效性的研究。具体地说,参加者们拥有35分钟的时间考虑一些情况的结果,如"如果每个人都成盲人了怎么办",或者"如果每个人的每只手上都多长了一个拇指怎么办"。显然,这些问题的新颖性要求参与者大量的创造性思维。研究者比较了4~7人小组及相似数量的个人单独提出的解决方案的数量。他们也安排了一组专家来评估答案的质量,这些专家不清楚答案来自哪个群体。结果是显而易见的:在从事创造性任务时,无论是用数量还是用质量来评判,个人都比群体有效得多。

研究表明,当解决创造性的工作时,群体比个体表现差。问题的关键在于,有些个体怯于在其他人面前表现,即使头脑风暴法的一条规则是可以分享古怪的想法。一定程度上,人们希望避免由于说了傻话而让人觉得自己很愚蠢,在群体中,他们的创造性可能遭到抑制。群体也可能由于放慢实现想法的过程而制约了创造性。虽然存在以上局限,但很多创意领域的专业人员(如广告业的高层管理者)仍坚信头脑风暴法的效力,并坚持使用这一方法。

本章提要

在组织的整个管理过程中,都有决策行为存在。所谓决策,就是决策者为了解决组织面临的问题,实现特定目标,在充分收集信息的基础上,提出多种可行方案,依据评定准则和标准,选定方案并加以实施的过程。

人们在制定决策时所面临的情境可以分为确定性、风险性和不确定性3种。在确定性情境下,个体能够识别发展状况和事件,并完全可以预测它们的影响;当信息变得模糊或模棱两可、个体开始将决策建立在概率基础上时,决策制定就会处于风险性情境中;当个体对发展状况和相关因素的信息知之甚少,决策仅能基于合理猜想时,就出现了不确定性情境。

决策活动因管理层次、管理部门及决策者风格的不同而不同。因此,可以按不同的原则和标准对决策活动进行分类。按决策的重要程度,可以把决策分为战略决策、管理决策和业务决策。基于确定性、风险性和不确定性情境的考虑,可以将决策分为常规决策、适应性决策和创新决策。

理想状态下,管理决策应是决策规划(界定待解决问题)、决策思考(分析和选择可能的方案)和决策实施(执行解决方案)的全过程。决策者在制定决策的过程中,往往表现为一定的决策风格,其中隐含着对某一特定决策模型的偏好及选择。决策制定模型反映了影响决策过程的许多假设前提、复杂因素及其存在的不足。典型的决策制定模型包括最优化决策模型、有限理性决策模型和政治模型。

决策技术是决策者在决策过程中所应用的手段、方法和组织程序的总和。决策者常用的定量决策技术包括风险型决策时常用的决策树、期望值表,以及不确定型决策中使用的多种决策准则。

人类的决策并不是完美的。我们只有有限的认知能力,也无法以客观方式来感知世界,我们的偏见会影响决策方式和决策质量。认识到这些偏见的存在，使决策者可以改善决策的质量。为了改善决策质量，企业应根据决策问题的性质，在群体决策和个体决策之间做出取舍。

复习思考题

1. 为什么决策经常被认为是管理者工作的本质？

2. 确定性情境、风险性情境和不确定性情境有何区别？在每种情境中，决策活动有何不同？

3. 按照你的观点，决策过程中哪一个步骤是最容易被管理者忽视的？请加以解释。

4. 有人说，“经验是决策的陷阱”。你对此有何看法？

5. 有限理性管理决策模型和政治模型的主要区别是什么？

6. 由于“管理者目前可以轻易获得大量数据，因此他们将能做出更理性的决策。”你怎么看待这一判断？

7. 管理者的决策并非总是理性的。个人偏见如何影响管理者的决策质量？这些因素会因为群体决策而得到有效纠正吗？

8 第八章 组织工作的基础

全章提要

学习目的与要求

1. 了解组织工作和组织结构的含义；
2. 了解影响组织结构的四大要素；
3. 了解组织结构的基本特征；
4. 了解组织设计中的差异化与一体化决策；
5. 了解组织结构设计中的核心问题；
6. 理解职责、职权、责任三者的关系；
7. 理解直线与职能的区分；
8. 掌握按部门专门化划分组织的5种主要方式；
9. 了解组织结构的基本形式及其优缺点、适用范围；
10. 了解组织专业化与一体化的辩证关系及一体化的实现形式；
11. 了解机械型组织与有机型组织的区别；
12. 了解职位设计的多种方式，以及职位特征模型的应用。

管理专业术语

Organizing	The process of creating an organization's structure.
Authority	The right to take action, to make decisions, and to direct the work of others.
Functional Authority	Narrowly limited power to issue orders down the chain of command in a specific functional area such as personal testing.
Delegation	The act of passing down authority from supervisor to subordinate.
Centralization	The degree to which decision making is concentrated at a single point in the organization.
Decentralization	The degree to which lower level employees provide input or actually make decisions.
Span of Control	The number of subordinates reporting directly to a supervisor.
Mechanistic Organizational	An organizational structure characterized by close adherence to the established chain of command, highly specialized jobs, and vertical communications.
Organic Organization	An organizational structure characterized by flexible lines of authority, less specialized jobs, and decentralized decisions.

社会的正常运转需要各类组织有效整合内部资源,以应对和利用外部环境的变化。组织的战略明确了未来的行动方向和路线,但良好的执行是战略成功的重要保障。在组织中,人们为了一个共同目标而集合在一起工作,彼此分担权利和义务,并相互协调,以确保目标的实现。为了确保组织的有效运作,每个组织都需要回答以下问题:如何协调好组织内不同职能、活动与人员间的关系?如何通过组织结构设计明确这些关系?如何进行职务设计以使员工发挥最大潜力?虽然每个组织都有各自的目标,并在不同的环境中运营,但组织工作的一些基本概念和理论是普遍适用的。

第一节　组织概述

组织是实现计划与战略目标的保障和依托。随着组织规模的扩大,各组成要素的运作既需要考虑专业化分工,也需要确保相互间的协作。这一分工与协作的过程,就是创建组织结构的过程。

一、组织工作的含义

两个人以上的群体为了一个共同目标在一起工作,彼此间形成了一定的正式关系,这群人所构成的实体即被称为组织。组织有别于我们日常观察到的群体,比如在一家健身房上瑜伽课的一群人。首先,组织有一个共同的目标,组织成员是为了这个目标而聚集在一起的;其次,组织内部成员之间的关系是正式的、强制确定的。例如,门店店长与店员的关系是上下级关系,而非自然形成的人际关系。

组织工作作为管理过程中的一项基本职能,关注的主要是正式组织,即为了实现一定的企业目标,有意识形成的组织结构与职务设计,并有明确的组织成员职责与职权划分的实体。但正式组织并非一成不变。管理者进行组织设计或组织变革,目的是使未来的组织结构能提供一种环境,使员工们十分有效地为组织目标做出贡献,并从中获得满意。管理学家孔茨指出,正式组织必须具有灵活性,应留有酌情处置权的余地,应留用有创造力的人才并承认个人的喜好和能力。但必须把集体情况下的个人努力引向集体和组织的目标。

与正式组织相对,在企业中还存在非正式组织,即没有明确表达的共同目标和正式的成员间关系的一种群体,他们的活动往往是基于相同的信仰、爱好、价值观或生活经历。比如企业中因为工作兴趣、业余爱好、同期入职、同乡等原因而形成的朋友圈子,他们的活动可以满足组织成员的共同需要,这种需要可能无法从正式组织中获得。非正式组织往往与正式组织形成交错混合关系(见图 8-1),它对正式组织会产生一定的影响。

虽然本章主要关注的是正式组织,但值得指出的是,价值观、宗旨与正式组织没有冲突的非正式组织,同样可以满足员工的情感和人际交流需要,增进组织成员间的信任,促进信息沟通,进而提高管理的有效性。例如,当一个非正式组织同时包含了不同组织层级和职能的员工时,管理者可以借此了解不同视角的员工想法和态度;基层员工增加了向上级传递真实信息的途径,这有助于跨越上级和下级之间的等级鸿沟和信息隔绝。当然,如果非正式组织成员形成的习俗、信仰与正式组织的目标、行为规范有差异,甚至背道而驰,就会产生负面效应,致使非正式组织成员不愿服从管理,甚至故意破坏既定的组织制度。因此,管理者也应重视非正式组织的存在,尽量避免非正式组织对正式组织产生不利的影响。

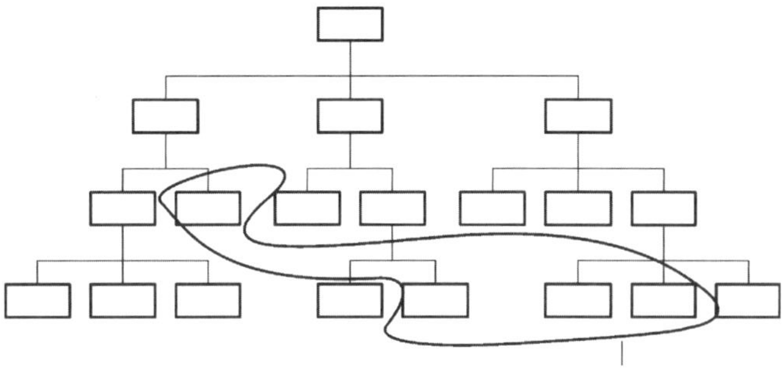

图 8-1　非正式组织

二、影响组织结构的四大要素

(一) 战略与结构

组织结构是实现组织目标的手段，而目标产生于组织的总体战略。因此，组织结构与组织的总体战略是紧密联系在一起的，结构要服从战略。如果最高管理层对组织的战略做出重大调整，就必须修改组织结构，以此来适应和支持战略的变革。这一观点始于钱德勒(Chandler，1962)的研究。在其所著的《战略与结构：美国工业企业的历史篇章》一书中，钱德勒对美国第二次产业革命诞生的 100 家大公司长达 50 年的发展历程进行了追踪，他的结论：公司战略的变化先于组织结构，并且导致了组织结构的变化。简单的战略只要求一种简单、松散的结构形式来执行这一战略。这时，决策可以集中在一个高层管理者手中，组织的复杂性和正规化程度都很低。随着组织的成长，它们的战略变得更有雄心，也更加复杂了。比如，强调创新、采取开拓者战略的企业往往采纳有机式的组织结构，以保持最大限度的灵活性；而采纳防御者战略的企业寻求稳定性和效率性，需要机械式的组织来适应其战略选择。

钱德勒认为，正是由于通用汽车采用传统的组织结构无法充分利用其高度差异化的市场、难以制定有效的竞争战略，因此在阿尔弗雷德·斯隆(Alfred P. Sloan)的领导下，通用汽车采用了一种多职能事业部的组织结构，即各事业部按特定市场、特定业务来划分。于是，在通用汽车公司内部划分出独立运作的雪佛兰、庞蒂亚克和凯迪拉克等事业部，这些事业部分别拥有各自的客户群和产品价格范围，这些事业部公司的成立应当视为企业战略选择的结果。他还发现，战略虽然无误，但由于经营管理方式与战略不相适应，因此招致失败的企业也很多。

但后来的研究者对战略、组织、绩效之间相对线性的关系存在疑虑，认为相信"拟定了战略计划后就能确定正确的组织结构，进而期待高绩效"并不适合快速变化的环境和市场期待。现实中并不存在针对特定战略的完美结构与组织蓝图。汤姆·彼得斯(Tom Peters)带领的麦肯锡研究小组针对这个主题探索后发现，战略似乎很少会支配独特的结构性解决方案。此外，战略中的关键问题大多跟执行和持续调整有关，也就是如何实施战略及保持弹性，而非仅仅考虑组织议题(结构、人员等)就可以。也因此，汤姆·彼得斯指出，在新的快速变化的市场环境中，支撑战略目标实现的企业组织结构的关键是与顾客、供应商、任何能帮助企业进行商业活动的人结成的网络，为此，企业需要建立高度灵活的动态架构，随时调整，以充满活力的结构来为客户提供服务。

管理聚焦 8-1

《我在通用汽车的岁月》:50年后的经典回顾

1964年4月,阿尔弗雷德·斯隆的回忆录《我在通用汽车的岁月》登陆各大书店,并随即登上《纽约时报》非虚构类畅销书榜。直到今天,它仍是管理学书迷眼中的经典,至今热度不减。

读者希望从书中发现,斯隆治下的通用汽车如何完成了不可能完成的任务。20世纪20年代初斯隆刚接手公司时,通用汽车一片混乱。威廉·杜兰特(William Crapo Durant)初创公司时,只是将十几家小型汽车公司和零部件制造厂拼凑起来,商业逻辑很不清晰。通用汽车各类产品在价格和质量上都无法与福特T型车竞争,大部分在赔钱。仅用十多年的时间,通用汽车所有产品线就实现了盈利,公司成为世界首屈一指的汽车制造商和全美最大的企业雇主。当时很多内部人士认为,技术突破是挽救通用的唯一希望,但斯隆凭借卓越的管理艺术实现了逆转。尽管福特汽车在性价比方面仍然无可取代,但市面上最佳的产品出自通用汽车,福特受到了重创。

《我在通用汽车的岁月》被称为"百年不遇的商业类好书",但要说清楚当代企业管理者能从中学到什么并不容易。50年后,尽管世界已面目全非,书中的思想仍像琥珀中的昆虫一样鲜活。回到1964年,美国最大的企业集中在石油、汽车和钢铁行业,如标准石油、通用汽车、美国钢铁、福特汽车和海湾石油等。美国制造的收音机、电视机等家电行销全球。中产阶级方兴未艾。CEO与工人的收入差距和今天相比不值一提:当时麦道公司总裁的收入是清洁工的10倍,现在是1 000倍。社会学家、作家威廉·怀特(William Whyte)笔下的"组织人"(Organization Men)填满各个管理层级,准备在公司从一而终。这些大型制造企业有点像美国资本主义精神的"唐顿庄园":绿树掩映的郊外建筑群,严格的等级划分,充满各种明规则和潜规则。特别是它们的规模之大,在当今崇尚"灵活"的商业氛围中不可想象:1960年通用汽车雇员有50万之众。

商业世界今非昔比,但《我在通用汽车的岁月》留下了超越时代的教益。这本书以精彩的细节、流畅的文笔,记述了斯隆怎样将他的竞争战略一步步发挥到极致。

要读懂斯隆的书,应该先去了解他的前辈亨利·福特(Henry Ford)的光辉业绩。汽车工业的历史是一次次梦想成真的过程。福特年轻时,"无马马车"只是富人的玩物;他的梦想是把整个美国变成"车轮上的国家"。为此福特需要制造物美价廉的汽车——一部能让人"自由往返此处和彼处"的可靠机器。福特并非科班出身,但在机械发明方面才华横溢。他创制T型车,建造庞大的工厂,最终让梦想变为现实。福特的成就怎么说都不为过:他开创了20世纪最大的行业;1914年把工人日薪提高到创纪录的5美元时,他是全世界的英雄。到1920年,美国的确成了"车轮上的国家"。但问题也来了:美国路上跑着100万辆T型车,福特实现了梦想,但只是一味继续生产。

福特因一门心思追求性价比而错失的东西,正是斯隆梦想的起点:营销。对于美国消费者而言,汽车并不只是一件器物。斯隆从中发现了T型车难以满足的需求。既然T型车的性价比无法超越,斯隆就只得另辟蹊径。他的格言是"只有想不到,没有买不到"

(“car for every purse and purpose”)。

身为MIT工科生的斯隆从“巴黎时尚界”获取灵感，从好莱坞请来设计师，20世纪20年代中期开始每年推出新车型。从《我在通用汽车的岁月》中读不到效率提升的情节：《财富》杂志于1938年就将汽车行业营销称为“整个美国经济最低效的部分”。“营销费用占新车价格的近1/3，都被转嫁到消费者身上”，其中包括经销商的开支、佣金、广告费、手册、宣传片费用等。一片喧嚣中，福特的致命缺陷也暴露无遗：消费者不只需要高性价比的汽车。

本书最具持久价值的内容并非斯隆的梦想，而是他如何用意志和对细节的关注，从梦想中构筑了一个“商业王国”。斯隆构筑组织的能力无与伦比，开创了分权的事业部结构，按价格区间建立雪佛兰(低端)、庞蒂亚克、别克、奥兹莫比尔和凯迪拉克(高端)5个自主经营的品牌，由总部跟踪财务状况、统领资源分配。历史学家阿尔弗雷德·钱德勒(Alfred D. Chandler，本书研究者)称之为“战略”领导“结构”。

福特本人蔑视组织，发誓“废除权力结构，不开会，只保留极少数职位”。福特公司的所有决策都来自高层。通用汽车的决策权则分散得多。雪佛兰当时由销售员出身的理查德·格兰特(Richard Grant)负责，他让手下销售员挨家挨户拜访车道里停着T型车的人家，邀请主人试驾新车型，真刀真枪地同福特争夺低端市场，结果雪佛兰销量剧增。通用汽车规模庞大，但在分权制结构下，格兰特这样的部门领导者可以自主为产品制定战略。

斯隆的战略不可能永远风光。正如福特体会到的，过度执迷会把梦想变成坟墓。通用汽车长期忽视质量管理和高效生产的后果开始显现：20世纪60年代末，相比被过分吹捧的凯迪拉克Eldorado，奔驰250在安全性、价格、性能上全面胜出；70年代石油危机后，省油、耐用汽车的日本车涌入，雪佛兰逐渐失势。伴随着产品竞争力下滑，通用汽车的组织“魔力”也不复存在。

《我在通用汽车的岁月》出版仅4年后，一伙科学家和风险投资人在加州山景城成立了英特尔。这家半导体芯片公司的出现标志着商业新时代的来临：新兴企业信奉灵活美学，通用汽车式的笨重优势不再，“创业者”取代“组织人”占据了世界的中心。

资料来源：阿尔弗雷德·斯隆. 我在通用汽车的岁月[M]. 北京：机械工业出版社，2021。

(二) 规模与结构

组织的规模对其结构具有明显的影响作用。大规模的组织要比小规模的组织更倾向于高度专业化和横向及纵向的分化，规则条例也更多。但是，这种影响不是线性关系。组织发展到一定程度后，随着组织的再扩大，规模的影响显得不重要了。例如，已经有超过2 000个员工的组织，再增加500个员工，对它的结构不会产生多大的影响。而只有300个员工的组织，若增加500个员工，那就可能转变它的组织结构，使其向机械型方向发展。

另一方面，由于技术的变化，组织规模的概念也在发生变化。正如彼得斯所说：“‘新的巨大’可以是确实非常巨大，也可以是‘网络巨大’。以市场力量作为衡量规模的标准，指的是企业的外延部分，即处于流动和半永久状态的伙伴们所具有的能力，而不是指自己直接拥有和直接控制的事物。”①从这个意义上说，规模与结构的关系进一步弱化了。

① Tom J. Peters. Thriving on Chaos：Handbook for Management Revolutions. New York：Alfred P. Knopf，1998.

(三) 技术与结构

任何一个组织都需要应用某种技术,将投入转化为产出。为了达到这个目标,组织要使用设备、材料、知识和富有技能的成员,并将他们配置到一定类型和形式的活动中。

查尔斯·佩罗(Charles Perrow)认为,可以从任务多变性和问题可分析性两方面对技术进行考察。任务多变性是指组织成员在工作中遇到的例外情况的数目。任务多变性有两种情况:当任务多变性中例外情况较少时,工作是高度常规化的;当工作具有许多变化时,它就会出现大量的例外情况,如高层管理职位、咨询工作等。

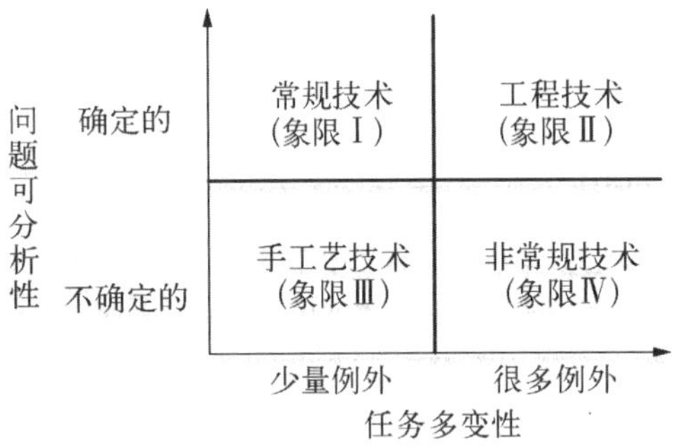

图 8-2　佩罗的技术分类

问题可分析性是指为寻找妥善处理例外问题的有效方法,所采用的探索过程的类型。问题可分析性是对探索过程的一种评价。如果人们使用逻辑推理方法来分析问题就能找到答案,此时探索过程是高度确定的;另一个极端是不确定的问题,没有任何规范的探索方法可供使用,只得根据先前的经验、直觉和判断来找到答案,或者通过猜测和尝试失误来找到一个可接受的方案。使用以上两个维度,构成 2×2 矩阵(见图 8-2)。

在图 8-2 中,4 个象限分别代表 4 类技术:常规技术(象限Ⅰ)只有少量的例外,问题易于分析,钢铁生产、传统汽车、炼油等大量生产过程属于这一类;工程技术(象限Ⅱ)有大量例外情况,但可以用理性的、系统的方法进行处理,桥梁建筑属于这一类;手工艺技术(象限Ⅲ)处理相对复杂,但有少量例外的问题;非常规技术(象限Ⅳ)有许多例外问题,难以分析,航天业务属于这一类。

按照技术的 4 个象限分类,如果问题是可以进行系统分析的,那么适合采用象限Ⅰ和象限Ⅱ的技术。如果问题只能凭直觉猜测,不能以理性分析来处理,那么就需要采用象限Ⅲ和象限Ⅳ的技术。同样情况,如果问题是经常出现的、熟悉的情况,可用象限Ⅰ和象限Ⅲ的技术;反之,出现的问题是新的、不熟悉的情况,只能采用象限Ⅱ和象限Ⅳ的技术。

组织结构应视技术类型而异。一方面,技术越常规,结构就越标准化。机械型结构与常规技术相匹配;另一方面,越是非常规的技术,结构就越趋向有机型。这种类型要求具有灵活性,组织应是分权化的,成员相互频繁作用,以很低程度的正规化为特征。介于两者之间的手工艺技术,需要丰富的知识和经验来解决问题,组织必须分权化。而工程技术,应当分散决策权限,以低正规化来保持组织的灵活性。

(四) 环境与结构

研究表明,环境也是影响组织结构的重要因素。正如在本章"战略与结构"部分中暗示的,机械型组织适用于稳定的环境,有机型组织适用于动态的、不稳定的环境。

环境与结构的关系解释了为什么那么多高层管理者不断地重塑组织,使之向更柔性、更灵活的方向发展,全球竞争加剧了产品的更新换代,消费者对高质量产品以及快速交货的需要增加,这些都是环境动态性的表现。机械型组织不适合对快速变化的环境做出反应。因此,我们可以看到,越来越多的管理者在改变他们的组织,使之更具灵活性。

三、组织设计的基本决策

（一）组织结构的基本特征

组织结构是一个组织将工作任务加以分工、组合和协调的正式的框架体系。组织结构不存在统一的、标准化的最优形式。组织结构的基本特征可以从以下3个方面来描述：

1. 复杂化

复杂化是指组织内部结构的分化程度。随着劳动分工的扩大，组织纵向的等级数增多，组织单位的地理分布更广泛，人员与活动的协调、控制就更困难，我们称之为组织结构复杂化。

2. 正规化

正规化是指一个组织在多大程度上依靠规章制度来指导员工行为。在一个组织中，规章制度越详细明确，组织结构越显得正规。

3. 集权化

集权化是指组织的决策权在上层管理者的集中程度。有的组织是高度集权的，决策权集中在最高层，员工发现问题之后，由下至上请示，并由最高层管理者下达命令，由上而下服从。而有的组织将决策权下放，我们称之为分权。

组织结构通常用组织结构图来表示，其中描画出正式组织系统的权、责关系，使组织成员可以了解各自所处的位置、汇报及业务指导的工作关系、沟通渠道和直线职权等，所以人们也把它称为组织的蓝图。组织结构的上述3个特征，在组织结构图中会得到明显的体现。大多数企业有正式的组织结构图（见本章第二节），它以一种非常简洁明了的方式来传达组织中职能、部门、工作及其相互关系的信息。

（二）组织设计的决策：差异化与一体化

不同的企业在确定其组织结构的复杂化、正规化与集权化程度时，需要做出两个基本决策，即差异化和一体化。组织结构设计的差异化，是指将组织内部分成许多不同的业务单元，这些业务单元采用不同的技能和工作方法完成不同类型的任务。组织结构设计的一体化意味着将这些差异化的单元重新组合在一起，使所有的工作都能整合起来，最终实现组织成果。

1. 差异化

组织结构设计的差异化是通过专业化分工来体现的。专业化分工这个概念可以追溯到亚当·斯密，是指企业中的职能、活动和任务如何在企业的内部加以分配。归根结底，企业的存在是为了完成单独一个人难以完成的工作。在企业将员工聚集到一起时就需要为哪些人应该做什么给出明确的答案。在企业进行劳动分工时，管理者需要做出多项重要决策，其中包括部门的职责、任务和职责的归属，以及每个员工的职责范围。在专业化分工的原则下，组织的工作被细分为较小的任务，组织内部不同个人及业务单元执行不同的任务。比如，市场营销、财务和人力资源工作被划分给不同的部门，由具有不同专业知识和技能的人员来完成。专业化分工使组织成员可以专注于特定的领域，提升执行的质量和效率。但过度的专业化分工也可能导致内部各部门出现过于关注小集团的利益、视角单一和僵化、缺乏有效的沟通等问题。

当一个组织有许多子单元，且各类专家的思维方式又有很大差别时，差异化程度相对较高。研究表明，处于复杂、动态环境中的组织会形成一种差异化程度较高的结构，以应对复杂的挑战；而在简单、稳定环境中的公司，差异化程度则相对较低。

专业化分工还需要延伸到个人层次，即工作的专业化。管理者在考虑各员工的劳动分工时,需要注意这一决策中所包含的取舍关系。一方面,高度专业化的分工能够帮助企业形成在特定岗位上的专家和专业竞争力;但另一方面,过度的专业化会引发员工的工作满意度下降,特别是当工作过于重复、单调时,从而导致离职率升高。

2. 一体化

在组织结构因差异化而分为技能要求、职能活动存在明显差异的子系统时,管理者必须同时考虑一体化的问题。组织中所有的具体任务都不可能被完全独立地执行,因为不同的业务单元是大型组织的一部分,他们之间一定存在着某种程度的沟通与合作。组织需要通过一体化协调其运作,连接组织的各个部分,以完成组织的整体使命。

一体化是通过加强合作与协调的结构机制实现的,任何不同业务单元的工作都需要整合来形成合力。管理者需要思考如何协调企业内各成员的活动。劳伦斯(Lawrence)和劳什(Lorsch)发现,企业的差异化程度越高,就越需要不同业务单元之间的一体化。如果高度差异化的企业同时具备高层次的一体化,就会取得成功。而处于复杂环境下的高差异化企业,却没有适当的一体化机制就很容易失败。但过度专注于一体化也可能减缓创新。

第二节 组织结构设计

在进行组织结构设计时,首先要考虑如何实现组织结构的差异化,具体包括统一命令、职权与职责、授权与分权、直线与职能,以及部门专门化等几个核心问题。这种差异化的结果,就是形形色色的各类不同的组织结构。最后,组织设计还需要考虑一体化,即如何协调各个部门的工作以形成合力。

一、组织结构设计的几个核心问题

(一) 统一命令

统一命令(Unity of Command)是指一个下属应当且只能接受一个上级的直接领导。不能出现一个下属向两个或更多的上级负责,这样会使下属面对来自多个上级的冲突命令,或者某上级要求优先处理等的尴尬局面。此外,任何一个上级不能越级指挥、命令,但可以越级检查工作;任何一个下级不能越级请示,但可以越级反映情况,提出建议。目前一些企业改革领导班子,减少副职,这就是加强统一命令的措施。副职多会造成多重指挥,使员工在工作中无所适从。

在"统一命令"的原则下,信息沟通渠道主要通过自上而下命令与自下而上服从来完成。随着组织的不断发展,组织层级的不断增加,信息流通的行程加长了,信息传递的时间增加了,信息失真或遭过滤现象愈发严重。同时,企业对环境变化的反应也日益迟钝,造成决策失误。法国古典管理学家法约尔针对这种情况,提出了著名的"法约尔桥"的概念。法约尔认为:自上而下、自下而上的信息沟通模式是贯彻"统一命令"原则所必需的。但是这样做耽误时间,因此法约尔建议,在组织各层的同级之间也建立直接联系,并将之称为"跳板"("法约尔桥")。这样的横向联系有利于组织内部的横向沟通以及迅速反应。现代组织理论在此基础上又提出了斜向联系,即处于不同指挥链上的不同层级部门之间的直接联系,目的也是加强组织内部的有效联系。

这里还要指出,尽管有了"法约尔桥",但是信息在传递过程中失真和遭过滤仍然不可避免地存在。信息传递的链条越长,信息失真和过滤就越严重。要解决这个问题,必须要求各部门相互协调、相互合作;高层管理部门要将权力下放,让下属部门在一定范围内有决定权,这些都是后面即将介绍的分权模式的特点。

统一命令的优点在相对简单的组织结构中尤为明显，它可以使政策和行为一致，下属员工任务明确、责任清晰，减少信息传递失误造成的损失，有利于管理者的控制。

（二）职责、职权与责任

每个职位都对应特定的工作内容和任务（“做什么”），这是员工为完成一项确定的任务所必需履行的义务，即员工的职责所在。同时，每个组织的运作都依赖于在职者对职权的运用，即在职者制定决策、发布命令的合法权力。例如，一个特定部门的负责人拥有对整个部门的决策权，这一权力与职位相关，而与在职者是谁无关。正式职权是组织运行的主要手段。老板给下级员工下达的命令通常会得到执行，正是因为职责与职权对等。

但任何职位既要有职（职责）有权（职权），又要有责（责任）。责任是指下级在正确行使权力和履行职责上要对上级负责。职责是上级赋予下级的，责任则是下级对上级承担的义务。了解职责、职权和责任的区别，对有效授权非常有帮助。

（三）授权

授权是指上级把权力和责任分配给下级的组织过程。授权是组织中各个组织层级的管理者进行的基本管理活动，表明管理者通过他人来完成工作。管理者一旦授权，下属就对结果的实现负有责任。职责意味着管理者有权要求下属执行工作并在下属没有完成领受的任务时采取补救措施。下属必须向上级汇报其工作的进度和质量。但对授权工作完成情况的最终责任，还是由授权的管理者来负担。这意味着，管理者不仅要为自己的行动负责，而且要为自己下属的行动负责。管理者不能将授权作为逃避责任的手段。

如果授权被有效运用，它就会带来一些明显的好处。有效的授权充分利用了管理者及其下属的精力和能力。它可以让管理者完成远远超过其个人能力的任务。管理者还可以通过把自己的职责授予他人来节省自己最稀缺的资源（时间）。然后，管理者可以将精力投入更重要、更有价值的活动中，如战略规划、设定目标及监督执行情况等。授权还有助于培养高效的下属，授权相当于在职培训机会，使下属有机会承担更重要的工作、发展新的技能、证明自己有承担更大职责的能力。

为了实现授权的上述益处，授权涉及的职责和职权都要足够明确。授权时，必须使下级理解职责性质及所要求达到的结果，明确自己拥有的职权和责任。模糊的授权会使下级无所适从，一旦出现问题便停下来请示上级，使得授权失去意义。另外，也有些任务不适合授权，如惩戒下属的违规行为或进行绩效评估。但管理者在这方面往往授权过少，而非授权过多。

在具体的管理工作中，授权过程可分解为以下 3 个步骤：

（1）分派职责。这是指上级对下级分配任务和相应的义务。例如，人事部经理将招聘工厂技术人员的任务交给下属员工。

（2）委任职权。上级授予下级相应的权力，使之可以运用原本不可运用的权力，以完成上级赋予的任务。就拿上一个例子来说，该经理允许该员工带领一个小组开展招聘工作，允许他读取有关资料等。

（3）建立责任。下级在正确行使权力和履行职责上要对上级负责。还是拿上一个例子来说，那位被授予职权和职责的下属员工应该按要求完成指派的任务，并及时向人事部经理汇报任务的执行情况与执行结果。

总之，授权是一门艺术，管理者需要根据任务预期的结果来确定目标、职责；要根据所完成的任务选择合适的人选进行授权;要敢于授权,善于授权;要使下级有信心接受下放的职权;同时要信任下级,允许下级犯错误;要知道如何为确保职权恰当地使用控制方法,防止下级滥用职权;要既会适时授权,又会适时收权。

(四) 集权与分权

责任和职权在组织中的分配方式,是集权与分权关注的对象。集权是指组织结构中把决策的权力集中在较高层次的管理部门,分权则是将决策的权力分散到较低层次的各部门。组织中不存在绝对的集权(一个人大权独揽),也不存在绝对的分权(所有权力下放,没有管理者)。集权和分权是指权力分配的两种相对倾向(见图 8-3)。

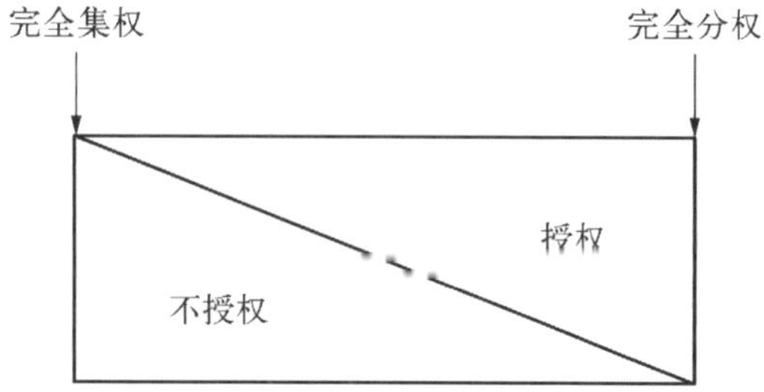

图 8-3　集权与分权

在一个集权的组织中,通常由高层管理者做出重要决定;在一个分权的组织中,更多的决定是在基层做出。在理想的情况下,决策应该由受影响最直接、对问题最了解的层级制定。在商业环境瞬息万变、必须快速有效做出决策的情况下,这一点特别重要。基于这些方面的权衡,当部门有不同的优先级或相互冲突的目标时,集权组织可能是有价值的,因为此时需要高层管理者的协调和资源统一配置。研究人员模拟组织探索新思路的场景时发现,在较低层面开展新思路探索时,分权组织的表现最差,因为各部门只会通过对自己有利的方案。

有时,组织会根据面临的不同挑战而改变它们的集权程度。企业面对经营困难时,高级管理者往往会将权力集中;而在利润快速增长时,决策则被推向指挥链的底层。如今,管理者更倾向于把决策权下移到行动点。直接涉及问题和机遇的层级掌握着与决策高度相关的信息,并能最好地预见决策产生的后果,同时,分权的做法也可以让员工及时采取行动。

(五) 直线与职能

随着组织的成长和发展,组织经营过程的复杂性不断提升,专业化分工日益细化,组织由诸多具体的单位或部门组成。这些部门可以分为直线和职能两类,其中,直线(Line)部门是指对组织目标的实现做出直接贡献的部门。直线部门直接处理该公司的主要商品或服务,负责制造、销售或为顾客提供服务。例如,在汽车制造企业,直线部门包括产品设计、制造、装配、分销及类似的部门。部门经理在组织中通常有较大的权力。他们需要制定重大的经营决策,也要对自己决策的最终结果负责。

支持(Staff)部门是指支持直线部门并为后者提供专门或专业技能服务的业务单元。支持部门包括研发、法律、会计、人力资源、公共关系、行政等部门。管理学家孔茨将支持部门及其人员分为 4 类:(1) 顾问性质,如企业聘用的法律、税务咨询专家;(2) 服务性质,如采购部门;(3) 协调性质,如计划部门;(4) 控制性质,如财务部门。也因此,其中一些支持部门被赋予很大的权力,比如会计或财务部门有权批准和监控预算。

除了在部门层面上应用直线与职能的区分,孔茨指出,还可以使用职权关系来划分管理者拥有的直线职权和职能职权。直线职权是指管理者具有的直接指挥下属工作的职权。例如,采购部门被看成职能部门,但采购部门的经理拥有直线职权(采购部经理与下属之间是命令与服从的关系)。在图 8-4 中,直线职权是沿着指挥链从组织最高层依次延伸到最基层的管理者-员工职权关系。作为指挥链中的连接环节,拥有直线职权的直线管理者有权指挥下属员工的工作,并在无须与任何人商议的情况下做出某些特定决策。

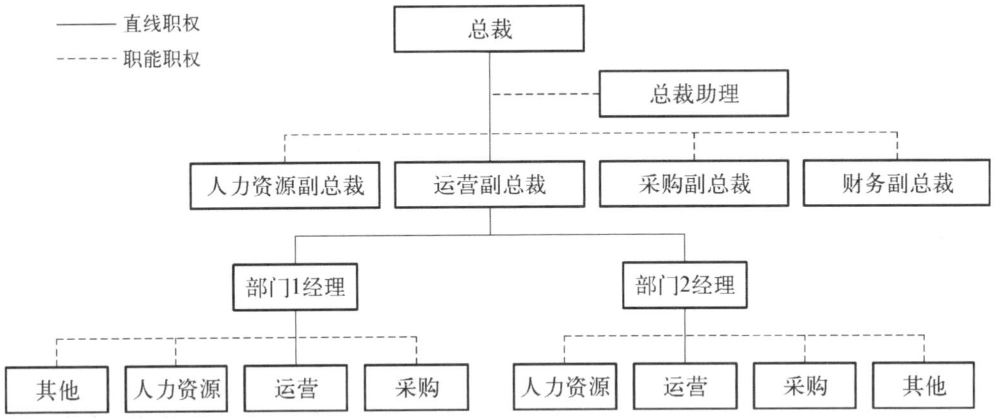

图 8-4　直线职权与职能职权

与直线职权相对，职能职权是指委派给个人或部门的，对特定的过程、做法及其他非本部门人员的活动提供支持、咨询和建议的职权。职能职权的设计，是为了应对组织规模扩大、复杂化而给直线管理者带来的巨大信息负担和专业技能要求。例如，在图 8-4 中，运营副总裁无法参与与提供产品服务有关的全部经营活动，需要人力、财务、采购等职能管理者为其提供支持。一般来说，职能职权通常由职能部门负责人来行使。

职能部门的职权通常是有范围限制的。权力一般限于“如何办”的方法问题，很少规定何时办或由谁办等具体问题。例如，人力资源部经理参加其他部门关于工资与薪金方案的改革、技术部门参与工艺规程的修改等。

职能职权的广泛采用会使职权关系变得复杂。以图 8-5 为例，产品分公司经理除了有一个直线上级之外，可能还有好几个职能主管（销售副总裁、财务副总裁等）。当他收到来自不同方向职能职权的约束时（特别是当这些指令相互矛盾时），他将感到无所适从，解决这个问题的办法便是维护一定程度的统一指挥，即将职能职权的行使控制在一定层级范围内。在图 8-5 中，财务副总裁的职能职权不能超出产品分公司经理这一层次，以利于直线主管人员的统一指挥。

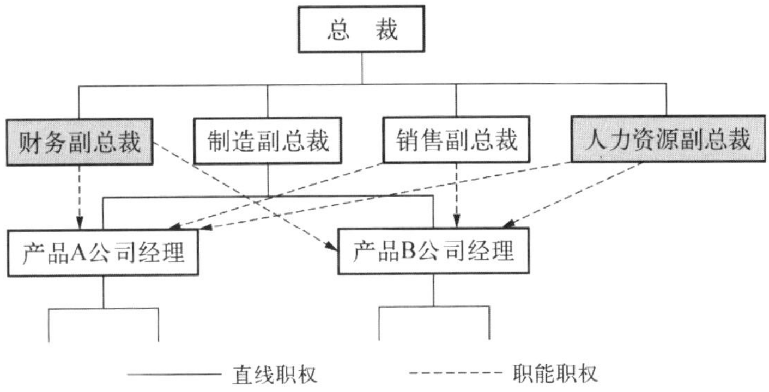

图 8-5　职能职权

（六）管理幅度与组织层次

管理幅度（Span of Control）是指直接向一名管理者汇报的下属人数。管理幅度的差异会直接影响组织结构的形态。管理幅度较大，则组织层次相对较少，结构相对扁平；管理幅度较小则组织层级较多,结构相对高长。也因此,管理幅度的大小会影响组织内指挥命令链的长度和内部沟通的有效性。

管理幅度的大小确定,需要考虑多个因素。一般而言,高层管理者由于要处理大量复杂问题,管理幅度应小一些,基层管理者的管理幅度则可以大一些。林德尔·厄威克(Lyndall F. Urwick)提出"注意力跨度"理论。他认为,一个人的"注意力跨度——能同时给予注意的事项数目——是有限的"。因此,"没有一个管理者能直接有效地管理超过5个或者至多6个工作互相连锁的下属"。厄威克同时建议:"对所有上级主管者来说,理想的下级人数……是4人,而在组织最底层,赋予他们的责任是完成具体任务而不是管理他人,这个人数可以是8~11人。"

法国早期管理学家格兰丘纳斯(V. A. Graicunas)认为,要建立一个适当的管理幅度,必须考虑管理者与下属间可能存在的复杂人际关系。当管理幅度以数学级数增加时,管理者与下属间的潜在关系数将以几何级数增加。他把员工之间的关系分为3种类型:

(1) 直接关系:上下级之间存在一对一的关系。

(2) 交叉关系:下属人员彼此间的关系。

(3) 组合关系:上级与下属群体的各种可能组合关系。

为此,格兰丘纳斯提出了一个公式来计算所有潜在人际关系的数字。公式如下:

$$I = N(2^N/2 + N - 1)$$

式中:I 为各种可能存在的人际关系总数;N 为管理幅度。

根据上述公式,我们可以得到一张关系表,如表8-1所示。

表8-1 管理幅度与可能存在的人际关系总数的比较

N	1	2	3	4	5	6	7	8	9	10	…
I	1	6	18	44	100	222	490	1 080	2 376	5 210	…

由格兰丘纳斯公式,我们可以计算,如果一个管理者有10个下属,那么上下级的所有潜在关系将有5 210种之多。尽管这么多的关系影响有大有小,也不可能在同一时段出现,但是,管理者在确定管理幅度时不得不考虑这种关系的复杂性(见表8-2)。

表8-2 决定有效管理幅度的因素

适合窄幅度	适合宽幅度
1. 工作复杂,标准化程度低	1. 工作简单,标准化程度高
2. 上下级之间沟通效果差	2. 上下级之间可以进行有效的沟通与联系
3. 计划、目标不明确	3. 计划、目标明确
4. 很少或没有培训	4. 下属获得充分培训
5. 内外部环境急剧变化	5. 内外部环境稳定
6. 下属人员分散各处	6. 下属人员工作地集中

续　表

适合窄幅度	适合宽幅度
7. 管理者能力差	7. 管理者能力强
8. 不善于授权	8. 善于授权

在组织人员规模一定的情况下，管理幅度决定了组织层次的多少。组织层次是指组织内部纵向管理系统划分的等级数。层次和幅度是此消彼长的，在组织总人数不变的情况下，管理幅度宽，则组织层次少；反之，管理幅度窄，则组织层次多（见图 8－6）。由于管理幅度的不同，组织层次也相应形成两种类型的结构：高长式（窄幅度）组织结构和扁平式（宽幅度）组织结构，它们的关系以及优缺点如图 8－7 所示。

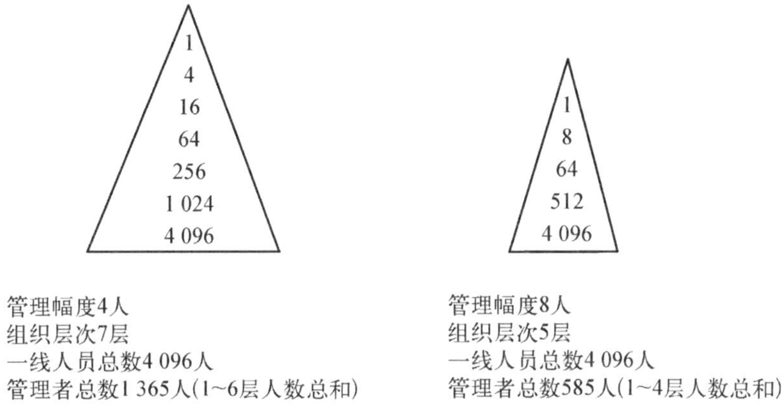

图 8－6　组织层次与管理幅度的关系

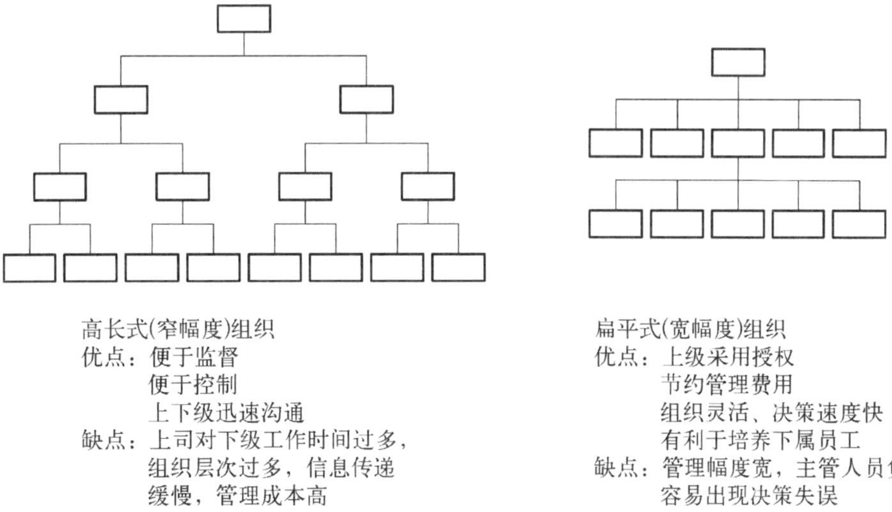

图 8－7　高长式组织与扁平式组织的关系与优缺点

目前的组织结构重组往往表现为从高长式组织转向扁平式组织，减少中间管理层、降低管理费用和沟通决策障碍。但管理幅度的增大需要企业管理活动能满足以下要求：(1) 职位界定清晰明确;(2) 员工训练有素并能获得充分的信息和资源支持;(3) 管理者业务能力强,且有意愿为下属提供专业指导;(4) 工作成果可观察或有明确的绩效衡量标准;(5) 员工期望获得授权,有高度的意愿自主完成工作。

(七) 部门化

部门化(Departmentalization)是将组织中的工作活动按一定的逻辑安排,归并为若干个管理单位或部门。部门的划分可以依据工作职能、提供的产品或服务、顾客要求、地区分布,或者生产流程等进行。具体采用何种方式划分部门,总体原则是应有利于组织和单个部门的目标实现。

1. 按职能划分部门(职能部门化)

按职能划分部门是最常见的一种划分方法,它是将职能类似的活动归在一个部门。例如,一家制造企业的总经理可以把该企业分成工程部、财务部、制造部、人力资源部以及采购部等。一般而言,按职能划分的方法适用于所有组织,而且从部门的功能变化中可以看出组织目标的变化。例如,一家医院可能划分成研究部、护理部、住院部、门诊部等。当该医院决定其目标不仅是救死扶伤,而且要起到预防疾病、进行健康宣传的作用时,那么很有可能该医院将增设一个部门:保健部(见图 8-8)。

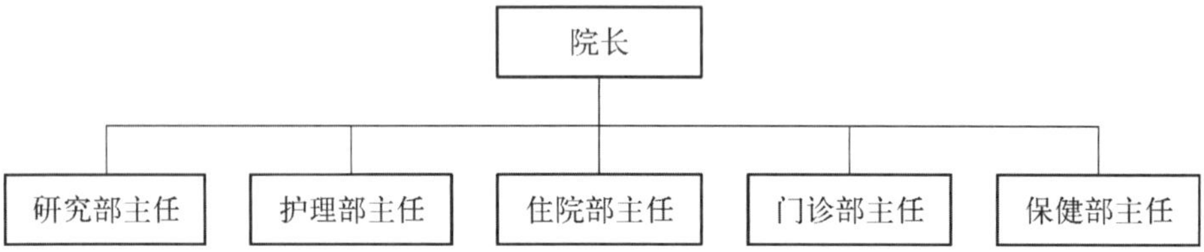

图 8-8 职能部门化组织

按职能划分部门有明显的优点:(1) 有利于同类技术人员之间的沟通协作,减少摩擦,提高效率;(2) 部门管理者只需熟悉相对较窄的技术职能,降低管理难度;(3) 符合专业化原则,将同类专业人员放在同一部门有利于共享专业资源;(4) 减少员工培训的工作量;(5) 确保高层管理者的权力和威望。

但当组织规模扩大后,职能部门化又可能带来一些不利的影响:(1) 职能部门繁多,决策变得缓慢以及官僚主义严重;(2) 各部门管理层出现本位主义,只考虑局部利益,从而影响企业总体目标的实现;(3) 不同部门内的类似职能会造成管理上的混乱;(4) 对环境变化的适应性差;(5) 不利于培养综合性管理人才。

2. 按产品划分部门(产品部门化)

产品部门化是按产品或产品大类的活动来划分部门。该部门的所有活动都围绕这个产品类别进行。例如,上汽集团就按其产品及品牌划分其下属的整车企业:乘用车分公司、上汽大通、上汽大众、上汽通用、上汽通用五菱、南京依维柯、上汽红岩、上海申沃等。图 8-9 是按产品划分部门的企业组织结构图的简要图示。

产品部门化的优点:(1) 有利于提高决策速度和有效性;(2) 可以使管理者综合考虑一个产品类别的生产经营;(3) 责任明确,各类产品的经营管理绩效易于评估。

产品部门化也存在缺点:(1) 部门管理者可能只注重特定产品类别的短期发展,忽视对其长远的技术投入,也对组织整体的发展漠不关心;(2) 每个部门都有自己的财务、营销、采购、研发等专业人员,造成资源浪费,管理成本上升。

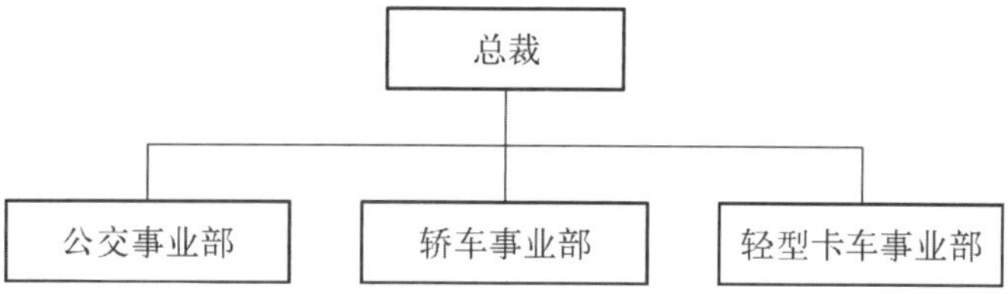

图 8-9 产品部门化组织

3. 按地区划分部门(地区部门化)

地区部门化是指按照组织活动的不同地区划分部门,特别是当一家企业朝国际化战略发展或扩大销售区域后,在总部的高层管理者就不可能对不同地区的分公司、子公司业务都事必躬亲,而必须将权力下放,成立地区部门,由部门管理者全权负责该地区的事务(见图 8-10)。

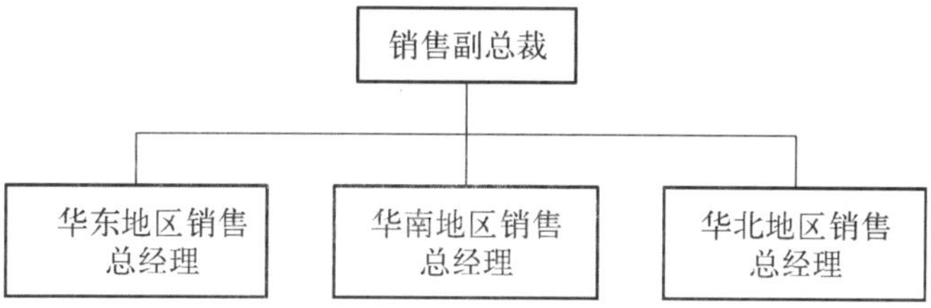

图 8-10 地区部门化组织

地区部门化的优点:(1) 高层管理者将权力下放,使自己可以集中精力研究公司总体战略;(2) 地区事业部门管理者更了解当地情况,对本地区环境变化的反应更迅速;(3) 有利于培养高级管理人才。

地区部门化的缺点:(1) 管理成本较高,每个地区部门都是一家完整意义上的公司,资源的利用效率不高;(2) 地区部门经理可能只关注本地区发展,发挥空间有限;(3) 权力过于分散,不利于总部高层管理者的有效协调与控制。

4. 按用户划分部门(用户部门化)

以用户为对象,根据用户的不同需求(不同类型的用户)设立相应的部门,这就是用户部门化。例如,企业可能根据服务客户的不同,将业务划分为零售服务部、批发服务部和政府机构服务部(见图 8-11);同样,百货公司的服装销售业务则可能按消费人群,分别设立童装部、男装部和女装部。

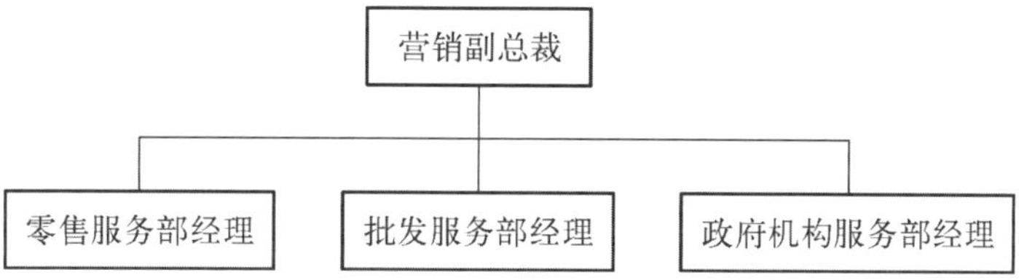

图 8-11 用户部门化组织

在当今竞争环境中,用户部门化受到广泛重视,它的优点:(1) 使企业更好地做到以顾客为中心,能更快掌握特定顾客群的需求变化,并提供优质服务;(2) 有利于顾客对企业产品的了解,使其可以方便地选择产品。

用户部门化的缺点主要是按用户分类有难度,且容易造成忽视或放弃某一部分用户。

5. 按流程划分部门的方法(流程部门化)

流程部门化是指根据生产或服务的流程划分部门。例如,在某工业设备制造厂中设立冲压车间、焊接车间、电镀车间等(见图 8-12)。

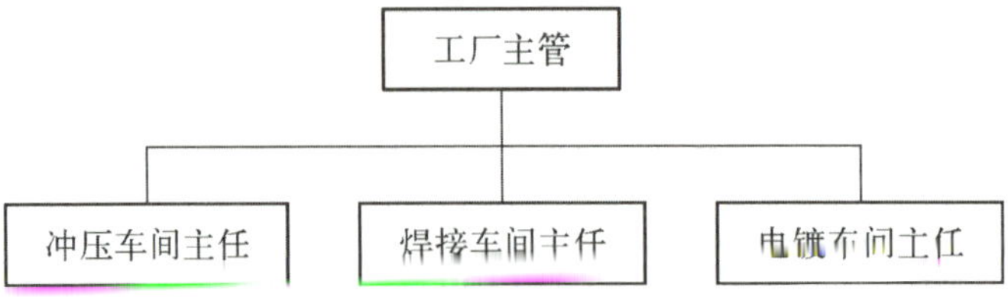

图 8-12 流程部门化组织

流程部门化的优点:(1) 充分利用专业技术与技能带来的经济性;(2) 简化培训,员工只需掌握某一环节的技能。

流程部门化的缺点:(1) 部门间的协作要求高,如果上一步骤未完成或出现问题,下一步骤则难以进行;(2) 只有最高层管理者对利润负责,各部门忽视整体,只注重某一细节;(3) 不利于培养综合管理者。

部门化的类型很多,以上介绍的只是 5 种常见的类型,除此之外还有按时间、人数、项目等划分部门,这里不一一赘述。另外,要指出的是,绝大多数大型组织在不同的组织层次上有不同的部门划分方法。例如,一家大型制造企业按职能划分成若干部门。其中,制造部门按其制造的程序划分子部门;营销部门按地区划分子部门,各个部门再按用户类型划分部门(见图 8-13)。

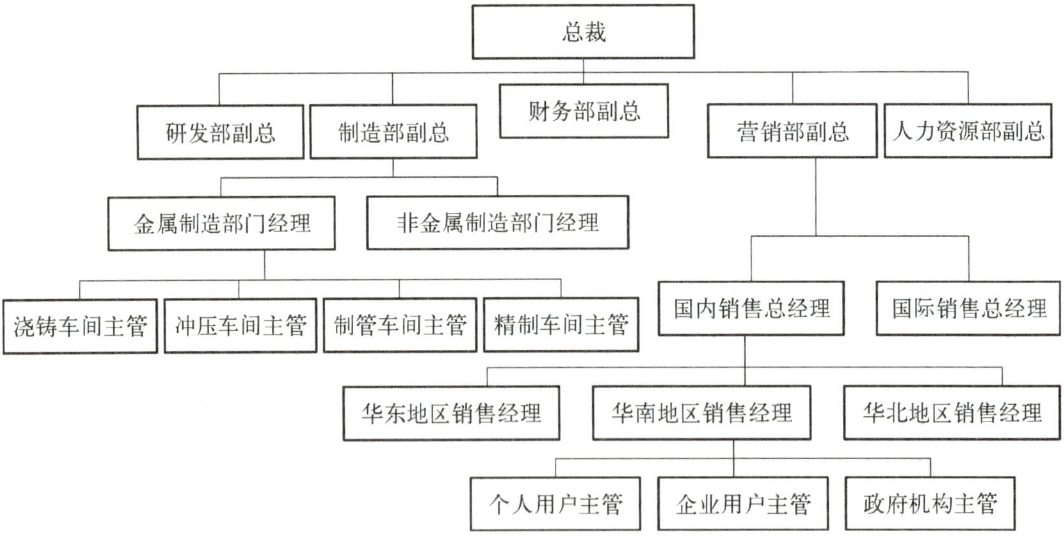

图 8-13 多种形式的部门化

如今的市场环境复杂而多变,一个组织面临的任务也日趋复杂,需要多样的技术协助完成,因此管理者越来越多地以工作团队取代日益僵化的部门化小组。工作团队可以根据环境的变化灵活组织必需的技术人员,出色地完成每一项任务。

二、组织结构的基本形式

基于以上对组织结构设计的思考,对组织内部职权分布、组织层级划分及专业化分工的安排,可以发现常见的6种组织结构形式,它们分别有各自的适用范围与优缺点。

(一) 直线制组织结构

直线制组织结构又称简单结构(Simple Structure),在一个组织中,从最高层领导到基层一线人员,通过一条纵向的直接指挥链连接起来,上下级之间的关系是直线关系,即命令与服从关系。在组织内部不设职能部门。直线结构的组织方式使得管理者的任务比较繁重,重大决策权都集中于高层管理者。

直线制组织结构的优点:(1) 组织关系简明,便于统一指挥;(2) 组织中成员的目标明确,责权明晰,易于评价员工的业绩;(3) 组织灵活,易于适应环境的变化;(4) 管理成本低。但直线制组织结构也有明显的局限:(1) 随着组织规模的扩大,高层管理者管理幅度过宽,易出现决策失误;(2) 权力过分集中,易造成滥用职权;另外,掌权者突然离去将会给组织造成重大打击。

直线制组织结构适用于以下条件:(1) 雇员人数很少;(2) 组织刚刚设立不久,规模较小,且分布集中;(3) 组织面临的环境简单多变。

(二) 直线职能制组织结构

直线职能制组织结构就是把从事相似或相关职位的专业人员组合在一起的一种组织设计,可以视为职能部门化在整家企业中的应用。由于组织规模的扩大,管理工作日益复杂,管理者无法承担所有工作,需要配备一些专业人员充当顾问,协助其管理。这些由专业人员组成的部门称为职能部门,他们充当参谋的角色。职能部门权力有限,不能直接指挥其他部门,只能提供服务和帮助、提出意见和建议(见图8-14,其中的阴影部分为职能部门)。

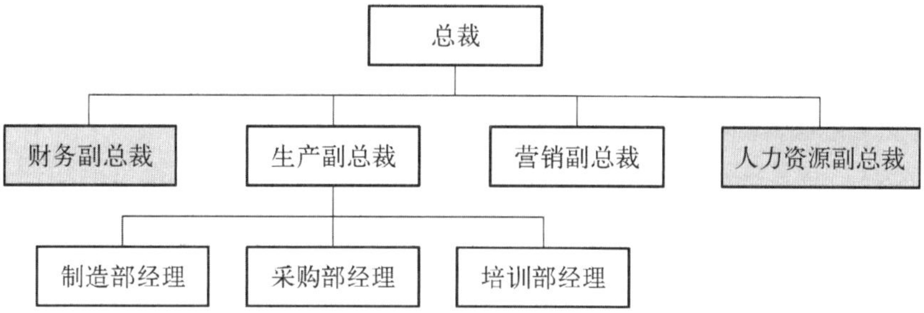

图8-14 直线职能制组织结构

在直线职能制组织结构中,中层管理者的作用开始显露,高层管理者得以集中精力致力于组织总体战略的决策与控制。

直线职能制组织结构的主要优点:可以高效率地从事标准化、专业化活动。由于管理者配备了专业技术人员的协助,由他们开展生产活动的标准化工作有助于实现规模效应。直线职能制组织结构的主要缺点:各部门只关心自己的目标,强调自己部门工作效率的提高,缺乏与其他部门的沟通,并且有时直线部门与职能部门之间也会发生冲突。

绝大多数从事标准化生产的制造企业采用这种组织结构。在稳定的环境下,该组织结构有利于充分发挥生产的高效率。

(三) 事业部制组织结构

事业部制组织结构是一种由相对独立运营的事业部或业务单元组成的组织设计。公司总部只对公司总体战略做出决策,决定资源在各事业部的分配方案;各事业部则拥有完整的发展战略及运营决策自主权。在公司总部的总体战略框架内,分部可以采取任何他们认为有效的方式进行管理。事实上,每一个分部相当于一家较完整意义上的“小公司”,这些“小公司”内部一般采取直线职能制组织结构(见图 8－15,其中阴影部分表示职能部门)。

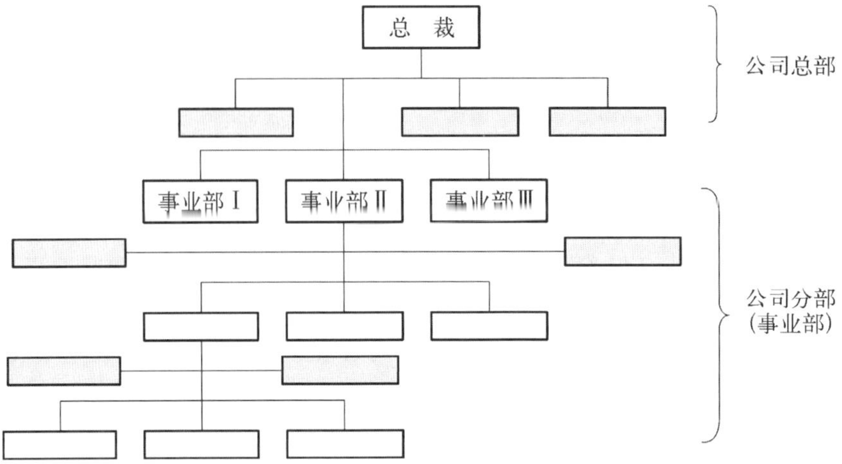

图 8－15 事业部制组织结构

事业部制组织结构的优点:(1) 事业部管理者承担关于特定产品或服务的全部责任;(2) 总部可以集中精力考虑企业未来长期的发展战略;(3) 是培养高级管理人才的有效形式。事业部制组织结构的缺点:(1) 管理费用高。每个事业部相对独立,其设置的各项重复职能(如每个事业部重复设置研发机构、财务部门等)使资源使用上出现浪费。(2) 各分部之间缺乏有效沟通,难以协调目标。事业部制组织结构常见于采用多样化战略、国际化战略的大型组织,该类组织的产品或服务分散在各个市场,且规模较大。

(四) 矩阵组织结构

矩阵组织结构是指在垂直领导系统基础上,又加上横向规划目标领导系统,形成纵横交叉的双重指挥链的一种组织结构形式。矩阵组织结构采用双重指挥链,打破了统一指挥这一古典组织原理。一方面,专业分工带来了部门化的发展,出现了部门经理;另一方面,根据项目的具体要求,设置了项目经理。项目经理对某一特定项目、计划负责。这样,下属员工既接受部门管理者的领导,又接受项目经理的领导。图 8－16 是某大型生产企业简化后的矩阵组织结

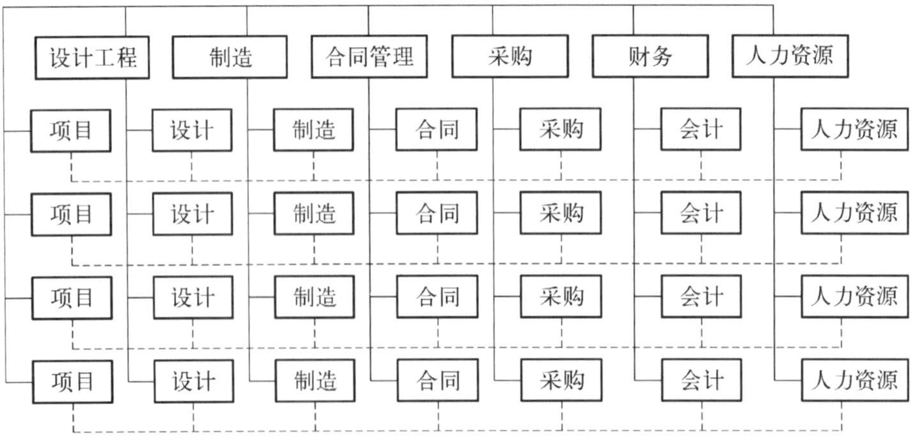

图 8－16 某大型生产企业的矩阵组织结构

构图。结构图最上面一行是设计工程、制造、合同管理、采购、财务、人力资源等职能部门；在这个结构的纵向领域中添加了该企业目前正在进行的各种项目，每一个项目由一名经理负责，他根据该项目的要求从各职能部门中抽调人员组成一个项目小组。因此，这种组织结构实际上是将职能部门化与项目（产品）部门化两种因素交织在一起的一种组织结构形式。

在矩阵组织结构中，一个员工面对两个上级，此时如何运作呢？仍以图 8 - 16 为例，在采购部门中，从事项目的采购专业人员既对采购部经理负责，又对项目经理负责。项目经理拥有指挥项目小组所有成员的权力，而诸如晋升、工资报酬、个人评价等事宜仍由职能部门经理负责。为了使工作更有成效，两位经理必须定期沟通，协调他们对共同属下的指挥。

矩阵组织结构的主要优点是它发挥了职能部门化与项目部门化两方面的优势，避免了缺陷；它促进了专业资源在各项目中的共享；便于一些复杂而独立的项目之间的协调合作，同时保留了将同类职能专家归并一组的优点。

矩阵组织结构的最大缺点在于它放弃了统一指挥，造成一定程度上的混乱，又容易产生权力的争斗。由于项目经理和部门经理之间的关系及权力分配难以在制度上明确规定，只能通过协商确定，而事实上，当一个组织放弃统一指挥原则之后，往往会造成管理者个人野心的膨胀，从而出现为“谁向谁报告”而彼此争斗的混乱局面，因此，是否采用矩阵组织结构，要考虑正反两方面的因素。

（五）网络组织结构

网络组织结构（Network Structure）是一种目前流行的组织设计形式，它可使管理者灵活应对新技术、新环境。所谓网络组织结构，是指一个小的、只具备单一功能的核心组织，通过合作关系（以合同形式）与其他企业展开合作，形成企业集合的组织方式。如图 8 - 17 所示，网络组织描述的不是单个的组织，而是多个组织之间的关系网。网络组织是在设计者、供应商、制造商、分销商和客户之间的灵活安排，在这样的组织网络中，每家企业都能追求自己独特的竞争力，还能同其他网络成员一起进行卓有成效的合作。网络成员常常通过电子设备进行交流和信息共享，以便快速响应客户需求。实际上，组织的正常边界正变得日益模糊，组织内部的管理者同组织外部的成员密切合作。网络作为一个整体可以同时表现出直线职能制组织结构强调的技术专业化、事业部制组织结构强调的市场响应能力，以及矩阵组织结构强调的平衡性和灵活性。

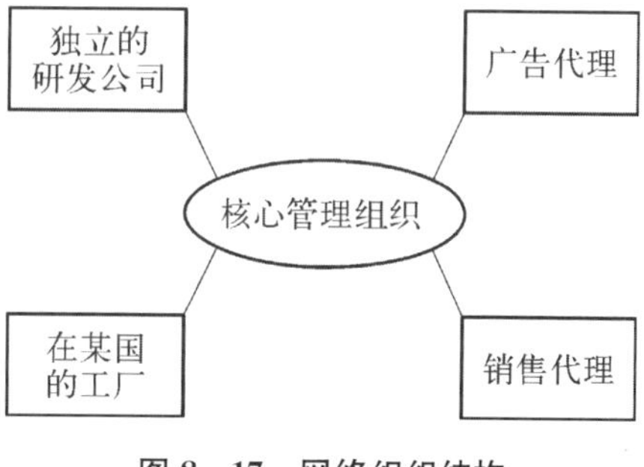

图 8 - 17　网络组织结构

网络组织结构的提出与信息技术的发展高度相关。随着工业社会向信息社会的转变，管理学者们提出，必须建立与信息社会相适应的经济模式，即网络经济。网络经济强调企业之间的联合，进行资源共享，这样，一家企业就不必拥有所有职能，它可以将一部分职能“外包”出去，只保留一些有竞争优势的职能。网络组织管理者的主要任务之一，就是在各地寻求广泛合作和控制。

在网络组织结构中，一种非常灵活的形式便是动态网络，也称为模块化公司或虚拟公司。它是由成员之间临时安排形成，可以组合和重新组合以适应不断变化的竞争环境。网络成员由合同而非层级和权力组织到一起。那些表现不佳的企业，将被从网络中剔除和更换。动态网络的安排在电子、玩具和服装等行业很常见，上述行业都以很快的节奏生产和销售时尚产品。动态网络也适合许多大部分工作可以由专家独立完成的公司。成功的网络组织结构可提供灵活性、创新性、面对威胁和机会时的快速反应,并降低经营时的决策成本。但与传统组织结构相比,网络组织结构缺乏对一些职能部门的有力控制(特别是制造部门)。随着信息技术在企业的广泛运用,网络组织结构日益显示出它的生命力。

(六) 任务小组组织结构

任务小组(Task Force Structure)组织结构是一种临时性的组织结构,其设计目的是完成某一种特定、明确而又复杂的任务。该小组由许多组织单位的人员介入,可以看作临时矩阵的一种简版。任务小组的成员一直服务到目标达到为止。然后,任务小组解散,其成员根据需要转入其他任务小组以完成新的任务,或者回到原来隶属的部门。

任务小组组织结构具有灵活性,在一定程度上独立于母体,特别适用于一些处于动态环境中的企业或者是任务型企业,在产品开发、技术攻关中极为常见,医院的会诊和政府部门现场办公,也可以视为是某种形式的任务小组。

三、组织一体化与协调

本章第一节指出,组织是围绕差异化(专业化分工)和一体化(协调)进行结构化的。前面关于组织结构设计的说明,主要围绕差异化来展开,即如何将组织分解成不同的职能、部门或组织层级。但只关注组织结构的专业化分工,就意味着组织这一系统内的各个部门、职能极可能各行其是,无法形成合力。组织结构设计还需要考虑一体化和协调问题,以促使企业的各个组成部分合作以达成共同目标。通常,组织差异化程度越高,一体化和协调的难度就越大。部门专业化使分属不同群体的管理者和员工向各自选择的方向发展。根据员工所属部门(职能型部门、事业部、直线部门和支持部门等)的不同,他们极可能以各自所在部门的特定立场来思考和行动,而忽略整体目标或其他部门的诉求。

管理者应采取多种方法来确保相互依存的单位和个人协调合作来实现共同的目标。管理者推动一体化的常见方法有标准化协调、计划协调和交互调整协调。

(一) 标准化协调

当组织通过建立不会随时间推移而改变的例行程序和标准作业程序来协调各项活动时,就属于标准化协调。标准化通过规范员工的行为和限制员工的行动来实现各个业务单元的一体化。组织成员往往清楚应该如何行动以及开展互动交流,因为标准作业程序已经明确了他们应该做些什么。为了提高组织的协调性,还需要依靠规范化,即利用内部的规则制度来管理组织中的互动行为。例如,管理者可以规定员工在工作场所如何着装,在接听客户电话时应使用的标准用语,此举将简化员工在工作场所的行为选择,并减少不同部门的成员各行其是的可能性。

但标准化的一个重要假设是相关规则和程序适用于大多数(如果不是全部)情况。因此,这些方法适合相对稳定不变的环境。在某些情况下,当工作环境需要较强的灵活性时,通过标准化方式进行协调可能就不是非常有效。很多人有过这样的经历,反应迟缓的官僚主义的规则和程序让我们无法及时采取行动以解决问题。在此情况下,我们可能将这些规则和程序视为"繁文缛节"和不必要的限制。

(二) 计划协调

除了标准化协调,组织还可能通过给相互依存的部门建立目标和计划表来提供更高的自由度。计划协调不需要像标准化协调那样具有高稳定性和程序化。相互依存的各个部门都可自由修改和调整自己的行为，只要他们能够满足与他人合作所需的期限和目标即可。

（三）交互调整协调

在组织中，最简单灵活的协调方法是让相互依存的各个部门彼此展开交流。交互调整协调包括通过反馈和讨论来共同找出处理问题的方法，并制订各方都认可的解决方案。这在现今的团队中很受欢迎，部分原因在于他们允许较为灵活的协调，团队可以在交互调整的原则下运营。但交互调整的灵活性并非毫无成本。列出每个问题、讨论备选方案、设法在利益可能冲突的情况下达成共识都需要时间。所以，交互调整更适合用于协调不能按照预先设定的规则、程序或计划来解决的新问题。尤其是在规则和程序不适用的危机时期，交互调整可能是最有效的协调方法。

第三节　提高组织的灵活性

一、机械型组织与有机型组织

在本章第二节中，我们着重阐述了不同的组织结构形式及其优缺点。进行组织设计是实现企业目标的一种手段，它包含两方面的内容：(1) 使组织稳定、高效率、可控制地运行；(2) 确保组织在动态变化的环境中有应变能力，以求得长期生存与发展。由此，我们将组织结构归并成两类：机械型组织与有机型组织(见图 8－18)。

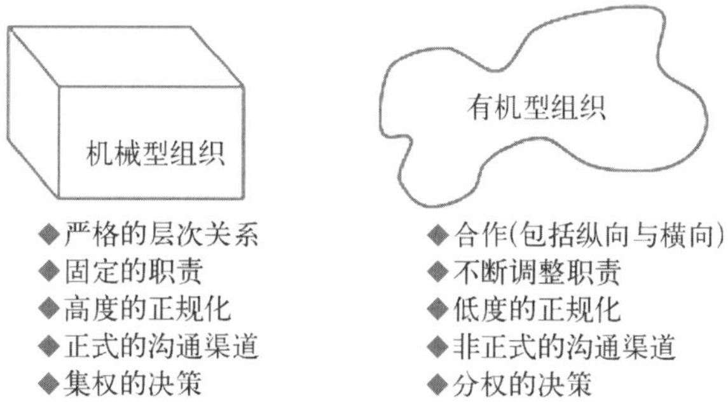

图 8－18　机械型组织与有机型组织

（一）机械型组织

机械型组织也称官僚行政组织，是传统组织设计原理的产物。正如本章第二节所述，随着社会的发展，组织向部门化、专业化方向发展，工作变得越来越简单化、标准化。在统一指挥原理的指导下，组织内部等级制度越来越严格，组织层次增加，管理幅度相对缩小，出现了高长的、非人格化的结构。这种结构使组织的稳定性、高效率达到了相当的水平，但是也导致了组织僵化、反应迟钝的弱点。采用直线职能制组织结构、事业部制组织结构的组织均属于机械型组织。

（二）有机型组织

与机械型组织形成鲜明对照，有机型组织是松散、灵活、具有高度适应性的组织。这种组织的结构向低复杂化、非正规化、分权化方向发展。组织没有高度的标准化程序和严格的规章制度,而是可以根据需要随时做出调整的灵活组织,因为现在的员工大多接受过良好的教育,并经过一定的职业培训,可以随时应变、处理突发问题。取代层级控制的是员工之间的纵向、横向协调沟通,更注重人的创造性,以及人的自我价值的实现。例如,对一个电脑工程师来说,他的上级完全不必规定他必须何时上班、何时下班,哪一天做哪一项任务,这项任务通过哪些步骤完成等,他只需告诉这位工程师在这段时间内他要完成哪一些任务,至于如何做、在哪里做、何时做等细节问题完全由这位工程师决定,上级可以通过正式以及非正式的沟通途径去了解员工的工作进度及状况。采用直线结构、矩阵结构、网络结构以及任务小组的组织就属于有机型组织。

二、提高组织灵活性的途径

组织可以通过有机型组织的结构设计来提高组织面对环境变化的灵活性。除此之外,组织也可通过组织变革和改善内部协作水平来提高组织的灵活性。

(一) 通过组织变革提高组织的灵活性

组织变革将在本书第十四章中提及,但与提高组织的灵活性特别相关的两项管理实践,值得在此处加以简要说明。它们分别是学习型组织与高参与度组织。

1. 学习型组织

高稳定状态的传统组织结构更适合一个相对稳定、更易预测的世界。当今的管理者面对的环境正以空前的速度变化,企业需要采纳有机型的组织结构,同时强化组织的学习和适应力,甚至是使企业整体转向学习型组织。学习型组织(Learning Organization)指的是培养出持续学习、适应和改变能力的组织。在学习型组织中,员工不断获取和分享新知识,并将这些知识应用于决策或他们所从事的工作。一些研究者甚至认为,一个组织学习和应用新知识的能力,可能是其可持续竞争优势的唯一来源。

学习型组织有一些共同的特征:(1) 有机的、网络化的组织;(2) 鼓励员工在不同职能领域及不同组织层级间进行信息共享和相互协作;(3) 鼓励培养员工的自发性和主动性;(4) 使员工能适应各种难以预料的情景,从自身的经验中学习、转换心态,并比以往更快、更广和更深地进行变革。学习型组织离不开组织学习,即管理者致力于提高员工了解和管理组织及其任务环境的意愿和能力,最终达到提升组织绩效水平的目的。也因此,学习型组织应是一个能获得、传播和创造知识的组织,并通过员工行为的调整来反映新知识、新观点。

为了促进组织学习,学习型组织要求结构上和空间上的阻碍最小化,使员工能够以最好的方式一起完成组织的工作,并在这一过程中彼此学习。此外,授权式的工作团队往往也是学习型组织的一个重要组成部分。关于任何需要做的工作或需要解决的问题,由工作团队自行决策。这些获得授权的员工和工作团队几乎不需要“上司”来实施管理和控制,此时管理者的角色将转变为促进者、支持者和倡导者。

2. 高参与度组织

建设高参与度组织也是提高组织的灵活性的一个常见做法,在全球竞争的高科技公司中尤其受到欢迎。参与型管理强调员工和管理者在实现组织目标的工作过程中分享信息和权力,以此激发高度的员工忠诚度和参与度。

在高参与度组织内,管理层要确保公司全体员工已经对公司的奋斗目标达成共识。领导者努力让公司的高层管理团队及基层员工都参与进来。学习小组、任务分队及其他类型的方式都可以被用来鼓励员工参与到组织决策的过程中。对于高参与度组织，还有一个基本要求，就是可以不断地让参与者获得反馈，这可以使他们了解同竞争对手相比他们做得如何，以及他们完成战略议程的有效程度。

从结构上讲，这通常意味着即使是普通员工也可以与客户或供应商有直接的联系，从而获得反馈信息并对产品的交付或服务水平负有一定责任。高参与度组织的组织形式是围绕顾客、产品或服务的扁平化、高度分权的组织结构。当外界环境迅速变化、工作充满创造性、任务复杂而需要合作以及企业在创新和速度上需要有较大突破时，员工参与显得尤其重要。换句话说，当公司需要更灵敏的反应时，员工参与是一个很重要的影响因素。

（二）实现内部协作

组织成员之间的内部协作对于实现组织内部的协调和整合必不可少，优化内部协作也会提高组织的灵活性。常用的实现内部协作的做法有跨职能团队、任务小组和实践社区。其中，任务小组的相关内容见本章第二节。

1. 跨职能团队

由于团队结构比传统部门或者其他永久性的工作小组灵活性更强，对变化的响应速度也更快，因此越来越多的组织采用了基于团队的组织结构。团队具备更强的快速组建、部署、重新聚焦和解散的特点。在工作任务日益复杂、需要多项技能才能完成时，引入跨职能团队有助于明显提高组织的灵活性。

跨职能团队(Cross-Functional Team)是由来自不同职能领域的个体组成的工作团队。跨职能团队的成员聚在一起解决那些对他们各自的职能领域有影响的共同问题。理想状态下，用来分割职能的人为界限将会消失，团队为了实现组织目标而共同努力。一个典型的跨职能产品设计团队可能包括研发人员、工厂的技术人员、销售人员。

2. 实践社区

实践社区(Community of Practice，CoP)也是提高组织的灵活性、改善组织内部知识管理和创新的一种重要管理实践。实践社区是指拥有共同兴趣、面临同类问题或对某个主题怀有同样热情并寻求通过持续互动来增进知识和专业技能的一个群体。实践社区的成员可能来自组织内部的不同职能、层级，也可能来自组织以外。实践社区能够促进知识共享和学习，特别是在社会交互过程中发生的隐性知识共享和学习。实践社区可能是自发形成的非正式群体，也可能是企业主动引导并纳入正式组织结构的一种设计。

社区一旦形成，这些群体就可能在物理环境中会面，比如在咖啡机旁和食堂里；也可能在虚拟环境中聚会，比如在互联网论坛上讨论他们共同关心的问题或实践。实践社区中的互动往往能够激发创新实践，而不是简单地重复日常流程。实践社区非常善于创造出嵌入社交活动的隐性知识，且竞争对手很难复制这种嵌入社交活动的知识创造过程。

管理聚焦 8－2

京东：制胜未来，组织先行

VUCA时代的来临，对企业运营和组织管理方式提出了颠覆性的挑战，零售业也受到了剧烈的冲击。2017年下半年，京东集团提出“第四次零售革命”的理念，并将实现战略定位由“零售商”向“服务全社会的零售基础设施服务商”的转型。为此，京东进行了战略和组织结构的重大转型。京东的组织结构转型是立足于重构和升级整体组织能力、优化京东人力资源管理的“OTC价值主张”[OTC是Organization(组织)、Talent(人才)、Culture(文化)的缩写]的重要组成部分。具体来看，OTC价值主张：基业长青，文化先行；战略落地，人才先行；制胜未来，组织先行。京东集团首席人力资源官隆雨认为，京东过去在文化和人才方面谈得比较多，未来要多关注组织，组织能力是一家企业制胜未来的关键因素。

为了应对持续快速变化的新零售业态，京东认为，未来的组织将打开业务环节之间的强耦合关系，使之成为一个个可拆分、可配置、可组装的插件，就像乐高积木一样，通过对多个可选插件的个性化组合，满足客户不同的偏好和需求。“积木型”嬗变对京东从业务到组织的整体能力提出了颠覆性改变的要求，需要从一体化的“整合”能力向一体化开放的“整合+组合”能力转变。为此，京东致力于建立客户导向的网络组织。

从2016年开始，京东在集团和各业务层面进行了大规模组织诊断，发现很多部门在用户体验(内外部客户)和效率方面有明显的改善空间。2017年初，京东开始了建设“客户导向的网络型组织”的过程。具体来看，京东做了3件事：建立客户导向的平台架构、建立网状评价关系、建立内部任务市场(见图8-19)。

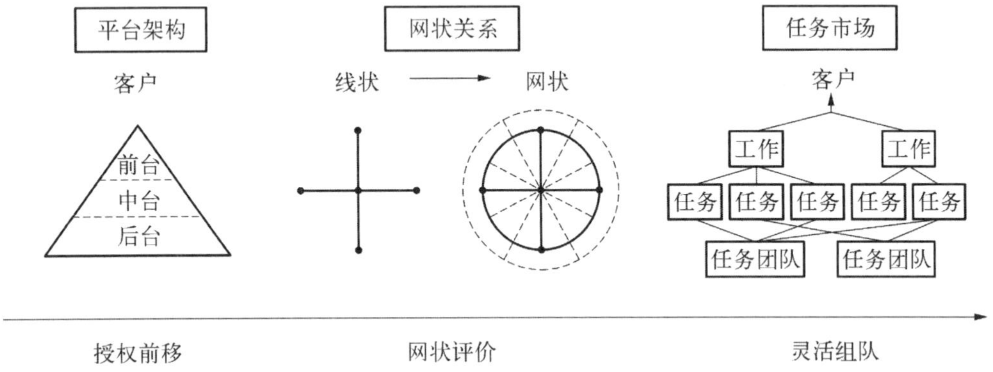

图8-19 京东客户导向的网络型组织

建立客户导向的平台架构。平台架构就是以客户需求为出发点重新梳理和设计内部职能分工，按照前台、中台和后台改革现有组织运作模式。前台职能定位为快速响应和满足客户个性化需求；中台职能定位为通过组件化和模块化，解决共性需求，提炼和输出核心能力；后台职能定位为基础设施建设和共享服务。平台架构的关键成功要素是授权前移，让前台离客户更近的人做决策，“让一线听得见炮火声音的人来决策”。

建立内部任务市场。虽然平台架构可以解决大部分需求实现问题，但仍然存在固有组织边界不可避免的局限性。为了解决内部资源分配的痛点，提高资源使用效率，京东将全公司所有的人才和能力打通，把前台客户需求从一个个工作分解成一个个任务，通过任务管理平台将任务开放给公司内所有人。任务市场的关键成功要素都是灵活组队。员工可以跨越部门界限，在全公司范围内自由组队，以任务团队身份比拼领取并完成任务，获得评价和奖励。为让任务市场更健康地运作，京东在同步搭建任务管理和风险控制机制、内部资源透明化和交易结算机制、人才评价及绩效管理等一系列配套管理机制。

建立网状评价关系。京东鼓励员工参与虚拟组织、加入任务团队，进而将组织内部关系网络从上下级、同事的传统线状关系扩展为网状关系。每个员工都会形成两种网状关系：组织内部的关系网，以及与外部客户、合作伙伴、供应商形成的外部网络。这两张网构成了员工的网状评价关系。网络越密集，说明个体被需要的场景越多。由于很多关系是临时性、阶段性的，因此每个网络都处于动态变化中。网络的密集性和动态变化，使所有关系人对单个员工的评价和反馈信息分散于各处，难以纳入企业的有效管理决策中。所以，保障网状评价关系成功的关键要素是建立配套的"网状评价"信息平台，以实时收集和汇总分析所有网状关系人的评价反馈。京东通过人力资源信息化建设，通过人力资源管理全流程的信息化，从人才评价系统、绩效管理系统、OKR（目标与关键成果）管理系统、项目管理系统等多系统终端实时收集不同关系人的评价信息。

京东的组织结构转型自 2017 年开始推行，在这一变革中遇到的最大挑战是传统管理权威受到影响带来的阻力。管理者是否转变传统的部门管理定势，员工能否适应在不同的虚拟团队之间流动、接受不止一个老板的评价，都需要通过文化塑造和强化。而如何提升个体能力在组织平台上的可见价值，如何提升管理者在新型模式下的管理能力，也对人才能力建设提出了更高的要求。

资料来源：隆雨. 制胜未来，组织先行——VUCA 时代的京东人力资源策略革新[J]. 哈佛商业评论，2018(1)。

第四节　职 位 设 计

组织作为管理的一项基本职能，它的任务不仅包括组织设计、建立合理的组织结构，而且包括为组织内各层次各经营单位设置职位；确定职责范围以及相应的职权；为职位配备合适的人员，明确各层次及单位中管理者的相互关系；建立畅通的信息沟通渠道；根据内外环境变化，适时调整组织；等等。在组织中，人们承担的职位并不是随机确定的，管理者应对职位进行有意识的设计安排，以反映组织现有技术的要求以及工作人员的技术、能力和偏好。只有这样，才能充分发挥员工的潜力。

一、职位设计的概念及内容

职位设计，是指将任务组合起来构成一项完整职位的方式。有些职位是常规性的，其任务是标准化和经常反复的，另一些职位则是非常规性的；有些职位要求变化和多样的技能，另一些只要求特定专业的技能；有些职位限定员工遵循非常严格的程序，另一些则对员工如何做工作给予充分的自由；有些职位以一组员工按团队的方式进行可取得更好的效果，另一些职位让个人单独做可能更好。

职位因任务组合的方式不同而各异，这些不同的组合提供了多种职位设计选择。包括职位专业化、职位轮换、职位扩大化、职位丰富化、工作团队。

（一）职位专业化

在 20 世纪上半叶，职位设计是与劳动分工或职位专业化（Specialization）同一意义的。管理者致力于将组织中的职位设计得尽可能简单。这意味着将职位划分为细小的、专业化的任务。然而,职位可能变得过于专业化。一旦出现这种情况,员工们就开始表现出反感。他们可以通过多种方式表示其沮丧和厌烦,如在工作场所与朋友或家人打电话聊天而不是埋头工作、忽视工作质量等。这样的效率必然低下。

目前,职位专业化原则继续指导着许多职位的设计。例如,生产工人仍然在装配线上从事简单、重复的工作;办公室职员坐在计算机终端前执行标准化的任务;甚至护士、会计人员及其他职业人员也发现,他们的许多任务只是从事狭窄的专业化活动。

(二) 职位轮换

避免职位专业化及其缺陷的一种早期努力,是进行职位轮换(Job Rotation)。这一职位设计方法使工人的活动得以多样化,从而避免产生厌倦。在实践中,有两种类型的职位轮换:纵向的和横向的。纵向轮换指的是升职或降职。但我们一般谈及职位轮换,意味着水平方向上的多样变化。横向的职位轮换可以有计划地予以实施,如制订培训规划,让员工在一个岗位上从事两三个月的工作,然后换到另一个岗位,以此作为培训手段(见图 8-20)。

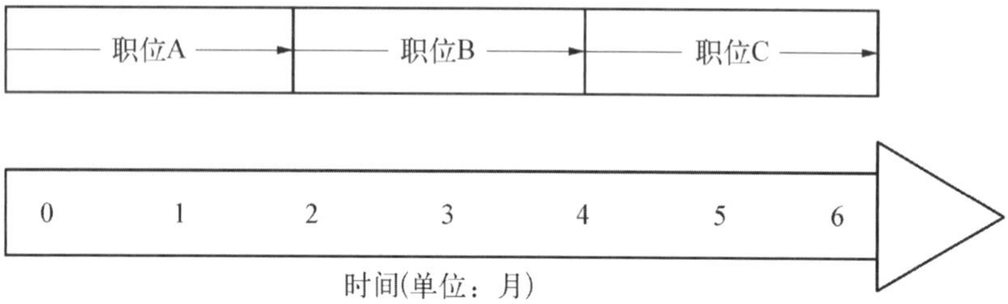

图 8-20 职位轮换

职位轮换的优点:(1) 拓宽员工的工作领域,给予他们更多的工作体验。一个人在取得有效完成其任务所需的技能以后通常容易产生厌倦和单调感,这种感受会随着职位轮换而得到缓解。(2) 更广泛的工作体验使得人们对组织中的其他活动有了更多的了解,从而为人们担任更大责任的职位尤其是高层职位更快做好准备。因为随着一个人组织职位的提高,他需要全面了解错综复杂的、相互关联的活动,而这些技能通过组织内的职位轮换可以更为迅速地取得。

职位轮换也存在缺点:(1) 将员工从先前的职位转入一个新职位,不仅需要增加培训成本,而且会导致生产效率下降,因为工人在先前岗位上的效率性正创造着组织的经济性。范围广泛的轮换规划,可能造成大量的工人被安置在他们经验很有限的工作岗位上。尽管这样的规划有可能带来显著的长期效益,但组织需要有良好的对策处理日常出现的问题,这些问题可能产生于让缺乏经验的员工去完成新的任务,也可能产生于轮换后的经理人员对手头的工作缺乏经验就做出决策。(2) 职位轮换还可能使那些聪明而富有进取心的员工的积极性受到影响,因为这些人喜欢在他们所选定的专业中寻找更大的、更具体的责任。有一些研究表明,非自愿地对员工进行职位轮换,可能导致旷工率和事故率的增加。

(三) 职位扩大化

在推行职位的横向多样化的同时,另一种早期努力是职位扩大化(Job Enlargement)。这一方案使职位中包含的工作任务的边界扩大,也就是增加了一项职位所完成的不同任务的数目,并减少了职位循环的重复频率(见图 8-21)。

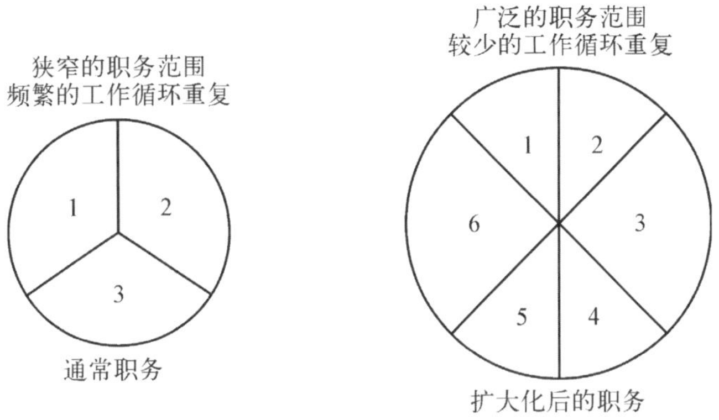

图 8－21　职位扩大化

通过增加一个工人所执行任务的数目，职位扩大化也就提高了工作多样性。以邮件分类职位为例，它不是局限于按单位分发收到的邮件，而可以扩大到包括将邮件运送到各个单位或者用邮资总付计数器在寄出邮件上打戳。

职位扩大化的优点：在避免职位专业化带来的效率低下的同时，增加员工的工作成就感。但职位扩大化努力与取得的结果不尽如人意。如果员工本来就对自己的工作不满意，那么职位扩大化将使其感到更加厌倦。

(四) 职位丰富化

职位丰富化(Job Enrichment)是增加职位的深度，即允许员工对自己的工作有更大的控制力。他们可以做一些以前只能由上司完成的事务，如制订计划和评价自己的工作。在一个职位丰富化的组织中，员工可以更加感受到自由、独立以及责任感。

一般来说，职位丰富化使员工对工作更感兴趣，降低缺勤率。从生产率角度来看，在某些场合，职位丰富化可以提高劳动生产率；但在另一些情况下，职位丰富化使生产率下降。

(五) 工作团队

当合作对于完成一项任务很重要时，围绕小组设计工作(而不是围绕个人)就是合理的做法。这种设计结果就形成了工作团队(Work Team)。约翰・R.肯特仁巴斯(Jone R. Katzenbach)和道格拉斯・K.史密斯(Douglas K. Smith)将团队定义为"由一小群技能互补的成员组成的人群结构，团队成员致力于共同的宗旨、绩效目标和通用方法，并且共同承担责任"。团队理论是 20 世纪 90 年代管理学的热点课题之一，它是组织变革的一大方向。

与传统职能部门相比，工作团队具有以下几点特征：

(1) 每一个工作团队都有明确的目标。

(2) 团队成员具有相互合作、相互沟通的文化氛围，并在交流过程中获得信息和知识。工作团队具有促进成员学习的功能。

(3) 工作团队的跨职能性。工作团队由来自不同部门、具有不同技能与背景且能力互补的成员组成，它不是同一职能承担者的简单集合。

(4) 组织结构上的不同。传统组织采用金字塔式结构，信息沟通是纵向的。工作团队的组织结构则成网状，它强调沟通和协调，不仅有纵向联系，而且包括组织成员间的横向联系和斜向联系，在这样的团队结构中，任何成员发现问题都可以提出合理建议，管理者不独占这些信息。所有的信息在各成员之间交换，发挥了每个成员的积极性和创新性。

二、职位特征模型

以上我们讨论了不同的职位设计类型。那么,我们如何对一个职位进行分析?如何进行合理的职位设计呢?职位特征模型(Job Characteristics Model, JCM)提供了这样一个方法。该模型确定了5种主要的职位特征,分析了它们之间的关系以及对员工生产率、工作动力和满足感的影响,主要包括:

(1) 技能多样性(Skill Variety),是指一个职位要求员工使用多种技术和才能的程度。

(2) 任务同一性(Task Identify),是指一个职位要求员工完成完整的、可明确界定的任务的程度。

(3) 任务重要性(Task Significance),是指一个职位对其他人工作和生活具有实质性影响的程度。

(4) 自主性(Autonomy),是指一个职位给予员工在安排工作进度和决定从事工作所使用的方法上提供的实质性自由、独立和自主的程度。

(5) 反馈(Feedback),是指员工从事某项职位所获得的有关绩效信息的直接和清晰程度。

在这5个职位特征中,前3个特征共同创造出有意义的工作,一个职位如果具备这3个特征,我们就可以预期员工会将他的该职位视为重要的、有价值的和值得做的;"自主性"不仅能使员工根据自身特点与需要合理安排工作、安排时间,而且能使员工对工作结果产生责任感;"反馈"可以使员工知道他所进行的工作的效果如何,以有利于今后的改善。职位特征模型具体如图8-22所示。

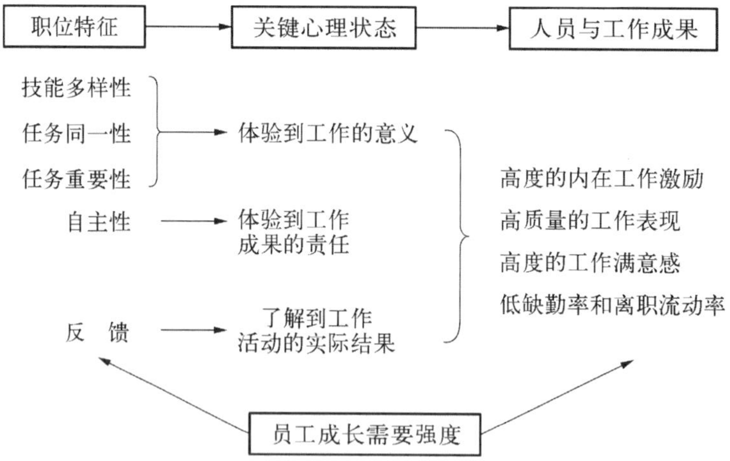

图8-22　职位特征模型

职位特征与所形成的结果之间的联系受到个人成长需要强度(员工对自尊和自我实现的需要强度)的影响。具有高度成长需要的员工,面对职位特征明显的职位,在心理状态上要比只有低度成长需要的员工有更深切的体验,当这种心理状态存在时,高成长需要的员工也能比低成长需要的员工做出更为积极的反应。

本章提要

组织是实现计划与战略目标的保障和依托。随着组织规模的扩大，各组成要素的运作既需要考虑专业化分工，也需要确保相互间的协作。而这一分工与协作的过程，就是创建组织结构的过程。

组织工作作为管理过程中的一项基本职能，关注的主要是正式组织，即为了实现一定的企业目标，有意识形成的组织结构与职务设计，并有明确的组织成员职责与职权划分的实体。与正式组织相对，在企业中还存在非正式组织，即没有明确表达的共同目标和正式的成员间关系的一种群体，他们的活动往往是基于相同的信仰、爱好、价值观或者生活经历。本章论述的主要是正式组织，但管理者也应重视非正式组织的存在。

组织结构受到4个要素的影响：战略、规模、技术和环境。虽然组织结构不存在统一、标准化的最优形式，但组织结构总是可以用3个特征来描述，即复杂化、正规化和集权化。组织结构设计的基本决策是差异化与一体化的平衡。

组织结构设计有几个核心问题：统一命令；职责、职权与责任的对等；授权；集权与分权；直线与职能；管理幅度与组织层次；基于不同方式的部门专门化。对于上述问题的回答，形成了6种常见的组织结构形式，包括直线制、直线职能制、事业部制、矩阵制、网络结构和任务小组。在做出了组织结构差异化的决策后，还需要通过一体化来确保组织系统内各个部门、职能的协调与合作。组织需要通过有机型组织结构设计、组织变革和改善内部协作水平来提高组织的灵活性。

在完成了组织结构设计后，管理者还应对职位进行有意识的设计安排，以反映组织现有技术的要求以及工作人员的技术、能力和偏好，以此充分发挥员工的潜力。职位特征模型为优化职位设计提供了指导。

复习思考题

1. 技术正在快速改变组织内部的沟通方式，未来的组织结构会因此受到何种影响？

2. 一个集权型组织收购另一个实行分权的组织会产生怎样的问题？

3. 请解释差异化与一体化如何影响组织结构设计。

4. 请解释管理幅度如何影响组织结构和管理效率。

5. 当企业使用矩阵结构时，会面临何种挑战？

6. 请描述组织可以使用哪些方式来实现组织结构的一体化。

7. 请选择一个你感兴趣的组织，收集资料并画出它的组织结构图，用本章学会的术语来描述和分析它的合理性。你会愿意在这样的组织中工作吗？为什么？

8. 请简述机械型组织与有机型组织的区别。哪些因素会影响到组织设计中对机械型与有机型组织的取舍？

9. 如何运用职位特征模型来进行职位设计，能更有效地吸引员工？

9

第九章 人力资源管理

全章提要

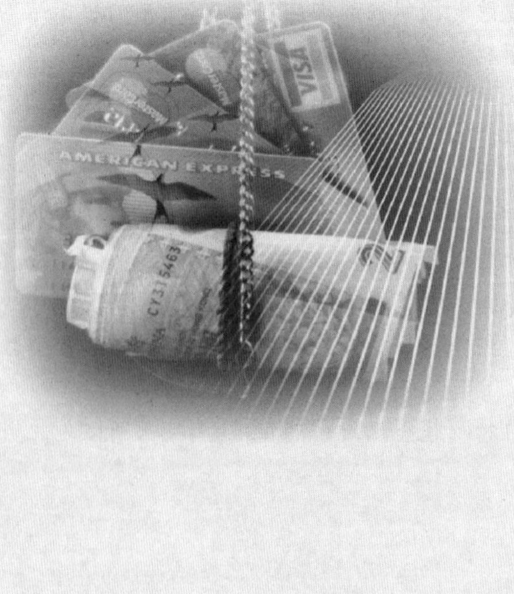

学习目的与要求

1. 理解人力资源管理在组织中的战略角色;
2. 了解人力资源管理系统的5个基本构成要素;
3. 掌握人力资源规划的基本程序及方法;
4. 掌握人员招聘与甄选的基本程序与方法;
5. 掌握员工培训与发展的程序及主要方法;
6. 掌握绩效评估的类型、责任者和反馈的基本原则;
7. 了解薪酬与福利制定的依据和原则。

管理专业术语

Human Resource Management	The systematic management process and practices to influence the competency, attitude, behavior, and performance of the individuals to achieve the organizational objectives.
Human Resource Planning	The process of determining future human resource needs relative to an organization's strategic plan and taking the actions necessary to meet those needs in a timely manner.
Recruiting	The process of finding and attracting job candidates who are qualified to fill job vacancies.
Selection	The process of evaluating and choosing the best qualified candidates from the pool of applicant recruited for the position.
Human Resource Development	The process to ensure that organizational members have the knowledge and skills needed to perform job effectively, take on new responsibilities, and adapt to changing conditions. HRD activities could be divided into two categories: training and development.
Performance Appraisal	A systematic process of evaluating employee job-related achievements, strengths, and weaknesses, as well as determining ways to improve performance.
Compensation	The package of quantifiable rewards an employee receives for his or her labors. Includes three components: base compensation, pay incentives, and indirect compensation/benefits.

任何企业的管理者都不会否定人力资源在企业经营成败中的关键作用。人们在各种场合下听到高管人员声称“员工是本企业最重要的资产”,并将大量金钱用于员工招聘、甄选、培训和激励,以期提高员工队伍的整体素质和激励水平。企业中所有这些管理活动,都应被视为人力资源管理的一部分。具体来看,人力资源管理是组织用于影响员工能力、素质、态度、行为和绩效的各项理念、政策和实践的总称。

人力资源管理包括3个重要思想:(1) 人力资源管理不是由人力资源管理部门独立完成的,它的成功需要直线管理者、人力资源管理者和全体员工的共同参与。(2) 员工被视为企业最重要的财富。为企业带来竞争优势的是员工,而不是机器设备或技术文档。(3) 人力资源管理的核心在于员工、岗位、组织间的有效匹配,即员工价值观与组织文化的匹配、员工能力与岗位要求的匹配,以及员工工作动机与组织激励机制的匹配。为了有效管理和激励员工,管理者需要在熟练运用行为科学知识的基础上,通过有效运用人力资源管理制度和技术,充分发挥其领导力。

第一节 战略性人力资源管理系统

一、人力资源管理的战略角色

无论组织的规模大小,人力资源管理都是至关重要的。今天的人力资源管理活动已经远远超越了简单的考勤、发工资、招工录用等日常行政事务性活动。作为战略的一部分,越来越多的企业通过人力资源战略的规划和实施来寻求可持续的竞争优势。尽管战略往往被看作宏观领域的概念,但组织中实际的战略执行取决于组织所有层面上的个人在微观上做出的大量决策,以及他们执行这些决策的能力。为此,组织的人力资源战略必须诱导出每一组织层次上的支持性选择,并通过吸引、开发、保留和使用核心人才来获得和保持企业的长期竞争优势。

通过人力资源管理获得持续的竞争优势,要求人力资源构成企业核心能力要素。为此,企业的人力资源需要满足5个条件:(1) 价值性,即企业拥有的人力资源有助于其充分利用外部机会和缓解外部威胁,对企业核心能力有明显的贡献。(2) 独特性,即员工所拥有的智力资本由本企业独占,而其他企业不拥有(或暂时无法拥有)。这决定了企业间的异质性和效率差异性。(3) 难以模仿性,即竞争对手短时间内无法通过准确识别、模仿或学习,实现在特定领域的赶超;否则,基于价值性和独特性而形成的竞争优势将在短期内为竞争者学习掌握。(4) 不可替代性,即竞争者无法绕过改善人力资源质量或能力来实施与本企业相同的战略。(5) 组织化,即企业的核心能力不是源于企业拥有的少数关键员工、资源或能力,而是多种人力资源、能力相互整合形成的系统能力。

二、人力资源管理系统的构成要素

为了充分发挥人力资源在组织管理中的战略作用,管理者必须设计人力资源管理系统中的各构成要素,并使这些构成要素之间、与组织架构的其他要素之间以及与组织的战略和目标之间保持匹配关系。完整的人力资源管理系统应包括招聘与甄选、培训与发展、绩效评价与反馈、薪酬与福利以及劳动关系5个构成要素(见图9-1)。

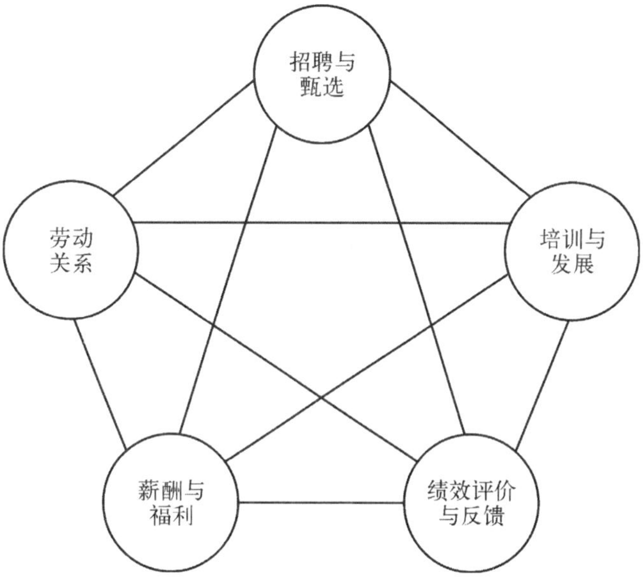

图9-1　人力资源管理系统的构成要素

人力资源管理的重要任务在于实现员工与岗位(组织)间的最佳匹配。为了实现这一匹配,人力资源管理的首个构成要素是员工招聘与甄选。管理者以此吸引和录用那些具备帮助实现组织目标的能力、技能和经验的新员工。例如,华为的目标是保持顶尖技术公司的地位,因此,华为致力于吸引最优秀、最有创造力的专业技术人员,并会对为数众多的高素质应聘者进行严格的面试和考核,只有最优秀的应聘者才会入选。与此同时,应聘者都知道,如果能为华为工作,自己必然能使用最先进的技术,同最优秀的人才共事,从而使自己长期居于行业的最前沿。华为吸引高端人才的能力构成了其经营成功的重要来源。

人力资源管理的第二个构成要素是员工的培训与发展。在员工的招聘与甄选结束后,管理者可以开始着手员工的培训与发展,以确保组织成员掌握必要的技术和能力,使他们能在现在和将来有效地完成工作。技术进步、环境变化及组织目标和战略的改变,都要求组织成员不断学习新的技术和工作方法。在微软,新雇用的程序员都要接受上岗培训,他们组成团队,由经验丰富的老员工充当导师或顾问。这样,新员工可以直接向团队成员学习如何开发程序,以满足客户要求。

人力资源管理的第三个构成要素是绩效评价与反馈,它发挥着两方面的作用:第一,绩效评价为管理者提供了做出各项人力资源管理决策所需的信息。第二,从绩效评价得到的信息可用于组织成员发展的目的。管理者基于绩效评价信息,与下属共同确定其优点、不足和待改进的领域,对于员工的职业成长极有价值。

人力资源管理的第四个构成要素是薪酬与福利。通过奖励高绩效的组织成员,给他们加薪、发奖金,或者提供非物质奖励,管理者可以激励组织中最有价值的人力资源,使他们持续对组织做出高水平的贡献。此外,通过将薪酬与绩效挂钩,组织更有可能吸引和留住高素质员工。

人力资源管理的第五个构成要素是劳动关系。劳动关系是指管理者为了与员工群体建立并保持良好的工作关系而采取的措施。

人力资源管理的每一个构成要素都会对其他要素产生影响。例如,组织通过招聘与甄选所吸引并雇用的人员类型,将会决定:(1) 所需提供的培训与发展的类型;(2) 绩效评价的结果;(3) 合理的薪酬与福利水平。管理者必须确保人力资源管理的 5 个要素相互协调和匹配,以达成整个系统的最优化。下面将分别对上述要素进行阐述,其中劳动关系部分从略。

三、人力资源管理的参与者

人力资源管理活动不应仅仅局限于人力资源管理部门的工作范围,企业的人力资源管理既需要人力资源管理者的专业知识技能,也需要直线管理者及其他员工的共同参与,他们构成了人力资源管理的“铁三角”,缺一不可。直线管理者做出的战略性决策,如兼并收购、重大项目投资等,都会涉及企业人力资源供求状况的重大变化。直线管理者的日常工作更是包含大量的人力资源管理活动,如工作任务安排、下属的绩效评价与反馈、建议加薪、举荐下属以及人员开发等。但出于职能专业化的考虑,在中等以上规模的组织中,都会设立人力资源管理部门,为管理者和员工提供专门的人力资源管理服务。

虽然并不存在一个直线管理者、人力资源管理者和员工的通用分工模式,但常见的做法是,直线管理者就人力资源管理活动做出决策,通过引导员工行为、活动来完成组织的战略目标,并在各项管理活动中关注其决策对人员管理的可能影响;人力资源管理者获得授权,在这一过程中以协助和建议的方式支持直线管理者通过人员管理去实现战略目标;企业员工则通过自我管理、自我发展以配合组织的人员管理活动,并在有限范围内参与企业的人员管理活动。

管理聚焦 9-1

未来世界企业工作组织的 4 种模式

在信息技术、数字化主导的未来世界中,工作者仍将是组织的必要元素,但组织自身的形式将变得更加多样化,传统的固定工作将被新的、灵活雇用的方式逐步替代。一个由人力资源主管们及其他领导者形成的联盟 CHREATE(the Global Consortium to Reimagine HR, Employment Alternatives, Talent, and the Enterprise) 主导的研究,总结了推动组织变革的 5 种基本力量,以描述组织及人力资源管理的走向。该研究提出推动组织变革的 5 种基本力量包括:

1. 社会变革与组织重构

未来组织将变得更加透明灵活,以项目为基础。人才管理将超越传统的等级制度和工作合同,通过人际网络和外部合作促进组织的横向管理、共享领导与集体合作。

2. 包容性全球人才市场

劳动力市场的构成更为多元化,社会政策会更支持不同于传统全职雇用、没有明确界限的工作。人力资源的高度异质性将使组织的职责设计、薪酬和福利更加差异化。

3. 真正彼此连通的世界

工作正变得日益虚拟化,可以发生在任何时间、任何地点。跨界合作与社交网络增强了组织的能力,也重新定义了职业生涯、学习深造以及职场的公平性和吸引力。

4. 技术变革迅猛发展

机器人、无人车、商品化传感器、人工智能以及物联网将对劳动生态系统进行重构,使得灵活、分散、即时的劳动力足以适应快速的业务再造。组织将通过自动化流程应对技术变革，在不确定环境下达到长期目标和灵活性间的平衡。

5. **人机交互协作**

分析、算法、大数据和人工智能在逐渐取代传统工作岗位的同时，在人机协作领域创造了新的工作岗位。

这些发展趋势不会以同等方式和强度影响所有组织。CHREATE 研究根据工作的民主化程度（前 3 项趋势的影响）和技术授权程度（后两项趋势的影响）制作了分析矩阵，说明企业未来工作组织方式的选择（如图 9－2 所示）。

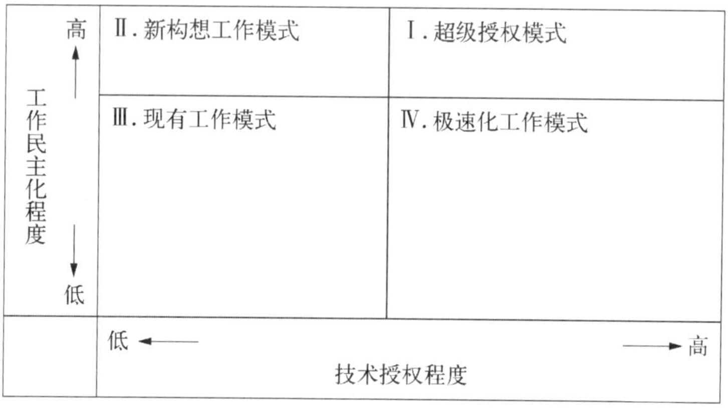

图 9－2　企业未来工作方式的分析矩阵

以上 4 个象限分别描述了 4 类不同的组织，以及它们迥然不同的战略、人才与工作管理策略：

1. **现有工作模式（Ⅲ象限）**

这类工作与今天的大多数工作相同，有着相似的技术联系和工作安排，主要依赖于正规的全日制雇佣关系。这一工作模式意味着统一的办公地点，以物理方式相连接员工和日常工作。比如，与安全设施、无菌空间、石油钻机等相关的技术工作，如果试图通过云计算将员工联结起来，将会产生高昂的费用。政治、规范和社会常态的要求也可能促成这类工作模式的产生。

2. **极速化工作模式（第Ⅳ象限）**

个人移动设备、基于云计算的人力资源管理信息系统等更快、更好、更廉价的技术，将为传统工作关系提供支持。这一象限的工作模式，体现了企业用技术改造人力资源系统和工作关系管理的努力，使传统工作方式自动化。比如呼叫中心，员工可远程办公或在家工作。

3. **新构想工作模式（第Ⅱ象限）**

这一新的就业模式已经发展到平台、项目、特约演出、自由职业者、竞赛、合同工、服役和兼职等形式，一些为零工工作者服务的数字匹配平台就属于这一模式的支持性技术（如 Freelancer、Upwork）。这种工作模式要求企业进行雇用系统的内部创新。比如，将自由职业者、合同工和兼职纳入组织人力资源系统中；运用社交工具对被动求职者进行跟踪和交流或在社交媒体平台上举办创新竞赛，从而改善传统的招聘系统等。

4. 超级授权模式(第Ⅰ象限)

加速进步的技术和更民主的工作安排,将产生新的工作形式。当随需应变的人工智能、极致的个性化与安全、可接入的云数据库被商业化后,这些数据库不会受到任何单一雇主的控制,并为职位和应聘者提供搜索定位,使得同一类的工作和劳动力配对。这个数据库将包括人才的能力、职业资质、招聘条件、工作背景、知识水平、学习资料和福利情况等。IBM 的 Open Talent Marketplace 系统允许招聘经理把工作解构为短周期事件,并发布给组织内部与外部人员。工作者通过平台参与竞标,组队完成工作,跟踪历史进度和工作能力。

视企业面对的外部环境力量的组合不同,企业可能运用不同的工作模式。但更可能的是,一家企业中包含不同的工作模式:生产制造部门可能对应"现有工作模式";供货配送部门可能对应"极速化工作模式";专业技术人员和软件研发部门可能对应"新构想工作模式";创意部门则可能对应"超级授权模式"。工作模式演进的步伐正在加快,企业需要明确自身的价值定位和核心能力,以灵活的方式直面未来的巨大变化。

资料来源:约翰·布德罗.未来,这个世界只有4种工作模型[EB/OL].(2016-08-03)[2022-01-05]. http://www.hbrchina.org/2016-08-03/4403.html。

第二节 招聘与甄选

招聘是管理者为吸引满足空缺职位要求的合格应聘者前来申请工作而进行的全部活动。甄选是管理者判断应聘者的相对资格及在特定岗位上取得良好绩效的潜力的过程。为了提高招聘与甄选的有效性,管理者需要结合组织的人力资源战略与职位体系的特点来开展工作。这就要求在实际开展招聘与甄选之前,先完成两项基本工作,即人力资源规划和职位分析。

一、人力资源规划

人力资源规划是用来预测一个组织在目前和将来对人力资源的需要,以及如何满足这些需要所采取的步骤。它包括对组织未来人员需求和内部供给的预测,并在此基础上明确组织拟采取的行动,以确保在一定的时间和地点,组织均能获得合适数量、结构和质量的员工(如图9-3所示)。人力资源规划将企业的人力资源政策、实践与企业的长期战略联系起来,使企业保持对短期环境变化、企业经营调整等重大事件的灵活应对,并在快速变革的过程中保持相对稳定性,并将变革的范围、速度控制在企业及其员工可以承受的范围内。

作为人力资源规划的一部分,管理者必须对组织的人员需求和供给进行预测。

需求预测是在既定的组织目标和战略下,估计组织所需员工的资格和数量。预测过程的繁简将取决于组织的性质、规模以及预测期的长短。在预测时,应先考虑组织的战略计划以及通常情况下的员工流动率。战略规划确定了组织的方向和所需的人员数量、质量、结构方面的变化;在计划工作中,各类决策会对组织中的人力资源产生不同的影响。例如,决定开发一项新产品或成立一个新部门,就意味着需要增加新的员工和岗位;计划紧缩业务,则会削减工人。如果战略上需要维持现状,则只有在在岗人员离开企业时,才雇用新雇员。

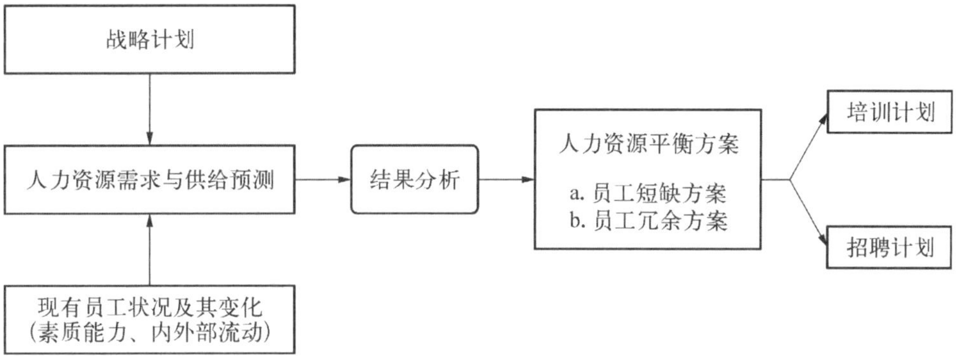

图 9-3　人力资源规划过程

组织还需要进行供给预测，即评估组织现有员工在目前和将来的有效供给(包括质量和数量)，以及外部劳动力市场上合格员工的供应状况，其中的重点是预测组织内部的员工和技能供给。企业通常会进行人力资源储备分析或运用能力档案，以确定组织现有人员的优势与不足，并使其适应未来的需要。比较需求预测结果和人员储备情况，可以了解企业人力资源供求在数量、质量和结构之间的匹配程度。基于这一信息，管理者可以针对员工短缺或冗余，设计不同的方案来弥合人力资源供需之间的缺口。

作为人力资源规划的结果，管理者有时会决定采用外包或其他弹性雇用方式来满足组织对某些人力资源的需要。此时，管理者不是通过雇用正式员工来提供产品或服务，而是与组织外部人员签订合同，或者将工作交给临时工、实习生、兼职工等来完成。这一做法有助于增加管理的灵活性，同时帮助企业节约成本。但其潜在风险是企业对产品和服务质量的控制力下降，同时工作者的组织承诺也低于正式员工。因此，组织应慎重判断在哪些岗位和工作中使用外包。

二、职位分析

职位分析是管理者在进行正式的招聘和甄选工作之前，必须完成的另一项活动。职位分析通过系统收集和分析与职位有关的各种信息，明确职位的定位、目标、工作内容、职责权限、工作关系等项目，进而确定任职者所需具备的资格条件。职位分析包括一系列系统性的步骤：仔细地观察工作任务与工作行为，汇集和查证组织中有关岗位和人员的资料与工作环境条件，并对各类相关要素进行客观、准确的描述。职位分析的成果是职位说明书和职位规范，这些资料应被视为企业劳动合同的有效补充，规定员工在工作过程中应承担的责任、义务及应表现出的工作行为。具体来看，职位说明书具体描述了特定岗位的工作职责、权限、工作标准与要求、工作地点及工作条件等项目；职位规范说明了任职者应具备的智能、知识与技能要求。职位分析为企业吸引、发展和留住员工提供了必需的信息。

三、招聘

在人力资源规划和职位分析的基础上，管理者能清楚地了解组织的人力资源缺口及需要填补的空缺岗位，此时往往就需要开展招聘工作。招聘可以分为内部招聘和外部招聘两种。

(一) 内部招聘

内部招聘，是指企业在出现职位空缺后，通过多种信息渠道向内部员工发布相关职位信息，吸引员工表达工作申请意愿的过程。企业对内部员工的能力、素质、工作业绩及工作兴趣均有较充分的了解,往往发现内部招聘能使内部晋升机会增加、员工士气提高,补充职位的成本较低,员工配置决策失误率较低。在一些人才充裕的大企业,外部招聘仅限于入门级职位,其他职位完全通过内部提升的方法来补充。而对于内部人才供给不足的企业,在出现空缺职位时,也应优先考虑从内部渠道补充。从内部招聘的员工可能是寻求平级调动,也可能是寻求晋升。企业可以使用多种方法向内部员工告知空缺职位信息,包括工作公告与投标、人才储备库等方法。

(二) 外部招聘

外部招聘是指管理者在组织外部寻找潜在员工,包括到大学、人才交流会、专业协会或通过职业介绍所去物色对象,也可通过报纸、专业杂志刊登广告公开招聘。一般来说,下列人员需求应通过外部招聘来满足:(1) 补充初级岗位;(2) 获取现有员工不具备的技术;(3) 获得能够提供新思想并具有不同背景的员工。即使是坚持执行内部晋升制度的企业,也必须从外部补充初级岗位。而处于快速成长期、需要大量专业技术人员的企业,或者业务出现重大调整的企业,都会面临无法完全依赖内部培养人才的问题。根据所需人员素质和工作特性的不同,企业可能使用多种不同的外部招聘渠道,包括广告、职业中介机构、猎头公司、大专院校、求职者自荐和员工引荐等。表 10－1 是内部招聘与外部招聘的优劣势比较。

表 9－1　内部招聘与外部招聘的优劣势比较

渠道	优　　势	劣　　势
内部	奖励高绩效,有利于鼓舞员工士气 组织对候选人的能力有清晰的认识 会产生后续的多个晋升机会 较低的人员获取成本 组织仅从外部招聘入门级员工	会导致“近亲繁殖” 对未获得晋升的人员会产生不利的心理影响 会引发晋升过程中的组织政治行为 需要引入管理开发项目
外部	“新鲜血液”会带来新视角 比起自行培养专业人士,成本低且效率高 降低徇私的可能性 激励老员工保持竞争力,发展技能	录用的员工可能与职位或组织不匹配 可能影响内部候选人的士气 需要更长的适应期或入职培训 决策失败的风险较大

四、甄选过程

组织通过招聘吸引来的求职者,在知识、技能、经验等方面参差不齐,需要运用一定的甄别手段,选出其中最适合的人选。通过员工甄选程序,管理者可以判断求职者是否符合空缺岗位的资格要求,以及是否具备成为一名高绩效员工的潜力。甄选是企业人力资源活动中的重要一环,因为错误的雇用决策会使企业面对高昂的经营成本和潜在的法律风险。研究估计,员工甄选录用决策错误(从录用到解雇的整个期间)产生的成本将是该员工工资的 3～5 倍。

在企业中,不存在适用于所有职位的甄选程序,对于不同的职位,企业采用的甄选方法略有差异。但甄选程序通常包括以下步骤:(1) 审查简历材料和求职申请表;(2) 面试;(3) 人员测评;(4) 核实材料;(5) 体检等。

(一) 审查简历材料和求职申请表

管理者通常会从求职者提交的简历和求职申请表中获取相关的背景信息,以便进行面试前的初次筛选。背景信息可能包括:求职者的最高学历、主修专业、工作经历的年限和类型、外语能力、其他的工作技能和资质、个人工作兴趣和未来的事业目标等。背景信息有助于管理者淘汰缺乏关键资格(如学历、专业、职业资质)的应聘者,确定在合格的应聘者中,哪个人在组织中可能最有发展前途。由于简历材料很容易伪造,因此管理者可以要求应聘者出具相关的证明,以备后期进行证明核查。

(二) 面试

面试是组织最常用的甄选方法之一。一般来说,面试不仅是管理者获得资料的方法,而且是求职者了解有关企业的情况,还是企业向求职者提供建议并吸引求职者的过程。有效的面试应被视为求职者和组织间的沟通过程。

面试通常分为两种：结构化面试和非结构化面试。

在结构化面试中,管理者向每一位应聘者提出相同的标准化问题。最有价值的问题应能使求职者在回答问题的过程中显示其是否具备胜任工作所需的技术和能力。结构化面试有时会以情景面试的方式表现。这种面试通常是向求职者描述一种他们在工作中可能遇到的情景,然后要求他们说明自己如何处理这一情景。例如,应聘项目经理的求职者,可能被要求说明在出现突发性事故、工期延迟的情况下如何处理压力的问题。

非结构化面试的过程更像是一次日常谈话。面试官不是用事先准备好的问题提纲,而可能针对应聘者的资料询问一些试探性的问题,以判断应聘者是否具备特定的能力。一般来说,结构化面试的甄选效果要优于非结构化面试,因为前者获取的信息可用于应聘者间的比较,受管理者偏见影响的可能性较小,在此基础上做出的甄选决策更有效。

管理者可以在甄选过程的各个阶段进行面试。然而,不管什么阶段使用面试,通常都需要结合其他一些甄选工具同时使用。因为面试官可能受到第一印象、成见和其他偏见的影响,做出错误的判断。

(三) 人员测评

人员测评被用于预测求职者能否胜任某项工作。用于人员测评的各类测试工具种类很多,常见的有能力测试、个性测试、知识测试、绩效模拟测试、工作样本测试等。

能力测试评估应聘者是否具备实现工作绩效所必需的技能,如文字理解能力或计算能力。

个性测试被用于测评与工作绩效相关的个性特点和特征。例如,一些企业对应聘者进行心理测试,评价他们的个性是否与特定岗位的要求相匹配。

知识测试评估的是个人在测试发生时已掌握的知识、信息和技能。知识测试常用于对专业技术知识要求较高的职位,如医生、律师、会计师和教师等。

绩效模拟测试衡量应聘者在实际工作中的绩效水平。常见的形式有两种：针对特定技能要求进行的工作样本测试和针对管理职位的评估中心。评估中心是一种更为复杂的绩效模拟测试,它通过一系列的测试、面谈和情境案例来判断求职者是否具有管理潜能。一个典型的评估中心一般包括 10～15 名管理职位候选人,这些人在几天的时间内参与包括无领导小组讨论、公文筐处理、管理竞赛等活动。在这段时间内,测评专家评估他们是否具备作为管理者所需的各种能力——问题解决能力、组织能力、沟通能力及冲突解决能力等。基于上述活动得出的概括性评价,就可用于做出管理者的甄选决策。

工作样本测试,即实地操作应聘岗位的某一部分工作,以事实说明其工作能力,如司机的驾照考试、打字员的打字测验等。在技术性的职业领域内,采用这种测验的方法相当普遍。如果设计得当,并有合理的评估,这就是一种很有实效的方法。

(四) 核实材料

许多组织会对求职者的履历和背景资料进行审查核实,目的是更全面地了解求职者的情况。通过侧面核实有关求职者的信息,可确保求职者的学历、工作经验及其他信息真实无误。通常从求职者的前雇主处了解其经验、表现和人际关系等信息较为有效。

(五) 体检

体检是甄选程序的最后一关。对患有传染病或体能上不适合某类工作的求职者应做筛选,以减少企业未来的管理成本。

关于人员甄选,应当注意的是,最后录取与否的决定权属于直线管理者(或空缺岗位的上级管理者),人力资源部门只应提供功能性的建议及技术层面的服务。

管理聚焦 9-2

VUCA 时代的人才选拔新标准

过去几十年间,在聘用和培养人才上,组织一直强调"能力"。企业通过职位描述来确定待完成的工作职责,进而将对在职者的要求表达为不同的技能,符合这些技能要求的候选人就会被聘用。例如,对高层管理者的候选人要求会包括以下条件:毕业于顶级院校,有业内几家顶尖公司的工作经历,在以往的工作中表现出杰出绩效。但 VUCA 时代的商业环境变化多端且极其复杂:一方面,技术、竞争和政治经济环境的巨变使以往的成功不能再确保未来的成功;另一方面,精英人才的供给相对短缺,基于"能力"的选拔模式不再适用。克劳迪奥·费尔南德斯-阿劳斯(Claudio Fernández - Aráoz)在《人才决胜》一书中指出,对所有组织级别的职位来说,潜力都是能预测候选人能否成功的最重要因素。企业及其领导者必须进入识别人才的全新时代,将对人才的评价标准由智力、经验、能力和以往业绩,转变为潜力。

潜力,是指具有成长为复合型人才和适应复杂多变环境的能力。在 VUCA 的商业环境下,同一个人,目前成功担任某一职务,并不意味着他在新职务上也能成功,因为竞争环境、企业战略、合作对象和团队成员都会发生变化。所以现在的问题不是组织中的员工和领导者是否具备正确的能力和经验,而是他们是否具有学习新能力的潜力。

但鉴别潜力要比能力困难得多。那么,在评估求职者和员工时,如何衡量其潜力呢?克劳迪奥·费尔南德斯-阿劳斯提出了衡量潜力的几个主要指标,具体如下:

(1) 正确的动机,以强烈责任感和极高的热情去追寻一个共同目标。高潜力者不仅有上进心,希望个人能有所建树,而且心存高远集体目标,他们往往愿意承认自己的不足,并努力做到更好。把动机放在首位,不仅因为动机不容易改变,而且因为动机通常是潜意识的流露。

(2) 好奇心强。高潜力人才渴望获得新体验、新知识以及别人的反馈,以开放心态学习和改进。

(3) 有洞见。这是指收集并准确理解新信息的能力。

(4) 参与度高。善于运用感情和逻辑进行沟通,能够说服他人并与他人建立社会联系。

(5) 有决心。面临挑战或在逆境中受挫时,依旧能为目标不懈努力。

那么,如何辨别求职者或员工的潜力?克劳迪奥·费尔南德斯-阿劳斯建议,招聘者或人力资源管理者在甄选过程中,应详细梳理求职者或员工的生活和职业经历。通过深入谈话，讨论其职业经历，做详尽的背景调查，挖掘出候选人的很多故事，进而判断其是否具有或缺乏上述特质。通过收集的事实和具体事例，判断候选人是否有意愿自我提高、喜欢学习，以及能否在失败中吸取教训。此外，还要与了解候选人或员工的经理、同事和直接领导详谈。

企业应鼓励管理者优先考虑有正确的动机、好奇心强、有洞见、参与度高且有决心的候选人，即使他们可能缺乏经验或缺少某方面的能力。研究表明，获得和留住有潜力的人才，是所有领导者或组织获得成功的关键所在。

资料来源：克劳迪奥·费尔南德斯-阿劳斯. 潜力：21世纪英才新标准[J]. 哈佛商业评论，2014(6)。

第三节　培训与发展

员工在工作过程中，需要经常接受某种培训与发展来适应新的工作方法，以保持较高的绩效水平。培训是获得从事某项工作所必需的技能的过程，其目的在于保持和改进员工在当前职位上的工作业绩；而发展则是为提高员工目前和未来从事某项工作的技能的持续教育，更强调素质的提升。管理者和非管理者在培训与发展上的侧重有所不同。对非管理者的培训侧重于他们目前工作中所需的技能，而对管理者的培训则侧重于为将来的工作发展技能，尤其是观念和人际关系方面的技能。

一、培训与发展的一般程序

为确保培训与发展支持组织目标的实现，有必要将系统的观点纳入这一过程。具体来看，系统性的培训与发展包括4个阶段：(1) 需求评估阶段；(2) 项目设计阶段；(3) 项目实施阶段；(4) 项目评价阶段(如图9-4所示)。

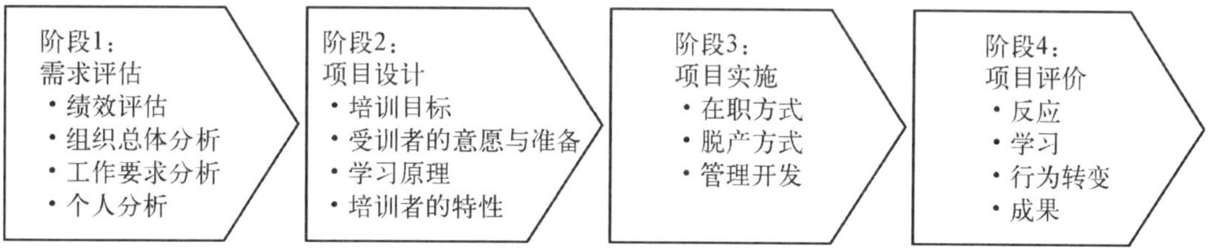

图9-4　培训与发展的一般程序

(一) 阶段1：需求评估

企业在一定时间内能用于培训和发展的资源必定是有限的。如何有效地分配资源，有赖于对组织的培训发展需求进行系统、准确的分析。管理者可以运用以下方法来确定组织中每个员工的培训与发展需求：

(1) 绩效评估。以既定的工作标准或目标为尺度，来衡量每个员工的工作。

(2) 组织总体分析。考察企业环境、战略及所拥有的资源，来决定培训与发展的重点。例如，在发生企业并购之后，员工的工作职责、角色和工作方式都将发生变化，此时就需要组织提供相关的培训与发展项目以支持员工顺利过渡。

(3) 工作要求分析。基于工作规范中规定的知识和技能要求,对在职员工进行测评,将员工的技能和知识缺口列入培训计划。

(4) 个人分析。分析员工当前工作业绩与期望的工作业绩之间的差距,要求其说明在工作中遇到的问题并提出相应的解决措施。个人分析的核心是要找出导致业绩不良的具体原因,从而确定哪些绩效问题是可以通过培训与发展来解决的。

(二) 阶段 2: 项目设计

口确定了培训和发展需求,企业就应着手设计培训与发展项目。培训与发展的成功不仅取决于组织发现、识别培训需求的能力,而且取决于企业在此基础上设计和实施一流的培训与发展项目。培训与发展项目的设计需要考虑 4 个方面的内容:(1) 培训目标;(2) 受训者的意愿与准备;(3) 学习原理;(4) 培训者的特性。

基于企业需求分析的信息,企业应建立较为正式的、具体的、可度量的培训与发展目标。培训与发展项目的目标往往是多重的,培训者需要考虑培训与发展项目的短期和长期影响、影响的方式和影响的强度。确定培训目标,既为接受培训和实施培训者提供了共同的努力方向,也为评价培训计划是否成功提供了基准。

培训设计中应考虑受训者的意愿与准备。受训者的准备是指受训者以往所受的教育、工作背景因素。拟订的受训者应当接受筛选,以确保其拥有吸收相关知识的背景知识和技能。企业可以根据员工的不同学习能力(如测试成绩)来分组,并给予相应水平的指导。了解员工参加培训的原因和期望达到的目标,也可以提高项目设计的针对性。

在培训项目的设计阶段,合理运用学习原理是提高培训实施效果的关键。为确保培训效果,培训发展项目的设计应做到:

(1) 注意在行为培训中有效使用模型。在很多时候,行为的改变是通过模仿范例、设身处地地扮演他人的角色来完成的。

(2) 注意个体在行为习惯、学习方式和学习能力等方面的差异。培训设计应能包容各种不同个体的差异,实现有效的学习。

(3) 练习和重复。学了要用,要常用,才能学好。就现代企业的生产、服务、管理等方面的技术技巧,一学就会的例子是个别的,反复学、反复使用才能掌握的情况则是普遍的。

(4) 学习内容的组织方式会影响学习效果。当工作任务可以被细分、学员需要时间逐步消化和实践其所学技能/知识时,应考虑部分学习(分解演练)。

(5) 培训时间的安排也会影响学习效果。简单的行为学习可采用集中、强化的培训;但如果学习的行为较复杂,如领导能力的培养,则适合采用"细水长流"式的时间安排。

(三) 阶段 3: 项目实施

培训发展项目实施最主要的考虑是选择与受训人员、培训内容相匹配的方法。培训与发展活动的形式多种多样,针对非管理类工作,可以进行各类在职培训、课堂讲授、模拟等;而针对管理类工作,有教练法、案例分析和评价中心等方法可供选择。

(四) 阶段 4: 项目评价

如果将培训与发展活动视为人力资本投资活动,其有效与否将影响组织长期的目标实现,就有必要对这一活动的效果进行评估和控制。对培训与发展项目的有效性评价,可以从受训者对培训项目的态度评价、通过培训增加的知识技能、受训后的行为改变以及工作绩效的改善这 4 个层次分别进行。

二、培训与发展项目的类型

员工培训与发展大多发生在 3 种情况下：(1) 新员工刚入职；(2) 在职员工准备接受新工作任务；(3) 工作中的问题可以通过培训来解决。实际上，培训与发展项目往往会和一个人的职业轨迹相结合。当一个人成为某个组织的新成员时，一般要参加该组织举办的新员工入职培训项目；随着职业生涯的推进，为了完成特定的工作任务，专业培训、技术培训、操作培训等随之而来；为了顺利实现员工在组织层次和重要性上的提高，个人的知识、技艺、能力需要发展，个人技能和思维训练是少不了的；员工因工作努力获得提升，成为管理者时，经营管理培训、领导艺术培训都是必要的。培训与发展项目的类型可分为入职培训、非管理类工作的培训、管理发展等。

(一) 入职培训

入职培训是员工进入新企业所接受的最初培训，它是对新员工进行的针对企业、工作和工作组的指导性调整。在入职培训中，新员工将了解到一系列基本信息，包括：工资如何发放，怎样获得工作卡，工作时间为每周多少小时，新员工将与谁一起工作等。事实上，入职培训是企业新员工社会化的一个基本组成部分。如果处理得当，对员工最初的入职培训，有助于减少新员工上岗初期的紧张不安，使其快速进入新的工作角色。

(二) 非管理类工作的培训

培训组织内非管理类岗位的员工，有大量方法可供选择。其中的一些方法历史悠久，而另一些方法则来自新的关于人类行为的研究成果(如学习、激励、人际关系等)的应用。而技术的发展，包括计算机技术和网络的应用，也使培训本身变得更为有效和经济。

1. 在职培训

在职培训是指员工通过实际做某项工作来掌握工作中所需的技能。例如，让受训者通过观察老员工来掌握机械操作技能。这一方法对企业中任何一种岗位的培训都适用，而对非管理类工作而言，这一方法尤为重要。在许多企业中，在职培训是员工们唯一能得到的培训。在职培训的优点很明显：它比较经济，受训者边干边学，不需要教室及其他教学手段。此外，这种方法也能促进学习，因为受训者通过实干来学习，能迅速得到其工作行为正确与否的反馈。但在实践中，由于缺乏良好组织的培训环境、管理者缺乏培训经验，在职培训往往达不到预期的目标。

2. 课堂讲授

课堂讲授是一种迅速、快捷的同时向多名受训人传授知识的方式。授课方法如能有效运用，不失为一种有组织、有系统的培训材料展示方法。例如，当销售人员必须了解某种新产品的特点时，就可采用讲座的方式。但是，由于这种方法的信息交流主要是单向的，受训者被动接受，因此授课方法本身可能成为效率最低的培训方法。简明、清楚、易于理解，并运用各种方法调动受训者的参与欲望，是授课方法达到预期效果的基本要求。此外，授课者也应向受训者明确讲授的目的，并应在讲授中突出重点。

3. 模拟方法

真实工作模拟能够提供接近真实的工作条件，又不失对培训过程的有效控制，从而为受训者提供了一种最佳的学习条件。模拟培训环境与真实工作环境的条件越接近，学用转化过程就越有效。模拟培训能适应那些需要在实干中学习技能、积累经验,但让员工在实际工作岗位上接受培训太危险或成本太高的情况。这种方法对培训飞行员、流水线工人都很有效。有时,模拟培训可能直接采用未来工作中将使用的设备,也可能使用模拟设备。在飞行员培训中,模拟飞行器就被大量使用。当然,模拟培训也有其局限性。一般来说,模拟培训环境与真实工作环境越接近,培训项目的花费越大,对培训硬件设施的要求也就越高。模拟培训的另一个局限:投入模拟培训项目中的资源会形成沉淀,不易挪作他用,这是由模拟培训的特点所决定的。

4. 自我指导学习

自我指导学习要求员工作为培训的管理者,主动承担起学习过程的管理责任——何时学习、学习进度和投入精力的多少,培训者只是作为辅助者负责评估受训者的学习进展情况,并回答受训者提出的问题。例如,在康宁玻璃公司,每一位新入职的工程专业毕业生都必须参加一项名为 SMART(自我管理、认知、责任和技术能力)的培训计划。受训者通过参观工厂、访问研究机构并与工程技术专家、管理者交谈,找到一组问题的答案(如“何时需要在工程试验设计中用到统计分析方法?”)。当这些受训者找出答案后,由已参加过 SMART 项目的老员工组成的委员会对答案进行评价。研究发现,该培训项目使新员工胜任职位所需的时间由 6 周减少到 3 周,此外,这一计划还使员工得以建立起企业内部的人际联系,并更好地了解企业。

自我指导学习有明显的优点:从个人视角来看,受训者可以按自己的节奏进行学习,并能得到关于学习绩效的反馈;从企业的视角来看,自我指导学习减少了对培训者的需求,并使培训更为便利、培训场合更为灵活多样。但自我指导学习也有明显缺陷,即自我指导学习的效果取决于员工的主动学习意愿,它更适合有意愿学习并擅长自主学习的受训者;同时,企业在自我指导学习时需要承担更多的前期开发成本。随着企业越来越强调培训的灵活性和员工自主学习的能力,以及互联网技术的广泛应用,基于远程教学、网络课程或可读光盘进行的自我指导学习在将来可能变得更为普遍。

除了传统的实体课程和线上学习模式外,手机 App 和网上社群的普及也使得人们在知识、技能学习中越来越依赖“社群学习”,使每位学习社群的参与者除了被动学习,也能主动贡献所知,既能增进成员间的交流互动,也强化了即时的知识流动。

(三) 管理发展

企业的未来主要掌握在管理者手中,组织生存和发展取决于管理职能完成的水平。管理者要能跟上各自领域的最新发展,同时实现在动态环境中的管理,管理发展是必不可少的。据估计,在美国有 90%以上的企业提供管理发展项目。这些项目大致包括以下类型:

1. 教练和指导

教练(Coaching)是一种由直接主管主导的一对一的在职管理者开发方法。教练的目的不在于传授管理知识,而在于构建有利于受训者学习的环境,使受训者学习掌握管理技能,具备分析、调整和处理问题的能力,并能在复杂的现实环境中灵活运用。为了达到这一目的,很多企业设立了助理管理者一职,被安排在这一职位上的人有机会成为其直接上级的接班人。下属们除了有机会观察并模仿上级行为之外,还会被安排一些需要运用决策技能的重要任务。研究表明,员工的首位直接主管对于员工的职业生涯有着关键影响。这是因为,首位直接主管将帮助员工形成基本工作价值观、绩效标准、个人能力的自我评价,并学习必要的工作技能。因此,身为教练的合格管理者应对有关工作与组织目标间的关系有全面了解,他们还应当愿意与下属分享信息,花时间引导、指点下属,并建立相互信赖和尊重的关系。

指导(Mentoring)又称辅导,也是一种一对一的在职管理人才开发方法。但与教练法不同的是,指导者通常不是受训者的直接上级,而是组织中年资较长、有经验的管理者,他以导师、朋友、知己和行为典范的身份对新进员工或新晋升管理者进行引导。指导过程的目的是以集中、有效的方式提高被指导者的领导、沟通和管理技能,从而减少在学习过程中因不断试错而造成的浪费。对被指导者而言,指导有 3 个方面的作用:(1) 产生支持性、高度信任的环境,被指导者可以在其中学习处理困难的问题、绕过组织政治的"雷区";(2) 提供个人学习和发展的平台,被指导者可以通过反馈、指导来调整并改善其工作绩效;(3) 提升职业发展机会,指导者将给予被指导者更具挑战性的工作任务,并增加后者与高管人员接触的机会。研究表明,指导有助于加快新管理者的社会化过程,提高被指导者的工作绩效和工作满意度,发现和培养领导人才。此外,指导关系同样给指导者带来极大的满足,特别是处于职业生涯中后期的、缺乏晋升机会的中高层管理者,引导者的身份对其具有重大的心理意义。为了提高指导关系的质量,应建立导师与学生的良好关系,指导者和被指导者双方的兴趣必须相近,必须在心理上较为亲近和彼此认同。宝洁、GE 等企业会为新人专门设置一个导师库,其中包括公司的高级经理和资深员工(都是自愿加入),新人可以根据自己的需要自由选择导师,确定后在一定周期内不能更换。

管理聚焦 9 - 3

来自云端的指导:Everwise

一对一指导是领导者能力开发的重要方式。学员与导师的指导关系可能是以非正式、渐进方式形成的,也有一些企业以正规系统的方式管理这种关系,鼓励员工提出指导申请,并为其物色适当的导师人选,通常导师和学员都是同一企业的全职员工。这种指导关系可以充分利用内部导师的知识和技能,且师生间的讨论内容不会泄露,受到企业和工作协议的保护。但是,在企业规模小、员工数量少的情况下,要建立一对一的内部指导关系会很困难。很多企业发现,从现有管理层很难找到合适的导师人选。企业中有限的管理者可能不具备指导能力,或者不一定有时间,更难以满足所有学员的需求。

如果将这种指导机制转移到云端会怎样?一家名为 Everwise 的企业将这一奇思妙想付诸了实践。Everwise 是一个网络平台,为希望寻找导师的工作者在其所在企业之外物色合适的目标人选。迄今为止,Everwise 平台的数据库已经积累了超过 6 万条信息,可以有效帮助学员寻找经验丰富的导师。作为大数据时代的应用,这一平台不但使用多种参数和算法以保证导师-学员的匹配质量,而且提供多种在线工具使一对一指导关系最大限度地发挥作用。对于平台上的师生互动情况,系统会实时提供反馈,对匹配算法和应用工具不断进行调整更新。这些工具显然也可以应用于企业,协助内部员工之间的指导关系的匹配,使传统的员工开发活动也能充分利用云端人力资源平台的移动便利性与高渗透性。

资料来源:约翰·布德罗,等. 未来的工作:传统雇佣时代的终结[M]. 北京:机械工业出版社,2016:239 - 241。

2. 会议与研讨

会议与研讨的方法,是将兴趣相同的人聚集在一起讨论并解决问题的一种广泛使用的发展方法。通常,讨论小组的负责人是管理者,他们的作用是使讨论正常进行并避免某些人的观点偏离主题。讨论问题时,负责人倾听并允许小组成员解决他们自己的问题。参与会议的人虽然身处培训中,但是可以解决日常工作中面临的实际问题。

3. 案例分析

案例教学是培训中高级管理者常用的方法。案例分析通过提出真实或假设的情景问题,迫使管理者透过问题去思考,进而提出并选择解决方案。这一分析过程能使受训者尽快熟悉业务环境和管理实践,提高解决问题和决策的能力,并展现受训者的价值观。有效的案例分析,应当做到:(1) 尽量运用组织的实际问题;(2) 尽量让受训者陈述自己的看法,征求他人意见,正视不同看法并做出决策;(3) 训练讲师富于技巧,不断提出有挑战性的问题,并引导每位受训者在案例讨论中贡献个人意见。

此外,常见的管理开发方法还有评价中心、正规学历教育、工作轮换等。应当注意的是,对管理者而言,推动受训者提高其学以致用的能力,是增强培训效果的一项至关重要的工作。

第四节 绩效评价与反馈

人力资源管理系统中的招聘与甄选、培训与发展这两大部分,主要是确保员工掌握现在和未来有效工作所需的知识和技能。而绩效评价与反馈则是对招聘、甄选、培训与发展的有效补充。绩效评价就是对员工工作绩效及组织贡献度的评价。绩效反馈是管理者与自己的下属分享绩效评价信息,使下属对自己的绩效进行反思,并和下属一起制订其未来发展计划的过程。

绩效评价与反馈通过两种方式改进人力资源管理的效果。绩效评价能够为管理者提供一些重要信息,而这些信息将为加薪、发放奖金、晋升和职位调动等人力资源管理决策提供依据。绩效评价还可以帮助管理者确定组织需要就哪些项目对员工进行培训与发展。绩效反馈则有助于强化员工的工作动机,提高他们的工作绩效。对于优秀的员工,反馈使他们知道自己的努力是有价值的;对于表现不佳的员工,反馈则提醒他们需要改进自己糟糕的绩效。不论员工的表现如何,绩效反馈都有助于他们透彻认识自己的优缺点,明确未来的努力方向。

一、绩效评价的类型

绩效评价主要包括特性评价、行为评价和结果评价 3 种。这 3 种类型对应不同的绩效评价工具、不同的绩效评价指标,以及详尽程度各异的绩效信息。很显然,对绩效评价类型的选择将直接影响绩效反馈的有效性。

(一) 特性评价

当使用特性评价时,管理者对下属与工作绩效相关的个性特征(如技能、能力、个性等)进行评价。常见的个性特征包括个人品德、工作知识水平、领导能力、首创精神、工作质量、工作数量、合作精神、判断力等项目。

特性评价在组织绩效评价中极为常见。它的优点十分突出:形式简单、易于使用、维护成本低;但它的有效性不断受到质疑。它主要有 3 个方面的缺陷:(1) 特性评价使用的指标往往是一些没有被确切定义的维度,由于与具体的工作行为无关,评价者在解释这些维度及评价等级时有相当大的主观随意性。(2) 即使不考虑评价者偏见的影响,拥有特定个性特征的员工也未必能在实际工作中产生高绩效。例如，一名工厂的基层管理者可能拥有良好的人际关系和正直诚实的个性，但由于能力有限，其绩效表现仍然可能相当平庸。(3) 特性评价往往不能帮助管理者为员工提供可以提高绩效的反馈。特性评价的指标是一些相对持久的个性特征，而这些个性特征在短期内是无法改变的。因此，对于来自特性评价的绩效反馈，员工往往认为缺乏指导意义。特性评价的缺陷表明，只有在特性评价被证明是正确的且确实是工作绩效的重要指标时，管理者才应当使用它。

(二) 行为评价

在进行行为评价时，管理者评价员工是如何完成工作的，即员工在工作中表现出来的实际活动和行为。特性评价分析员工是什么样的人，而行为评价分析员工做些什么。行为评价所评价的是员工在工作中的实际行为表现，一般是具体明确、可观察、可测量的工作行为。例如，应用行为评价时，管理者可以评价一位销售人员如何应对苛刻难缠的客户。当员工如何完成工作对组织十分重要时，行为评价尤为适用。

行为评价的优点是，它能够为员工提供一些清楚的信息，使员工了解自己做的哪些事情是正确的，哪些又是错误的，以及如何改进自己的绩效。此外，对员工而言，改变行为比改变个性要容易得多，因此，来自行为评价的绩效反馈更有可能带来绩效的改善。

(三) 结果评价

对有些工作来说，员工如何完成工作不是最重要的，更重要的是他们完成了什么或获得了什么样的结果，这时就会应用结果评价。在进行结果评估时，管理者根据结果或实际工作产出评价员工的绩效。比如，以汽车销售公司的业务代表为例。其中一位业务代表努力发展与客户的个人关系，花费大量时间与客户交谈，经常给客户打电话，了解其购车决策的进展情况。另一位业务代表则采用一种不干涉的办法，通过积累产品知识，认真回答客户提出的问题，然后向自己上门的客户提供优质服务。从平均数量来看，这两位业务代表卖出了相同价值的汽车，并且他们的客户都对他们的服务表示满意。汽车销售公司的管理者使用结果评价(销售额和顾客满意度)来评价销售人员的绩效就是恰当的，因为公司不在乎业务代表以何种行为销售汽车，只要他们能达到公司要求的销售额，同时令顾客感到满意。

无论管理者是根据特性、行为还是结果来评价绩效，他们评价的信息或者是客观的，或者是主观的。客观评价以事实为基础，以数据为标准。在对结果进行评价时，管理者往往使用客观评价法，因为结果往往是量化目标或可衡量的指标。但是，当员工完成工作的方式很重要时，主观的行为评价要比结果评价更合适。相对而言，主观评价更依赖于管理者的个人认知，因此，研究者和管理者设计了大量绩效评价方法来提高评价的有效性和可靠性，其中常见的有图尺度评价法、行为锚定法、行为观察法等。此外，很多组织还使用强制排序法或强制分布法，来减少管理者偏见或认知偏差对评价结果的影响。

二、绩效评价的责任者

无论使用何种绩效评价，都必须做出一项决策：应当由谁来提供绩效信息，即信息来源的选择问题。需要注意的是，人力资源管理部门仅负责绩效评价程序及方法的设计开发，评价的实际责任者传统上是直线经理。随着工作的复杂性提高，要求某一位直线管理者全面观察、掌握和评价其下属的工作是不现实的。因此，随着评价方法的发展和改进，绩效信息的来源也扩大到同事、团队成员、下属和客户等人群(见图 9－5)。这些评价者从不同视角做出的评价,能为企业提供多方面的反馈信息。下面说明来自上级/直接主管、自我、下属、同事、客户、360 度反馈的评价。

(一) 上级/直接主管评价

上级/直接主管评价是最常见的员工绩效评价方式。选用这一评价来源有几个原因:(1) 直接主管通常处于最佳的位置来观察员工的工作绩效。(2) 直接主管对特定的单位负有管理责任。当评价下属的任务被移交给其他人时,直接主管的威信就可能受到削弱。(3) 下属的培训与发展是管理者工作的一个重要组成部分,而培训与发展往往是基于个人绩效评价的。

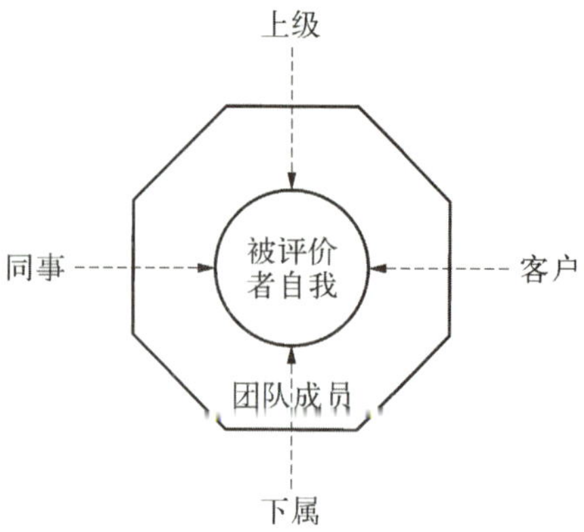

图 9-5　评价信息的不同来源

然而,上级/直接主管评价也有其消极方面。直接主管可能强调员工业绩的某一方面,而忽视其他方面。此外,管理者也可能操纵评价(特别是当指标体系不完善、方法过于主观时),并据此做出员工加薪和提升决策。为减少直接主管评价中因个人偏见等原因而带来的信息扭曲,一些企业要求在直接主管评价后,由主管的上级确认其评价结果。通常主管的上级(次级上级)能更为客观地评估,并能在评估中运用更为宽阔的视角,使评价的指标体系更全面。

(二) 自我评价

在"以人为本"这一管理理念的影响下,许多企业在尝试让员工进行"自我评价",以此来提高员工的自我管理意识。研究表明,与经理评价相比,参与自我评价的员工更能坦然地接受对自己的批评意见。如果员工了解自己的期望工作目标以及将来的评价标准,则员工实际上处在评价自身业绩的最佳位置。许多人了解自己在工作中哪些做得好、哪些是需要改进的,如果给他们机会,他们就会客观地评价自己的工作表现,并采取必要的措施加以改进。

但这一做法的批评者指出:员工对自己的工作绩效的评价,往往会比主管人员或同事对他们的绩效评价等级高。上级评价与自我评价可能出现的分歧,有可能激化管理者与员工的矛盾。特别是当评价结果被用于管理决策(如加薪方面)时,这一问题尤为突出。此外,社会心理学文献中有大量研究证明,人们总有一种把个人的不良绩效归咎于外部因素的倾向,他们会认为自己的同事没有及时向自己提供所需的信息。因此,专家建议,自我评价不应被用于决定加薪、晋升等管理性目的,而应用于绩效反馈阶段的前期,其主要目的在于帮助员工思考自己的行为与绩效,从而将绩效面谈集中在上级与下级之间存在分歧的方面。

(三) 下属评价

越来越多的企业让下属以匿名的方式参与到企业对他们的主管人员所进行的绩效评价过程中,这种过程通常被称为自下而上的反馈。下属评价常见的指标包括领导能力、口头表达能力、授权、协调团队努力的能力以及对下属的兴趣等,而管理者为完成特定工作职责而需要具备的能力,如计划、组织、预算、创造力、分析能力等,则很少在下属评价指标体系中出现。下属评价可以使企业的高层管理者对企业的管理风格进行诊断,认识到企业中存在的人事问题。采用下属评价所产生的问题:这种评价角度赋予了下属超过上级管理者的权力,因而会使管理者陷入困境。这会导致管理者更为重视员工的满意度而不是工作的生产率。不过,上述情况仅在将下属评价的结果用于管理决策方面时才会出现。因此,明智的做法是,由下属进行的绩效评价仅用于管理者技能开发的目的。

（四）同事评价

同事评价的支持者认为，如果在一个合理的长时期内工作小组比较稳定，并且完成需要协作的任务，这种办法是可靠的。由同事实施评价的优点包括：小组成员对彼此的工作要求和日常工作行为了解全面，能准确进行评价；同事的压力对小组成员有促进作用；同事的评价中包括众多的观点，而这种多元视角对于全方位评价一个人的绩效是很有价值的。此外，同事评价还有助于有效预测被评价者在未来能否在管理方面获得成功。同事评价也存在问题，这包括：同事评价有时只能反映被评价者受欢迎的程度；实施评价所需要的时间较长；区别个人与群体的贡献可能遇到困难；得到较低同事评价的员工可能对同事心怀不满；同事评价中可能存在“共谋”，即所有的同事串通起来，相互将对方的工作绩效评价为较高等级。

当同事之间存在利益上的竞争关系时，如销售代表，同事评价的结果不应作为人事管理决策（如薪资、奖金发放）的依据。为了防止同事评价对同事间人际关系产生不利影响，应确保评价过程的保密性。

（五）客户评价

服务业的快速增长以及客户满意度对企业发展的重要性是企业将客户纳入评价体系的重要原因。由于服务所具有的特殊性质——服务的生产和消费往往是在同一时点上发生的，上级、同事和下属都没有机会去观察员工的行为，相反，顾客经常是唯一能在工作现场观察员工绩效的人，因此，在这种情况下，顾客就成了最好的绩效信息来源。客户评价最适合在以下两种情况下采用：(1) 员工所从事的工作需要其直接为客户提供服务，或者需要为客户联系在企业内部所需要的其他服务；(2) 企业希望通过搜集信息来了解客户希望得到什么样的产品或服务。此时，客户评价成了将企业的市场营销战略与人力资源活动、政策联系在一起这一战略目标的服务工具。从这种目的出发让客户进行评价，不仅有助于评价员工的绩效，而且有助于确定企业是否应当为改善服务质量而改进其他人力资源活动（如培训、薪酬制度等）。

内部客户也是客户评价的责任者。内部客户包括企业内部所有需要被评价者提供产品、服务、信息等的员工。比如，直线经理需要人力资源部门为其补充空缺岗位（招聘、选择）、提高员工工作能力（培训）等，对人力资源部经理的客户评价应包括直线部门经理的评价。内部客户评价能较为准确地提供员工、团队的工作所带来的价值增值，这种评价既可服务于开发目的，也可用于日常管理的目的。

（六）360 度反馈

上面所提到的评价方法并不是相互孤立、相互排斥的。实际上，组织为了不同的目的，往往会使用多种评价方法来尽可能客观全面地收集信息。许多企业综合运用各种信息来源来评价员工的工作，这种方法被称为“360 度反馈”（360-degree Feedback）。360 度反馈试图全方位（包括上级、同事、下属、客户、被评价者本人）收集员工的工作信息，以便尽可能准确地进行绩效评价。360 度反馈最初主要被用于管理开发和职业发展的目的，之后这种做法逐渐被引入绩效评估领域。值得注意的是，大量企业将 360 度反馈用于开发目的，而在做出日常人事决策（如加薪、晋升）时，则辅以其他评价方式。

三、有效的绩效反馈

一旦预期的绩效已经被界定清楚，并且对员工的实际绩效也进行了评价，接下来就需要将绩效信息反馈给员工，帮助他们纠正自己的错误。但是，绩效反馈过程是非常复杂的，对于管理者和员工双方来说都不会很舒服。如果说向别人发出负面反馈信息是令人痛苦的,那么得到这种信息的人会更痛苦,即使如此,反馈这一过程也是必不可少的。

有效的管理者应当以一种能够诱发积极的行为反应的方式来向员工提供明确的绩效反馈。下面的原则将有助于增强绩效反馈过程的效果。

1. 反馈应是经常性的,而不应是一年一次

管理者一旦认识到员工的绩效中存在缺陷,就应当及时纠正,否则企业将在行为发生后和绩效评价时点之间蒙受损失。绩效反馈过程的有效性也要求及时反馈,否则年初的错误在年底得到反馈,员工将很难接受这一评价结果。

2. 为绩效讨论提供一种好的环境

管理者应选择一个中立的地点进行绩效面谈。管理者本人的办公室并不是进行建设性绩效反馈的最佳地点。管理者还应当确保双方都了解:绩效会谈是一种开诚布公的对话。

3. 在评价面谈之前让员工本人先对绩效进行自我评价

让员工在参加绩效评价面谈之前,先完成自我评价是很有必要的。它要求员工认真思考自己在本次评价期间的绩效表现,并鼓励他们寻找自己的不足。研究发现,用于管理目的的自我评价往往会被员工夸大,而用于开发目的的自我评价则往往比监督者的评价低。自我评价通过将面谈的重点放在上下级之间存在分歧的问题上而使反馈过程得以有效地进行。

4. 通过赞扬肯定员工的有效业绩

人们通常认为,绩效反馈的焦点应当集中在找出员工绩效的不足上。但这种看法过于片面,有效的绩效反馈应能提供准确的绩效信息,这其中既包括查找不良绩效,也包括对有效业绩的认可。一方面,赞扬员工的有效绩效有助于强化员工的有效行为。另一方面,它也能清楚地表明管理者并不仅仅是在挑刺,从而增加了绩效反馈的可信度。

5. 把重点放在解决问题上

管理者在绩效反馈中常犯的一个错误是,把绩效反馈看成一个对低绩效员工进行惩罚的机会,但告诉员工他们的工作很糟无助于问题的改善。因此,管理者要做的应是努力找出造成不良绩效的原因及其解决办法。要对造成不良绩效的不同原因采取不同的解决办法。如果不采用这种务实的方式来反馈,则可能永远都找不到纠正不良绩效的方法。

将绩效反馈集中在行为或结果上,而不是员工本人身上。在进行负面反馈时应当注意,反馈是对事不对人的。特别要避免对员工的个人价值提出疑问。管理者不应当说:“事情现在一团糟,这都是你整天做事不用心造成的!”相反,应当说:“你没能按进度完成工作,这跟你的工作时间分配不当有关。”

6. 制定具体的绩效改善目标,然后确定检查和改进的进度安排

制定目标的重要性不能被过分夸大。研究表明,目标的制定有利于提高员工的满意度、激发员工改善绩效的动力并实现绩效的真正改善。但是,除了确定目标以外,管理者还应当确定员工改进绩效的具体时间表。这就提供了一种使员工严肃地看待目标的措施,并为达到这一目标而努力。

第五节 薪酬与福利

薪酬与福利是组织人力资源管理系统的第四个重要组成部分。大量的调查与研究显示,

各种与工作相关的变量可以增加员工的满意度，这些因素包括具有挑战性的工作、有意义的工作任务安排、公平的报酬、有能力的上司以及良好的未来发展前景等。但是，如果拿不到与工作努力对应的薪酬，大概很少有人会因上述激励因素的存在而去工作。对员工而言，与薪酬相关的人事政策对于他们的总收入和生活水平有重大影响。无论是绝对的工资水平还是相对的工资公平性，对于员工都是十分重要的。此外，薪酬常常被看成地位和职业成功的标志。员工在评价他们与企业的关系紧密程度时，会把工资决策作为一个非常重要的考虑因素。

从企业角度来看，对薪酬问题的重视，还因为工资是推动企业战略目标实现的一个重要工具。首先，薪资水平和结构对于员工的态度和行为有着重要的影响。它不仅会影响某些种类的员工被企业吸引进来并被企业留住，而且会成为一种使当前员工的个人利益与企业利益保持一致的有力工具。其次，员工的薪酬是一家典型企业的重要成本项目，因此需要对其给予特别的关注。

一、薪酬制度设计的依据

由于企业精简机构、重组、业务外包以及流程再造等重大战略性调整的持续进行，企业结构日益扁平化，以适应竞争环境对组织灵活性和市场快速反应能力的要求。伴随着这一过程，企业用更少的员工来完成同样甚至更多的工作。在现实压力下，企业经理人必须考虑如何激励留下的较少的员工、保持员工对企业的归属感等，而企业薪酬制度是完成这一管理哲学变化的重要工具。越来越多的企业着手将企业目标与薪酬计划联系起来。与此同时，薪酬管理的制度与实践都必须围绕企业目标做出相应的调整。常见的战略性薪酬政策目标包括：(1) 对员工过去的业绩付酬；(2) 在劳动力市场中保持竞争力；(3) 确保员工间的工资公平性；(4) 协调员工未来绩效与组织目标的关系；(5) 控制劳动工资预算；(6) 增加对新员工的吸引力；(7) 减少不必要的员工流失。

在现实生活中，组织决定薪酬的分配方式至少有以下 4 种：第一种分配方式是在大多数情况下，组织中那些权力最大的人得到的薪酬最高。很多公司总裁的薪酬远高于一般员工，有时两者的差距可能在百倍以上，然而，他们的贡献差异真有这么大吗？第二种分配方式是平均分配。在这种情况下，在同一工作等级上的所有人将得到同样的或近似的薪酬。最普通的例子是某些企业使用传统的职位定工资，员工基本工资水平的确定、定级与其实际的工作水准无关。这些系统通常把资历当作决定提升工资和升迁的关键因素。第三种分配方式是按需要决定分配。当员工是家中唯一的经济支柱时，对员工的辞退决策就可能受制于此。第四种分配方式是按绩效付酬。根据这种方式，员工得到的奖励(至少一部分)体现了他们对组织的贡献水平(绩效)。贡献越大，奖励越多，这种分配方式以绩效为基础，薪资和红利由业绩大小来决定。

在上述 4 种分配方式中，与企业目标联系最紧密的无疑是第四种——按绩效付酬。它将员工的工作成果和贡献直接与他所获得的工资挂钩，有助于员工提高生产率和降低劳动成本。人们已普遍认同：在企业薪酬制度安排中，至少应有一种薪酬分配形式与员工努力程度和业绩挂钩。有研究表明，当企业引入按绩效付酬的体系时，员工的产出将增加 15%～35%。

然而，设计一个有效的按绩效付酬的体系并不容易。经理人必须考虑到员工业绩的度量与测评是否可行，工资预算增加是否有充足的资金来源，哪些员工将从这一调整中受益，支付的方式和支付期间如何确定等问题。此外，货币工资增加的程度以及员工对此的心理感受，也会决定按绩效付酬体系是否能有效运转。如果按绩效付酬导致的加薪水平较低，或基本与年度的生活费用增加(用通货膨胀率表示)同步,那么这一体系对员工的激励作用就是微乎其微的。

二、薪酬水平和结构决策

(一) 薪酬的激励作用

薪酬是不是一个主要的激励因素,不同的管理者往往有不同的答案。有些人认为,绝大多数组织环境下的行为是由金钱(至少金钱性因素)激励的。但其他人认为,金钱只是众多激励行为的因素之一。到底哪一种观点正确呢? 我们认识到,金钱在很多情况下是一个重要的激励因素。金钱在工作环境中担任了几项重要功能:(1) 作为一种目标或行为的动机;(2) 作为个人成就与满足的源泉;(3) 作为获得其他欲望满足的工具;(4) 作为价值的比较标准;(5) 作为约束下的强化因素。这时,它对某一特定水准的行为有影响。然而,经验却告诉我们,将报酬作为激励因素的有效性是很难保证的。劳勒(Lawler)对这一问题进行了分析,并指出,只有在满足特定条件的情况下,报酬才会成为较强的激励因素。他认为,这些条件包括:(1) 管理者与下属之间的信任度必须很高;(2) 个人的工作成绩必须能准确地测量;(3) 付给高业绩员工的报酬必须比低业绩员工的报酬高出很多;(4) 当在优秀工作成绩中可能出现负面后果时,应给予充分注意。在满足这些条件的情况下,企业文化将推动员工形成一种预期,即确实存在着获得对应于高工作业绩的高报酬的可能性。有了这种看法(同时假定人们认可这种付酬形式),我们就可以期待提高员工的工作表现和努力。

(二) 公平理论

亚当斯的公平理论则从另一个角度对理解薪酬的激励作用提供了一个全面的理论框架(见第十一章)。公平理论指出这样一个道理:人们往往通过与他人报酬的比较来评价自己所获报酬的公平程度。这一理论在薪酬管理中的应用,体现在管理者在进行工资水平和结构决策时,需要考虑员工从以下 3 个层次进行的公平性比较(见表 9-2)。

表 9-2 工资结构的决策及其后果

薪酬决策	管理工具	员工工资比较的层次	公平性感受所产生的后果
工资水平	市场薪酬调查	外部公平性	员工向外流动(高质量员工的吸引和保持问题);劳动力成本;员工的态度
工作结构	工作评价	内部公平性	员工的内部流动(晋升、调配、工作轮换);员工间的合作;员工的态度
激励工资	绩效评价	员工公平性	员工向外流动(吸引和保留高绩效员工);员工的态度

第一,工资比较的外部公平性。外部公平性主要集中在对其他企业中从事同样工作的员工所获得的工资水平的考察。这种比较的结果常常会影响一位求职者是否会接受某家企业提供的工作,也会对在职员工产生影响,他们会经常考虑是继续留在企业,还是到其他地方另谋高就更有利。市场薪酬调查是一家企业在选择工资水平时常用的管理工具。外部公平性(企业工资率不会大幅度偏离市场工资率)对吸引、保留员工是一项起码的要求,但这并不等于企业在确定工资水平方面就全无发言权。有时,企业可以支付较低的工资,但通过合理设计工资

制度、综合使用多种激励手段来增加对员工的吸引力。

第二，工资比较的内部公平性。内部公平性关注一家企业内部的不同岗位之间的工资对比问题。员工常常把自己的工资与比自己级别低的工作、级别相同的工作（但属于不同的技能类别或不同的部门）以及比自己级别高的工作所获得的工资进行比较。对员工而言，所谓内部公平，即同工同酬、不同工不同酬。同工的意思，不仅指一样的工作，而且指虽然表面上看起来不同，但从劳动强度、技术复杂程度和工作条件来说都相当的工作。科学全面的工作评价能够较为准确地界定各项工作、岗位的相对价值，通常是被用于在工资结构决策中确保岗位间内部公平性的管理工具。

第三，员工还会与那些在企业内部与他们干同样工作的其他人进行工资的公平性比较，我们称之为工资比较的员工公平性。如果企业仅依据员工的业绩水平和资历等个人因素，对企业中完成相同工作的员工进行支付，就达到了员工公平。组织通过绩效评价并在个人工资设计中体现个人贡献上的差异来满足员工公平性的要求。

（三）薪酬的组成部分

员工从企业获取的薪酬，包括基本工资、激励工资和福利三部分（见表 9－3）。基本工资是指员工按企业要求，完成工作任务和活动应得到的固定数额的报酬。基本工资的数额取决于员工在组织中的地位、所从事的工作的性质以及个人所具备的完成工作所需的技能或能力。企业主要通过职位评价和薪酬调查来确定基本工资水平。基本工资为员工提供了稳定的、有保障的收入来源，满足了员工的基本生活需要。

表 9－3 薪酬的构成、功能及特征

类别	功能	决定因素	变动性	特点
基本工资	·保障 ·体现职位的相对价值	职位价值、资历、能力	较小	·稳定性 ·保障性
激励工资	·对员工良好绩效的回报	个人、团队和组织的绩效	较大	·激励性 ·持续性
福利	·保障 ·提高员工满意度	组织成员身份、法律因素、组织地位	较小	·强制性 ·保障性

激励工资是工资中随着员工工作努力程度和劳动成果的变化而变化的部分。激励工资通常被用来激发、引导或控制员工的工作行为，使员工增加个人努力，并做出有利于企业长短期经营绩效的工作行为。以员工的劳动产出和劳动成果为对象的激励工资，种类多种多样。个人奖金、销售提成、利润分享、绩效工资等，都是能将员工的劳动成果与收入相联系的形式。

福利是员工总薪酬的重要组成部分，被用于给员工提供长期保障津贴。福利通常具有以下特点：(1) 福利是一种普惠制的员工报酬形式，福利数额与工作时间、工作绩效关联度较小，个体间差异不大；(2) 福利通常采用非货币性支付方式（如服务或实物），也可能采用延期支付方式。福利对于多项人力资源目标的实现存在正面影响：协助吸引员工，协助留住员工，提高企业在员工心目中及劳动力市场中的形象，提高员工对工作的满意度。由于福利一般不需要纳税，因此相对于等量的现金支付，它对员工具有更大的价值。从这个意义上说，合理的福利设计有助于企业节约劳动力成本，吸引和留住高素质人才。

三、个人和群体的可变薪酬与激励

组织通常在可以相互替代的薪酬安排中进行选择,它们必须决定哪种安排对特定组织和员工队伍最有效。组织的薪酬通常可以按接受奖励的单位是个人还是群体分为两大类:个人薪酬激励计划和群体/团队薪酬激励计划。

在个人的薪酬激励计划中,可以采用几种方法:按投入计酬、按件计酬、佣金、现绩效奖励等。在每一个方案中,报酬在很大程度上直接与个人工作水平和努力相联系。虽然针对个人的奖励往往能提高工作水平,但也有一些情况会影响激励作用的发挥。特别是有些方案可能引起员工间的竞争,产生不良后果。例如,如果企业质检工作不严格,个人激励(如计件工资)就会导致员工牺牲品质来增加产量。

为了克服这些缺点,许多企业转向了群体/团队的薪酬激励计划。群体/团队薪酬激励计划将员工的部分奖励与群体的工作成绩联系在一起,常见的有各种利润分享、股票期权计划及员工持股计划,计划实施的结果往往是大大提高了员工对企业发展的认同和努力,并能有效加强同事间的合作。

四、福利及其构成

根据法律要求,企业应为员工提供一定的福利,如失业保险、养老保险、医疗保险等。其他的福利,如补充医疗保险、休假、补充养老金、弹性工作时间等,则是企业自愿选择提供的项目。

由于福利成本在企业劳动力成本中占有相当大的比重,因此,要想在不控制福利成本的情况下控制劳动力成本,几乎是不可能的。同时,虽然法律对于企业的福利决策施加了重要的约束,企业在非法定福利部分仍有相当大的决策自主权。企业在制定福利政策时,一方面需要考虑其竞争对手提供的福利项目,另一方面需要考虑企业员工的期望,即企业和员工间形成的"心理契约"。如果企业无法满足员工的期望,就很难指望员工会对企业的成功表现出很强的献身精神。

本章提要

无论组织的规模大小,人力资源管理都是至关重要的。人力资源管理是组织用于影响员工能力素质、态度、行为和绩效的各项理念、政策和实践的总称。

作为战略的一部分,越来越多的企业通过人力资源战略的规划和实施来寻求可持续的竞争优势。为了充分发挥人力资源在组织管理中的战略作用,管理者必须设计建立完整有效的人力资源管理系统。这一系统应包括招聘与甄选、培训与发展、绩效评价与反馈、薪酬与福利以及劳动关系 5 个要素。

招聘是管理者为吸引满足空缺职位要求的合格应聘者前来申请工作而进行的全部活动。甄选是管理者判断应聘者的相对资格及在特定岗位上取得良好绩效的潜力的过程。为了提高招聘和甄选的有效性,企业需要首先做好人力资源规划和职位分析。

培训是获得从事某项工作所必需的技能的过程,其目的在于保持和改进员工在当前职位上的工作业绩;而发展则是为提高员工目前和未来从事某项工作技能的持续教育,更强调素质的提升。系统性的培训与发展包括 4 个阶段,即需求评估阶段、项目设计阶段、项目实施阶段和项目评价阶段。

绩效评价就是对员工工作绩效及其对组织贡献度的评价。绩效反馈是管理者与自己的下属分享绩效评估信息，使下属对自己的绩效进行反思，并和下属一起制订其未来发展计划的过程。绩效评价与反馈有助于员工透彻认识自己的优缺点，明确未来的努力方向。

员工从企业获取的薪酬，包括基本工资、激励工资和福利三大部分。基本工资是指员工按企业要求，完成工作任务和活动应得到的固定数额的报酬。激励工资是工资中随着员工工作努力程度和劳动成果的变化而变化的部分。福利被用于给员工提供长期保障津贴。

复习思考题

1. 为什么说人力资源管理系统与组织战略目标相配合，对于形成组织的竞争优势是极其重要的？

2. 企业的人力资源管理系统包括哪几个构成要素？这些要素之间存在何种关系？

3. 在招聘新员工时，你认为应该在甄选程序中包含哪些甄选工具？请分别考虑管理培训生、销售代表、行政助理、销售经理等职位。

4. 针对新入职的员工、非管理职位的员工及管理者，企业会分别使用哪些培训与发展技术？为什么？

5. 请评价360度反馈的优点和不足。如果你是被评价者，你希望用这种方式来评价自己的绩效吗？为什么？

6. 有人说：“薪酬的绝对数值并不重要，重要的是自己拿的薪酬与他人相比是高还是低。”你认为这句话有道理吗？在这一比较中，员工将如何选择薪酬比较的参照物？

10 第十章 领导

全章提要

学习目的与要求

1. 了解领导的定义与构成要素；
2. 了解领导与管理的区别；
3. 了解领导者的权力来源；
4. 了解早期的领导特质理论和领导行为理论的主要观点；
5. 掌握主要的领导权变理论及其差异；
6. 了解领导者与变革的相关理论；
7. 了解领导理论的新进展。

管理专业术语

Leadership	One person influencing other people to willingly work toward a predetermined objective.
Leading	The process of influencing a group toward the achievement of goals.
Power	The ability to produce intended effects.
Traits	The characteristics of a person that predisposes someone to act in a particular way.
contingency models of leadership	The leadership models that identify the contextual factors affect when one style will be more effective than another.
Transactional Leaders	Leaders who guide or motivate their followers in the direction of established goals by clarifying role and task requirements.
Transformational Leaders	Leaders who provide individualized consideration, intellectual simulation, and has great personal charisma.

领导是管理过程中的一项核心职能。人们经常将组织的巨大成功与市场成就归功于企业的领导者。领导也是社会、经济、政治等重要领域中长期以来不断激发人们浓厚兴趣的话题。历史上的军事征服、国家的繁荣与衰落、重大的社会变革，都被归结为领导者的个人功过得失。显而易见，组织中的领导实践与组织本身的存在一样久远，但对领导者、领导行为、领导风格及其效力的科学研究则是20世纪以后的事。本章将对领导这一职能的重要研究加以介绍，并回

答一些重要的问题：什么是领导？领导与管理有何差异？什么样的人能成为有效的领导者？领导者的有效行为是什么？如何看待层出不穷的各类领导理论？追随者和领导者都会影响领导过程和领导效力吗？

第一节　领导的性质

在本书的语境中，领导是组织管理过程的一项核心职能，但"领导"一词作为人们的日常词汇，承载着大量无关的隐含意义，造成了表述上的困惑。比如，人们经常用领导来指称一个正式管理职位，或者一个有决策权限的管理者。因此，此处有必要首先给出对"领导"的精确定义。

一、领导的定义与构成要素

研究者总是根据其个人视角及他们最感兴趣的方面，包括领导者的特性、行为、影响力、互动模式、角色关系以及占有行政管理角色等不同方面来定义领导。在综合评述领导学文献的基础上，拉尔夫·斯托格第尔（Ralph Stogdill）总结说："有多少人试图去界定领导的概念，就有多少种领导的定义。"事实上，领导问题的复杂性也体现在了领导定义的多样性上。下面是过去 70 年间对领导的一些代表性定义：

（1）领导是"个人指导群体朝着一个共同目标而努力的行为"。

（2）领导是"对组织日常指令的机械服从之上的增量影响"。

（3）领导是指阐明愿景、赋予价值，并创建有助于获得成就的环境。

（4）领导是引导人们行为，从而使人们情愿地、热心地实现组织或群体目标的过程。

（5）领导是一个对集体努力赋予目标（有意义的方向），并使人们有意愿投入努力以实现该目标的过程。

（6）领导是"脱离现有文化、触发更具适应性的演化变革过程的能力"。

（7）领导是"一个人影响、激励和推动他人为组织效力和成功做出贡献的能力"。

上述领导定义的一个共同点，是领导过程都涉及某个人对他人有意识的影响过程，通过指导、构建、促进群体或组织的活动和关系。但这些定义也在很多方面存在差异，包括由谁施加影响、影响的意图是什么、如何施加影响，以及影响期望达成何种结果。从不同角度定义领导的研究者选择探讨不同的现象，并以不同方式解释其结论，从而形成了本章将要介绍的形形色色的领导理论。本书采用理查德·L. 哈格斯（Richard L. Hughes）等人在《领导学》一书中给出的定义，即"领导是对一个有组织的群体施加影响，以推动其完成目标的过程"。基于这个定义，领导是一个目标导向的行为过程，它的目的在于使人们自愿地、热诚地为实现组织或群体的目标而努力。

将领导职能看成一个专业角色，则承担完成专业领导角色、影响直接下属的个人，被认为是"领导者"。很显然，这一角色在很大程度上与组织职位设计中的各级管理者高度重合。但将领导者与管理者完全等同起来，就可能排除了非正式群体中的领导者，以及领导者对不存在直接互动关系的组织成员的影响力。

如果把领导视为一个人际影响过程，则领导过程不仅涉及领导者个人，而且包括 3 个要素：领导者、追随者及其所处的情境（见图 10－1）。领导者个人无疑是领导过程中最重要的组成部分，我们无法否定一位优秀领导者的重要性，但追随者在任何群体或组织的成功中起着同样重要（但常常被忽视）的作用。在这一关系中，没有追随者就没有领导者。而直接或间接影响领导者-追随者互动过程及成效的情境影响因素，则包括工作任务、组织环境和外部环境等诸多内容。但在领导学的研究和实践中，人们仍将主要的注意力放在领导者身上。

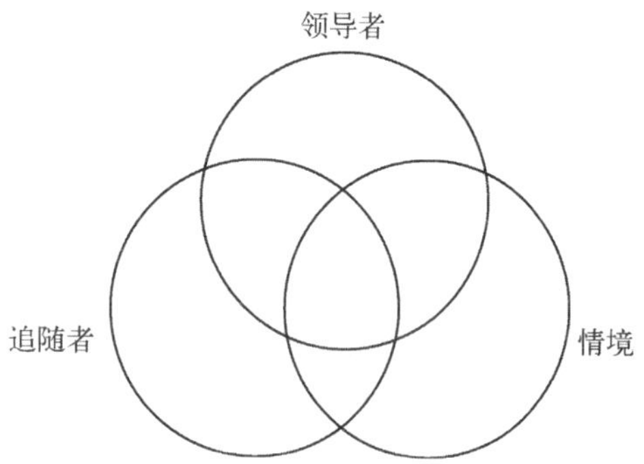

图 10-1　领导的三要素模型

二、领导与管理的区别

人们关于领导与管理的关系，一直存在争议。很显然，一个人可能并非管理者，却是一位领导者（如非正式领导者）。事实上，有些人的头衔虽然是“经理”，但是没有任何下属（如银行的客户经理）。没人认为管理和领导是完全等同的，但关于两者在多大程度上重叠存在明显的分歧。

一些学者认为，领导和管理在性质上是不同的、互斥的概念。其中最极端的观点是，一个人无法同时进行管理和领导。他们认为，领导者和管理者在价值观和人格特质上是存在差异的。管理者重视的是稳定、秩序和效率，他们相对忽视个体、回避风险，追求短期结果。而领导者则重视灵活性、创新和适应性，他们对人和经济结果同样关注，对目标、战略持一种长期的视角。管理者关心事情是如何完成的，他们努力使员工做得更好。领导者关心的是事情对他人的意义，他们致力于使他人在需要完成的最重要工作方面达成共识。本尼斯（Bennis）和纳努斯（Nanus）提出，“管理者是指那些正确做事的人，而领导者则是那些做正确事情的人”。但这种观点并未获得经验实证研究的支持。同时，将管理与领导、管理者与领导者对立起来的类型划分也暗示，管理者通常是无效的。事实上，“管理者”一词是一个被用于大量人群的职位头衔，以负面形象来讽刺这些人不近人情的做法。

另一些研究者承认领导与管理是不同的过程或角色，但他们不认为领导者和管理者是两类完全不同的人。例如，明茨伯格将领导描述为管理者需承担的 10 个角色之一（见本书第一章）。领导包括激励下属、创建有利于完成工作的环境。其他 9 个管理角色（如资源分配者、谈判者）涉及不同的管理责任，但领导被认为是贯穿于其他所有角色的一个基本管理角色。科特（John P. Kotter）指出，管理追求的是可预知性和秩序，而领导追求的是推动组织变革。这两种角色都是必需的，但如果两者无法保持一种适当的平衡，就会出现问题。过于强调管理角色，可能抑制人们承担风险的意愿，组织会成为一个缺乏明确目标的官僚机构。过于强调领导角色，则可能破坏秩序，此时的变革也是难以诉诸实践的。根据科特的观点，领导和管理的相对重要性部分取决于当时的情境。当组织的规模扩大、复杂性增加时，管理的重要性会日益加强。当外部环境的变化和不确定性增加时，领导就会变得更为重要。对于处在动态环境下的大型组织，其高层管理者需要同时承担这两种角色。科特对动态环境下的一些大型企业的研究发现，仅有极少数高层管理者能有效承担这两种角色。

一个更清晰的管理与领导关系的表述，可能是管理是存在于管理者和下属之间的、为生产销售商品或服务而存在的职权关系；领导是存在于领导者和追随者之间、为实现共同追求的真正变革而形成的多维影响关系。领导者和追随者以一种非强制方式交流互动，决定他们期望推动哪些领域的变革，在这一过程中，两者之间相互影响。只有当管理者与下属建立这种类型的影响关系时，管理者才成为领导者。为了有效地生产和销售产品、服务，管理者不一定需要发挥领导角色。但是,当组织中需要实施重大变革时,领导就成为必需的职能,因为单纯的职权往往不足以赢得下属的热诚以及他人(如同事、外部人士)的合作。

大多数的领导学研究者同意,现代组织中的管理者或行政负责人的成功,需要运用领导职能。如何整合这两种过程,是组织理论近期关注的一个复杂且重要的问题。

三、领导者的权力来源

马基雅维利的《君主论》通篇都在谈“权力政治”,现代人在谈及领导时,也将其视为一种权力现象。权力(Power)是指对他人施加影响的能力,或者影响他人的潜力。权力是指引起变化的能力,领导者对他人的行为、态度和信息施加影响,需要有效运用所有类型的权力。

对权力的分类,往往是对不同的权力来源,或对他人或事件的潜在影响力的基础进行的归类。弗伦奇(French)和雷文(Raven)提出了早期的权力分类法,将权力分为5类,即法定权力、奖赏权力、强制权力、参照权力和专家权力。这一分类法后来被拓展,加入了其他类型的权力,如信息权力、生态权力等。

(一) 法定权力

法定权力是指由工作活动的正式权威带来的权力。法定权力的大小取决于个人在组织中的职位,它来自一个人正式的或官方授予的权威。比如,上司可以分配项目,教练能决定谁上场比赛,老师能布置家庭作业并评定分数。拥有法定权力的人凭借其角色和岗位,在权限内发布指令或要求来施加其影响。领导者只有在担任该职位且在适当的职责范围内行事时,才能拥有这一权威。

法定权力的数量与职位层级有关。一般来说,高层管理者拥有比基层管理者更大的法定权力,管理者对下属的权威往往强于对同级、上级或外部人员的权威。领导者的法定权力通常由一些书面文件规定,如组织章程、书面的职位描述,或劳动合同,但通常留有大量含糊的内容。人们不仅评价一项要求或命令是否符合领导者的权威范围,而且评价它与组织或社会系统的基本价值观、原则和传统是否保持一致。

法定权力不是领导力的全部,担任某一职位的管理者未必能成为领导者。有效领导者往往凭直觉就知道,要想成功不能仅仅靠法定权力。在诺曼底登陆前的某次参谋会议上,艾森豪威尔(Dwight David Eisenhower)拉动桌上的一根细绳来说明他关于领导的观点。他说的是,你能拉动细绳而无法推它前行,同样,军官必须领导士兵前行,而不是从后面推着他们走。

(二) 奖赏权力

奖赏权力是指某人因控制着对方重视的资源而具有影响对方的能力。管理者对下属的奖赏权力,可能来自其决定加薪、奖金分配或其他经济激励的权威,也可能来自对实际利益的控制,如职位晋升、更好的工作日程安排、更大的费用预算,以及更高的地位象征(更大的办公室、专用停车位等)。这些分配资源和奖励的正式权威,在不同组织、同一组织内的不同管理职位间,存在相当大的差异。对稀缺资源的控制权,往往更多地赋予高层管理者,而非中基层管理者。高层管理者有权制定向各子单元和活动分配资源的决策,他们也有权审核、调整由下级做出的资源分配决策。此外,奖赏权力不仅取决于管理者对资源和奖励的真实控制权,而且取决于目标对象感知到的行动者履行诺言的能力和意愿。目标对象感知到的行动者奖赏权力,要比行动者对奖赏的实际控制力更重要。

奖赏权力是改变他人态度和行为的一种有效方式,但有时也会带来问题。例如,在激励员工士气的问题上，员工对奖励政策的公平感与奖金数量至少同样重要；下属获得的奖励的类型可能并非其期望的。另外，奖赏权力只能激励下属完成足以获得奖励的绩效水平，但他们可能不愿意承担额外的工作。过分强调用奖赏来回报员工，也可能让员工觉得自己就像提线木偶，在冷漠、隔阂的上下级关系中尤其如此。但瑕不掩瑜，所有这些关于奖赏权力的告诫，都无法否认这种权力具有切实的效力，所有企业都在广泛运用物质奖励和象征性奖赏来激励其员工。

（三）强制权力

与奖赏权力相反，强制权力是指通过负面处罚或剥夺利益来影响他人的能力。换句话说，它利用人们对惩罚或失去所重视的成果的恐惧来控制他人。在理想状况下，每个员工都可靠、士气高涨、努力完成工作目标，但领导者有时必须面对公然对抗、缺乏服从性、制造同事间冲突、无法达到工作标准的下属。此时，领导者就需要运用惩罚手段来改变追随者的行为。运用强制权力的例子包括口头批评、降职、降薪、解雇、罚绕场跑步、失去参加比赛的资格等。值得注意的是，只有视不同情况而施行的负面处罚才被视为惩罚；无论情况如何都施加的负面处罚构成了辱虐对待，而非惩罚。

领导者对下属的强制权力在不同类型的组织中存在很大差异。军事和政治领导者的强制权力通常要超过企业管理者，但总的来说，现代组织中各类领导者所使用的法定惩罚手段都大大减少了，很多惩罚手段不再具有合法性。例如，管理者不能随意解雇员工、教师不能体罚学生等。

（四）参照权力

参照权力是指由于领导者与追随者之间的关系强度而产生的潜在影响。具体做法之一是构建与下属之间牢固的个人纽带。当人们钦佩敬重一位领导者、将其视为行为楷模时，我们就说此人拥有参照权力。例如，学生可能对他喜爱并尊重的老师言听计从，但同一群学生可能漠视其他不受欢迎的老师。这就是参照权力。

参照权力的最强烈形式是涉及"个人认同"的影响过程。为赢得行动者的接受和认可，目标对象可能服从行动者的要求，仿效其行为，并接受与其相似的立场。拥有强参照权力的领导者即使没有主动、有意识地运用这种权力，它也能增加领导者对追随者的影响力。当人际关系以敬爱、友谊和认同为纽带时，追随者可能主动做出自己认为领导者期望的事。

参照权力是对下属、同级和上级影响力的一个重要来源，但它也存在局限性。仅仅基于参照权力做出的要求，其强度往往取决于追随者对领导者的忠诚和友谊的强度。如果要求过于极端或过于频繁，追随者就可能认为自己被人利用，这就会破坏人际关系，并降低领导者的参照权力。

（五）专家权力

组织中个人权力的一个主要来源，是与任务相关的知识和技能，即专家权力是来自知识的权力。关于如何最好地完成某项任务、解决某个重要问题的独有知识，提供了对下属、同级和上级施加影响的可能。例如，一位对他人没有正式职权的外科医生在医院有相当大的影响力，是因为其他人都信赖他/她的知识、技能和判断力。但只有在他人依赖于领导者的建议时，技术诀窍才成为权力的来源。待解决的问题对追随者越重要，拥有专家权力的领导者的权力就越大，特别是追随者无法轻易找到其他建议来源时。

在短期内，他人对领导者技术诀窍的感知比实际情况更重要，领导者或许能在一段时间内伪装成专家，表现得博学自信。但随着时间的推移，追随者对领导者的专业水平的评价会变得更准确。因此，领导者必须发展和保持身为技术专家、具有高可信度的好名声。实际的技术专长来自持续的教育和实践经验。例如，在许多职业中，通过阅读专业技术出版物、参加专业研讨会和讲座,可以及时了解最新的发展。学位证书、执业证照和奖励,也可以证明个人的专业技术水平。但证明专业水平的最可信证据,在于解决重要问题、制定高质量决策、提出合理的建议,以及成功完成有挑战性、受到高度关注的项目。

当领导者的专家权力很强,并被认为是信息和建议的可靠来源时,追随者可能无须任何解释就去执行一项要求。极端的例子是病人按医生的处方服药,并不会对药品是否对症存在质疑。但领导者很少拥有这种程度的专家权力。领导者的技术专长更多地用于提供可信的逻辑推断和证据。

(六)信息权力

对信息的控制力,是另一个重要的领导者权力来源。这种权力包括获得重大信息的能力,以及对信息传播渠道的控制。正式领导者往往有机会获得下属、同事无法直接获得的信息。处于边界角色的职位(如营销、采购、公共关系)更容易获得关于外部环境事件的重要信息。

一些领导者控制着有关外部事件的重要信息流,他们有机会向下属解释这些事件,并影响其感知和态度。某些管理者刻意歪曲信息,以说服人们采取某种特定的行动路线。歪曲信息的例子包括:选择性地编写报告和文件,带有偏见地解释数据,提交虚假信息。某些管理者运用他们对信息传播的控制力,以此强化其专家权力并提高下属的依赖性。如果领导者是唯一"知道正在发生什么"的人,下属就会缺乏证据来质疑领导者所做的某些不得人心的决策。控制信息也使领导者容易掩盖失败和错误,否则领导者精心塑造的专业形象会遭到破坏。

(七)生态权力

生态权力是指领导者有权对物理环境、技术和工作组织方式加以控制,从而间接影响他人的能力。生态权力可以影响人们对机会和约束条件的感知,从而微妙地改变人们的行为,这种形式的影响力有时被称为"情境再造"或"生态控制"。情境再造的一种形式是调整职位设计,如工作丰富化、工作扩大化等,以此提高下属的工作激励水平。此外,还可以改变工作活动的组织方式、组织结构设计,以及组织内部的汇报关系。

情境再造的另一种形式,是控制物理工作环境。例如,设备上的灯光和音频信号可以告知操作者需要进行必要的维护,或者警告操作者中断某些可能导致事故或机器损坏的行为。工作流设计和物理设施的摆放方式,决定了哪些员工可以相互交流,谁在交流互动中采取主动。而机器流水线设定了员工的工作节奏。

以上 7 种权力来源,可以按其来源于职位还是个人,分为职位权力和个人权力两类(见表 10-1)。

表 10-1 职位权力和个人权力

职位权力	个人权力
法定权力	参照权力
奖赏权力	专家权力
强制权力	
信息权力	
生态权力	

第二节 早期的领导理论

自20世纪初，研究者开始关注和研究领导问题以来，他们重点研究的是两个问题：(1) 领导者的特定个人属性是否有助于或阻碍其发挥领导效力？(2) 领导者的哪些行为可以用于区分其领导效力的高低？对前一个问题的回答，构成了早期的领导特质理论；对后一个问题的回答，构成了早期的领导行为理论。

一、领导特质理论

领导特质理论希望用领导者在个人外在特征、人格、智力或创造性上的差异来解释领导者在行为选择和领导成就上的差异，发现领导者有别于非领导者(追随者)的个人特点或特质。早期的领导特质理论也被称为伟人论(Great Man theory)。

伟人论的根源可以追溯到20世纪初叶，当时很多领导研究者和大众报刊认为，领导者和追随者之间存在本质差别。这一观念产生了数以百计的研究，分析特定的人格特质、生理属性、智力、个人价值观能否将领导者与追随者区别开来。拉尔夫·斯托格第尔是第一位对前人研究加以总结整理的研究者。他在全面研究了关于有效领导应具备的特质方面的文献后，总结了与领导有关的个人因素，具体如下：

(1) 5种身体特征，如精力、外貌、身高、年龄、体重等；

(2) 2种社会性特征，如社会经济地位、学历等；

(3) 4种智力特征，如果断性、说话流利、知识渊博、判断分析能力强等；

(4) 16种个性特征，如适应性、进取心、热心、自信、独立性、外向、机警、支配力、有主见、性急、性慢、见解独到、情绪稳定、作风民主、不随波逐流、智慧等；

(5) 6种与工作有关的特征，如责任感、事业心、毅力、首创性、坚持、对人的关心等；

(6) 9种社交特征，如能力、合作、声誉、人际关系、老练程度、正直、诚实、权力的需要、与人共事的技巧等。

针对这些巨细无遗的研究结论，斯托格第尔提出了两个主要推论：首先，领导者在个人特质上与追随者并没有本质差异，很多追随者也同样身材高挑、精明能干、外向、雄心勃勃，这与领导他们的人并无二致；其次，有些特性，如智力、主动性、压力容忍度、责任感、友善和支配力，与领导成功之间存在一定的关联，换句话说，精明、努力工作、认真尽职、友善、愿意负责任的人在领导过程(包括构建团队、影响群体达成其目标)中，通常比不太精明、懒惰、冲动、性情暴躁、不喜欢下达命令的人更成功。拥有“正确的属性”不能确保领导成功，但它的确能增加领导者成功影响群体完成目标的概率。

后来的研究也得出了同样的结论，即拥有正确素质的领导者更有可能成功，但单靠个人特质无法有效识别领导者，领导者与追随者之间不存在本质差异。领导特质理论无法指出哪些特质是领导者所必需的，也无法对各种特质的相对重要程度做出客观的评价，因而并不存在一套能将领导者和非领导者区分开来的领导者特质。

因此，从20世纪40年代后期到60年代中期，领导研究转而关注领导者偏好的行为方式，并期望用有效领导者的行为模式来解释其在领导效力上的差异。

二、领导行为理论

领导过程的核心是领导者在组织中的权力运用。在影响他人的过程中,领导人对所获得的权力的运用方式称作领导方式或领导风格(Leadership Style)。在人类历史上,记载了领导人各种不同的领导风格,从强制、威胁和要求到花言巧语、恳求、贿赂和乞求,从彻底的独裁至完全的民主,各种领导方式形成了一个连续统一体(Continuum)。行为理论的研究者希望,这一理论视角能就领导本质得出更明确的答案。

(一) 领导行为的连续统一体理论

坦南鲍姆(Robert Tannenbaum)和施密特(Warren Schmidt)在 1958 年 3 至 4 月号的《哈佛商业评论》上发表了《怎样选择领导模式》一文,提出了"领导行为连续统一体"理论。他们指出,领导行为是包含各种领导方式的连续统一体。在独裁式的领导行为和民主式的领导行为这两种极端的领导方式中间,还有多种领导方式。在其模型中列举了 7 种有代表性的领导风格(见图 10-2)。

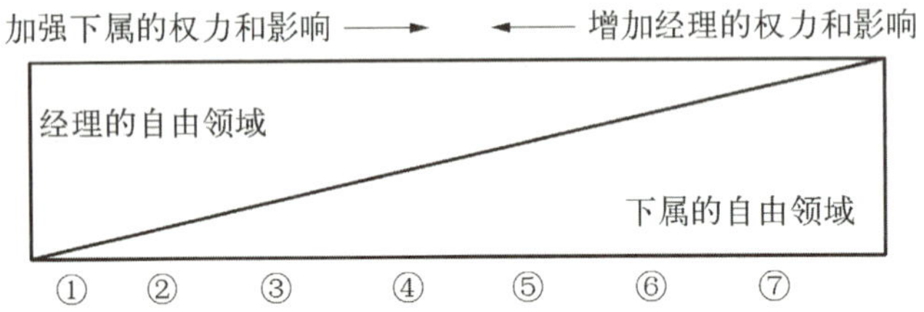

注:① 经理做决策,由下属执行;
② 经理做决策,但在下属接受决定前做适当解释;
③ 经理提出决定,但对下属的问题必须回答、解释;
④ 经理提出决定的设想,交下属讨论修改;
⑤ 经理提出问题,并征求下属的意见和建议,然后做出决定;
⑥ 经理规定界限,再征求下属的意见和建议,然后做出决定;
⑦ 经理和下属在组织限定的范围内共同做出决定。

图 10-2　领导风格序贯(连续统一体)

在组织中,有的管理者运用职权做出各项决定,然后由下属接受这些决定;也有的管理者相反,他们和下属在规定的范围内和下属共同做出决定。但是,在连续统一体的两端之间还存在很多种不同的领导行为方式。领导的方式往往取决于 3 个主要因素,包括管理者(如他们的价值观系统以及对下属的信心)、下属成员(如他们对管理者行为的期望)和他们所处的情境(如组织的价值观和传统)。用公式概括如下:

$$领导风格 = f(领导者,下属,处境)$$

管理者和非管理者的权力和影响力都受他们所处的组织和社会环境的影响。

(二) 俄亥俄州立大学的领导者行为研究

俄亥俄州立大学的研究团队开发出了一系列问卷来度量工作情境下的不同领导行为。这些研究者最开始收集了超过 1 800 项描述不同类型领导行为的问卷题项。这些题项被压缩为 150 句陈述,用于开发领导者行为描述问卷(Leader Behavior Description Questionnaire,LBDQ)。为了获得某位领导者的行为信息,需要下属就领导者在多大程度上表现出下列行为给出评级：

（1）他让下属了解自己在何时很好地完成了工作。

（2）他设定了明确的绩效期望。

（3）他对下属的个人需要表示关心。

（4）他使下属觉得轻松自在。

在分析来自上千名下属的问卷时，研究者对所有不同题项回答的统计模式显示，可以用两个独立的行为维度来描述领导者，即关怀维度（consideration）和结构维度（initiating structure）。关怀维度是指一位领导者对下属的友善和支持程度。高关怀的领导者会采用多种不同行为来表达其支持和关心，比如为下属的利益大声疾呼、关心他们的个人情况、表现出对他们工作的赞赏。结构维度是指一位领导者强调达成工作目标和完成任务的程度。高结构的领导者会从事多种不同的任务相关行为，如指定截止期限、确定绩效标准和监督绩效水平。

（三）密歇根大学的领导行为研究

在俄亥俄州立大学研究的同一时间，密歇根大学的研究者在进行领导行为研究。他们没有描述领导者在工作环境下表现出的多种行为，而是想找出对有效团队绩效做出贡献的领导行为。他们的结论是，有 4 类领导行为与有效团队绩效相关：领导者支持、相互促进、强调目标和工作促进。

领导者支持和相互促进是员工中心维度（employee-centered dimensions）的行为。“领导者支持”是指领导者表现出的各种关心下属的行为；“相互促进”是指领导者为了消除、尽量减少追随者间的冲突而做出的行为。强调目标和工作促进是工作中心维度（job-centered dimensions）的行为。“强调目标”行为关注的是激励下属完成未来的任务，而“工作促进”行为关注的是阐明工作角色、获取和分配资源、协调组织冲突。密歇根大学的研究者也开发出一份名为组织调查表（Survey of Organizations）的问卷，评估领导者在多大程度上表现出这 4 个维度的领导行为。

尽管俄亥俄州立大学和密歇根大学的研究在领导行为分类上有相似之处，但这两个机构的研究假设存在基本差异。密歇根大学的研究者认为，员工中心型和工作中心型的行为处于领导行为这一连续区间的两端。领导者在理论上可以表现出较强的员工中心行为或工作中心行为，但不能同时表现出这两种行为。与此相反，俄亥俄州立大学的研究者相信，关怀维度和结构维度是独立的两个连续区间。因此，领导者可以同时表现为高结构和高关怀，或者两个维度都低，或者一个维度高、一个维度低。因此，这两个机构的研究者感兴趣的问题，可以分别表达为：

俄亥俄州立大学研究者：那些既表现出高任务导向，又表现出高人员导向行为的领导者，是否比仅表现出高任务导向或高人员导向行为的领导者更有效？

密歇根大学研究者：谁在帮助群体完成目标时更有效，是工作中心型领导者，还是员工中心型领导者？

总的来说，领导行为研究表明，表现出高关怀或员工中心型行为的领导者，下属的满意度较高。但与此同时，行为高度独裁专断的领导者（结构维度的一个方面）更有可能有低满意度的下属。但如果将情境因素纳入考虑，则不存在一套总是与领导成功相关的、普遍适用的领导者行为。这一研究结论促进了本章第三节谈到的领导情境理论的研究。

（四）管理方格理论

俄亥俄州立大学和密歇根大学的领导行为研究描述了领导者实际上在做什么。对这些早期领导行为理论的进一步拓展，产生了一个受到广泛认可的领导概念框架，即管理方格（又称领导方格)理论。管理方格理论由布莱克(Robert R. Blake)和莫顿(Jane S. Mouton)于1964年提出，用一张九等分的方格图组成一个两维矩阵，横坐标表示领导者对生产的关心程度[关心生产(Concern for Production)]，纵坐标表示领导者对人的关心程度[关心人(Concern for People)]。两个维度上的取值是1～9(由领导问卷的测评结果确定)，纵横共组成81个小方格，每一小方格代表一种领导方式，反映了领导者对使用权力和权威将个人与生产联系起来所持的一套独特假设。其中有5种典型的领导风格(见图10-3)。

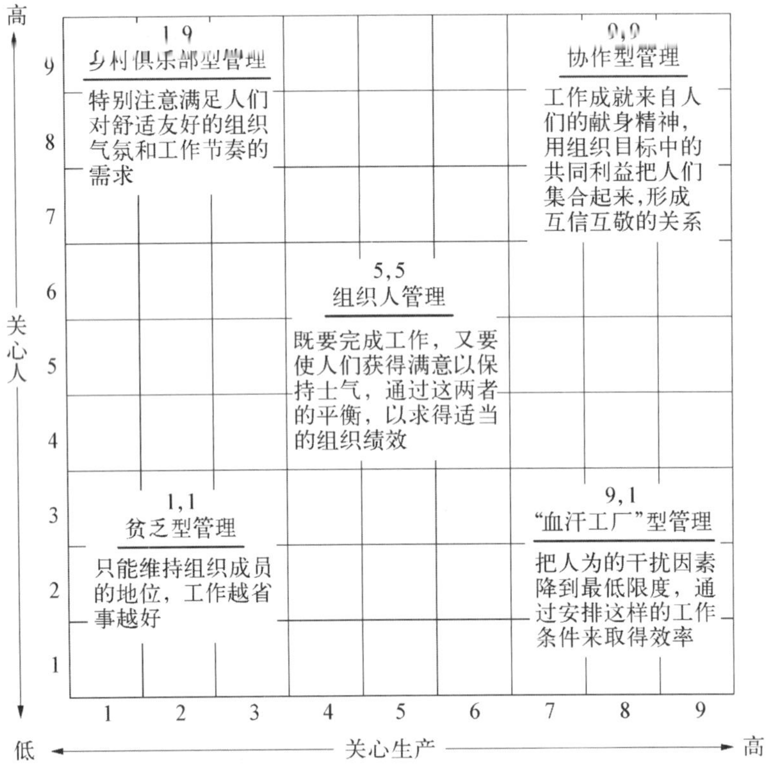

图10-3　管理方格理论

对这5种典型领导风格的具体说明如下：

(1) 贫乏型管理(1，1)：管理者对生产和对人都很少关心。

(2) "血汗工厂"型管理(9，1)：管理者对生产高度关心，但对人则很少关心。

(3) 乡村俱乐部型管理(1，9)：与(9，1)型正好相反，管理者友好待人、态度轻松，但对生产则很少关心。

(4) 组织人管理(5，5)：管理者折中地在关心人和关心生产两者间取得平衡。

(5) 协作型管理(9，9)：管理者对生产和人的关心都有高标准的要求。通过与员工的互敬互信，依靠群体的协作来取得成果。

研究者认为，前4种领导方式都不是最理想的领导方式，从长远看都有弊端；只有协作型(9，9)领导者才是最有效的领导者。但后来的研究对这一结论提出了质疑。有研究者对美国、德国、英国、丹麦、意大利、西班牙、法国和比利时的超过1400名经理人的研究发现，不论在哪个国家，与问题解决、结果驱动相关的领导行为[结构维度，或(9，1)领导风格]总是与领导效力高度相关。高夫(Goff)对美国一家高科技企业中的800位管理者所做的研究表明，花费更多时间构建关系的经理[关怀维度或(1，9)型领导风格]会有满意度较高的追随者，员工的离职可能性较低。同样地，其他研究者也提供了强有力的证据，说明高关怀维度的行为能降低员工的流动水平。这些研究表明，最有效的领导风格可能与使用何种标准来评判领导效力相关。另外，智睿咨询发布的一项涉及 15 000 位全球领导者的大型研究报告称，17%的高级管理者显示出高执行力(关注结果)，同时仅有 10%的人表现出高参与技能(关注人)。仅有少数几位领导者同时在两个维度上得分很高，该研究表明(9，9)型领导者可能并不多见，特别是在高阶职位上。

管理聚焦 10－1

两位船长的故事：领导风格重要吗

奥克兰群岛位于新西兰以南 300 英里处。它们孤悬海上，令人望而生畏。150 年前，那些过于接近群岛的船只，面临的是必死的厄运。咆哮而过的环南极气流将船只吹到浅礁上，大多数水手在很短的时间内就溺毙了，那些勉强爬上岸的水手也会死于暴晒和饥饿。很少有人能在这种可怕的条件下幸存。琼·德艾特(John Druett)于 2007 年在《荒岛求生》一书中重现了两群人在 1864 年因船只失事而分别在该岛的两端登陆的故事，这很好地证明了领导风格的重要性。

第一群人由 5 人组成，其领导者是来自英格兰的托马斯·穆斯格雷(Thomas Musgrave)船长。在穆斯格雷船长的鼓励下，所有人组成了一支队伍，他们的共同目标就是生存。在 20 个月的时间里，他们使用失事船只上的剩余物资，建起了小屋、找到了食物、轮流煮饭、互相照顾、制作工具、建起了风箱和熔炉、制作螺丝和钉子，最后建造了一艘能载他们回到安全地带的小船。

与此同时，20 英里外，一艘由乔治·达卡诺(George Dalgarno)船长领导的苏格兰船只也搁浅了，19 个人活着登上了小岛。达卡诺船长极为沮丧，情绪失控，其他人也陷入绝望、无序之中，他们之后甚至开始自相残杀、同类相食。一位名叫罗伯特·霍丁(Robert Holding)的水手试图鼓励他人一起努力，建立住所和寻找食物，但其他水手则威胁要杀掉他，把他吃了。3 个月后，只有 3 个人活了下来，并最终得到营救。

尽管这些事情发生在 150 年前，但这一故事仍与现代领导极为相似。穆斯格雷和达卡诺船长在相似情境下表现出的截然不同的领导行为，对其追随者的情绪、态度和行为产生了迥异的影响，进而导致了两群人不同的命运。

资料来源：Joan Druett. Island of the Lost：Shipwrecked on the Edge of the World[M]. Chapel Hill，N.C.：Algonquin Books，2007。

第三节　领导权变理论

领导权变理论认为，某种领导方式在实际工作中是否有效将取决于具体的情景和场合，领导是一种动态的过程，其有效性将随着领导者的特点及环境的变化而异。下面将介绍当代几种有较大影响的领导权变理论。

一、菲德勒的权变领导模型

菲德勒(Fred Fiedler)最早提出综合性的权变领导模型。菲德勒认为，并不存在一种普遍适用于各种情境的领导模型，有效的团队绩效取决于领导风格与情境因素的合理匹配。他提出了一个"有效领导的权变模型"，其中包含了2种基本领导风格以及由3个情境要素组合成的8种环境类型。领导方式只有与特定的环境类型相适应，才能实现有效的领导。

(一) 2种领导风格

菲德勒确认了2种领导风格：一种为任务导向型(类似于工作中心或结构维度的行为)，另一种为关系导向型(类似于员工中心及关怀维度的行为)。他还认为，领导行为的方式是领导者个性的反映，基本上保持稳定不变。所以，一位领导者的领导风格究竟是任务导向还是关系导向是可以确定的。

菲德勒设计和使用了一个"最难共事者问卷"(LPC)来测定个人的领导风格。接受测试者如果以相对积极的词汇描述最难共事的同事(LPC得分高)，就说明其乐于与同事形成友好的人际关系，属关系导向型；反之，若LPC得分低，其领导风格就可能以关心生产为主，属任务导向型。LPC问卷的具体格式如表10－2所示。

表10－2　LPC问卷格式

设想一个人，此人是你现在的同事或是过去的同事。这个人不一定是你最不喜欢的人，而是你认为最难共事的人，请描述你对这个人的印象。

令人舒服	8	7	6	5	4	3	2	1	令人不舒服
友好	8	7	6	5	4	3	2	1	不友好
抗拒	1	2	3	4	5	6	7	8	接纳
对人有帮助	8	7	6	5	4	3	2	1	令人垂头丧气
不热心	1	2	3	4	5	6	7	8	热心
令人紧张	1	2	3	4	5	6	7	8	令人轻松
疏远	1	2	3	4	5	6	7	8	接近
冷漠	1	2	3	4	5	6	7	8	热情
合作	8	7	6	5	4	3	2	1	不合作
支持	8	7	6	5	4	3	2	1	敌对
讨厌	1	2	3	4	5	6	7	8	有趣味
喜欢争吵	1	2	3	4	5	6	7	8	幽默
自信	8	7	6	5	4	3	2	1	犹豫

续　表

有效率	:—:—:—:—:—:—:—:	无效率
	8　7　6　5　4　3　2　1	
低沉	:—:—:—:—:—:—:—:	愉快
	1　2　3　4　5　6　7　8	
开诚	:—:—:—:—:—:—:—:	设防
	8　7　6　5　4　3　2　1	

(二) 3 个情境因素

菲德勒权变领导模型的另一个重要部分是情境的有利性，即领导者对成员有多强的控制力。领导者对成员的控制力越强，情境越有利。菲德勒认为，情境有利性包括 3 个因素：领导者-成员关系、工作任务结构与领导者的职位权力。

领导者-成员关系，是指领导者与其工作群体间关系的性质。假如双方之间高度信任、互相尊重、互相支持和友好，则相互关系是好的；反之，则关系是差的。

工作任务结构，是指群体工作任务正式化和结构化的程度。如果任务是例行性的、明确的、易于理解和有标准运营流程可循的，就属于高任务结构；反之，如果任务结构复杂、没有先例、没有标准程序或表达含糊的，就属于低任务结构。

领导者的职位权力，是指赋予领导者的与职位相关的权威、职务头衔、奖惩和评价员工的权力。如果该领导对下属员工的工作分配、奖惩及职务升降有决定权，其职位权力就是强的；反之，其职位权力就弱。

(三) 理论模型

将 3 个情境因素组合为 8 种不同的环境类型，就能形成一个情境有利性的连续区间（见图 10 - 4）。研究者发现，对于各种环境类型，只要领导风格与之相匹配，就能取得良好的领导效果。对最有利的情境（Ⅰ、Ⅱ、Ⅲ）及最不利的情境（Ⅷ），采用“任务导向型”的领导方式效果较好；对处于中间状态的情境（Ⅳ、Ⅴ、Ⅵ、Ⅶ），则采用“关系导向型”的领导方式效果较好。

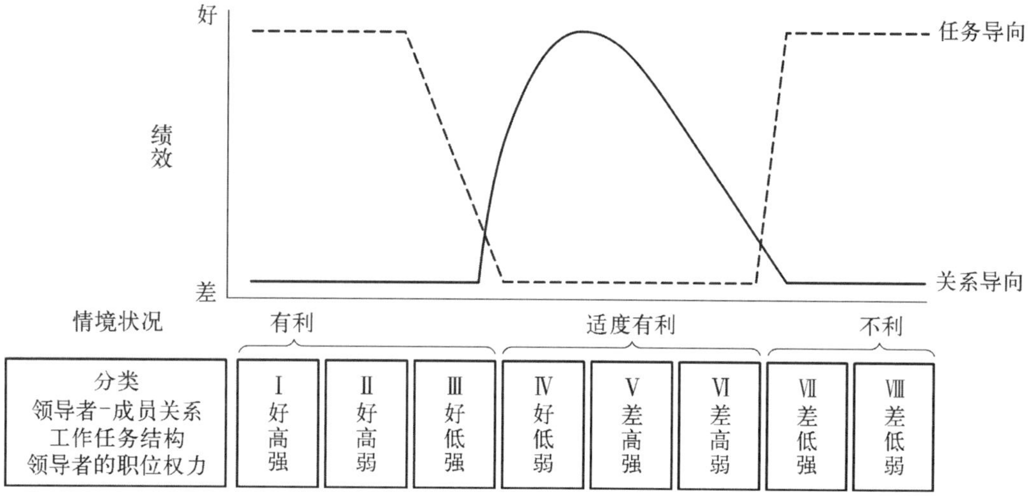

图 10 - 4　菲德勒权变领导模型

菲德勒的权变领导模型有几点有趣的启示：首先，由于领导者长期积累形成了自己独特的激励层次和主导行为倾向，因此菲德勒相信很难通过培训来改变领导者的领导风格。更好的做法是通过培训向领导者表明如何认识并改变关键性情境特征以更好地适应自己的领导风格，这将使培训更加有效。因此，领导培训的内容应当强调情境工程，而不是领导者行为的灵活性。其次，如果组织能使领导风格(用 LPC 分值度量)与所属的环境类型(情境有利性)相匹配，则也能有效改善组织效力。这些建议表明，在不匹配的情境下，高 LPC 领导者或低 LPC 领导者应当做的，要么是改变情境，要么是调动工作，到更适合自己的激励层次和行为模式的岗位上去。

二、情境领导理论

领导者并非总是以同样的方式来领导其下属，这一点明显与菲德勒理论的假设不同。例如，领导者可能对有经验且干劲十足的下属提出一般性的指示或目标，但花费大量时间来指导和培训入职不久的新人。由此产生的问题：是否存在一种最优方式来调整领导者对不同下属的领导行为？如果存在这种最优方式，领导者应该如何确定其行为选择。由科曼(A. K. Korman)于 1996 年首先提出，后由赫塞(Hersey)和布兰查德(K. Blanchard)进一步予以发展的情境领导理论致力于回答这两个问题。该理论认为，有效的领导者应根据下属的成熟度以及情境的需要而采取不同的领导风格。

此理论模型与俄亥俄州立大学的领导行为分类相类似，把领导行为分为任务行为和关系行为两类，但又加上了第三个因素，即下属的成熟度。这里所谓的“成熟度”不是用年龄或生理状态来衡量，而是指心理和工作的成熟度，包括：(1) 有取得成就的意愿(制定高目标，且能完成)；(2) 乐于承担责任，并有独立工作的能力；(3) 有适当的教育背景和经验，以及针对具体工作的技术技能。

根据这一理论，“高任务、高关系”的领导者不一定总是有效，“低任务、低关系”的领导者也不一定总是无效。领导的有效性应按照下属的成熟度，具体情况具体分析。图 10－5 为赫塞和布兰查德设计的情境领导模型。

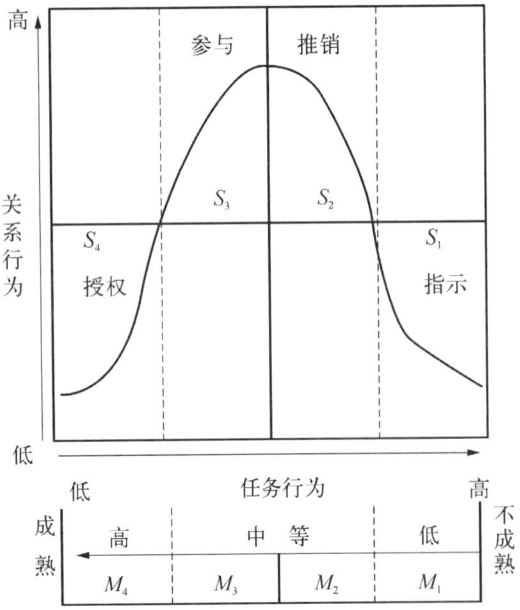

图 10－5 情境领导模型

图 10－5 中，横坐标表示关心任务完成的行为(任务行为)，纵坐标表示关心人的支持性行为(关系行为)，第三个坐标则表示成熟度。根据下属的成熟度水平(从 M_1 到 M_4)，有 4 种不同的情况，这样成熟度、任务行为及关系行为之间存在一种曲线关系，随着下属成熟度的提高，领导风格(从 S_1、S_2、S_3 至 S_4)应按顺序逐步转移。这 4 种不同的领导方式分别为：

S_1——高任务、低关系(指示型领导风格)；

S_2——高任务、高关系(推销型领导风格)；

S_3——高关系、低任务(参与型领导风格)；

S_4——低关系、低任务(授权型领导风格)。

低成熟度(M_1)的员工通常缺少工作经验，不能也不会对工作主动承担责任，此时应使用 S_1 领导风格，领导者可以采取单向沟通的方式，明确规定员工的工作目标和工作规程，告诉他们做什么、如何做、在何地、何时完成。

成熟度不高(M_2)的下属虽然已经了解工作内容，也愿意担负起工作责任，但他们仍然缺乏必备的工作技能，不能完全胜任工作，此时 S_2 领导方式更有效，领导者应以双向沟通的方式给予直接指导，并为员工的工作意愿和热情提供情感支持。在这种领导方式下，通常仍由领导者做出绝大多数工作决策，但领导者需要把这些决定向下属推销，通过解释和说服以获得下属心理上的支持。此时的管理者应充分信任其下属，并不断给予鼓励。

在下属成熟度较高(M_3)时，他们不仅具备了工作所需的技术和经验，而且有完成任务的主动性并乐于承担责任。由于下属已能胜任工作，因此不希望领导者过多的控制与约束，此时领导者应减少过多的任务行为，以双向沟通和耐心倾听的方式加强交流，鼓励下属共同参与决策，继续提高对下属的情感支持，而不必指导下属的具体工作。因此，高关系、低工作的领导方式(S_3)是恰当的。

授权型领导风格(S_4)，即低工作、低关系的领导风格，适用于高成熟度(M_4)的下属。下属不仅具备了独立工作的能力，而且愿意并有充分的自信来主动完成任务、承担工作责任。此时，领导者应充分向下属授权，放手让下属自行决定何时、何地和如何做的问题。

情境领导理论为领导权变理论提供了又一个有用且易于理解的模型，该理论强调不存在一种能适合各种不同的情境的万能领导方式，领导风格需要配合下属目前的成熟度，并帮助他们发展。领导者不应以同样的方式对待全体下属。

三、路径-目标模型

路径-目标模型由加拿大多伦多大学的埃文斯(Evans)和豪斯(Robert House)提出，以期望理论为依据，提出领导者的主要职能是为下属提供在工作中获得满足需要的机会，并为下属搞清哪些行为能导致目标的实现并获得有价值的奖励。简言之，即领导者应指明达成目标的途径。

(一) 领导行为

豪斯认为“高任务”和“高关心”的组合不一定是最有效的领导方式，还需考虑环境中的权变因素。他提出了 4 种领导行为：

(1) 指令型领导行为。让下属明确任务的具体要求、怎么做及如何安排工作日程，这些决策都由领导做出。

(2) 支持型领导行为。与下属友善相处，关心下属的福利，公平对待下属。

(3) 参与型领导行为。与下属商量，征询下属的建议，允许参与决策。

(4) 成就导向型领导行为。提出有挑战性的目标，要求下属有高水平的表现，鼓励下属并对下属的能力有充分的信心。

与菲德勒理论不同的是，路径-目标理论认为领导者的风格和行为可以改变，以适应特定的情景。有时，一个领导者可以根据不同的情境采用不同的领导方式。

(二) 情境因素

与其他领导权变理论一样，路径-目标模型提出领导方式要适应不同的情境因素。该模型特别关注两类情境因素：一类是下属的个人特性，另一类是工作场所的环境特点。

1. 个人特性

个人特性主要包括下属对自身能力的认识及其控制点[①]这两个重要特点。假如下属认为

① 心理学用语，是指人们对自己行为所造成的结果究竟主要是受外因还是受内因控制的一种认识。

自己能力不强，他们就会更喜欢指令型领导；反之，有的人自视甚高，则可能对指令型领导行为表示不满。控制点也是一种个性特征，有内控倾向的人认为“我命由我不由天”，有外控倾向的人往往把一切归因于运气、命运或外部制度。持内因决定论的人喜欢参与型领导，持外因决定论的人则喜欢指令型领导。领导者虽然很难影响和改变下属的个人特性，但可以进行情境再造，或针对不同个人特性的下属采取不同的领导风格。

2. 环境特点

环境因素非下属所能控制，它包括任务结构、职权制度和工作群体的情况。当任务结构很明确时，采用指令型领导行为效果比较差，对于一些日常工作，人们并不需要上司喋喋不休地吩咐如何去做。职权制度是另一个重要的环境特点，如果正式职权都规定得很明确，下属就会更欢迎非指令型领导行为。工作群体的性质也会影响领导行为，如果工作群体为个人提供了社会支持和心理满足，支持型领导行为就显得多余了；反之，个人则会向领导者寻求这类支持。基本的路径-目标模型如图 10－6 所示。

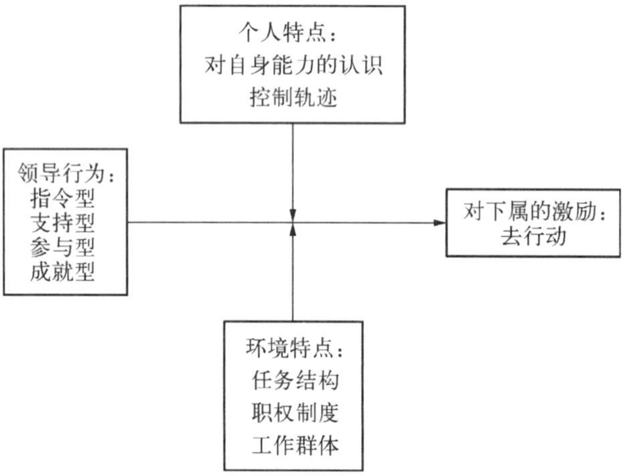

图 10－6　路径-目标模型

图 10－6 表明，领导者的行为会影响下属的工作动机，而个人特性和环境特点也会影响这种关系的性质。路径-目标理论认为，领导者应该首先评估情境，选择与情境需要相符的领导行为。通过表现出合适的行为，领导者可以提高追随者的努力-绩效期望、绩效-报酬期望或成果的效价判断。这些更高的期望和效价会增进下属投入的努力和获得的报酬，进而会提高下属的满意度、绩效水平和对领导者的接受度。

举个例子可以看出路径-目标模型的复杂机制。假设有一群下属加入了一个新设立的部门，他们不清楚所在职位的要求(下属面对的任务结构化水平低)。根据路径-目标模型，领导者应表现出高指令型行为来减少追随者的角色模糊，直接告知追随者该做什么、怎么做，这会使努力与绩效的联系更明确，进而使追随者投入更大的努力。类似地，领导者也可能观察到下属的绩效表现不佳，领导者对环境因素的分析使其得出结论，认为目前的情境没有提供使下属改善绩效的激励。此时，领导者可以使用指令型行为来提高报酬的价值(或效价)，进而提高追随者的努力水平和绩效。

四、领导与决策模式

领导与决策模式又称弗鲁姆-耶顿模式，是由弗鲁姆(V. H. Vroom)和耶顿(P. H. Yetton)

两位教授于 1973 年提出的。这一模式探讨了各类不同的领导者、追随者和情境因素如何影响决策过程中的下属参与度。

该理论认为，决策的有效性可以用决策的质量和接受度来衡量。决策的质量客观上影响了下属的绩效，而下属对决策的接受度又将影响他们对此项决策的执行和负责程度。为了提高决策效果，此模式建议管理者根据不同的处境，可在 5 种决策方式中选择一种。具体如表 10－3 所示。

表 10－3　弗鲁姆-耶顿模式的决策方式

决策方式	定　　义
独裁方式Ⅰ(A_1)	领导者独自做决定
独裁方式Ⅱ(A_2)	领导者向下属取得资料，然后独自做决定，下属不一定被告知决策情况
协商方式Ⅰ(C_1)	领导者以个别接触的方式，让下属了解情况，征求下属的意见并获取信息，再由领导者自行决定
协商方式Ⅱ(C_2)	领导者和下属一起讨论问题，征求集体的意见和建议，但决定仍由领导者做出
集体决策方式(G)	领导者和下属共同讨论问题，一起提出并评估各备择方案，最后由集体来做决定

领导者在决定采取哪一种领导决策方式时，可根据 7 种不同的情景因素，回答下述 7 个问题：

(1) 在此决策形式中是否有质量上的要求？如果有此要求，则领导者就寻求一个能提供所需质量的方案。

(2) 领导者是否有足够的信息来做出高质量的决策？如果没有，那么在一定程度上让下属参与显然是合适的。

(3) 决策形式结构是否明确？即领导者是否明确需要哪些信息，以及决定如何来获得这些信息。

(4) 下属是否接受决策对有效地贯彻执行此决策很重要吗？如果回答是肯定的，则下属应参与决策。

(5) 领导者单独做出决定，下属会接受吗？如果答案是否定的，则应让下属更多地参与决策。

(6) 下属是否知道此决策与达成组织目标的联系？

(7) 如果采用所选的方案，在下属中是否会引起矛盾？

上述前 3 个问题主要针对如何确保决策的质量，而后 4 个问题则强调增强下属对决策的接受程度。弗鲁姆和耶顿认为，通过对上述 7 个问题不同的回答将组合成各种情景，运用“决策树”的办法，领导者可相应地选择各种领导决策方式(见图 10－7)。其中 A_1、A_2 为集权方式(或称独裁方式)，C_1、C_2 为协商方式，G 为集体决策方式。

领导者顺次用“是”与“否”回答问题(1)至(7)，每种回答按下面的“决策树”建议的特定路径(其中有些问题的答案会排除提出另一些问题的可能性，从而导向不同的路径)，最终形成 13 种不同的情境，每种情境都列出了各自对应的领导决策风格，有些路径的终点有不止一种风格可采用，在这种情况下，领导者可以选择最省资金、用时最少的那种风格。在实践中，此模型已取得了很好的效果，虽然有关人类行为的规范模型不可能是十全十美的，但是，此模型给领导者提供了一种改进决策过程的有用方法。

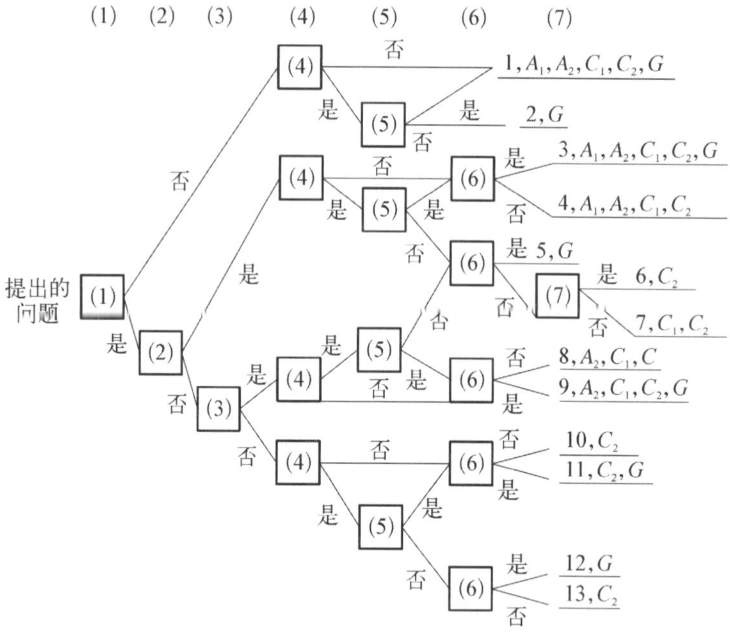

图 10－7　弗鲁姆-耶顿模型

第四节　领导者与变革

今天的组织面临 VUCA 的商业环境，在组织通向成功的道路上，充斥着大量由新技术、全球化、社会变动和政策环境调整、竞争者威胁、消费者偏好改变而产生的机会与挑战。领导变革可能是任何一个组织领导者面对的最困难问题，但这也是区分领导者和管理者、平庸领导者和杰出领导者的最关键因素。最优秀的领导者是那些能识别出阻碍或促进变革的各类影响因素，能描绘引人入胜的未来愿景，并能构建和执行计划，使愿景由梦想变为现实的人。

关于组织变革的管理，详见本书第十四章。此处将关注点放在为了成功领导大规模的组织变革，领导者需要如何运用自己的权力和影响力上。与这类变革有关的领导风格，包括魅力型领导和变革型领导。这些领导者的超凡魅力、英雄素质以及吸引力往往对追随者有不同寻常的惊人效果，也会引发重大的组织、政治或社会变革。

一、魅力型领导

在 20 世纪 70 年代中期以前，魅力型领导的研究主要是由历史学家、政治学家和社会学家完成的。在这些早期研究中，马克斯·韦伯关于领导者的超凡魅力和由此形成的魅力型权威，无疑是最重要的思想成果(见本书第二章第四节)。简单来说，韦伯认为社会中存在 3 种类型的权威制度：传统权威、法理权威和魅力型权威。与基于传统或法律规章而确立的权威不同，魅力型权威是指人们获得权威是因为他们具有堪为典范的个人特征。魅力型领导者被视为具有超人素质或神授的权力，与普通的凡夫俗子明显不同。在这一制度中，权威的核心在于拥有这些非凡素质的个人，而非血统或法律规定。根据韦伯的观点，魅力型领导者往往来自社会边缘，在发生重大的社会危机时以领导者身份出现。这些领导者使社会既关注它面对的问题本身,同时也关注由该领导者提出的革命性解决方案。因此,魅力权威制度往往是某种变革或革命的结果。魅力权威制度往往导致突然的、激进的,有时是剧烈的变化,其存在时间往往较短。为使追随者相信自己拥有超人的素质,魅力型领导者必须建立起成功的形象;任何失败都将使追随者质疑领导者拥有的超人素质或神授权力,进而侵蚀领导者的权威。

多位历史学家、政治学家和社会学家对韦伯的魅力型权威制度框架进行了评述。但在所有评述中,围绕韦伯理论的最大争议可能是魅力型领导的核心是什么。超凡魅力主要是领导者面对的情境或社会环境的结果,还是存在于领导者的杰出个人素质中,或是存在于魅力型领导者和追随者之间的牢固关系中?对前者的支持性证据,表现在几乎所有大规模政治、社会或组织变革的领导者都有一个共同特性——他们都拥有领袖魅力。魅力型领导者是充满激情、驱动力很强的人,他们指出现状中存在的问题,并描述引人入胜的不同的未来愿景。通过该愿景,他们在追随者中激起高度兴奋或不满,并与之建立起特别牢固的情感依附关系。有强烈吸引力的愿景、激烈的情绪层次和强化的个人依附相结合,往往会促使追随者付出更大努力来推动组织或社会变革。但魅力型领导者激发出的热诚和激情似乎是一柄“双刃剑”。一些魅力型的运动可能导致积极的、相对和平的组织或社会变革,而当激情被用于自私或个人利益时,它对社会或组织有着同样强大的破坏力。

多位研究者认为,在一位拥有杰出素质的领导者被视为魅力型领导者之前,社会情境必须足以使追随者认识到这些领导者素质的重大价值。但另一些研究者则认为,魅力型领导主要是领导者个人杰出素质的产物,而非情境的产物。这些素质包括拥有非凡的远见、向他人表达远见的雄辩修辞技巧、使命感、高度的自信和智力,以及对追随者的高水平期望。但对魅力型领导的试金石是追随者对领导者的反应,领袖魅力只属于与追随者建立起特别强烈的情感依附关系的领导者。

在过去三十多年间,领导的研究者投入巨大热情探讨了魅力型领导的各个方面,包括跨文化、性别、继任、领导者、追随者、情境和绩效等。从这些研究努力中我们了解到,魅力型领导是既普通又不寻常的。说它普通,是因为它几乎在每一种文化的各个社会阶层中存在;但它也是不寻常的,因为大多数位高权重的人不被视为魅力型领导者。并且,研究也发现,尽管魅力型领导往往会带来大规模的组织变革和更高水平的组织绩效,但几乎没有证据表明,组织变革对绩效的积极影响在这些领导者离去后仍持久存在。有些研究者甚至发现,魅力型领导者并没有带来更高的组织绩效,但他们的确为自己赢得了更高的收入。这类领导者很善于吸引他人的关注、提高个人声望,以及改变他们各自所在的组织,但很多变革并没有产生组织绩效的明显改善。显然,为了推动积极的组织变革,需要的不仅是魅力型领导者。

二、交易型领导与变革型领导

专注于研究国家政治领域领导力的伯恩斯(James M. Burns),使围绕着魅力型领导的争论发生了戏剧性的转变。伯恩斯相信,领导力可以表现为以下两种形式:交易型领导和变革型领导。

当领导者和追随者以某种交换关系来满足需要时,就会出现交易型领导。这种交换在本质上可能是经济、政治或心理方面的,包括用工作换得金钱、用选票换得政治上的好处、用忠诚换得关怀等。交易型领导相当常见,但它往往是短暂的,一旦交易完成可能就没有持久的目标可以维系这个群体。伯恩斯也指出,尽管这种类型的领导可能相当有效,但它无法导致组织或社会层面的变革,而是倾向于维持现状并使其合法化。

变革型领导通过吸引下属对价值观和更高目标的追求来改变现状。变革型领导者会阐明现存的问题,并形成关于新社会或新组织构想的一个引人注目的愿景。这一新的社会愿景与领导者和追随者的价值观紧密相连,它代表着与其价值观体系高度契合的理想状态。根据伯恩斯的看法,变革型领导最终成为一种道德实践,是因为它将提高人们的行为标准。这意味着,可以根据对“领导者推动的变革是增进还是阻碍了组织或社会的发展?”这一问题的回答,来判断变革型领导的存在。变革型领导者也擅长重构问题,他们会指出,如果追随者实现了领导者的未来愿景,他们面对的问题就会迎刃而解。这些领导者也向追随者传授如何凭借自身能力成为领导者,并鼓舞他们在变革过程中发挥积极作用。

所有的变革型领导者都有超凡的魅力,但并非所有魅力型领导者都是变革型领导者。变革型领导者之所以具有超凡的魅力,是因为他们能清楚地阐述其引人入胜的未来愿景,并与追随者形成强有力的情感依附关系。然而,这些愿景和关系是与追随者的价值观体系高度一致的,能帮助追随者满足其个人需要。有些不属于变革型领导者的魅力型领导者可以表达一种愿景,也能与追随者形成牢固的情感纽带,但他们这么做是为了满足自己(领导者)的需要。魅力型领导者和变革型领导者都会努力进行组织或社会变革,两者的差异在于变革是为了领导者的利益,还是为了追随者的利益。最后,变革型领导者总是充满争议的。伯恩斯表示,变革型领导总是涉及冲突和变革,并且,变革型领导者必须乐于伸开双臂迎接冲突,表现出高度的自我牺牲精神,不过于敏感,并保持对其终身事业的专注。

在伯恩斯的理论基础上,阿维利奥(Avolio)和巴斯(Bass)也提出了自己的交易型和变革型领导理论。与伯恩斯认为交易型和变革型领导是一个连续区间的两个端点不同,巴斯和阿维利奥将这两个概念看成独立的领导维度。因此,领导者可以是变革型和交易型的、交易型但非变革型的等。由于巴斯设计了一套问卷来评估领导者在交易型与变革型领导维度上的位置,因此关于变革型领导者的大部分研究是基于巴斯对变革型和交易型领导的理论框架来进行的。整合这一领域的研究可以发现一些重要结论:首先,变革型领导者在推动组织变革方面更成功,因为追随者的情绪层次得到了提升,并乐于朝实现领导者愿景的方向努力工作。与之相对,交易型领导者既不具备上面所说的领导者特性,不能形成与追随者之间的强情感纽带,也无法鼓舞追随者超越自我。交易型领导者通过设置目标,承诺对期望的绩效给予奖励来激励下属。其次,交易型领导者虽然对下属的满意度和绩效水平也可能有积极影响,但由于时间约束、缺乏领导技能、领导者不相信奖励会促进绩效等原因的存在,这类行为往往未得到充分运用。最后,交易型领导只会使现状更持久,领导者使用的奖励不会导致与变革型领导相关的长期变革;而变革型领导者可以实现更好的成果,是因为他们提高了追随者对目标及其实现途径的意识,他们说服追随者为了整个群体的利益采取行动,而且他们的未来愿景也有助于追随者满足更高层次的需要。

这些研究的确提供了有力证据支持一个观点:变革型领导者在大规模的社会或组织变革中是有效的。

与变革型领导相关的一个重要实践问题是,变革型领导者有什么个人特性?与之相对,组织变革中其追随者和所在的情境又有何种共性?领导学研究者对此投入了大量精力,他们相信这类研究有助于通过甄选或培训变革型领导者来推动更高层面的组织变革。

(一) 变革型领导者的特性

1. 愿景

变革型领导者都是未来导向的,他们感知到当前的运作方式和可能的(或应该的)运作方式之间的差距，认识到当前现状的缺陷，并提供充满想象力的愿景来消除这些缺陷。这些引人入胜的愿景对追随者的努力有激励和整合作用，它有助于推动更高的组织匹配和变革水平，并使追随者取得更高绩效。看似吊诡的是，变革型领导者愿景的魔力往往在于，在面对越复杂的问题时，就会有越多的人受到简单解决方案的吸引。

2. 雄辩的口才

除了拥有愿景，魅力型领导者在共享愿景上也天赋卓越。变革型领导者往往拥有卓越的演讲修辞技能，能提升追随者的情绪层次，激发他们接纳这一愿景。事实证明，变革型领导者的演讲内容和演讲方式极端重要，他们广泛运用隐喻、类比和故事，而非抽象的、缺乏色彩的理性说教来重构问题，说明观点。

3. 个人形象和培养信任

变革型领导者通过某种个人形象(image)，即看上去坚不可摧的自信、高度的道德信念、个人亲身示范和自我牺牲，以及非传统的策略和行为，增进对本人领导力和目标实现可能性的信任。在他人眼中，他们有着不同寻常的见识和能力，并能以符合组织愿景及追随者价值观的方式做事。

4. 个人化领导风格

变革型领导的一个最重要方面，是领导者权力来源的个人属性。即使领导者占据了正式的组织职位，领导者与下属之间也仍存在牢固的个人联系。正是这种个人化领导风格使追随者有一种明显的赋权感。变革型领导者擅长发现社交线索，更倾向于进行情绪化表达，特别是通过非语言渠道，如眼神接触、姿势、动作、手势、声调和面部表情来表达。变革型领导者也致力于提升下属的自信心，并创造出一种提高其预期和正面情绪的环境。

(二) 变革型领导的追随者特性

仅仅用领导者的个人特性来界定变革型领导看似简单直接，但人们发现很多拥有这类属性的领导者并没有被视为变革型领导者。在现实中，超凡的魅力更有可能源于追随者对领导者的反应，而非源于领导者的个人特性。如果追随者不接受领导者的愿景，或者不能在情感上依附于领导者，则后者不会被认为是变革型领导者。因此，超凡的魅力存在于旁观者心中，它是部分追随者对领导者表现出的特别强烈的情感反应、认同和信念。变革型领导过程中的追随者，具体会表现出以下特征：

1. 对领导者和愿景的认同

追随者表现出对变革型领导者的强烈爱戴，以及追随者与领导者具有相似的信念，是变革型领导过程中明显可见的追随者特征。这种对领导者个人的认同，以及对一个超越自身的目标或活动(“事业”)的共同心理投资，将追随者与领导者绑在一起。行事风格与领导者相似、得到领导者的赞同，变成了追随者个人自我价值的一个重要部分。

2. 提升情绪层次

变革型领导者能激发出追随者的情绪。情绪往往是推动大规模变革活动的助燃剂，变革型领导者往往会尽最大可能来保持这种情绪，包括使追随者思考自己对现状的不满，或者对下属充满激情地直接呼吁。

3. 对领导者的自愿服从

变革型领导者往往会表现出某种超人的素质，相应地，追随者会自然而然、心甘情愿地服从领导者的明显权威和优势地位。追随者似乎将自己的批判性思考技能弃置不理，他们毫不怀疑领导者的意图或技能、愿景或变革措施的正确性,或者他们为达到这一愿景所需采取的行动。

4. 赋权感

变革型领导者的下属会对自己有更高的预期,更努力地工作以达成更高的目标。变革型领导者为下属设定高期望,同时表达出对下属能力的信心,并不断提供鼓励和支持。但有点自相矛盾的是,追随者在感到自己更强、更有力的同时,也会心甘情愿地服从于这位变革型领导者。下属的赋权感和提升的情绪层次与领导者的未来愿景相结合,往往会带来组织、群体或团队绩效的提高或重大社会变革。

(二) 适合变革型领导的情境特性

很多研究者相信,情境因素对于变革型领导至关重要。拥有特定素质的个人,只有在面对特定类型的情境时,才会被认为是变革型领导者。

1. 危机

是否存在危机,可能是与变革型领导相关的最重要因素。满足于现状的追随者不需要变革型领导者;而危机往往会在追随者中形成一种"领袖魅力饥渴症",他们急于寻求一位领导者来缓和或解决危机。领导者被赋予更大的活动空间和自主权,可以临时(有时是永久地)将普遍接受的规则、政策和程序弃置不理,以便使整个组织摆脱危机。一些领导者甚至可能有意识地诱发或制造危机,以提高追随者对愿景的接受度、扩大自己采取行动的范围和提升追随者的努力水平。尽管危机情境并不会使每位领导者看上去都有领袖魅力,但这种情境可能为某些特定类型的领导者行为发挥效力"提供舞台"。

2. 社会网络

社会网络也会影响领袖魅力的归属。在拥有完善社会网络的组织中,每个人都认识其他人,领袖魅力的归属信息会传播得更快。并且,在很多情况下,变革型领导者往往有更大范围的社会网络,并在其中发挥更为核心的作用。

除此之外,在所有影响变革型领导的情境变量中,最重要,也最被忽视的变量可能是时间。变革型领导不是在一夜之间出现的。它需要领导者花时间来提出和阐明愿景、提升追随者的情绪层次、与追随者建立信任关系,并指导下属、向下属赋权来实现这一愿景。危机可能缩短魅力型领导出现所需的时间,而相对平稳的情境会拉长这一时间。

管理聚焦 10-2

领导虚拟团队的十大原则

虚拟一词用于描述团队合作时,并不是什么好事。一方面,这意味着其工作形式几乎是团队合作,但又不全是。虚拟与"几乎""接近"或"近似于"相对应。正如一位智者所说:"如果你想得到虚拟的结果,那就创建一支虚拟的团队吧。"另一方面,如果把它视为需要花费更多的努力在虚拟团队中实现真正的团队合作,这又是个好词。作为领导者,需要运用哪些原则来帮助你做到这一点?

1. 积极主动

我们谈到"虚拟"团队(VTs)时,往往把它们看成同一类型,但每一个虚拟团队都会面对自己独特的挑战。有些存在很高的文化多样性,另一些则更具有同质性。有些使用一种主要技术来实现合作，而另一些则使用多种技术的组合。有些存在的时间很短，目的在于解决当前问题；另一些则是长期的战略性团队。有些是跨时区的，另一些则不是。了解最有可能出现的挑战，你就能采取主动并提高团队的信心。信心是虚拟团队绩效的基石。

2. 关注关系先于关注任务

从一开始，团队沟通就应当包含“增进对你的了解”这一重要部分。他们也应当表现出热情和乐观主义。成员应当感到，自己受到的重视不仅是因为做了什么，而且是因为自己个人的价值。他们需要有相互联系、相互抱团的感觉。在虚拟团队中，要么一开始就建立起信任，要么从来互不信任。虚拟团队高度依赖于信任，却在不支持信任关系建立的条件下运作。信任往往建立在感知到的相似性之上，但距离的存在增加了这一过程的难度，误解的可能性同时增加了。良好意愿和敬业精神有助于解决大部分问题。孤立感和疏远感会产生问题。建立联系，然后再合作。

3. 从一开始就保证清晰明了、关注点集中

将最初一段时间用于阐明团队的工作意图、角色和责任。当远距离工作时，存在大量的不确定性，清楚的工作意图和职责会提高团队凝聚力。将工作意图和总体职责转变为具体的目标和任务，使每个人都知道工作期望、由谁完成、何时完成。虚拟团队中很容易出现“关注点游离不定”和零散的任务安排的问题，因此有必要不断就工作意图、目标等项目提醒团队成员。

4. 建立秩序感和预测能力

不确定性会导致紧张、担忧和冷漠的情绪，结果会产生一个激励水平低下、生产无效率的团队。运用常见的团队工具、模板和流程；事先确定沟通的时间；定期检查团队成员的工作，而不进行事必躬亲式的管理；平易近人，并成为整个团队的基点。共享的期望是联结不同思想的心理纽带。

5. 成为一名头脑冷静、客观的问题解决者

虚拟团队的问题看上去可能要比实际严重；人们的孤立感会使其丧失理解力。当面对面工作时，一些小问题会很快化解；而在虚拟团队中则往往会慢慢膨胀，变成个人偏执和不信任。你应当建立起完全公正的个人形象；不要厚此薄彼；不要给某人过多的责任，而让另一些人无所事事。你也应当保持实事求是的态度。如果有问题，就保持冷静，带领团队寻找实际的解决方案，并且与团队成员经常交流。恐慌是一种病毒，会在沉默、孤立的空间里快速繁殖。

6. 形成全体共享的运作协议

为了减少不确定性和模糊状态的威胁，需要快速启用一些常见做法和流程（共识和协议），这有助于使团队形成全体共享的思维模型，支持其作为一个整体来运作。典型的共识和协议应当包括以下领域：计划、决策、沟通和合作方式。团队章程作为一个共同的参照点，有助于新团队成员的定位。在团队“会议”中花一些时间来回顾现有运作协议的实施效果如何。

7. 给予团队成员个人关注

和你在一个面对面的团队中一样，分配一定的时间用于与个人“会面”。发现他/她对事情的感觉。使每个成员都有机会分享个人的成功、挑战、需要和欲望。在强调共同的任务和问题解决的团队“会议”中，做到这一点可能是困难的。与那些在路上、在家里和距离遥远的办公室中的成员建立起情感上的共鸣。倾听、关怀、同情、认同——它们花费极少，却会使每个人受益无穷。

8. 尊重虚拟环境下的挑战

人们总是想要将一个环境下形成的习惯(如陆地、面对面的团队合作)带到另一个环境(如河流、远距离工作)中。我们必须认识到存在的差异并适应它。倾听、情感共鸣、沟通、协调、建立联系、保持活力，使所有需要强化的项目成为可能

9. 认识到现有技术的局限性

除非必需，否则不要试图以虚拟团队方式来完成每一项工作。有时，团队的项目极为复杂，不论他们在视频或远程会议中花费多长时间，都是不够的。有时候，把人们聚在一起待几天时间，可能得到相当大的好处。永远不要假设，因为你所设计的是“虚拟团队”，你必须总是以这种模式来工作。关注整个项目生命周期的成本-收益关系。技术是一种工具，而所有的工具都仅仅适用于一定的任务范围。

10. 保持对人的关注

距离使我们看不见、摸不着对方，可能导致对人的抽象。永远不要忘记，你的虚拟团队成员是人，有同样的个人需要。他们需要归属感、意义、个人成就和社会承认，会感到挫折、愤怒、兴奋、厌倦和疏离，也承受着政治压力和个人压力。看看你的物理工作环境下，那些使团队良好共事的特性，比如正式的会议室、非正式空间、咖啡间，再看看你能做些什么来提高虚拟工作环境中的人性化程度，比如团队照片和个人简历、公告栏、聊天区等。

运用这些虚拟团队领导原则，将有助于你避免采用“几乎”和“近似于”团队合作的工作方式。虚拟团队的数量很快会增加，我们中很多人需要重新学习远距离领导的技能。

资料来源：Richard L. Hughes，Robert C. Ginnett，Gordon J. Curphy. Leadership：Enhancing the Lessons of Experience[M]. 10th ed. New York：McGraw-Hill，2022：447－449。

第五节 领导理论的新进展

有关领导的研究一直是组织行为学的热点，人们对领导的重视更是推动了各种新观点、新理论的出现。本节从几方面说明新的领导理论观点：性别与领导、全球性领导、伦理型领导，以及关于追随的研究。

一、性别与领导

女性在领导方式上与男性有差异吗？女性在领导效力上与男性有差异吗？性别与领导的关系，始终是个有争议的课题。虽然女性领导者的比重在近年来一直逐步提升，但人们对性别角色的刻板印象似乎一直存在。

施恩(Schein)在一项针对性别角色的经典研究中发现，男性和女性受访者都认为“男性”和“管理者”的特征高度相关，也都认为“女性”和“管理者”的特征没有相关性。这一点至今没有重大变化。一项2016年的研究综述指出性别刻板印象持续存在，人们认为相对于男性，女

性更关注集体(友善、帮助支持),但能动性(野心、支配性)不够。人们通常认为领导要求主体的能动性,而女性在达到领导力要求的问题上不如男性。此外,由于女性可能更多地表达个人情绪,人们据此推断女性的决策和行动更容易受到情绪"控制",也就是说,女性在他人眼中不如男性理性客观。但随着时间的推移,的确有一个领域发生了改变,那就是女性对自我角色的感知。与早前的研究不同,今天的女性认为"女性-管理者"与"男性-管理者"间的关系并无明显差异。至少对女性而言,身为女性和成为管理者并不矛盾。

对女性领导者的一个研究方向,是确认是否存在性别间的领导风格差异。毕竟,流行读物和社会科学文献使研究者相信,存在一种与男性阳刚领导风格相对的女性气质的领导风格,这种女性领导风格是集体共识/团队导向的领导方式的衍生物。按这一观点,女性领导者是更好的倾听者、更能设身处地为他人着想、较少进行分析性思考、更以人为本、在追求目标时不会咄咄逼人。然而,大多数研究者未发现在男性领导风格和女性领导风格之间存在统计显著性差异。女性和男性具有同样的分析性思考、以人为本、强硬、目标导向、为他人着想和善于倾听的特性。但男性和女性在一些与领导风格无关的方面的确存在差异。研究人员确实发现:女性的幸福感得分明显较低,她们对所在组织的承诺比男性同行更保守;而且,女性更愿意承担职业风险,去企业中全新的、不熟悉的领域工作,而这些领域以往从未有女性涉足。

对来自非传统行业的中型企业女性领导者的研究表明,成功的领导者各不相同。这些女性领导者的成功,往往源于她们有效汲取女性的共享经验,而不是严格遵从那些在大型传统企业中成功的男性管理者的"行为准则"。朱迪思·罗斯纳(Judith Rosener)的研究发现,男性和女性对其领导经验的描述的确存在一些差异。男性往往使用交易型的表述,将领导看成交换下属服务的过程。他们主要通过组织职位和权威来影响他人。与之相对,女性往往使用变革型的表述。她们帮助下属形成对更高目标的认同感,而不仅仅关心个人利益;并且更多使用个人特性(如魅力和人际技能),而非仅仅是组织职位等词汇来描述自己对他人的影响。罗斯纳称其为互动式领导,这种领导者努力强化他人的自我价值感,相信当人们因工作本身而兴奋、自我感觉良好时,会有最佳的工作绩效。

罗斯纳认为,互动式领导风格源于女性管理者在社会化过程中的经验和职业轨迹。女性的社会角色期望强调她们应该富于合作精神、乐于支持他人、善解人意、温和并以服务为导向。在进入企业界后,她们仍会发现工作角色中强调的是同样的行为。她们往往被安排在职能(而非直线)岗位上,工作角色中缺乏对他人的正式权威,必须在不依赖正式权力的情况下完成工作。换句话说,她们必须运用各种社会可接受的行为在组织中生存下来。随着时间的推移,女性领导者逐渐认识到自己的风格是有效的,其个人职业成功使她们形成了关于如何激励他人、做正确决策、如何使企业绩效最大化的哲学。

罗斯纳呼吁各类组织扩展其对有效领导的界定,以构建一个更大的可接受行为区间,使男性和女性都能更自由地选择充分运用个人真正才华的领导方式。

二、全球性领导

全球化的组织往往需要关注全球性领导问题。对全球500家最大企业高管人员的调查显示,高胜任力的全球领导者对企业经营成功有巨大的贡献,但同时有85%的高管人员认为,其所在的企业没有足够数量的高胜任力全球性领导者。很显然,全球化既强化了领导者的重要性,也为领导力的有效发挥设置了文化障碍。

那么,应该如何在全球经济中领导?切实了解不同文化的价值观和不同国家的工作方式,是重要的第一步。文化价值观和传统能以多种不同的方式影响管理者的态度和行为。成长于特定文化中的管理者可能将价值观内化,而这些价值观将会潜移默化地影响其态度和行为。此外,文化价值观反映了人们如何相互关联的社会规则,并界定了可接受的或期望的领导行为。由于缺乏对文化差异的了解,来自不同文化的员工在共事时可能出现相互间的误解和轻视。例如,美国社会强调个人主义(关注自信、自控、自我概念、自我表达),因而每个人为自己的工作负责的观念根深蒂固。在重视个人责任的情境下,决策权往往被授予单个管理者。如果工作顺利完成,就被认为是管理者个人能力的证明。但在集体主义盛行的日本,通行的则是不同的规则。决策过程往往耗时长久,以确保每个受到决策影响的人都有机会事先参与决策制定。来自不同国家或文化的人就可能在各种领导情境下产生冲突。

全球领导力与组织行为效力研究项目(Global Leadership and Organizational Behavior Effectiveness Research Program, GLOBE)是迄今为止涉及面最广的领导与文化研究项目,其收集的数据来自 62 个国家超过 950 家企业的超过 17 000 名管理者。GLOBE 研究的核心理论模型,即所谓的内隐领导理论。该理论认为,个人关于领导者与追随者、有效领导者与无效领导者、道德领导者与不道德领导者之间到底存在哪些明显不同的属性和行为,存在隐含的信念与假定。在不同的社会文化之间,以及同一社会文化内的不同组织文化之间,内隐领导理论也存在相当大的差异。GLOBE 项目称其为基于文化的内隐领导理论(CLT)。

在详尽分析 GLOBE 的研究成果后,研究者提出有 6 个维度可以普遍适用于全球各种文化下的 CLT 评价。下面是对这 6 个维度的简要说明:

(1) 魅力型/以价值为基础的领导:有能力鼓舞、激励和期望他人在坚守核心价值观的基础上,完成高绩效成果。

(2) 团队导向的领导:强调构建有效团队,并使团队成员为了共同宗旨或目标而奋斗。

(3) 参与式领导:体现了管理者使他人参与到决策制定和实施过程的程度。

(4) 以人为本的领导:体现了支持、体谅、关爱及大度的领导方式。

(5) 自主型领导:体现了独立和个人主义的领导方式。

(6) 自我保护型领导:关注确保个人或团队成员的安全和保障。

在分析了来自不同国家的数据后,GLOBE 研究者将其分为 10 个不同的社会集群,如东欧、北欧、拉丁美洲、南亚和盎格鲁社会集群等。对国家的归类则按价值观和信念的相似性效标来进行,同一集群内的国家相似性较高,而在集群间则有较大的差异性。表 10 - 4 是 3 个不同社会集群在 6 项全球 CLT 维度上的相对评级(高、中、低)的示例。

表 10 - 4　不同社会集群 CLT 领导维度的相对评级

社会集群	魅力型/基于价值的领导	团队导向的领导	参与式领导	以人为本的领导	自我保护型领导
东　欧	中	中	低	中	高
盎格鲁	高	中	高	高	低
中　东	低	低	低	中	高

表 10 - 4 清楚地表明,在不同社会集群中,关于什么构成了优秀领导力的观点存在很大差异,因而,领导者在做出有效行为(并被他人感知为有效领导)时需要考虑到所在社会的价值观和实践。

三、伦理型领导

伦理型领导及与之相关的各类涉及领导者个人品格的领导风格，构成领导研究和实践中的热门议题。领导者可以将权力用于高尚或低劣的目的，领导者的个人价值观和道德准则也是决定其如何运用各种权力来源的最重要因素。并且，正如前面关于领导者与管理者的区别所指出的，领导者要做正确的事。“做正确的事”是指什么？它是指做道德上正确的事，还是指使企业获得成功的正确的事？由此产生的困惑导致了对伦理型领导及其相关领导方式的关注。

阿维利奥及其同事提出，伦理型领导包括两个要素，即道德人和道德型管理者。道德人被视为一位恪守原则的决策者，他关注他人与更大范围的社会福祉。这类人的行动表明，他们在个人生活和职业工作中都努力做正确的事，具有诚实、公正、公开的特性。此外，伦理型领导者在面对道德压力时，秉持明确的个人道德标准。伦理型领导者不仅是道德人，而且是道德型管理者，他们“通过明确表达伦理、价值观信息，有意识地表现出堪为楷模的伦理行为，使伦理道德成为其领导活动的一个显在部分”。在近年来对伦理型领导的研究中，特别受关注的是诚信领导和仆从领导。

（一）诚信领导

诚信领导坚持“忠于自我”的原则，其领导行为显示了个人价值观、信念及行为间的高度一致性。诚信领导的根源也可以追溯到心理学人本主义运动，包括马斯洛（Maslow）的自我实现理论和罗杰斯（Rogers）的人格理论。马斯洛和罗杰斯理论的核心观点是，个人可以发展出理解其所在社会环境并与之互动的模式，从而真正独立于他人的期望（包括个人、群体和文化层面），并更多地遵从一般真理和需要的引导。这类人的内在感受与外在行为表现、所说与所做都会高度统一。他们具有现实的自我感知，不受大多数人常见的盲点和自我的错误感知困扰。同时，他们高度认可自我，承认并接受本人及他人的天性。

诚信领导者有很强的道德信念，这些信念对行为的引导更关注做“正确的”事，比如尊重他人、赋予他人尊严，而较少关注避免做“错误的”事。他们清楚自己的基本价值观和在关键问题上的立场。诚信领导者的行事方式取决于其个人信念，而不是为了获取地位、奖励或其他好处。正如阿维利奥所说，诚信领导者主动、有意识地使个人行动与其内在价值观保持一致。他指出，这种诚信不是指你“具备或不具备”的某种特性。领导者的诚信是一种你必须持续努力改善的状态。它要求努力发现最好的自己，审视你在领导行为和经营实践中关注的核心价值观，并确认自己的行动与恪守的最高伦理道德原则保持一致。这样一来，诚信领导的实践就表现为采取行动，践行人际关系、社会责任和绩效标准等方面的高水平道德原则的过程。与“高大全”的传统领导者形象不同，诚信领导者乐于被追随者视为有弱点的领导者（这是构建高度信任的领导者-下属关系的重要部分）。在构建信任关系时，同样重要的是领导者愿意增加透明度，真实表达个人意愿。

但对诚信领导也存在质疑的声音。杰弗里·菲佛（Jeffrey Pfeiffer）认为，工作场所中诚信的价值被过度高估了。他认为，在工作场所表现诚信几乎是个不可能的任务。“领导者不需要忠实于自我；实际上，他们应该表现出诚信的对立面。”他指出，领导者应该根据情境的需要来行事，有时这需要领导者扮演某种角色，至少是做出某种姿态。对领导者更重要的是，了解特定情境需要他做出何种适当行为。“我们每个人都在生活中扮演了多个不同角色，在每个不同角色中做出不同的行动和思考，因此要求完全真实没有意义。”

(二) 仆从领导

20 世纪 70 年代以来,仆从领导被用于描述一种不同于官僚型组织中将员工视为机器中的螺丝钉的领导方式。传统领导观念认为,领导者的主要角色是确保事情进展顺利,任务得到执行、目标得以达成。这通常涉及层级制的领导方式。仆从领导则与这一观点截然相反,认为领导者的角色实际上是为他人服务。

仆从领导的现代观点是由罗伯特·格林里夫(Robert Greenleaf)提出和推广的,他在阅读了赫尔曼·黑塞(Herman Hesse)的短篇小说《东方之旅》后形成了这一观点。这个故事描述了一群人筹划的一次精神探寻之旅。陪伴这群人左右的是一个名叫里奥(Leo)的仆人,在整个旅途中,他照顾群体中的每个人、维系着整个群体,直到有一天里奥突然消失了。人们发现没有这个仆人根本无法成事时,整个群体立刻分崩离析,并放弃了这次探寻。最后,在多年持续不断的找寻后,故事叙述者找到了一开始支持这次探寻之旅的宗教派别。他发现,里奥——也就是叙述者所知的仆人,实际上是这个派别中受人崇拜的领袖。格林里夫认为,这个故事表明:当一个人的主要动机是帮助他人时,真正的领导力就开始显现。当然,仆从领导的观点已经存在了数千年。它至少部分源于耶稣对门徒的教诲:可信赖的领导要义,就是做众人的仆人。有 10 项特征往往与仆从领导者相关。你会看到,其中大部分与前面谈到的诚信领导的观点一致:

(1) 倾听。尽管所有的领导者都需要有效沟通,但其关注点往往是与他人沟通;仆从领导者则将重点放在用心倾听他人上。

(2) 同理心。仆从领导者需要理解他人的感受和观点。

(3) 疗愈。仆从领导者帮助促进每个人的情绪和精神层面的健康、完整。

(4) 领悟。仆从领导者了解自己的价值观和感受、优点和缺点。

(5) 说服。仆从领导者不会依赖于职务权威,而是通过个人说服力来影响他人。

(6) 概念化。仆从领导者需要平衡当前的现实和未来的可能性。

(7) 远见。仆从领导者需要具备良好的直觉,了解过去、现在和未来是如何联系在一起的。

(8) 管家。仆从领导者是管家,他们持有受托组织资源是为了实现更崇高的利益。

(9) 致力于他人成长。对仆从领导者工作的最终检验,是被服务者是否发展成为更有责任心、更有爱心,以及更有能力的人。

(10) 构建共同体。这种个人成长与开发最有可能出现在一个支持性的共同体中。遗憾的是,有很多因素,如地理上的流动性、大型组织的非人格化在侵蚀人们的共同体意识。因此,仆从领导者的角色就是帮助人们重建共同体意识,有效的仆从领导者有能力激发他人形成"追随者的互助及面向客户和整个社会的服务圈"。

对仆从领导的概念,有人不以为然,有人极力拥护。最常见的批评是,尽管仆从领导在所谓"软性"行为方面有一定的吸引力(例如,领导者应当更关心其他人的福利状况,在组织中也应形成一种更关注开发的氛围,寻求整个组织的目标实现,而非仅仅关注个人升迁),但仅从字面来看,或者更极端地说,这个概念似乎表明服务于他人本身就是目的,而不是为达成其他组织目标和意图的一种手段。

对仆从领导理论的一项近期研究综述指出,仆从领导的观念与当前组织生活的现实之间存在不可调和的冲突:仆从领导者是要开发人的潜力,帮助他们成长壮大。仆从领导者希望自己的服务对象能成为更健康、更明智、更自由、更自主的人。仆从领导者是为追随者服务的。但管理者受雇是为了达成组织目标。这些目标似乎只有通过下属(而非追随者)解决工作问题、提高生产率和效力才能达成。但即使仆从领导的观点无法适应组织生活的现实要求，它也至少明确地提出了对领导者行为的合理期待。

四、对追随及追随者的研究

迄今为止的大多数研究关注的仍是领导力，只是近年来，研究者才开始认真思考追随者及追随质量的问题。关于追随的研究提出了几个有趣的问题和研究结论。

首先，几乎每个人在其人生的某个阶段都做过追随者。而且最重要的是，任何管理者都不时通过追随的角色发挥作用：一线主管向中层管理者报告、中层管理者向副总裁报告、副总裁向 CEO 报告、CEO 向董事会报告。由于同一个人既扮演领导角色，也扮演追随角色，因此那些用于描述有效领导者的特征和行为无疑也同样适用于对有效追随者的描述。和领导者一样，追随者也在这些领域存在差异。

其次，情境因素有时要求身处追随职位的人承担起领导角色。例如，当排长在战斗中受伤时，一名士兵可能接过对野战排的领导权；当领导者被调离时，一位志愿者可能接管某一社区小组；一位软件工程师可能因具备独特的编程技能而被要求领导一个项目；团队成员可能被要求就团队目标、工作优先顺序、会议安排及类似事务做出决策。当机会出现时，他人眼中最有效的追随者也最有可能被要求充当领导者，因为同事经常将他们视为团队中的非正式领导者。所以，理解什么构成了有效追随并表现出这类行为，有助于增加一个人的晋升机会。可能任何组织中最有效的员工都是那些既擅长领导也擅长追随的人。

再次，追随者在组织变革和目标达成的过程中发挥着至关重要的作用。领导者应当把追随者视为重要资产，因为正是这些人创造产品、接受订单、服务客户和回笼货款。研究一直显示，敬业度较高的员工比敬业度较低的员工幸福感更强、生产率更高，也更有可能留在企业中。此外，伦理型追随者也能阻止领导者做出不当决策，而高绩效的追随者往往能激励领导者提高其自身绩效水平。战争中的赢家往往是那些拥有最佳士兵的军队，拥有最佳球员的球队通常会赢得大部分比赛，而拥有最佳雇员的企业的表现也往往优于竞争者，因此，甄选和开发最优秀的追随者对领导者是有利的。

最后，和成为领导者一样，成为追随者也能带来显而易见的好处。演化心理学认为，人们追随是因为这样做的收益大于单独行动或努力成为群体领导者的成本。数千年前，大多数人生活在小型的游牧群体中，这些群体为个人提供了更多保护、获得食物和成家的机会，而这在个人单打独斗的情况下是不可想象的。拥有最佳领导者和追随者的群体更有可能存活下来，而领导不力或由糟糕的追随者组成的群体则更有可能缺衣少食。演化心理学也指出，领导者和追随者往往有不同的目标和事项安排。在工作场所中，领导者可能制定决策追求财务成果最大化，而追随者则可能致力于提高职业保障。因此，领导者必须尽可能使追随者的目标与组织目标相统一，并确保个人获得的收益大于为领导者工作的成本；如果目标不统一，或者感知到的成本大于收益，追随者就会拒绝服从，甚至离开。

管理聚焦 10－3

创造力终结者：如何最大限度抑制追随者的创造性

如果领导者想要压制追随者的创造力，下面是备选行动清单：

- 录用"克隆人":高度同质化的团队提出的创新观点较少、创新程度较低。多样化的团队会提出多种不同的观点。
- 剥夺下属的工作自由度和自主权:人们喜欢对工作具有某种控制权。对员工进行事必躬亲的管理,有助于创造出一支只会说"是"的员工队伍,或者使人们在精神上疏远工作。
- 形成碎片化的工作日程:人们需要大块的、不受干扰的时间来提出全新解决方案。不断打断其思路或在其他会议前后安排"15 分钟的全新解决方案创意时间",都将干扰人们创新的能力。
- 提供的资源不敷使用:人们需要适当的数据、设备或金钱来创造。削减这部分资源,你将看到创造力付之东流。
- 关注短期目标:要求某人在指定时刻表现出创造力,就像要求喜剧明星在第一次遇见你时就能逗乐打趣。如果有足够时间,人们可能是有创造力的、有趣的,但仅仅关注短期成果将会损害创造力。
- 提出紧迫的时间表和僵化的流程:时间表越紧、流程越缺乏弹性,创新能力越有可能受到削弱。
- 阻碍合作和协调:最好的创意往往来自成员具有不同工作经验和职能背景的团队。领导者对跨职能合作的阻挠,将有助于确保团队成员只能提供一些以往行之有效的问题解决的方案。
- 使人们知足常乐:如果你总是让员工感到足够愉悦,他们将没有动力改变现状。

资料来源:Richard L. Hughes, Robert C. Ginnett, Gordon J. Curphy. Leadership: Enhancing the Lessons of Experience[M]. 10th ed. New York: McGraw-Hill, 2022: 202。

本章提要

领导是管理过程中的一项核心职能,虽然领导是管理者的重要职责,但从严格的意义上讲,管理者和领导者是有区别的。领导起源于权力,领导者对他人的行为、态度和信息施加影响,需要有效运用所有类型的权力。

有关领导的理论很多,最早研究领导的方法是关注领导者的特定个人属性是否有别于非领导者,由此提出了领导特质理论。而早期领导理论的另一个分枝,是关注领导者对其运行权力的运用方式,是否与其领导效力高度相关。对这类问题的回答,是由领导行为理论来完成的。

领导权变理论是当今人们广为接受的一种观点,有效的领导应能考虑特定情境下的各种变量,如工作的性质、个人的特点等,然后有针对性地采取适当的领导行为。当代影响较大的领导权变理论主要包括菲德勒的权变领导模型、情境领导理论、路径-目标模型、领导决策方式。

领导变革可能是任何一个组织领导者面对的最困难问题,但这也正是区分领导者和管理者、平庸领导者和杰出领导者的最关键因素。为了成功领导大规模的组织变革,领导者需要有效运用自己的权力和影响力。与这类变革有关的领导风格,包括魅力型领导和变革型领导。领导者需要知道如何在交易型领导和变革型领导风格之间做出取舍。

领导一直是组织行为学的研究热点，近年来有多种领导学领域的新观点、新理论出现。值得关注的包括性别与领导、全球性领导、伦理型领导，以及对追随与追随者的研究。

复习思考题

1. 简述领导与管理的区别。你认为领导者是天生的吗？
2. 领导权力的来源有哪些？正式领导者与非正式领导者的权力来源存在何种差异？
3. 如何认识领导的有效性？卓有成效的领导者应具备哪些基本特质？
4. 企业管理者能否同时做到既关心生产又关心人？如果可能的话，该怎么做？
5. 你认为哪种领导权变理论最有效？为什么？
6. 你认为魅力型领导与变革型领导存在何种差异？你会更想追随哪一种领导者，为什么？
7. 追随者是否会显著影响领导者的有效性？请说明理由。

11 第十一章 激励

全章提要

学习目的与要求

管理专业术语

- 第一节　激励的性质
- 第二节　内容型激励理论
- 第三节　过程型激励理论
- 第四节　强化型激励
- 第五节　激励理论的管理应用

本章提要

复习思考题

学习目的与要求

1. 认识激励的性质；
2. 了解激励过程；
3. 了解内在报酬与外在报酬的差异；
4. 掌握主要的内容型激励理论；
5. 掌握主要的过程激励理论；
6. 区分强化的种类与强化安排的方式；
7. 掌握激励理论的管理应用。

管理专业术语

Motivation	The intensity of a person's desire to engage in some activity.
Hierarchy of Needs Theory	Maslow's theory that there is a hierarchy of five human needs: physiological, safety, social, esteem and self-actualization. As each need is substantially satisfied, the next becomes dominant.
Hygiene Factors	Factors that eliminate dissatisfaction.
Motivators	Factors that increase job satisfaction.
Need for Achievement	The drive to excel, to achieve in relation to a set of standards, to strive to succeed.
Goal-setting Theory	Specific goals increase performance and difficult goals, when accepted, result in higher performance than easy goals.
Expectancy theory	States that motivation depends on a person's belief in the probability that effort will lead to good performance, and that good performance will lead to them receiving an outcome they value (valence).
Equity Theory	The theory that an employee compares his or her job's inputs-outcomes ratio with that of relevant others and then corrects any inequity.
Reinforcement Theory	Behaviour is a function of its consequences.

激励是领导职能的核心内容,也是组织执行力的保障。有效的领导者提出鼓舞人心的愿景,使所有员工对愿景和企业的未来方向抱持坚定的信心,但激励员工为追寻愿意采取行动的能力才是对领导力的真正考验。同样,每一位管理者在向下授权,通过下属完成工作的过程中,也需要确保员工有动机和意愿"正确地做事"。由此产生的一个核心问题:如何激励员工努力工作并最大限度地提升工作绩效?在长期的管理研究和实践中,人们对这一问题给出了诸多不同的回答,本章将对此加以说明。

第一节 激励的性质

根据组织行为科学的定义,激励是指一个诱发、指引和维持个人行为指向以达成某种目标的过程。组织的成功需要激励,以激发组织成员采取一系列与组织正常经营和达成目标有关的行动。不夸张地说,个人在组织中的所有主动的工作行为(进入特定企业工作、每天准时出勤、服从指令、认真工作),都是激励影响的结果。受到高度激励的员工会为了完成绩效目标而努力工作,如果该员工有足以完成工作的专业知识和技能、有必要的组织资源和社会支持,就极可能高水平地完成工作。

虽然激励如此重要,但管理活动中的激励问题往往没有得到足够的重视。在多项调查研究中,大多数受访者表示自己可以在工作中多投入15%或20%的努力,而不会有任何人(包括其上司)意识到这一差异。同样,他们也相信自己能神不知鬼不觉地少投入15%或20%的工作努力。因此,同一职位上因为激励水平的差异,工作成果存在很大差异。视工作复杂性的不同,在任一职位上,前15%的最优秀员工产出的工作成果比平均绩效的员工多出20%~50%。员工激励水平的差异极大地影响了组织的执行力和市场竞争能力。

组织成员因激励而做事的深层次原因不尽相同,有些员工受到激励而行动是因为工作带给他们成就感,比如工作责任、挑战和自主性;有些员工会被有形的物质奖励所激励,比如高的工资水平或奖金;也有些员工因为工作中的社会互动和他人认可而受到激励,比如帮助客户解决问题、得到同事的专业认可。当然,也有些人认真工作是希望避免惩罚、保住现有的工作。个体差异的存在使组织激励的问题变得相当复杂,有效的管理者和领导者需要了解员工如何及为何受到激励,并尽量为其提供最适合的激励方式。

一、激励过程

激励的产生源于个体为满足某些需求或动机而做出的行为。所谓需求,是指人们对某种目标的渴求和欲望,包括由基本的需求(诸如各种生理需求:衣、食、住、空气等),到各种高层次的需求(如社交、自尊、地位、成就、自我肯定等)。所谓动机,是指诱发、激活、推动并指导和引导行为指向目标的一种内在状态。当我们说管理者有效地激励了他的下属,实际上是指他满足了下属的动机和愿望,并引导他们按所要求的方法去行动。因此,激励过程是指通过满足人们的内在需要或动机,加强、引导和维持特定行为的循环过程(见图11-1)。

激励过程从需求或动机出发,由此产生了要求,这种要求一时不能得到满足时,心理上会产生一种不安和紧张状态,这种不安和紧张状态会成为一种内在的驱动力,导致某种行为或行动,进而去实现目标,一旦达到目标就会带来满足,这种满足又会为新的需求提供强化。实际上,激励过程是一个复杂的连锁过程。

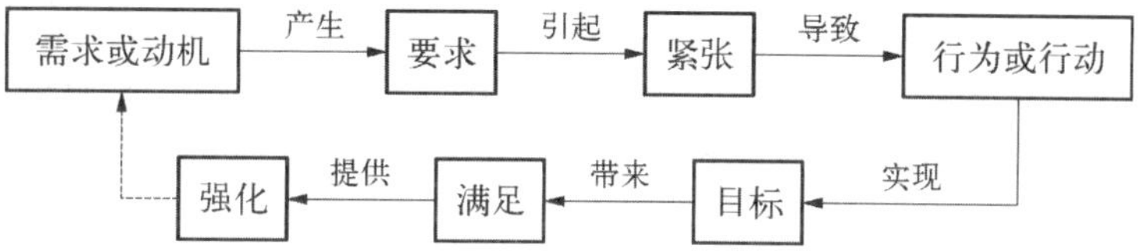

图 11-1　激励过程

(1) 需求或动机是一种内在力量,具有内隐性。管理者无法直接观察到员工的需求或动机,而只能通过观察其行为来做出推断。

(2) 组织成员具有高度的社会性,除了基本生理需求(如因饥饿、困倦带来的进食、睡眠需求),大量的社会需求与动机并不是独立于外部环境而产生的,而是个体与环境相互作用的结果。比如,同期入职的同事获得晋升,会激起我们对更高地位和收入的需求;一个人婚姻家庭状况的改变,会使其对工作报酬的期待发生改变。

(3) 个体的需求和动机是高度个性化的。同样的行为,可能源于不同的需求和动机,因为不同的需求可以通过同样的行为得到满足。例如,我们会观察到员工努力工作来寻求升职、加薪,但有的员工可能是因为想要满足经济需求,有的员工重视的是由此获得的认可或社会地位。

(4) 个体会同时存在多种需求和动机,由于资源和时间的限制,这些需求的满足可能存在冲突。例如,一个员工可能有意愿高效工作,他/她会因此获得上级的认可和奖金;但他/她也可能担心高效工作会惹恼同事,后者因此需要投入更大的工作努力。管理者需要记得,只是了解一个人的需要和动机,不足以准确预测此人会如何行事。

使组织中的激励问题高度复杂的,还有一点:激励(动机、行为)和工作绩效不是同义词。仅仅因为某个员工的任务完成情况较好,并不意味着此人就有很高的激励水平。激励只是影响工作绩效的多个可能因素之一。绩效优良者可能技术纯熟但并没有付出多少努力(高绩效但低激励)。例如,如果你天资很高,应付微积分课程对你可能轻而易举。但反过来,一个绩效表现不佳的人可能付出了大量努力,但就是无法达成期望的目标,这是因为此人缺乏成功所需的能力或技能(低绩效但高激励)。

由于组织激励的复杂性,因此在任何一个组织中,管理者一定要关注各种激励人的因素并创造性地运用它们。管理者不能期望去支配他人的全部活动或心理动机,但是,不管什么组织,要想卓有成效,则必须在每个员工身上激发起足够的动机,并设法满足他们。

二、激励的类别

组织中的激励形式多样,大致上可以将其分为两类:外在报酬和内在报酬(见图 11-2)。因薪水、地位、额外福利、认可等外部因素驱动而受到的激励称为外在报酬。外在报酬是具体、有形且易于比较的。因外在奖励而受到激励的个体,通常希望按一种可以使他们获得物质或社会性奖励的方式做事。与之相反,内在报酬源于工作本身,包括有趣的、有挑战性的工作、学习与应用新技能的机会、工作内容的多样性和重要性,以及工作中的自主性。内在报酬通常让人产生个人满足感,并且注重为个体提供学习、自主工作、接受挑战和多样性的机会,使个

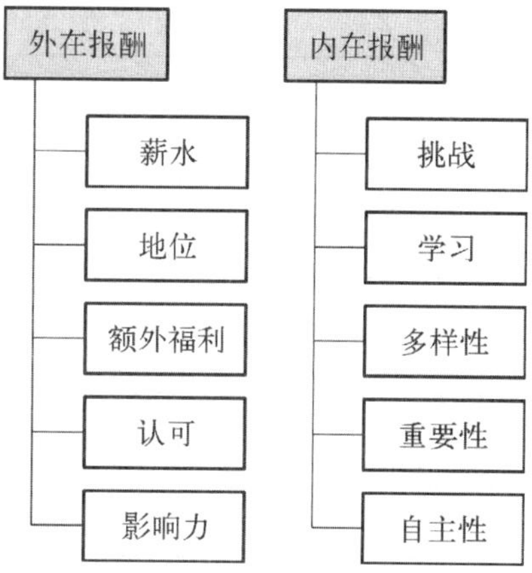

图 11-2　外在报酬与内在报酬

人感受到工作本身的价值和意义。内在报酬对员工的价值高低可能存在明显的个体差异,取决于个人的价值观。比如,有些人高度重视工作提供的学习和成长机会,有些人则苦于面对有挑战性的工作,将其视为负面工作压力的来源。因此,不同的个体对这类报酬的价值认定很难进行直接比较。

事实上,这些不同的激励因素并不互斥。例如,当员工享受工作或者工作提供了令人满意的薪水和认可机会时,他们会感到满意。由于个体对每个激励因素(内在或外在报酬)的重要性评价各不相同,因此成功的企业和有效领导者在激发员工的参与度和热情时,应了解并能致力于在整个组织中平衡运用各种激励方法。换言之,他们不会用"一刀切"的方式激励员工,并期望为此投入的努力和财务成本会得到巨大的回报。

为了更好地理解激励,了解和识别驱动特定行为的需求和动机,了解诱发和强化特定行为的方式,有必要分别从内容型激励理论(关于哪些激励因素会满足人的需求)以及过程型激励理论来深化对激励的认识。另外,还需要从行为强化的视角来看待领导者如何影响员工增加、减少或放弃从事特定行为。

第二节 内容型激励理论

根据图 11-1 的激励过程模型,要想引导员工做出有利于组织绩效提升的工作行为,有必要深入了解员工的需求和动机,努力使其与组织的关键目标相匹配。研究者提出了多个理论来解释哪些需求、激励因素或驱动要素会激励员工做出特定行为,这类理论被称为内容型激励理论。本节将主要介绍 4 种内容型激励理论。

一、需求层次理论

人类的需求是多种多样的,不同的个人其需求模式或结构也不尽相同。心理学家亚伯拉罕·马斯洛设计了一个为多数人所公认的需求层次模型(见图 11-3)。

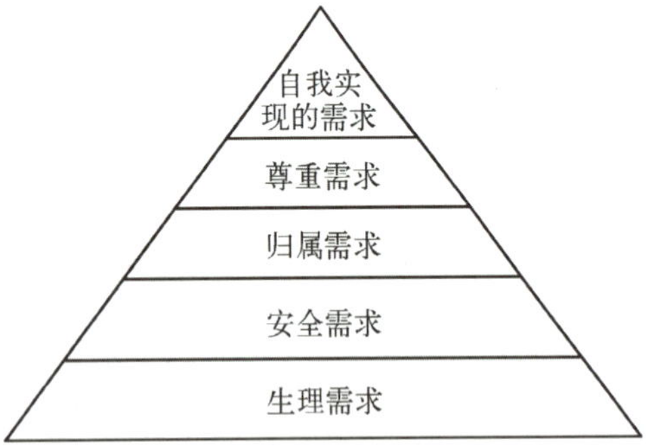

图 11-3 需求层次模型

如图 11-3 所示,马斯洛认为人类有 5 种最基本的需求,它们分别是生理需求、安全需求、归属需求(也称社会需求或爱的需求)、尊重需求和自我实现的需求。这些需求互相联系,并按重要性和先后次序排列成一个需求层次体系。人类因需求未满足而被激发动机或影响行为。当个人较低层次的需求被相对满足后,其激发动机的作用也随之减弱或消失,而更高层次的需求就成为新的激励因素。

生理需求是维持生存的基本要求,与人们的衣、食、住等有关。在组织环境中,生理需求包括向员工提供合适的工资、必要的工作环境和条件(工作场所的通风、照明、温度等)。

安全需求是指一种有安全感和受保护感的情绪状态。在组织中,职业安全感(不会轻易失去工作、经济收入比较稳定)、企业提供的社会保险都被认为与安全需求相关。

归属需求是指和他人保持良好的关系,得到友情,接受他人以及被他人所接受,能向他人诉说自己的情感,或成为某个群体、小团体的一分子。

尊重需求包括个人的自尊心得到满足，受他人的尊重及成就得到承认，对个人名誉、地位等的需求。管理者既可以通过给予若干外在的成就象征，如职称、晋级、加薪等，也可通过提供工作的挑战性、责任和机会等较为内在的激励来满足员工这方面的需求。

自我实现的需求是最高层次的需求。它涉及个人的不断发展，充分发挥自己的潜质，对现实有透彻的了解，富于创造性和独立精神等。这类需求的满足完全在于个人自身，但是管理者可以帮助创造一种氛围，使个人能够自我实现。

马斯洛认为，任何人对各需求层次都无法完全满足，需求的满足是相对的。依次递进的需求只有在前一层次需求被基本满足后，才能变为激励的动力。马斯洛还认为，人的需求可按等级层次向上或向下移动，当某个层次的需求未被满足时，更高层次的需求会受到抑制。例如，当安全需求不能得到满足时，个人对原先高一级的需求——尊重需求——的兴趣就会变小。在发生灾荒时，人们也可能牺牲安全上的需求去追求食物。

马斯洛的理论之所以被广为传播，并为许多管理者所引用，是因为他清楚地揭示并提出了以下 4 点基本假设：(1) 已被满足的需求不再具有激励行为的能力；(2) 人类的需求会随经济条件的变化而改变，且大多数人的需求是很复杂的，在任何时刻都有许多需求影响着每个人的行为；(3) 一般情况下，只有在低层次的需求得到满足后，才能有足够的动力使高层次的需求获得响应；(4) 满足高层次需求比满足低层次需求的途径更多。

但是，研究表明，马斯洛的理论也存在某些不足：(1) 对需求的 5 个层次的划分似乎过于机械；(2) 需求并不一定依循等级层次递增；(3) 许多行为的后果可能与满足 1 种以上的需求有关(如适当的薪酬不仅能满足生理和安全的需求，而且能满足尊重的需求)；(4) 一个人的自我概念(Self Concept)①会影响需求层次体系对个人动机的激励力，有人满足了低层次的需求后，不一定就会对高层次的需求有所渴求。有不少人对马斯洛的理论提出了质疑、补充和修正。

二、ERG 理论

ERG 理论是从马斯洛需求层次理论衍生而来的，由耶鲁大学的奥尔德弗(Clayton Alderfer)提出，其中字母 E、R 和 G 分别代表生存(Existence)、关系(Relatedness)和成长(Growth)。该理论把马斯洛的需求层次压缩为 3 个层次(见表 11-1)。

表 11-1　ERG 理论与马斯洛需求层次理论的关系

ERG 理论	需求层次理论	对 ERG 理论的解释说明
生存需求	生理需求 安全需求	生存需求包括个体为维持生存并有效工作所需要的最基本的物质和生理需求
关系需求	归属需求	关系需求主要强调人与社会环境的联系，包括与他人互动交流、建立关系，并成为群体中一员的需求。个体会寻找机会与他人交往，分享感受，能开诚布公地表达自己的想法和观点，并为此辩护
成长需求	尊重需求 自我实现的需求	成长需求主要指个体渴望发挥其全部潜力，以获得更强的尊重和自我实现感

① “自我概念”为心理学术语，是指一个人对自我形象的认识，这种认识的形成源于许多外部力量(如父母、教师、朋友、同事等)的长期影响。

ERG 理论假设激励行为是遵循一定的等级层次的，在这点上和马斯洛的观点相似，但它有两个重要的区别：第一，ERG 理论认为在任何时间，个体会同时追求多重需求。人们可能同时受赚钱的欲望(生存需求)、友谊(关系需求)和学习新技能的机会(成长需求)的激励。第二，ERG 理论提出了“气馁型回归”的概念，即如果更高层次的需求一直得不到满足，个人会感到沮丧，然后回归去尝试满足较低层次的需求。

ERG 理论比马斯洛理论更有效地解释了组织中的激励问题。通过对需求及其层次的了解，管理者应认识到组织成员的需要是存在差异的，当某种需要得到满足后，人们可能改变他们的行为。

三、双因素理论

双因素理论是由心理学家赫茨伯格(Frederick Herzberg)提出的。20 世纪 50 年代，他通过对 200 名工程师和会计师的访谈，深入研究了人们希望从工作中得到什么。他要求受访者详细描述哪些因素使他们在工作中感到特别满意及受到高度激励，又有哪些因素使他们感到不满和消沉。他惊讶地发现，与满意和不满意相关的因素是两类完全不同的因素。例如，“低收入”通常被认为会导致不满，但“高收入”不一定被归结为满意的原因。这个发现使赫茨伯格对传统的“满意-不满意”相对立的观点提出了修正。传统的看法认为，满意和不满意是一个单独连续体相对的两端；但是，赫茨伯格认为，满意的对立面是没有满意，不满的对立面是没有不满(见图 11－4)。

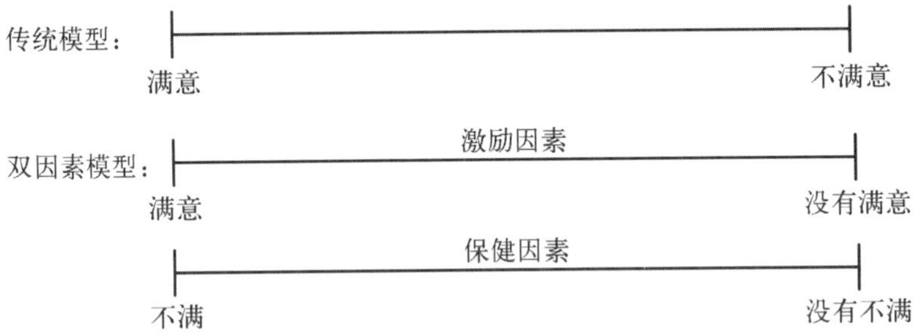

图 11－4　传统模型与双因素模型的对比

双因素理论中的双因素，是指保健因素和激励因素。保健因素是指某些总是与员工对工作的不满相关的特征，改善这些特征不会提高员工的满意度。研究发现，保健因素是和工作环境相关的外在因素，如监督、工作条件、与上司或同事的关系、薪金、职业保障、企业政策和行政管理等。例如，员工希望企业提供合理的薪资、有保障的工作职位、团队合作的机会，以及从事挑战性工作的可能。而组织在这一领域上表现不佳则可能导致员工不满。赫茨伯格发现，导致潜在不满意的最主要原因有严苛的企业制度、压迫式的监督管理、恶劣的工作环境和不合理的薪资等。换言之，与工作环境有关的保健因素在本质上是员工认为应该从工作中得到的底线条件。

激励因素则是指某些与员工工作满意相关的特征，这些特征的改善会使员工的满意度提高，但不满足这些特征不会招致明显的不满。激励因素包括工作中的成就、认可、工作本身的特性、责任感、进步和成长等与工作本身相关的内在因素，激励因素与马斯洛需求层次理论中的尊重需求和自我实现的需求相对应。

赫茨伯格还发现，员工的满意和不满意情绪会同时存在。员工可能对努力工作带来的升职机会感到满意，但同时不满当前的薪资水平。保健因素和激励因素相对独立地各自影响着员工对工作本身及其环境的感知。也因此，赫茨伯格认为，激励员工的过程应分为两个步骤：首先，管理者要确保保健因素是适当的，即有适当的工资和收入保障、安全的工作环境和劳动条件、员工可接受的技术监督水平等。通过适当地提供这些因素以消除员工的不满，但这些并不能激励员工。然后，管理者应创造机会为员工提供激励因素，诸如能取得成就和认可等。他提倡用工作丰富化和重新设计职务来达到这一目的。

双因素理论虽然为广大管理者所接受，但也受到一些人的批判，主要有以下几点：(1) 对赫茨伯格最初访谈的发现可以有多种不同的解释，且对人们回答的分析带有极大的主观性；(2) 他的调查对象多为知识工作者，不一定带有普遍性；(3) 该理论注重于对满意和不满因素的研究，忽视了个人的工作绩效，工作满意与否不一定与工作绩效有直接的联系。但不管研究人员对此理论怎样评价，该理论对管理者的影响还是很大的，它使管理者认识了在工作场所激励的重要性。

四、麦克莱兰的需求理论

马斯洛认为人生来就有某种潜在需求，但戴维·麦克莱兰(David McClelland)认为特定的需求是随着时间的推移而产生的，也会受到生活经验的影响，因而又被称为后天需求理论。这些需求包括获取成功、掌控任务和超越他人，也包括建立关系、避免冲突，以及施加影响和控制他人等。麦克莱兰认为人们早期的生活经验会决定他们是否有上述后天需求，以及这些需求的层级排序。

麦克莱兰通过评测个体对工作环境的喜好差异，用以确定人们更喜欢完成哪种类型的任务，哪些工作对他们有挑战性并能让他们感到满意，以及在不同的工作环境下，他们有意愿做出的绩效。研究发现，个体会因 3 种需求受到激励或驱动：成就需求、权力需求和归属需求。

1. 成就需求

成就需求包括设定、满足和超越目标的需求。受到这类需求激励的个体属于任务驱动型，他们喜欢赢得胜利，会因为参与竞争和成功完成挑战而充满活力。有高度成就需求的人会表现出以下特征：(1) 有承担责任、解决问题、寻求答案的需要；(2) 寻求挑战，趋向于寻求适度困难的目标，即既有风险，又是现实的、能达到的目标；(3) 需要具体的、即时的反馈；(4) 对工作热诚，执着于所从事的工作。

2. 权力需求

权力需求主要是指影响或控制他人的渴望。麦克莱兰发现，有高权力动机的人对施加影响和控制他人表现出极大的关切。他认为，权力需求有两种不同的表现形式：个人化权力和社会化权力。受个人化权力激励的人，关心的是自己所处的地位和主导权，以及个人目标的实现，他们时刻寻找个人权力扩张的机会。而受社会化权力激励的人同时喜欢对他人施加影响，但他们期望的是与他人共同努力达成组织和社会的目标，为此，他们注重团队建设、自身与他人的共同发展。

3. 归属需求

归属需求是指希望与他人建立友好、亲近的关系的愿望。受归属需求激励的人会因为存在互动、社交和发展友谊的机会而受到激励。高归属需求的人希望成为团队的一员并获得他人的喜爱。这种对建立关系的渴望通常意味着他们不喜欢冲突和社会混乱。

在这 3 种需求中，针对成就需求的研究最多。研究发现，成就需求较高的个体始终致力于追求个人成就，而不是成功所带来的诱惑和奖励。他们渴望将事情做得比以前更好、更高效。

但高成就需求者不一定能成为优秀的管理者,尤其是在大型组织中。因为高成就需求者重视其个人成就,而优秀的管理者的工作重心是帮助其他人实现其目标。针对权力需求和归属需求的研究相对较少,但研究者发现,最优秀的管理者往往具有较高的权力需求、适度的成就需求和较低的归属需求。

研究还发现,个体虽然存在特定的主导性需求,但为了获得满意感,个体应在一定程度上同时满足这3种需求。比如,一家企业的组织文化鼓励员工达成高绩效、为工作承担起个人责任(成就需求),重视团队合作和友好的组织氛围(归属需求),同时强调员工赋权和参与式管理(权力需求)。

第三节 过程型激励理论

内容型激励理论解释了隐藏在人们行为背后的需求,以及在工作情境中能激发出某些特定行为的因素。而过程型激励理论则解释了个体(作为积极的决策者)为了满足自身需求将如何采取行动,以及如何评估需求满足对其整体满意度的影响。本节将介绍3种主要的过程型激励理论:目标设定理论、期望理论和公平理论。

一、目标设定理论

埃德温·洛克(Edwin Locke)和加里·莱瑟姆(Gary Latham)发现,设定较高的目标,并引导员工朝着这个目标努力是产生激励的一个关键驱动力。对某些员工而言,完成某个既定目标而获得的兴奋感和为此付出的努力,与他们因此得到的实物奖励同等重要。洛克和莱瑟姆认为,目标是决定任务行为的有力因素,目标可用于引导注意力、动员工作努力、帮助人们制定出成就目标的策略,并帮助人们持续付出努力,直到目标最终达成,而这会进一步带来更高的目标。洛克和莱瑟姆建议,依据下述4种方式设定目标,可以激励员工改善其工作任务表现:

(1) 引导员工直接关注与目标有关的活动,并为此付出努力,而不是与目标无关的活动,即目标应激励员工进行那类有助于他们实现组织整体目标的活动。

(2) 有难度或不易实现的目标都会激励员工更加努力地工作,无论这些目标是由管理者还是由员工自己设定的。有难度的目标通常会令人工作更努力、更坚持和更专注。

(3) 为目标设定紧迫的截止日期会加快工作节奏。

(4) 为了实现新目标,人们会自然而然地想到他们从其他活动中获取的知识和技能,加以应用,以满足新的目标。

洛克和莱瑟姆还提出,那些具有明确且有挑战性目标的组织,会从员工更高的工作积极性中获利更多,当然,这些目标对员工来说应当是可接受的,同时这类组织应当通过定期的反馈帮助员工追踪实现目标的过程。当目标是明确且可衡量的,而不是模糊且界定不清的时候,员工的绩效表现就会提升;同样的效果,在目标设定有明确的完成时间框架时,也有助于员工的绩效达成。这些目标的设定原则,可以整合缩写为SMART(具体说明见本书第五章第二节)。

另外,目标设定理论中也需要注意一些影响目标-绩效关系的权变因素:

(1) 反馈。人们如果了解自己在实现目标过程中的工作进展,就会表现得更好。

(2) 任务策略。如果工作任务高度复杂,那么使用适当的任务策略,即明确如何去做该项任务是有益的。此时员工清楚怎么做、何时做才能完成目标。

(3) 个人对完成工作的自信。这里涉及自我效能感的概念，自我效能感是指个人对自己能否完成任务的信念。自我效能感越高，个人对成功完成任务就越自信，在面对有难度的目标时也会坚持下去。而低自我效能感的人在面对困难的任务时，则可能减少投入的努力或干脆彻底放弃。

(4) 对目标的承诺。如果目标与员工的个人价值观保持一致，同时，目标是个体参与设定的，而不是由管理者强制分派的，则员工对目标的承诺水平较高。高水平的承诺有助于员工认同并努力践行目标。

管理者在应用目标设定理论激励员工时，还应注意以下几个方面：首先，可以针对绩效的各个方面设置目标，可以是节约成本、改进服务和产品的质量，或赢得比赛冠军。但是，领导者需要确保他们没有设置相互冲突的目标，因为追随者在一定时间内只能付出一定程度的努力。其次，确定目标应有多大的挑战性使领导者面对一种两难困境。成功地完成目标为追随者提供了一种工作满足感，容易的目标比困难的目标更有可能实现。然而，与困难的目标相比，容易达成的目标会导致较低的工作努力(及较低的绩效)。研究指出，领导者在设置难度适中的目标、对已完成部分的目标及时提供认可和反馈，并运用持续改善的理念逐渐提高目标难度时，能最有效地激励追随者。

管理聚焦 11-1

是什么真正激励着员工

在下面的项目中，你认为最能激励员工的是什么？

A. 认可

B. 奖金

C. 人际支持

D. 对员工持续改善的支持

E. 清晰的目标

2010 年接受该调查的 600 名管理者认为是 A——对优秀工作的认可。然而，如果连续数年观察数以百计的员工工作日志，答案似乎是 D——对员工持续改善的支持。当员工感到自己在工作任务中取得进展或者在克服困难时获得支持时，他们会尽力做到最好，并产生强烈的积极情绪。而当他们感到自己在原地踏步，或者面对难以逾越的阻碍时，他们的情绪和动机最为低落。这些研究结论表明，管理者对下属的有效激励，可以通过以下方式来实现：提供有意义的工作目标、资源和鼓励；决策果断；尽可能减少与工作无关的要求。管理者不过分强调时间压力(即使是小事故也会被认为是大危机)，也有助于激励下属。

好消息是，很多能有效激励员工的方式在管理者的职权范围内。同时，该研究表示，认可有助于改善员工的激励水平，但只有当人们相信自己在个人/团队目标达成上取得了进展时，认可才是有价值的。

资料来源：T. M. Amabile, S. J. Kramer. "What Really Motivates Workers?"[J]. Harvard Business Review, January-February 2010: 44-45。

二、期望理论

在为了实现某个特定目标开始行动之前,人们通常会下意识地评估付出的努力与获得的结果。期望理论是由维克托·弗鲁姆于 1964 年在《工作与激励》一书中提出的,该理论指出,员工在工作中会有两个期待:付出努力会产生好的绩效,进而好的绩效会带来奖励。努力-绩效-奖励(或结果)的关系是期望理论的假设前提。例如,在工作中,人们期望自己付出努力而取得的成绩获得奖励。或者,那些工作更长时间、承担更大工作量的员工会认为自己为企业创造了更多价值,应该得到更高的薪资。有关期望理论的研究是领导理论中路径-目标理论的基础(见本书第十章第三节的内容)。

期望理论指出,在员工决定应该付出多少努力时,会考虑以下 3 个变量:努力是否会产生绩效,绩效是否会获得奖励,以及对特定奖励的价值评判(见图 11-5)。这 3 个变量之间是相乘的关系,也就是说,缺少其中任一变量,员工都不会产生工作的动机(激励)。

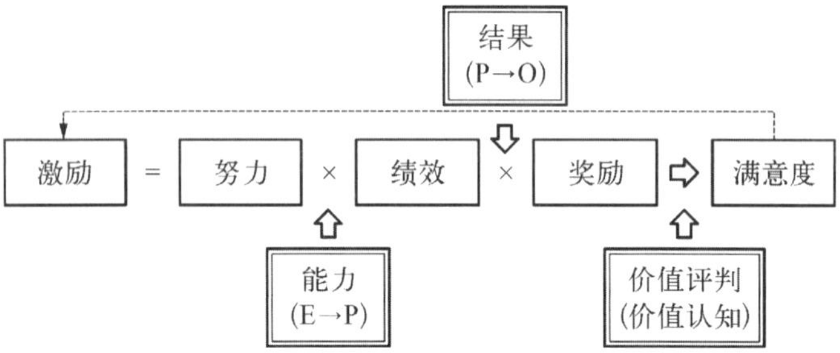

图 11-5 期望理论模型

在图 11-5 中,努力-绩效的预期(E→P)是对投入努力能否产生更高绩效做出的评估。此时,员工需要思考自己是否具备所必需的知识技能、以往的经验以及完成工作所需的资源。例如,要想成功执行一项高难度任务,员工必须有适当的教育背景、技术能力和人际交往能力。如果缺乏这些必备技能,投入的努力可能就无法转化为良好绩效。当努力很可能无法获得有利结果时,员工将选择不投入努力。

绩效会带来回报的预期(P→O)是对高绩效能否获得奖励做出的评估。例如,员工相信,如果成功完成一项高难度任务,就会获得升职或加薪。这一很高的 P→O 预期,会使员工有极大的热情来完成工作。但当员工认为企业的绩效评估制度不合理,或者不相信企业会奖励高绩效时,这种行为影响效果也就不存在了。

价值评判是指员工对可获得的奖励是否有吸引力的评估。为了让员工以极大的热情投入工作,企业应提供员工认为有价值的各类奖励。这些奖励可以是外在的,如奖金;也可以是内在的,如增加培训机会、从事更重要的项目。给予员工奖励的时机也很重要。及时给予的奖励对员工更有价值。

在学术领域中,期望理论已成为解释工作激励过程广为传播的理论,并引起了大量的调查研究。期望理论避免了马斯洛和赫茨伯格研究方法中某些简单化的缺陷,更切合现实情况和激励过程。它有助于管理者理解和分析员工的激励状况,并识别有关的变量因素。要想运用期望理论的原理来改善员工激励水平,管理者应尽量做到以下几点:

(1) 了解每个员工重视的、认为有价值的奖励是什么;

(2) 确认哪些行为是组织期望员工做出的;

（3）确保员工的绩效目标是有挑战性但可以实现的；

（4）建立基于绩效的奖励机制。

三、公平理论

公平理论涉及一个常见的组织现象，即员工不仅在意获得的报酬高低，而且很在意与他人相比是否获得了公平对待。对公平感的判断不仅与货币性收入有关，比如同一个部门的员工是否有明显的收入差距，而且与组织内的其他资源和机会的分配有关，包括办公室的大小、工作任务的安排等。换言之，期望理论解释了当人们决定完成特定任务时，他们期望自己付出努力、达成成果会获得有价值的奖励；而公平理论则表明人们会因为维护自己和他人之间的公平（分配公平）关系、避免不公平关系而受到激励。

公平理论是由心理学家斯塔西・亚当斯（J. Stacy Adams）在1964年提出的。在判断公平性时，人们通常集中在两个变量上拿自己和他人作比较：产出，是指人们从工作中得到的结果，包括薪酬、领导的赏识、晋升、人际社会关系的变化，以及内在心理上的报酬；投入，是指个人为此付出的代价，包括工作时间、经验、努力、知识和工作贡献等。对公平的判断以比率的方式来进行，即员工比较的是单位投入所获得的回报。这一理论认为，员工会首先把自己的投入与产出（所得报酬）进行比较，之后比较自己和其他人或群体的投入与所得报酬，以此来判断组织提供的报酬是否公平（比较过程见下式）。需要指出的是，公平理论中的产出和投入是指人们的心理感受，而不是实际的客观标准。也因此，组织成员往往有不同的公平感受。

$$\frac{\text{结果}}{\text{投入}}(\text{自己}) \overset{?}{=\!=} \frac{\text{结果}}{\text{投入}}(\text{他人})$$

在对公平感的评估中，员工选择的参照对象十分关键。参照对象是指个体用来与自己进行比较的其他个体、群体或系统（关于公平理论在薪酬管理中的应用，以及参照对象的选择，见第九章第五节）。这种比较有3种可能的情况：（1）感到报酬公平；（2）感到报酬不足；（3）感到报酬过高。

如果一个人的投入产出比与其参照对象的投入产出比是相当的，他们就会认为是公平的。此时员工的心态是平衡的。有时尽管他人的收入明显高于自己，但只要对方的投入也明显较高，就不会引发员工的不满。

在比较中，当人们发现自己的报酬不足时，就会采取多种措施来改变不公平的感受，包括：（1）通过减少努力来降低投入；（2）要求加薪来增加报酬；（3）理性地说服自己，他人的投入比自己高；（4）离职或调走；（5）变更比较的参照对象。

当个人感到自己相对他人的报酬高于合理水平时，对多数人而言不会构成什么大问题，但研究表明，处于这种不公平的情况下，有些人也会努力减少这种不公，包括：（1）通过付出更多的努力来增加自己的投入；（2）假如是计件制的话，员工就会减少自己的单位产量；（3）设法使他人减少投入或增加产出。

公平理论最开始聚焦于分配公平，即人们认为报酬数量以及报酬分配的公正程度。近年来，更多的研究聚焦于对程序公平的考察，即用来确定报酬分配的程序所具有的公正程度。研究表明，分配公平比程序公平更能影响员工的满意度，而程序公平往往会影响员工对组织的承诺、对上司的信任以及辞职的意愿。这提示管理者关注将分配决策如何制定的信息公开化，遵循稳定、公正的程序，并采取措施以提高程序公平的认同感。通过提高员工对程序公平的认同感，即使在他们对薪资水平、晋升机会或其他个人报酬不太满意的情况下，员工也会更积极地看待组织及其管理者。

第四节 强化型激励

很显然，奖励是激励员工的常用工具。识别对员工有意义的奖励，创造持续的加强激励的组织情境，诱导员工做出更多与组织目标一致的行为、减少不利于组织目标实现的行为，是激励的强化理论关心的问题。

强化理论基于一种行为主义的观点，认为个体的行为是环境的产物，改变环境（强化物）就可以塑造人的行为。强化理论假设，如果一个行为的结果是得到奖励，该行为就会趋向于重复；反之，如果一个行为招致惩罚的后果，该行为就会减少重复。这种方法原先是在训练动物时采用的，但是以斯金纳(Burrhus Fredric Skinner)为代表的一些学者发现，它也同样适用于人类的行为：当行为的结果有利于个体时，行为就可能重复出现；反之，则会消退并终止。这种情形在心理学中被称为"强化"，该理论也因此被称为强化理论（强化理论模型如图 11－6 所示）。

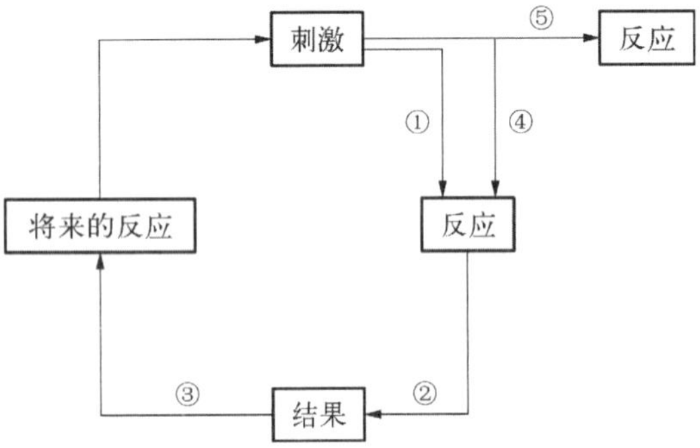

图 11－6 激励的强化理论

强化理论不考虑个体的内心认知状态，仅仅关注一个人采取某种行动会带来什么后果。由于强化理论并不关注激发行为的因素，严格来说它并不是一种激励理论。但它确实为诱导、改变和控制组织中的员工行为提供了一种有力的工具，因此，人们通常将它作为一种激励理论来加以说明。

图 11－6 表明起点从刺激开始，这种刺激可以理解为激发行为的需求或动机。顺着路径①，个人对刺激产生反应，选择所遵循路径的过程和前面讨论的期望理论相一致，这反应将使个人经历各种结果（路径②），那些结果的价值评判又会影响将来的反应（路径③）。如果结果是愉快的或是所希望的，个人下次遇到同样的刺激就会选择相同的反应（路径④）；如果原先的结果是不愉快的，或是不想得到的，则很可能产生一种不同的反应（路径⑤）。例如，一个员工为了获得加薪而努力工作，之后工资如愿增加，他的行为就得到了强化；反之，如果他的额外努力没能产生加薪的结果，他可能尝试其他行为，如离职或讨好上司来寻求升职。

一、强化的类型

导致强化的因素主要分为 4 类：正强化、负强化（也称规避）、惩罚和自然消退。前两类可以增强或保持一种行为，后两类则会削弱或减少某种行为。

(一) 正强化

正强化是一种增强某种符合要求的行为的方法。在一种要求的行为出现后，随即加以奖酬或提供正面的结果。例如，管理者看到一个员工工作表现出色就加以表扬，这种表扬就是对工作出色的行为做了正强化。正强化的手段还包括提薪、晋升、奖励等。

（二）负强化

负强化也是一种增强某种符合要求的行为的方法。它是指预先告知某种不符合要求的行为或不良绩效可能引起的后果，允许员工按要求的方式行事来避免令人不快的后果。比如在工厂中，事先以规章制度规定迟到要扣工资，这样员工为避免扣工资这一负面结果就会准时上班。

（三）惩罚

惩罚是指针对员工做出的不符合要求的行为，给予厌恶性条件或刺激。例如，当有的员工上班迟到、工作出错或影响他人的工作时，管理者可利用批评、纪律处分、罚款等措施，以制止该行为的再次发生。但是，惩罚也有副作用，如激发员工的愤怒、敌意等。因此，应尽可能采用其他强化手段。

（四）自然消退

自然消退是指通过不提供个人所希望的结果来减弱一个人的行为。特别是撤销原先的奖酬，来减少某种行为的发生。例如，对员工的某种行为不予理睬，以表示对该行为的蔑视，从而使这种行为得以消除。

二、强化的间隔安排

在运用强化手段时，不仅要考虑采用何种方式，而且要认真考虑在何时采用以及它发生的间隔次数问题。在强化次数的间隔安排上，也有多种策略可以选择。

1. 固定间隔

固定间隔的安排是指不考虑具体行为如何，总是以一个固定的时间间隔提供强化，如按周、按月付给的薪金即属此类型。这类强化安排提供的刺激强度最小，因为职工知道，不管他们努力与否，到时都能拿到薪酬。

2. 可变间隔

可变间隔也是以时间为基础安排的强化，但每次强化的时间间隔是变动的。管理者在运用表扬或在察访时给些其他形式的奖酬等，更适合采用这类安排。由于员工们并不知道什么时候上级会来检查，因此通常都能较为认真地工作。

3. 固定比率

固定比率是指不考虑行为的时间间隔，在行为达到一个固定数字后即给予强化。如计件工资制等就属于这类强化。

4. 变动比率

变动比率不考虑时间因素，通常需多种行为发生后才给予一次强化。如针对销售人员的销售额支付的佣金。这类安排在维持要求的行为上是最有力的。由于每次取得绩效都会有增加收入的可能，因此，较易激发员工增加所要求行为的次数。

成功的组织通常通过正强化工具来建立员工的参与感与兴奋感。这些组织对于哪些行为是组织期望的、由此可以获得何种奖励有明确规定，并能始终如一地执行奖励规定。但如果奖励机制设计不当，也会导致不希望、不可预期以及计划外结果的产生。例如，某企业可能想要创造一种鼓励团队合作的企业文化，但奖励制度只与个人绩效挂钩。这样做的结果会使一些团队成员无视团队目标，只关心如何提高自己的个人绩效和曝光度。为了避免这类行为的产生，判断组织目标的奖励制度是否与期望强化的行为保持一致，进而对奖励机制做出调整以确保符合组织要求的行为得到强化，就变得十分重要。

管理聚焦 11－2

如何运用惩罚来改变员工行为

在理想社会，每个人也许都有可靠、高成就导向，并致力于组织目标的实现。但领导者有时必须面对公然敌对、缺乏服从性、制造同事间冲突、无法达到工作标准的下属。此时，管理者就需要运用惩罚手段来改变员工的行为。但惩罚也是管理活动中最有争议的做法。这主要源于人们不了解惩罚对员工动机、满意度和绩效的影响效果。

惩罚是指通过负面处罚或剥夺利益来影响他人的做法，这会降低特定行为重复发生的可能性。惩罚的例子包括口头批评、降职、降薪、解雇等。需要指出的是，根据这一定义，只有视不同情况而施行的负面处罚才被视为惩罚；无论情境如何都施加的负面处罚构成了辱虐对待，而非惩罚。

需要注意的是，员工对惩罚的看法似乎因人而异，对一个员工能产生有效影响的惩罚，可能对另一个员工完全无效。有时对行为的处罚甚至能强化其行为。例如，时常有孩子因为淘气会增加父母的关注，即使会受处罚也照犯不误。毕竟，对孩子来说，某种程度的父母关注比完全无视要好。类似地，有些员工因为服从性差、违反企业规章而被口头批评，但他们认为自己赢得了关注，他们甚至有更大可能在未来做出违纪行为。

人们对使用惩罚来改变行为存在 3 种顾虑：(1) 惩罚会导致受罚者不利的情绪副作用；(2) 惩罚针对的是过去已经发生的不当行为，有明显的威慑和报复的意味，违反企业伦理与缺乏人性关怀；(3) 惩罚很少真正起作用，不会导致永久的行为改变，而只是短期内抑制行为发生。

这些顾虑看似有理，但目前的大量研究表明，正确实施惩罚似乎不会导致不利的情绪副作用，不会违反伦理，并能有效抑制不利行为。正确的惩罚有如下行为建议：

(1) 视情况差异实施惩罚。将惩罚控制在下属行为不当或绩效不达标的范围内。研究者发现，差异化的惩罚不会影响下属对领导者的满意度，甚至有微小的正面影响。

(2) 明智、适当地运用惩罚手段。如果大多数员工认为特定行为应受到处罚，此时不进行处罚就会导致不公平感，进而会降低团队凝聚力和满意度。

(3) 管理者和员工应就惩罚的实施、理由和行为改进进行有效沟通。管理者需要明确说明惩罚的理由，并指出未来的不当行为会导致的处罚。管理者也需要向员工提供如何改进的指导，包括提供适当行为的示例、建议参与培训课程，以及提供准确的工作行为反馈。

(4) 管理者应在做出惩罚决定前收集尽量多的信息。收集信息可以使管理者更多关注下属的行为本身，而不是指责个人；确保实施的惩罚措施与企业政策保持一致；为惩罚提供必要的理由；为追随者如何改进提供指导。

此外，管理者也应避免只用一种工具(惩罚)来应对所有员工激励问题的倾向。如果管理者实施惩罚并看到下属随后的行为改善，就会受到鼓励在未来更多运用惩罚。随着时间的推移，这会导致管理者过度依赖惩罚来进行绩效改善，而忽视其他激励性的手段。

资料来源：Richard L. Hughes，Robert C. Ginnett，Gordon J. Curphy. Leadership：Enhancing the Lessons of Experience[M]. 10th. New York. McGraw-Hill，2022：113－116。

第五节　激励理论的管理应用

有效激励员工是管理者在实践中最关心的话题之一。本章介绍的多个激励理论是研究者长期研究的结晶，也显示了激励在研究和实践领域中经久不衰的热度。如何将这些研究成果应用于管理实践中，是本节将要讨论的话题。但由于组织中的激励形式和手段多样，因此此处的说明只是其中有代表性的几种。

一、设计激励性工作

职位本身的特性构成了激励员工做出优秀绩效的重要驱动因素，这一点在各个内容型激励理论中都得以体现。也因此，组织可以通过设计有激励性的工作来提升员工由此获得的内在激励。本书第八章第四节中介绍的职位特征模型，为管理者设计有激励性的工作提供了指导框架。职位特征模型显示，当职位具有技能多样性、任务同一性、任务重要性、自主权和及时反馈等特征时，员工由于对工作意义、对结果的责任感及更好地理解工作成果而产生强烈的参与感，这会进而有效地激励员工。在同一节中，本书谈到了职位扩大化、丰富化及团队工作的职位设计，这些都有助于提升员工对上述职位特征的积极评价，但除此之外，组织还可以用以下方法来改善员工对这5项核心职位特征的感受。

(1) 形成自然的工作单元。管理者应尽量将职位设计成完整的、有意义的整体，以增强员工对工作的“拥有感”。鼓励员工将他们的工作视为有意义的、重要的事情，而不是无关紧要的、无聊的事情。

(2) 建立客户(外部或内部)关系。向客户提供某项服务的员工应能与接受该项服务的客户接触。以这种方式设计的工作能为员工提供反馈，并增强技能多样化(除具体服务外，还与客户交谈)，同时提升自主性(提供员工管理他们与客户的关系的自由)。

(3) 纵向拓展工作。纵向拓展赋予员工过去仅由管理者正式拥有的责任和控制权，以此提高员工的工作自主性。

(4) 开通反馈渠道。直接反馈能够让员工及时了解他们的工作表现如何，并且了解他们的绩效是否有所改善。

基于职位特征模型的职位设计优化，对于以服务和知识为导向的工作并不完全适用。但通过职位设计优化来改善员工的个人感受，以此激励员工的思路仍是可行的。对这类工作，有两个职位设计的新观点值得了解：

一是关系取向的工作设计观。这一观点主要聚焦于员工的任务和职位如何日益依赖各种社会关系。在今天的工作中，员工与同事和组织内外的其他个体有越来越多的互动，并且彼此更加相互依赖。员工在完成自身工作目标的过程中，越来越依赖周围的其他人获取信息、建议和帮助。管理者在职位设计时需要考虑到这些员工关系中的重要组成部分，例如获取组织中社会支持的途径及其程度、与组织外部的互动类型、工作任务的相互依赖程度以及人际反馈。

二是主动的工作设计观。该观点认为员工会积极主动地改变和塑造自己的工作方式,他们会更多地投入对工作有影响的决策和行动。根据这种观点,重要的职位设计因素包括工作自主性、模糊性及责任性程度、工作复杂性、压力水平以及社会或关系背景。有证据表明,上述每一种因素都会对员工的主动性行为产生影响。

二、优化绩效评估与奖励制度

期望理论和强化理论在组织管理中的应用相当广泛,其中一个重要领域就是企业的绩效管理制度与基于绩效的奖励制度。在组织中,高能力的员工未必是高绩效的员工,在其他条件不变的情况下,两者的联系纽带就在于员工激励水平。有效的绩效与奖励制度有助于帮助员工做出以下决策:(1) 员工在面临多种可能的目标时,会如何对目标进行重要性排序(行动方向);(2) 员工为实现自己选定的目标,打算付出多大的努力(行动强度);(3) 员工在实现目标时,特别是在遇到困难时,可以坚持多长时间(行动耐力)。企业的绩效评估与反馈系统,通过将个人努力、绩效与各种内外激励手段(如晋升、加薪、奖金分配、降薪降职等)相结合,有助于激励员工充分发挥其能力、按企业期望的方向投入个人努力,使个人对组织的贡献最大化。具体来看,为了提升相关管理制度的激励效能,企业需要关注以下几个方面:

(一) 绩效管理制度的设计

管理者在绩效管理过程中,往往高度重视绩效评估及与之相关的奖惩措施的设计,他们的座右铭是管理大师德鲁克的名言:你不能评价,也就不能管理。毫无疑问,要想改善和优化企业整体绩效,必然需要设计绩效评估系统对组织内部各层级的绩效进行量化管理和评测。但仅仅强调量化管理、评核的绩效评估不足以确保员工绩效的改善。这是因为,绩效的好坏不仅取决于员工的个人能力和努力,其他员工无法控制的环境因素也会影响或抑制工作绩效。常见的负面环境因素包括员工的工作时间安排过于紧凑、工作目标冲突、缺乏必要的设备或资料、缺乏来自他人的合作与支持、工作环境不利于工作完成等,甚至单纯的运气因素都可能影响绩效达成。

与此相关,期望理论指出,只有员工相信自己的努力能带来高工作绩效,才有可能真正投入努力。也因此,管理者在绩效管理过程中的一个重要努力,就是帮助员工提升完成工作绩效的能力和信心。管理者需要在整个绩效管理过程中发挥作用,向员工提供适当的工作条件、支持性的工作环境和及时的指导反馈,尽量消除或降低来自外部的绩效障碍。提高努力-绩效期望的一种有益做法,是听从员工对如何改变其工作方式的建议。无论员工何时意识到存在哪些因素抑制了他们的工作绩效,企业都应鼓励他们做出改变以缓解这些问题。这么做有助于达成期望的绩效,并且展示其效果。

(二) 奖惩管理

企业需要设计合理的奖惩制度,奖励表现优异的员工,以此强化期望的员工行为。为了有效运用强化理论,管理者必须确认要强化的是什么行为,不鼓励什么行为。奖励系统要与战略相配套,根据组织的战略目标定义员工绩效。创造性的管理者会使用非物质奖励,包括工作挑战性、更大的责任、自主性、认可和更大的决策权来引导员工投入更多努力。

(三) 对员工错误的处罚

管理者如何处理员工的错误对员工激励水平也有很大影响。当员工违反法律、道德准则、安全生产规范或人际关系准则时，或者当员工旷工或者偷懒时，惩罚是合适的。但有时管理者也会不恰当地惩罚员工，比如员工绩效不达标是源于外在因素时。管理者过度或不当地使用惩罚会在工作场所中造成恐惧和不满的气氛。恐惧会使员工在短期内改善工作行为，但更可能造成长期的冲突、不信任及逃避责任等问题。

每个人都会犯错误，管理者可以通过讨论和了解员工等建设性的方式处理错误。并非每一项错误都应受到惩罚，为了鼓励员工冒必要的风险，管理者不应惩罚那些为了学习、尝试新事物或非个人责任导致的失败。

（四）提供反馈

及时有效的绩效反馈有助于员工及时调整行为并形成正确的自我判断，对员工的激励水平有积极正面的影响。但绩效反馈也会给管理者和员工双方带来很大的心理压力，无论是负面反馈信息的提供者还是接受者，这一过程都令人痛苦。因此，大多数管理者没有提供足够的有效反馈。管理者应充分考虑造成糟糕绩效的所有潜在原因，当员工寻求反馈或希望讨论绩效问题的时候应及时回应。

三、提供公平合理的薪资

基于公平理论，企业也可以通过改善员工的公平感知来激励员工。具体需要考虑几个方面：

（一）避免支付过低的薪资

那些试图通过削减员工工资的方式来节省成本的企业会发现，员工会做出不同方式的回应，以各种不同的方式来平衡收支。例如，他们可能偷盗企业财物、在工作时间偷懒，或者降低生产率。基于这一考虑，想通过支付过低工资来节约成本的企业可能是非常短视的，当然也面临很大的风险。

（二）避免支付不合理的高薪资

你可能认为支付比员工应该得到的更多的报酬会是一种有效的激励方式，因为员工会努力工作来匹配自己的所得。但这一策略存在两个问题。首先，它奖励了不值得推崇的行为，因此发出了一个危险信号。例如，给一个绩效平平的员工大幅加薪，向外界发出的信号是这种平均水平的绩效是企业所期望的结果。其次，当你对一个员工支付报酬过高，该群体中的其他员工就是相对的支付报酬过低。而当大多数员工觉得自己获得的收入过低时，总体的工作绩效会下降，同时总体满意度降低也会引发员工离职。因此，企业应避免支付过高薪资。

（三）公开、透明的薪酬制度

企业在公平对待员工时会面临一项挑战，即每位员工的公平感知是高度主观的。但企业可以做些事来帮助员工准确感知：企业可以公开分享薪资信息，提高薪酬制度的透明度。一些企业将薪资信息视为机密，执行保密工资制度，它们担心当员工了解其他人的收入时会有强烈的不满。但研究表明，公开信息往往比保守秘密效果更好。人们往往会过高估计上司的收入，错误地认为自己没有获得公平合理的薪资。相对透明的薪酬信息有助于消除员工的不公平感。基于这一点，薪资信息透明是有必要的，它有助于员工了解其收入的依据，这进而会使人们信任自己所在的组织和强调公平与贡献的组织文化。

四、提高员工的赋权水平

赋权（empowerment）是与员工分享权力，并由此提升他们对自身能力和组织贡献的信心的过程。赋权有时是源于组织自上而下的授权,要求下属承担完成目标和追随愿景的责任;另一些时候,赋权是源于某种组织文化的改变,关注所有组织成员明智地承担风险、成长、变革、信任和主人翁精神,鼓励员工就像企业家和所有者一样行事,质疑现有规则并做出明智决策。赋权是重要的领导方式,也是有助于增进员工投入的激励手段。

首先,真正想赋权给员工的领导者必须将领导和决策过程下放到尽可能低的组织层级上。员工往往是最接近问题的人,拥有最充分的信息,因而能做出最佳决策。其次,有效的赋权应确保员工拥有制定良好决策所需的资源、知识和技能。将决策权下移给员工,但如果员工缺乏制订商业计划、提交预算、与企业其他部门打交道、直接面对客户或供应商的经验,就可能使管理者和员工都因为员工无法有效决策和执行而受伤害。因此,赋权应包括授权和员工开发两个部分。希望赋权给下属的管理者必须确定下属有能力做什么,强化并拓展这些能力,并赋予下属与之相匹配的权力和职责。

本章提要

激励是指一个诱发、指引和维持个人行为指向以达成某种目标的过程。个人在组织中的所有主动的工作行为,都是激励影响的结果。激励过程是指通过满足人们的内在需要或动机,加强、引导和维持特定行为的循环过程。组织的绩效本质上取决于组织成员的能力、激励水平和工作环境条件。

研究者提出了多个理论来解释哪些需求、激励因素或驱动要素会激励员工做出特定行为,这类理论被称为内容型激励理论。其中最常被提及的内容型激励理论包括需求层次理论、ERG 理论、双因素理论和麦克莱兰的需求理论。

过程型激励理论解释了个体为了满足自身需求将如何采取行动,以及如何评估需求满足对其整体满意度的影响。其中 3 种主要的过程型激励理论是目标设定理论、期望理论和公平理论。

激励的强化理论认为个体的行为是环境的产物,改变环境(强化物)就可以塑造人的行为。当行为的结果有利于个体时,行为就可能重复出现;反之,则会消退并终止。因此,强化理论认为,通过识别对员工有意义的奖励,创造持续的加强激励的组织情境,可以诱导员工增加做出与组织目标一致的行为,减少不利于组织目标实现的行为。

企业管理者可以运用激励理论来提升员工的激励水平,包括设计激励性工作、优化绩效评估与奖励制度、提供公平合理的薪资,以及提高对员工的赋权水平。

复习思考题

1. 什么是激励?为何管理者需要重视对员工的激励?
2. 请说明内在报酬与外在报酬的差异。
3. 请描述内容型激励理论的主要观点,并分析其异同。
4. 目标设置理论、期望理论、公平理论,分别如何解释员工将如何采取行动来满足自己的需求?
5. 请简述强化理论的 4 种方法,并解释负强化与惩罚的区别。
6. 管理者在激励当今的员工队伍时,面临何种挑战?

12 第十二章 沟通

全章提要

学习目的与要求

1. 理解沟通的含义、过程和作用；
2. 了解人际沟通中的语言与非语言沟通；
3. 了解人际沟通中的不同沟通风格；
4. 了解组织沟通中正式沟通的几种类型；
5. 了解组织沟通中非正式沟通的方式和特点；
6. 了解组织沟通的常见障碍；
7. 了解改善组织沟通的原则和途径；
8. 掌握管理者改善沟通技能的常见做法。

管理专业术语

Encode	To select symbols with which to compose a message.
Message	The tangible formulation of an idea to be sent to a receiver.
Decode	To translate the symbols used in a message for the purpose of interpreting its meaning.
Feedback	A response by the receiver to the sender's communication.
Perception	The process of making sense out of one's attention.
Grapevine	An informal, person-to-person communication network of employees that is not officially sanctioned by the organization.

沟通被视为领导职能的核心部分，是因为管理者及领导者在进行群体决策、共享意愿、协调组织结构内个人或群体的关系、聘用和激励员工，以及领导团队时，都必须明确、令人信服地分享自己的想法，并能有效倾听。此外，组织中的每个成员都需要通过沟通来传递信息、达成共识，进而实现人与人之间的合作。很显然，沟通的有效性决定了管理、领导与合作的效力。基于这一点，沟通可以被视为组织的黏合剂，将组织内部(及外部)的每个人联结到一起。沟通对于组织效力至关重要，但实际管理中的沟通并非总是有效的。本章将在简要介绍沟通的定义、过程的基础上，分别对人际沟通和组织沟通加以介绍，并提供改善沟通技能的建议。

第一节　沟通概述

一、沟通的定义

美国主管人员训练协会把沟通解释为：它是人们进行的思想或情况交流，以此取得对彼此的了解、信任及良好的人际关系。纽曼(William H. Newman)和萨默(Charles E. Summer)则把沟通解释为：在两个或更多的人之间进行的在事实、思想、意见和情感等方面的交流。此外，沟通还被解释为用语言、书信、信号等进行的互动，是在组织成员之间取得共同的理解和认识的一种方法。

美国传播学研究者 G. M. 戈德哈伯(G. M. Goldhaber)对组织沟通进行过多年的深入研究，他对组织沟通下了这样的定义：组织沟通是由各种相互依赖关系而结成的网络，是为应付环境的不确定性而创造和交流信息的过程。这个定义包含 5 个基本概念：过程、信息、网络、相互依赖和环境。

(1) 过程。组织沟通是一个不间断的信息交流过程，永远随着组织存在下去，永远处于动态变化中。

(2) 信息。信息是沟通的基础。没有信息便无所谓沟通。这里所说的信息，不是一般意义上的消息、情报、资料，而是对完成组织目标和任务有意义的那部分内容。

(3) 网络。组织沟通不是无规则进行的，它不仅要通过担任各种不同角色的组织成员，而且要经过以一定规则组织起来的网络。

(4) 相互依赖。组织是开放性系统，系统中各部分及其成员都与系统整体及其环境有着相互依赖关系，经常相互交流信息、相互影响，密切相关。

(5) 环境。任何组织都是在一定的社会、政治、经济环境之下生存和发展的，作为开放性系统的组织，要不断与所处的环境发生复杂多样的互动关系，受到环境深刻的影响。

良好的组织沟通是疏通组织内外部渠道，协调组织内成员及部门之间的关系，完成组织目标的最重要的条件之一，还可以使组织内部成员之间、组织之间相互加深了解，融洽感情，增进友谊，使组织更具活力。

二、沟通的过程

沟通是一个信息的传送者通过选定的渠道把信息传递给接收者的过程(见图 12－1)。沟通过程中包含以下几个要素：

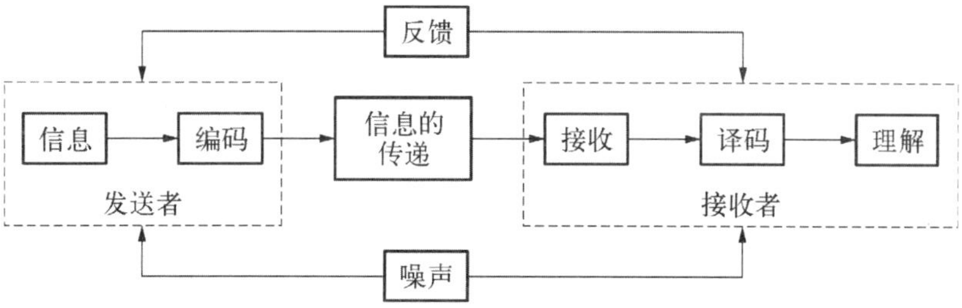

图 12－1　沟通过程

(一) 信息发送者

信息沟通过程始于信息发送者。信息发送者可以是个人、群体或整个组织,他要把自己的某种思想或想法(希望他人了解的)转换为信息发送者自己与接收者双方都能理解的共同“语言”或“信号”,这一过程称为编码。编码的过程把一个想法翻译成某种形式,比如能够被接收者辨认的手写或者口头语言。当我们在写信、发送电子邮件或面对面谈话时,选择特定词汇来表达,我们就在编码信息。如果我们想清楚地沟通自己的看法,这一过程就至关重要。没有这样的编码,人际沟通是无法进行的。

(二) 信息传递渠道

编码后的信息必须通过一定的信息传递才能到达接收者那里,没有信息传递渠道,信息就不可能传递出去,沟通也就成了空话。信息传递渠道有许多,传统的渠道包括面对面交流、书面记录、信件、电话线、广播和电视信号等。但除此之外,各种手机信号、卫星向 GPS 设备发送的信号、网络,也都是技术发展后出现的广为使用的沟通渠道。

选择适当的渠道对实施有效的信息沟通是极为重要的。编码形式在很大程度上决定了信息传递的方式。可视信息(如图片、书面文字)可以通过邮件来发送、由信使传送、通过快递服务送达,或以电子方式发送(如 E-mail、短信、上传到网站或传真)。口头信息可以通过电话、广播电视信号或网络音频文件来发送,当然,也可以通过传统的口头传达。不管使用哪种渠道,其目的都是相同的:把编码信息准确地传递给期望的接收者。此外,选择什么样的信息传递渠道,还要看沟通的场合、互相配合与方便、沟通双方所处环境拥有的条件等,也要考虑所用渠道的成本。

(三) 信息接收者

沟通的另一个主体是信息接收者。信息接收者收到传递来的“信号”,之后将其转化为自己能理解的语言(“解码”),这样信息的传递就完成了。解码过程涉及很多不同的活动,比如理解口头或书面语言、解读面部表情等。在发送者的信息被接收者精确解码的情况下,信息将会以期望的方式被理解。

在实际的组织中,人们理解和翻译他人信息的能力远非完美。例如,由于我们自己的个人知识所限,编码能力可能受到信号不清晰的影响。由于接收者的受教育程度、语言技巧、技术水平以及当时的心理活动,均会导致解码过程发生偏差或疏漏,这样就会使信息接收者产生一定的误解,不利于有效的沟通。实际上,即便上述情况不发生,也会因为信息接收者的价值观与理解力导致理解信息发送者真正想法的误差。人们往往误以为沟通的主角是信息发送者。例如,为了传达企业的理念,没有考虑一线员工的理解能力,使用一些含有晦涩难懂的字句的公告,造成不必要的冲突与误会,其沟通效果可想而知。

(四) 噪声与反馈

尽管沟通看似简单明了,但沟通过程很少会完美,信息沟通经常会受到噪声的干扰。噪声是指歪曲或减少信息流,从而妨碍信息沟通的任何因素。噪声可能发生在沟通过程的任何一个结点上。例如:

(1) 受到限制的环境可能妨碍信息发送者形成明确的思路。

(2) 由于使用了模棱两可的符号,可能造成编码、解码的错误。

(3) 传递过程中各种外界的干扰。

(4) 心理活动导致错误发送或接收。

(5) 价值观不同导致双方未能就信息的真正含义达成共识。

(6) 信息渠道本身的质量问题,比如视频会议时网络不佳,不断掉线。

一旦一个信息被解码,沟通的过程就可能继续,由接收者将新的信息发送回最初的发送者。沟通过程的这个部分被称为反馈。反馈是检验信息沟通效果的再次沟通。反馈使发送者可以核实自己的信息是否被正确地理解,也使信息发送者基于反馈信息迅速修正自己的信息发送,以便达到最好的沟通效果。

沟通是一个持续循环的动态过程,沟通中的每个要素、环节都可能出错,从而影响沟通的有效性。因此,了解人际与组织沟通中的复杂性和动态性,将有助于管理者改善其沟通有效性。

三、沟通的作用

组织沟通的作用似乎显而易见,完全没有解释的必要。毕竟,每个组织成员都必须与他人沟通来分享完成工作所需的信息。但这里仍有必要对组织沟通的重要功能加以说明。沟通在组织中的作用,具体如下:

(1) 指明方向。为了使他人按期望的方式行事,需要进行人际沟通。管理者必须向下属说明如何做、对他们的绩效给予反馈、与他们讨论问题所在,并给予鼓励等。

(2) 建立联系与促进协作。为了组织的有效运作,个人和群体必须协调其投入努力和活动,而沟通使协作成为可能。例如,在一家餐馆,服务员必须记下客户点单的信息并告知主厨。这可能以口头(喊出订单)、书面(匆匆写在小纸片上的订单)、电子形式(录入触屏的订单,主厨可以在厨房的显示器上查看)来传递。虽然形式各异,但目标是一致的:向厨房工作人员沟通顾客的要求。

(3) 发展人际关系。在组织中建立友谊、促进信任需要人们慎重地对待沟通。组织成员间良好的人际关系,有助于在工作场所创建出令人愉悦的氛围。

(4) 阐明组织文化。通过与他人沟通,员工逐渐了解所在企业的运作方式、价值观以及对员工最重要的事项。沟通有助于员工了解组织文化,并加强对组织价值观的认同。

(5) 建立组织间的联系。人们不仅与企业内部的员工沟通,而且会与其他企业的代表沟通。这使企业之间可以协调以达成共同目标。

(6) 展示组织形象。组织向其他群体发出关于自身形象的信号。例如,企业会印制有关产品、服务的信息来吸引潜在客户。这些沟通形式是为了向外部展示组织的特定形象。

(7) 激发观点。沟通被用于提出观点并在必要时分享这些观点。例如,当人们在一起进行头脑风暴时,沟通过程会激发新观点。

(8) 阐明组织愿景和价值观。很多企业会“坚持某种愿景”,也有些使命或价值观需要清楚表达。为了使这一使命传达给每个人,并使他们充分理解,就需要沟通。当然,要想使目标得以实现,沟通是必不可少的。

如上所示,沟通在各个组织层次中都发挥着关键作用。具体来看,组织沟通发生在 5 个不同的组织层次(见表 12-1)。其中最基础的层次是人际沟通,这涉及个人间的沟通;最高的层次是大众沟通,即与大规模人群的信息共享。本章关注的沟通主要是较低的 3 个层次:人际沟通(第二节)、群体沟通和组织内沟通(第三节)。

表 12-1　组织沟通的层次

沟通层次	说　明	例　子
人际沟通	个人正式或非正式地分享信息	管理者与直接下属见面，讨论改进其工作的方式
群体沟通	在群体、团队内部分享信息	销售团队成员讨论如何推进和协调一项新的促销活动
组织内沟通	在同一组织内的各个子单元间分享信息	企业各不同部门的管理者开会，参与制订战略计划
组织间沟通	在组织间分享信息	两家企业讨论建立一家合资企业，为了开发某个新产品而共享资源
大众沟通	企业向大众发送信息	某汽车制造商通知其代理商和消费者，将因安全问题而召回汽车

第二节　人 际 沟 通

人际沟通是指组织中一对一或涉及少数人的沟通。这类沟通往往与参与者的个体特征息息相关。与沟通有关的个体特征包括个体对自身的认识、沟通个体间的关系、沟通个体是否有说服力、沟通个体是否善于倾听。有效的人际沟通不仅要求沟通的参与者擅长表达，而且需要他们了解其他参与者的观点与立场，并选择合适的沟通渠道和环境来强化沟通的效果。

一、语言与非语言沟通

大多数的人际沟通既包括语言沟通，也离不开非语言沟通。语言沟通包括多种沟通形式：声音、书面词汇、图像与符号等。一般来说，我们习惯于将语言沟通视为“说”的过程，但事实上，“听”“读”“写”也是语言沟通的重要组成部分。其中，“说”与“写”(如电子邮件、朋友圈、论坛帖子、博客等)是发出沟通信息的过程，其中包含了具体的行动和认知过程。举例来说，当人们需要传递信息时，首先需要将记忆中的信息进行重组加工，转化为可以用语言表达的形式，然后通过外化的表达动作(如演讲、写作及编辑等)把加工后的信息传递出来。另一方面，“听”与“读”是获取和理解沟通信息的过程，主要依托于对外部信息的感觉(如听觉、视觉等)和对已获取信息的思考(如理解、处理等)。

语言沟通可以是口头的，如面对面、电话、微信语音交谈；也可以是书面的，如书信、文件、备忘录、电子邮件、短消息、博客等。按有无电脑协助，语言沟通可以分为传统语言媒介的沟通和以电脑为媒介的语言沟通两种。

(一) 传统语言媒介的沟通

传统语言媒介的沟通是指没有依赖电脑或网络来实现的沟通，其中既包括口头沟通，也包括书面沟通。此处的口头沟通主要是指面对面交谈、小组讨论、电话等以语音形式进行的沟通方式。

其中，有些形式被认为是含义丰富的，因为它们有很强的互动性并传递了很多信息。比如，面对面的讨论使双方可以随时传递和反馈信息，并同时使用语言和非语言信息(面部表情、身体姿势等)来表达情绪和态度。电话对话传递的信息就不那么丰富，因为双方不见面而错失了大量的非语言信息。在这个连续统一体的另一端是被称为贫乏的沟通媒介，因为它们是静态的(单向)并且涉及更少的信息(如宣传单和海报)。它们的目标宽泛并且集中在一个具体的问题上。书信同样是一个相对贫乏的沟通形式。但因为书信的目标是特定对象，其内容可能不像海报那么贫乏抽象。对传统语言媒介连续统一体的概括，见图 12-2。

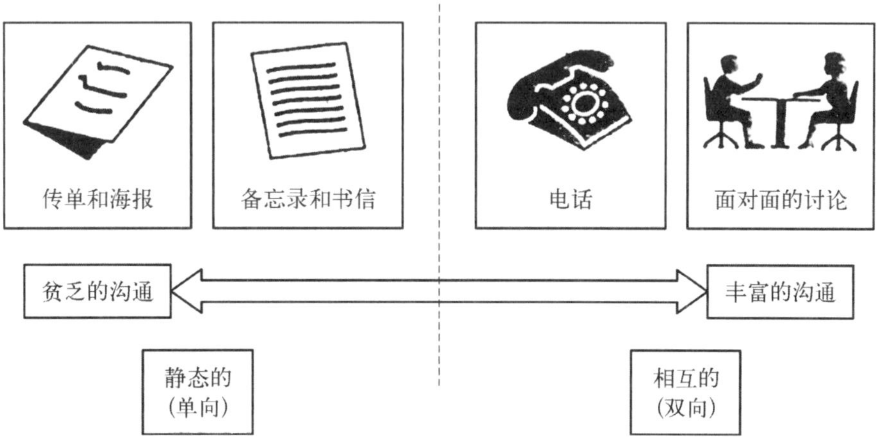

资料来源：[美] 杰拉尔德·格林伯格. 组织行为学[M]. 10 版. 上海：格致出版社，2017：193。

图 12-2　传统语言媒介的连续统一体

人们可能问，管理者和组织成员应使用何种沟通方式来传递信息，是口头沟通还是书面沟通？对这一问题的回答，并没有非此即彼的答案。研究发现，在使用多渠道时，组织内部的沟通会更有效，即同时使用口头沟通和书面沟通。通过口头信息吸引人们当下的注意力，随后提供书面材料以供员工未来参考。口头信息还能使各方进行即刻的双向沟通，而书面信息要么是单向沟通(如文件、海报)，要么需要花费较长时间来获得回应(书信)。毫无疑问，在组织中，双向沟通(面对面的讨论和电话)比单向沟通(如备忘录)更频繁。

具体的沟通方式选择，还取决于被发送的信息类别。根据媒体丰富度理论，当传递含混不清的信息(比如，怎样解决一个复杂技术问题的指示)时，管理者更喜欢使用口头沟通方式，而交流清楚的信息(比如，提供一个产品价目表)时，管理者更偏爱书面沟通媒介。这是因为，当信息含混不清时，口头表达信息可以使管理者获得即时反馈，管理者可以分辨下属在多大程度上准确理解了信息，并为后续的进一步指导提供了可能。但在传递的信息清楚明了时，把它们写下来更有效，因为这会简化其他人未来使用和参照该信息的过程。研究表明，遵循这一媒介和信息匹配模式的管理者，有较高的工作效率。

(二) 以电脑为媒介的语言沟通

目前，很多组织内的语言沟通是在电脑(包括各种移动电子设备)及网络的协助下完成的，这被称为电脑媒介沟通。虽然组织成员仍然通过面对面交谈、会议来沟通，但由于各类移动电子设备的广泛普及、疫情造成的长时间在家工作，各类在线沟通方式迅速在工作场所中普及，甚至成为替代传统媒介的主流沟通方式。常见的在线沟通方式包括电子邮件、短信、社交媒体、BBS 发帖子、博客等，可能是一对一的沟通、一对多的沟通，也可能同时进行多个会话。基于电脑和网络的沟通大大提高了传递信息的容量、传递途径和灵活性，人们可以随时在口头交流的同时与对方共享文件,或者随时加入或退出群体讨论及视频会议。使用电子沟通方式,使组织成员可以快速高效地将组织日常工作信息传递给身处异地的其他成员,由此可以节约大量差旅、会议、纸张及协调所需的时间和费用。线上交流也能有效扩大人际沟通的网格范围。例如,企业的微信公众号就提供了与成千上万潜在客户和求职者进行交流的机会。

但线上沟通并不完美,关于线上沟通与线下面对面交流的差异研究,提示管理者需要留意两者的差异及其用途的局限。一项研究比较了当面讨论特定主题的群体与通过在线会议讨论同一主题的群体的行为表现。在这项研究中,在线会议不使用摄像头,无法与他人进行眼神交流(不是视频会议),参加者通过输入文字和他人在线分享个人观点。这两个群体都花了一个小时来讨论话题,但研究者发现两个小组间在多个方面存在差异(见表 12-2)。

表 12-2　面对面交流与线上交流的实验对比

实　验　内　容	面对面小组的成员	线上小组的成员
评论/说话的数量(个)	37.79	50.56
评论/说话的字数(个)	913.92	511.17
简短的同意性陈述的数量(个)	1.62	5.47

研究者发现,面对面小组的成员较少发言,但他们的评论要更长、更具体。换言之,线上沟通的参与者较少详细陈述其个人观点,观点分享的深度不如面对面的小组成员。并且,由于线上小组的成员缺乏非语言沟通的途径,因此他们更倾向于依赖简单的同意性陈述(例如,"这个想法很棒!"),而面对面小组对这种状况的反应则是点头同意。

上述研究结论表明,面对面讨论和线上讨论应被用于不同的沟通目的。例如,市场研究人员可能通过线上讨论来收集人们大致的想法和对新产品的即时反应。但如果他们想要挖掘更多的具体意见,面对面讨论将会成为一个更好的选择。

(三) 非语言沟通

除了使用口头、书面形式的沟通外,还可以使用其他含蓄的非语言沟通方式。人体是一个有力的、多样的表达工具,但往往被人忽视或不受注意。面部表情、各种肢体语言,都可以表示或帮助表示不同感情或思想。口头沟通时音调变化、语速、停顿等也会加强或弱化想要表达的内容。此外,沟通参与者的相对位置、座席安排和服饰,也都可以传达很重要的信息。有经验的沟通者往往不仅擅长利用这些非语言沟通工具来传递信息,而且善于捕捉他人通过这些工具想要表达的信息。对非语言沟通行为的简要梳理,见表 12-3。

表 12-3　非语言沟通行为

肢 体 语 言	声 音 特 点	空间事物要素
● 姿势端正或懒散、倾斜、抖动身体 ● 身体前倾、踱步或静立 ● 上肢动作：拍手、背手、各种小动作 ● 面部表情：微笑、皱眉、面无表情 ● 目光：扫视、凝视、游移不定	● 声调：呆板或变化 ● 音量：高低 ● 语速：快慢 ● 停顿词与语气词 ● 清晰程度：含糊、清晰	● 桌椅排放方式：直线,曲线,圆形 ● 高度与距离：一个人站立,其余人就座;全部就座 ● 服饰：商务正装;休闲装 ● 场合：办公室、会议室、走廊

二、沟通风格

高效的沟通者不仅需要熟练运用各类不同类型的沟通方式，而且需要关注沟通对象的沟通风格，以达成更有效的沟通结果。沟通风格是指参与沟通过程的个体与其他沟通对象之间互相作用与信息交互的方式。沟通风格大致包括开放性、直接性及积极倾听的能力等(见表 12－4)。

表 12－4　沟 通 风 格

<table>
<tr><th>开 放 性</th><th>直 接 性</th><th>积极倾听的能力</th></tr>
<tr><td rowspan="2">开放的行为：
表现活泼
说话的时候表情丰富
会表现或讨论内心感受
乐于交流个人信息
爱说话</td><td rowspan="2">直接的行为：
可以肯定地表达感觉与想法
可以坚定快速地做出决定
有对抗性
常常贡献想法和主意</td><td>交互性：
对于他人意见的反应
主动介入交谈
交谈中用语气词回应他人</td></tr>
<tr><td>投入性：
与信息发送者积极沟通</td></tr>
<tr><td rowspan="2">内敛的行为：
认为不应表达个人感受
情感较少外露
交流仅限于商务等正式话题</td><td rowspan="2">间接的行为：
随和老练的
语言朴素，不夸张
避免冲突
不常贡献新想法</td><td>参与性：
持续关注信息传达者
专心倾听，不做其他任务</td></tr>
<tr><td>被动性：
在他人传达信息时，不做出反馈</td></tr>
</table>

(一) 开放性

开放性指的是沟通个体在沟通过程中表现出情感上易于接近、乐于交流的风格。开放的行为包括活泼的外在行为表现，说话时丰富的面部表情，乐于讨论内心感受，交流个人信息并且较为健谈。开放的沟通者会在倾听时做出合适的眼神交流以表达对信息传达者的关注。但开放的沟通者也更容易在倾听时打断别人，分享自己的想法。与之相反，内敛的沟通者在员工会议时会避免提出自己的意见，而更乐于搜集总结他人的信息。

(二) 直接性

直接性指的是沟通个体积极参与沟通情境的风格。直接的行为包括直接的感觉表达，迅速的决策，积极表达自身的想法，具有对抗性并经常地贡献想法和意见。一个直接的沟通者会更倾向于通过发问来澄清必要事实，对于其他沟通者的立场、想法与潜台词做出迅速的假定。有时候这种习惯会让其他的沟通者感到不快。与之相反，间接行为包括随和老练的沟通习惯，朴素低调的沟通语言，尽量避免冲突的尝试，并不善于贡献新想法。间接的沟通者往往会等其他人表达完意见之后再提出问题。这类个体也许永远都不会表达自身真实的感受。有时候这种习惯也会降低沟通的效率。

(三) 积极倾听

积极倾听也是一类较为重要的沟通风格。倾听描述了沟通信息的接收者感知并接收信息发送者立场的程度。善于倾听的风格包括了交互性、投入性、参与性和被动性。交互性强的倾听者善于在倾听过程中主动用“嗯”“啊”等语气词回应，也会用引导性问题来做出主动反馈。

低投入水平的接收者不对沟通信息做出什么反应,甚至可能以发呆来回应沟通。高参与水平的倾听者会持续关注信息传达者,在倾听的过程中保持专注,不被其他任务分神。被动倾听者在接收别人传达的信息时,自身不做任何反馈并依情绪调整沟通。

在组织沟通中,各类组织成员的沟通风格存在明显差异。管理者有必要了解其他沟通对象的风格,在了解的基础上求同存异,寻求相互理解和尊重将能明显改善沟通的效果。

管理聚焦 12-1

危急时刻,如何沟通最有效

纵观人类历史,领导者总是用话语来激发行动。如今许多研究者和管理者表示,"命令与控制"式的领导力已被说服的力量所取代,语言是最重要的工具。在危急时刻,语言更是获取听众注意力和信任的关键。企业领导者若想在高度不确定、充满压力的环境下为组织成员提供明确的行为指导,使其对未来保持信心,就应留心以下行为建议。

1. 用短词代替长词

心理学家丹尼尔·卡尼曼(Daniel Kahneman)在《思考,快与慢》一书中写道:"如果你希望别人认为你可靠、聪明,那就不要用复杂的词汇,用简单的词就可以了。"有才干的领导者会采用简单的语言,简单在这里意味着简短。在危机时期尤其如此。在巨大的压力下,人们的注意周期缩减,分散注意力的噪声水平很高。人们被大量信息轰炸,其中包含很多误导和虚假的信息。因此,你表达得越清楚、越简明,就越能让别人理解,并说服他们采取相应行动。

2. 寻找类比

神经科学家发现,人类的大脑认知世界的方式是将新的未知事物与自己熟悉的事物联系起来。接触一个新奇的想法时,我们的大脑不会问"这是什么",而是会问"这像什么"。因此,类比是帮助我们理解复杂事件的心理捷径。在危机中善于沟通的领导者善于找到相似之处,因为他们必须说服人们迅速行动。

3. 将危机具体化、个人化

人类的大脑也擅长讲故事。历史学家尤瓦尔·诺亚·赫拉利(Yuval Noah Harari)在《人类简史》一书中指出,人类只有通过故事才能征服世界。我们的高级语言技能——特别是通过叙述与他人建立联系的能力,让我们能够以其他物种无法做到的方式进行合作。在危机中,合作的意愿和行为是至关重要的,因此高效的领导者必须是强有力的故事讲述者。

4. 遵守三原则

人们喜欢三个一组的东西,因为我们的短期记忆能记住的东西很有限。如果你下达三条指令,人们可能全部记住,如果是五六条或更多,他们就可能忘记大部分。人们不可能遵照自己记不住的指令采取行动。在危机中,领导者给出的指令越少(但要具体),就越有可能看到人们践行。

语言具有巨大的感染力,它可以灌输恐惧、传播恐慌,也可以促进理解、令人平静。最重要的是,领导者通过语言来激发行动,因此措辞要谨慎。

资料来源:卡迈恩·加洛.危急时刻,用词越简单,效果越好[J].哈佛商业评论,2020(6)。

第三节　组织沟通

在组织内,成员间进行的沟通因其途径的不同,可分为正式沟通和非正式沟通两大类。正式沟通通过组织正式结构或层次系统进行。非正式沟通则是通过正式系统以外的途径来进行的。

一、正式沟通

正式沟通是指通过正式的组织程序所进行的沟通。它是组织沟通的一种主要形式,一般与组织的结构网络和层次相一致(见图 12－3)。在正式沟通中根据信息的流向,又可分为自上而下的沟通、自下而上的沟通和横向沟通,它们分别又是组织内部纵向协调和横向协调的重要手段。

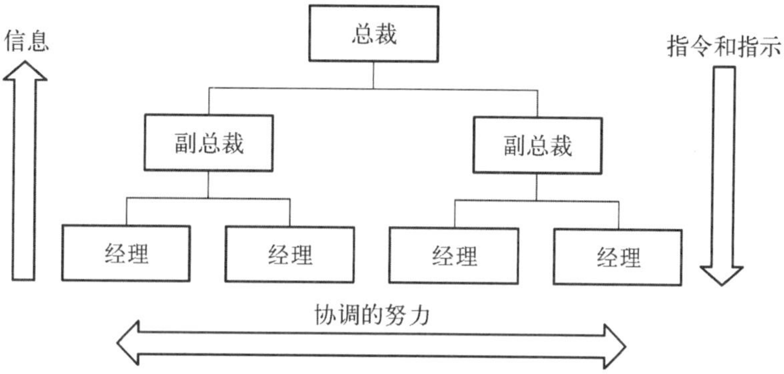

图 12－3　正式沟通路径：组织结构图

(一) 自上而下的沟通

自上而下的沟通是上级管理者或机构按照组织的隶属关系向下级机构的沟通。这种自上而下的沟通的主要目的是使雇员了解组织的经营目标,改变雇员的态度以形成与组织目标相一致的观点并加以协调,从而消除雇员的疑虑和不稳定心理。一旦员工从组织中未获得及时、充分的信息,他们就往往会借助于其他内部或外部的渠道,包括小道消息或大众媒体来形成自己的猜测,并对企业的生产经营活动采取抵制或消极态度。

1. 组织内部向下沟通的方式

组织内部向下沟通主要包括以下几个方面:

(1) 对分配给员工的任务及其工作方法要给予明确、详细的工作描绘和指导。

(2) 从组织总体经营战略出发,向员工说明如何和为什么要使其工作与组织总目标相一致。

(3) 向员工介绍有关组织过去、现在、将来的各方面情况,同时说明组织的有关规章制度及工作程序。

(4) 对员工工作绩效的评估应着重于其实际完成工作的好坏,排除性别、年龄、社会背景等其他因素的干扰。

(5) 组织理念设计要着重于培养员工为组织的成功经营尽心尽力的意愿。

2. 自上而下沟通的缺点

自上而下沟通的缺点包括:

(1) 信息的分享不够。在条块分割的封闭的组织结构中,上级组织对下级组织可能有发不完的文件、开不完的会议,以致信息泛滥。但到了基层单位或部门,情况可能发生完全不同的变化。管理者可能并不认为与下级部门、与员工分享足够量的信息是必要的,他可能把上级的文件束之高阁,不予传达;也可能把“一般人”的讨论以“不够成熟”或“时机未到”为借口,列为组织一般成员了解的“禁区”。组织成员不知道管理者在想些什么、做些什么、筹划些什么,是许多组织习以为常的严重事实。组织沟通的根本任务是消除组织和组织成员对于自身环境的“不确定性”。

(2) 信息冗余量过大。无休止的套话和老话是引起信息冗余量过大的直接原因。有些组织管理者讲话或做指示,套话连篇,不接触实际,不触及问题本质,话说了不少,但信息量很少。还有些管理者向下级部门、组织成员传达文件、布置工作时,总是照本宣科,造成组织成员对有的管理者的讲话产生反感,“上面做报告,下面嗡嗡闹”,以至于使沟通不能有效地进行。

(3) 信息精确度较低。较大组织的自上而下的沟通经常要经过较多的层次,这就不可避免地会影响信息的精确度。这主要是由于组织内各级管理者个人理解上的差异会对同一信息赋予各不相同的意义,这种现象可以从他们对上级报告、文件的选择和解释上反映出来。所以,为确保信息的精确度,自上而下的沟通应多用“一竿子到底”的方法。

(4) 动态信息过少。有的管理者不注意经常把“新鲜”的信息、变化了的信息告诉下级部门或组织成员,拖拖拉拉,一误再误。不失时机地向组织成员的大脑注入“新鲜”的信息是保持组织活力的最重要的方法之一。组织与自身环境处于不停的相互影响和作用之中,组织成员有必要掌握与自身利益密切相关的动态信息,才能保证组织具有活力。

(二) 自下而上的沟通

自下而上的沟通是下级机构或人员按照组织的隶属关系与上级机构或领导者进行的沟通。这种沟通不仅是组织成员向管理者、下级向上级反映自己的要求、愿望,提出批评、建议的正常渠道,而且可以对执行上级指令做出回馈反应,使上级了解其信息被接受和执行的程度,为上级修正指令和制定新的决策指令提供资料。

自下而上的沟通一般有两种形式:一是上级向下级征求意见,包括调查,召开座谈会、汇报会,设置意见箱,建立来信来访的接待制度,设立接待日制度,同下级进行一些不拘形式的闲谈等。二是下级主动向上级反映情况,提出意见或建议。下级可以通过正式的途径,也可以通过一些非正式的途径向上级反映。管理者对自下而上的沟通态度要谦虚,要认真倾听各方面的意见或建议,力争从这种渠道中获取尽可能多的真实信息。管理者还应明白,自下而上的沟通有时对信息的精确度也有影响,这是因为信息经过层层过滤之后可能扭曲和走样,以致到达管理者手中时已不是正确而又准确的信息了。为此,特别要求下级部门在自下而上的沟通中坚持实事求是,如实反映情况,不能报喜不报忧,更不能为迎合上级部门的需要而去歪曲事实,做虚假报告。要把这些作为组织纪律明确规定下来。

(三) 横向沟通

横向沟通是组织中同级部门或同级管理者之间的沟通。它对于组织的全面协调和合作是十分必要的,所以是一个组织内经常采取的沟通方式。一个组织内各部门之间,总有或多或少的相互联系和依赖,经过有效的横向沟通之后,能够和谐同步地完成组织目标。横向沟通与上述两种纵向沟通不同,它不是通过命令、指示,而是通过协商、合作来解决问题的。比如,在组织的高层管理中,有主管生产或经营的,也有主管人事或财务的,他们之间必须经常相互沟通以便及时协调,才能有效地完成组织各方面的任务。

在实际组织沟通中,这些自上而下、自下而上和横向沟通往往是同时、交叉进行的。因此,当我们考察某个组织沟通的渠道时,应把不同走向的沟通联成一个网络,同时注意它们各自的作用和相互的影响。

二、非正式沟通

组织中除了正式沟通以外,还存在着非正式沟通。非正式沟通是指正式制定的规章制度和正式组织程序以外的各种沟通渠道。非正式沟通带有一定的感情色彩,它就像蜿蜒的小道在整个组织机构内盘绕着,其分支伸向各个方向,因而缩短了正式的垂直和水平交往的路线。

(一) 非正式沟通的几种方式

非正式沟通一般有 4 种方式(见图 12－4)。单线式是通过一长串的人把信息传递给最终的接收者。流言式是某人积极主动地寻找和告诉别人。偶然式是一个不规则的过程,A 在这个过程中按照概率规律,把信息传递给别人(如 F、D、J 等),然后 F、D、J 又按同一方式告诉别人。集束式是 A 把信息告诉经过选择的人,此人又依次把信息转告其他经过选择的人。在管理者之间,大多数非正式沟通是按照这一类型进行的。

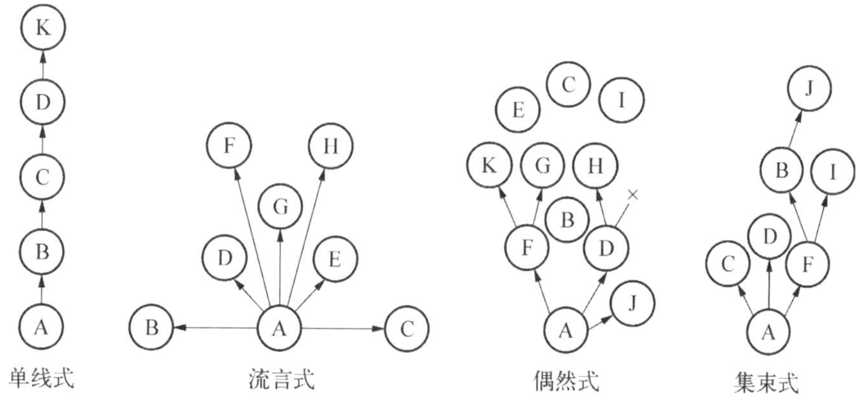

图 12－4　非正式沟通方式

(二) 非正式沟通的特点

非正式沟通的主要功能是传播管理者和员工所关心和与他们有关的信息,它取决于各类员工的个人兴趣和利益,与组织正式的要求无关。与正式沟通相比,非正式沟通具有以下几个特点:

(1) 非正式沟通信息交流速度快。由于这些信息与员工的利益相关或者是他们比较感兴趣的问题,再加上没有正式沟通的程序,因此信息传播速度大大加快。

(2) 非正式沟通的信息比较准确。一般来说,非正式沟通中信息的失真主要源于形式上的不完整,而不是提供谣言。人们常常把非正式沟通(俗称小道消息)与谣言混为一谈,这是缺乏根据的。

(3) 非正式沟通效率较高。非正式沟通一般是有选择地、针对个人的兴趣传播信息。正式沟通则常常将信息传递给并不需要它们的人。在日常生活中,人们常常看到组织管理者的办公桌上堆满了很少翻阅的文件。

(4) 非正式沟通可以满足员工的需要。由于非正式沟通不是基于管理者的权威,而是出于员工的愿望和需要,因此,这种沟通常常是积极的、卓有成效的,并且可以满足员工的安全需要、社交需要、尊重的需要。

(5) 非正式沟通有一定的片面性。非正式沟通中的信息虽然一般比较准确,但有时也会被夸大、曲解,造成失真,因而需要慎重对待。

(三) 正确对待非正式沟通方式

不管人们怎样看待和评价非正式沟通,它都是客观存在的,并且在组织中扮演着重要的角色。管理者应该怎样对待非正式沟通呢?

(1) 管理者必须认识到它是一种重要的沟通方式,任何否认的态度都会铸成大错,企图消灭、阻止、打击的措施也是不明智的。

(2) 管理者可以充分地利用非正式沟通为自己服务,管理者可以"听"到许多从正式渠道不可能获得的信息,"知道"谁在传播这些信息、谁最喜欢这些信息,管理者还可以将自己所需要但又不便从正式渠道传递的信息,利用非正式沟通进行联络。

(3) 对非正式沟通信息中的错误,通过非正式渠道进行更正往往效果更好。

组织领导者对非正式沟通一定要引起充分的注意。非正式沟通如果运用得好,就可以作为正式沟通的补充,有利于密切人们之间的感情,从而有助于完成组织目标。但非正式沟通如果运用得不好,也会涣散组织,从而给工作带来意想不到的危害。

三、提高组织沟通的有效性

如果听到管理者抱怨组织中沟通不畅、执行力差,恐怕是不会有人惊讶的。根据一项研究,约有80%的主管人员认为沟通中的问题是造成他们工作困难的原因。但是必须指出,表现在沟通上的问题往往是一些隐藏得更深的问题的征兆。譬如,计划不完善可能使员工搞不清楚组织的活动方向。同样,组织结构设计不合理也可能使各种组织关系难以畅通。所以,有效的管理者在发现沟通障碍之后,首先要寻找其原因,而不是先着手排除具体的故障。

(一) 组织沟通的障碍

组织沟通中的第一类障碍主要是有关信息发送者的,第二类主要是有关信息的传递的,第三类则主要是有关信息接收者的。

1. 缺少沟通的计划

良好的沟通不是偶然得来的。人们往往在事先对表达某个信息的目的未经思考、计划或说明的情况下就开始说话或写作了。但是如果能说明下达指示的理由、选择最恰当的渠道和适宜的时机,就能大大有助于对信息的理解,从而减少抵制变动的阻力。

2. 未加澄清的假设

一个常被忽视但很重要的问题是在沟通的信息中没有传递它所依据的基本假设。比如一位客户前来询价,该客户清楚本企业的购买预算中没有近期采购的计划,但卖方可能假设这是一笔极有可能成交的订单,从而针对这一客户投入了大量精力来推销和服务。这种未予澄清的假设,无论责任在谁,都会引起混乱和挫伤感情。

3. 语意曲解

有效沟通的又一种障碍可以说是语意曲解。这种曲解可能是故意的,也可能是无意的。这一点在自下而上的沟通中尤其常见。由于员工在向上级沟通时,经常怀有"设法给上级留下好印象"的想法,因此他们倾向于强调事情积极的一面,而可能刻意隐瞒或曲解不利的信息。这种行为无疑会影响沟通信息的准确性,进而可能负面影响管理者的决策质量。

4. 信息表达不佳

一个想法在信息发送者的脑子里不论有多么清楚,在表达时,仍然可能受到用词不当、遗漏、条理不清、语序紊乱、陈词滥调、生造术语、意思不全等影响。这种表达不清和不准造成的损失可能很严重,但只要在表达信息时多加注意就能避免。

5. 信息在传递途中的损失和遗忘

信息从一个人到另一个人的接连多次的传递之后,就会变样。因此,组织往往使用多种渠道来传递同一个信息。健忘则是信息传递中的另一个严重问题。例如,某项研究发现,员工只能记住所接收信息的50%,而主管人员则能记住60%。这一数据充分说明对一个信息有必要反复地传递和使用多种渠道传递。

6. 猜疑、威胁和恐惧

猜疑、威胁和恐惧都会破坏沟通。在这种气氛下,人们对任何信息都会持怀疑态度。猜疑可能是由于上级行为的矛盾所造成的,也可能是由于下属过去曾因诚实地向上级报告了不利却真实的情况而受到惩罚的教训所造成的。同样,在威胁(不论是真实存在的还是想象的)面前,人们通常会出现语言留有余地、处处防备和撒谎等情况。为此,需要一种信任的气氛,这样才有助于真实信息的畅通流动。

管理聚焦 12－2

文化地图:跨越跨文化沟通"雷区"

在企业普遍参与全球化、国际化经营的今天,怎么强调跨文化沟通的重要性都不过分。事实上,汗牛充栋的跨文化交流的研究文献,也体现了学术界对这一管理理论需求的回应,可惜的是,大部分研究无法为面临跨文化交流难题的管理者提供针对性指导。研究者往往习惯于套用刻板印象,只根据一两个维度来划分人群,如日本人等级观念强、法国人的沟通方式很委婉。这种分类方法可能带来过于简单的结论甚至谬误。在实践中,即使是经验丰富、全球化背景很强的管理者,在预测异国文化人群反应时也会犯错,因为文化现象太复杂,不能只从一两个维度来衡量。

为帮助管理者走出文化谜团,在借鉴众多跨文化研究成果后,艾琳·迈耶(Erin Myer)提出一种名为"文化地图"(Culture Map)的工具,其中包括了最能反映跨文化管理行为差异的8个测量维度。通过对比每一维度的国别差异,管理者能更好地解读文化对人们日常互动的影响。

(1) 沟通。不同文化群体对"善于沟通"的看法存在很大区别。在低语境文化(Low-context Cultures)中,沟通是明确、简单、直接、准确的,听懂表面意思即可;为沟通清晰,人们喜欢重复表达和书面交流。在高语境文化(High-context Cultures)中,沟通是复杂、微妙、间接的,听话往往需要听音;书面沟通较少,多为口头交流;听者要透过说话者的遣词用句猜测其潜台词。

(2) 评价。在任何一种文化中,人们都认为应该建设性地批评他人,只是不同文化对建设性批评的定义大相径庭。“评价”维度考察人们在批评他人时,采用的是直接还是间接方式。评价与沟通往往很难区分,但很多国家在这两个维度上有差异。例如,法国人的沟通方式比美国人含蓄,但批评方式比美国人直接。西班牙人与墨西哥人的文化语境一样,但西班牙人的批评更直接。

(3) 说服。说服和被说服的方式与文化中的哲学、宗教和教育因素息息相关。检测“说服”维度的传统方法是评估人们如何平衡整体与局部的思维模式。西方高管偏向于解构内容(局部思维),亚洲高管偏向于整合内容(整体思维)。此外,还需考虑演绎思维与归纳思维因素。南欧和德国人更易于被演绎类论断(原则在先型讨论)说服,而英美管理者则更易接受归纳论断(应用在先型讨论)。

(4) 领导。从上下平等到等级森严,不同文化者对待权威有不同态度。霍夫斯泰德(Geert Hofestede)提出的“权力距离”(Power Distance),是本维度的理论依据之一。

(5) 决策。本维度检测的是达成共识的文化差异。我们往往以为,最讲求平等的文化一定也最民主,而在等级森严的文化里,老板掌控最终决定权。事实并非总是如此。德国人的等级观念比美国人强,但他们在决策时更重视团队共识。日本人既注重等级观念,也重视团队共识。

(6) 信任。信任有两种:一是从头脑得出的认知信任(Cognitive Trust),二是发自内心的情感信任(Affective Trust)。在任务导向型文化中,信任来自合作中的相互了解程度。如果你与对方合作融洽、让人感到踏实可靠、尊重彼此的劳动成果,那么你们之间就能产生信任。在关系导向型社会中,信任来自深厚的情感关系。

换言之,如果你常与对方一起度过愉快时光、私交甚好并互相欣赏,那么你们就能相互信任。

(7) 异议。近年来,流行的商业书籍都在声称,允许人们表达少许异议有助于组织良性发展。但关于公开表达异议是否有助于团队或组织的成长,不同文化存在很大差异。“异议”维度考察人们对公开表达异议的接纳程度,从认为其有损到有助于推进同事关系不等。

(8) 规划。所有商业活动都需要按照计划和时间表进行。但在一些文化里,人们喜欢严格遵从时间表,另一些文化里的人则只将其作为参考。本维度借鉴了爱德华·霍尔(Edward Hall Jr)的单向性(Monochrome)与多向性(Polychrome)时间观理论,考察人们对规划的态度。前者会严格按照时间安排行事,后者则较为灵活、随意。

文化地图以调研和采访为基础,反映了世界上很多国家在以上8个维度的文化倾向。当然,这些维度只能代表社会整体取向,而非个体倾向。当你用文化地图定位自我时,可能发现你的个人偏好与集体倾向存在偏差。作为管理者,文化地图可以帮助你从认知、关系和行为等方面更加精准地描述其他国家的文化倾向,从而减少在跨文化沟通中可能遇到的障碍。

资料来源:艾琳·迈耶.跨越文化管理雷区[J].哈佛商业评论,2014(5)。

(二) 有效组织沟通的原则

1. 准确性原则

当信息沟通所用的语言和传递方式能被接收者所理解时,这才是准确的信息,这个沟通才具有价值。沟通的目的是使发送者的信息能够被接收者明确,这看起来似乎很简单,但在实际工作中,常会出现接收者对发送者非常严谨的信息缺乏足够的理解的情况。信息发送者的责任是将信息加以综合,无论是笔录或口述,都要求用容易理解的方式表达。这就要求发送者有较高的语言或文字表达能力,并熟悉下级、同级和上级所用的语言。这样,才能克服沟通过程中的各种障碍,并对表达不当、解释错误、传递错误给予澄清。

2. 完整性原则

当组织中的管理者为了达到组织目标而要实现和维持良好的合作时,他们之间就要进行沟通,以促进他们的相互了解。在管理中进行沟通只是手段而不是目的。这项原则的一个特别需要注意的地方,即信息的完整性部分取决于管理者对下级工作的支持。管理者位于信息交流的中心,应鼓励他们运用这个中心职位和权力,起到这个中心的作用。但在实际工作中,有些上级主管忽视了这一点,往往越过下级管理者而直接向有关人员发指示、下命令,使下级管理者处于尴尬的境地,并且违反了统一指挥的原理。如果确实需要这样做,则上级应事先同下级管理者进行沟通,只有在时间不允许的情况下,如紧急动员完成某一项任务、下令撤离某一危险场所等,采用这个方法才是必要的。

3. 及时性原则

沟通的及时性原则,要求组织将新近制定的政策、组织目标、人员配备等情况尽快告知所有相关人员。及时的信息传递有助于获得组织成员的理解和支持,同时可以使管理者及时了解下属的反应。当然,信息的发送者出于某种意图而对信息交流进行控制也是可行的,但在达到控制的目的后应及时进行信息的传递。

4. 对非正式沟通的策略性运用原则

当管理者有效运用非正式沟通来补充组织的正式沟通渠道时,会产生最佳的沟通效果。运用非正式沟通来传递信息,有时是因为一些信息不适合由正式组织来传递。管理者需要加强和疏通正式渠道,在不违背组织原则的前提下,尽可能通过各种渠道把信息传递给员工,是防止那些不利于或有碍于组织目标实现的小道消息传播的有效措施。

(三) 改善组织沟通的途径

改善组织沟通的途径有许多种。首先是要对沟通的状况进行检查。检查的结果可以作为改革组织机构与系统的基础。其次是要有效应用组织沟通工具,选择合适的沟通渠道。

1. 沟通状况的检查

改善组织沟通的方法之一,就是对沟通状况进行检查,这是一种宏观的方法。这种方法是要审核沟通的政策、网络和活动。在审核时,可把组织的沟通看作一组与组织目标的实现有关的因素。有意思的是,在这里沟通本身并不被认为是目的,而只是达到组织目标的手段,是时常被那些只注意人群关系的人所遗忘的。信息沟通系统的职能之一是把计划、组织、人员配备、领导和控制等管理职能归拢在一起。信息沟通系统的另外一个职能就是把组织与其外界环境联系在一起。

有 4 个主要的沟通网络是需要加以审核的,它们是:

(1) 在政策、程序、规章、上下级关系等方面与管理或工作任务有关的网络。

(2) 与解决问题、召开会议和提改革建议等方面有关的创新网络。

(3) 与表扬、奖励、晋升以及其他使组织目标和个人目标联系起来的与各种工作有关的吸引与培养人力资源的网络。

(4) 与组织的出版物、布告栏以及小道传闻等有关的信息构成的网络。

由此可见,沟通的检查工作是将沟通与许多关键性的管理活动联系在一起进行分析的工具。它不仅在发生问题的时候有用,而且可以用来预防问题的发生。检查的方式多种多样,包括观察、民间测验式的书面调查、面谈和对书面文件进行分析等。虽然对沟通系统进行初步的审查是非常重要的,但随后必须写出定期性的报告。

2. 有效运用组织沟通的工具

组织沟通中最常用的工具包括发布指示、会议制度、个别交谈等。

(1) 发布指示

在指导下级工作时,指示是重要的。指示可使一项活动开始、更改或终止,它是使一个组织生机勃勃或者解体的动力。指示作为一种领导的方法,可理解为上级的指令,具有强制性。它要求在一定的环境下执行任务或停止工作,并使指示内容和实现组织目标密切关联,以及明确上下级之间的关系是直线指挥的关系。这种关系是不能反过来的,如果下级拒绝执行或不恰当地执行了指示,而上级主管人员又不能对此使用制裁方法,那么他今后的指示就可能失去作用,他的地位将难以维持。为了避免这种情况的发生,可在指示发布前听取各方面意见,对下级进行训导,或将该下级尽可能安排到其他部门工作。

管理中对指示的方法应考虑下列问题:① 一般的或具体的。一项指示是一般的还是具体的,取决于主管人员根据其对周围环境的预见能力以及下级的响应程度。对授权持有严格观点的主管人员倾向于具体的指示,而在对实施指示的所有周围环境不可能预见的情况下,大多采用一般的形式。② 书面的或口头的。在决定指示是书面的还是口头的时候,应考虑的问题:上下级之间关系的持久性、信任程度,以及避免指示的重复等。如果上下级之间关系持久,信任程度较高,则不必书面指示。如果为了防止命令的重复和司法上的争执,为了对所有有关人员宣布一项特定的任务,则书面指示大为必要。(3)正式和非正式的。对每一个下级准确地选择正式的或非正式的发布指示的方式是一种艺术。正确采用非正式的方式来启发下级,用正式的书面或口述的方式来命令下级。

(2) 会议制度

管理中的领导职能的实质是处理人际关系,而人与人之间的沟通是人们思想、情感的交流,采取开会的方法,就是提供交流的场所和机会。会议的作用表现在:

① 会议是整个组织活动的一个重要反映,是与会者在组织中的身份、影响和地位等所起作用的表现。会议中的信息交流能在人们的心理上产生影响。

② 会议可集思广益。与会者在意见交流之后,就会产生一种共同的见解、价值观念和行动指南,而且还可使彼此的关系更加密切。

③ 会议可使人们了解共同目标,自己的工作与他人工作的关系,使之更好地选择自己的工作目标,明确自己怎样为组织做出贡献。

④ 通过会议,可以对每一位与会者产生一种约束力。

⑤ 通过会议,能发现人们所未注意到的问题,从而认真地考虑和研究。

会议的种类主要有工作汇报会、专题讨论会、员工座谈会等。必须强调的是,虽然会议是主管人员进行沟通的重要方法,但绝不能完全依赖这种方法。而且,会议要有充分的准备,民主气氛浓厚,讲求实效,切忌“文山会海”的形式主义。一个不停开会的组织,不仅浪费精力,而且剥夺了员工的时间。开会并非一种必须,而应是一种例外。

(3) 个别交谈

个别交谈就是指领导者用正式或非正式的形式,在组织内外,与下属或同级人员进行个别交谈，征询谈话对象对组织中存在的问题和缺陷的个人看法，对别人或对别的层级（包括对主管人员）的意见。这种形式大部分是建立在相互信任的基础上，无拘无束，双方都有亲切感。这对双方统一思想、认清目标、体会各自的责任和义务都有很大的好处。在这种情况下，人们往往愿意表露真实思想，提出不便在会议场所提出的问题，从而使领导者能掌握下属的思想动态。在认识、见解、信心诸方面容易取得一致。

3. 基于媒介丰富性，选择合适的沟通方式

在图 12－2 中，我们对传统媒介语言沟通的媒介丰富性进行了排序。所谓媒介丰富性，是指媒介传递信息的数量。媒介传递给接收者的信息或线索越多，媒介就越“丰富”。最丰富的媒介往往是人性化的而不是技术化的，它可以提供更快的反馈，包含大量描述性语言并能发送不同类型的线索。面对面交谈是最丰富的媒介，它包括语言和非语言信息，以及即时反馈的可能性。电话的媒介丰富度要低于面谈，电子邮件次之，最差的是备忘录。

为了提高组织沟通的效力，在选择沟通方式（媒介）时，建议通过比较丰富的媒介发送那些难以理解的、独特的信息，用备忘录这类丰富度低的媒介发送简单、日常的信息，同时使用多种媒介发送那些非常重要、需要确保对方关注和理解的信息。此外，在选择时还需要考虑其他因素，比如信息接收者更倾向于哪种媒介，组织更偏爱哪种沟通风格，以及可能沟通的成本。表 12－5 提供了几个沟通渠道选择的情景分析。

表 12－5　不同情景下沟通方式的选择

情　　景	不建议的方式	建议的方式	原　　因
情景 1：一家中型企业想宣布一项新的员工福利计划	备忘录	小组会议	员工可能需要澄清和进一步追问某些模糊信息。备忘录不能提供必要的反馈。小组会议保持了交流的灵活性，管理者可以先做口头解释，之后参加者就材料中的任何内容提问
情景 2：一名管理者想和 10 名下属确认开会时间	电话	会议安排软件	信息简单，丰富度低的媒介就可以做到，不必动用丰富度高的媒介
情景 3：激励来自不同部门的员工加入一个跨职能项目团队	电子邮件	面谈、电话	在需要说服和激励他人时，发送者必须根据接收者的反对意见迅速调整信息，电子邮件无法做到这一点。面谈最优，电话次之
情景 4：不同工作地点的工程师希望能及时交流设计创意	电话会议	线上实践社区	电话会议很容易过于强调工程师们的地位及性格的差异，从而影响大家自由地交流思想。线上实践社区可以保证相似专业的工程师快速交流创意和即时反馈

第四节　改善管理者的沟通技能

毫无疑问，任何层级的员工都能从改善其沟通技巧中获益，但各级领导者和管理者尤其需要改善这一技能。具体的技能改善建议如下：

一、使用鼓舞人心的沟通策略

为了成为一个有效的领导者，或者一个更有效的员工，在和他人交流的时候考虑一些关键的鼓舞他人的方式是有帮助的。具体方式包括：

(1) 通过激发情感的语句来展示自信和权力。一个最具说服力的沟通者试图通过在演讲中加入激发情感的语句来鼓舞他人。例如，使用诸如“和消费者形成亲密关系”的短语来代替“友好关系”。一个有效的沟通者同样以能强调他们组织权力的方式使用语句。这方面的一些语言技巧，见表12-6。

表12-6 怎样用你的语言树立自信

最有能量和自信的人倾向于遵循特定的语言习惯。通过模仿他们的说话方式，你也能增强要展现的自信。

准　则	解释或者例子
总是知道你究竟要什么	你越是承诺实现一个特定的结果，就越能清晰和强有力地推销你的观点
使用代词“我”，除非你是一个团队的一部分	让他人相信这是你本人的想法
低估不确定性	如果你对自己的观点不确定，做一个宽泛的但是积极的陈述，比如“我很有信心这个新的财务程序会让事情更有效率”
少问问题	如果你不得不问“某事是什么意思”或者“正发生着什么”，你会被认为无能或者无知
当你的观点被质疑的时候，不要表现出失望	最好表现出被人反对是你预期中的反应，并且去解释你的观点
做大胆的陈述	勇敢地表达观点，但是避免对任何人进行人身攻击

(2) 可信度。当一个人被认为是值得信任的、高智力的和知识渊博时，沟通是最有效的。通过客观明确的数据来支撑你的观点会增强可信度。

(3) 有针对性地传递信息。最有效的沟通者根据听众的兴趣来调整信息。人们会特别留意对自己有价值的信息。

(4) 避免“废话”稀释你的信息。避免无意义的口头禅，比如“知道我什么意思吗?”和“你知道……”之类的。这给人以讲话者缺乏准备、无法清楚地表达其观点的印象。

(5) 开门见山地传达关键信息。最有效的沟通者坦率陈述其观点，不拐弯抹角，不把重要信息嵌在一个冗长的演讲或文件中。相反，他们在一开始就说清自己想沟通的要点，然后用余下的部分来说明具体细节。

(6) 最有效的沟通者会努力让自己的信息看上去有趣、重要和特别，以此脱颖而出。在信息超载的时代，乏味的和不鼓舞人心的信息极有可能很快消失不见。

二、成为一名支持性的沟通者

除了不断磨炼你的沟通策略，使你的表达引人入胜，要想成为一名好的沟通者，你也需要表现出对他人的沟通信息感兴趣，并以增强人际关系的方式来做出回应。这种沟通风格被称为支持性沟通。具体包括以下行为准则：

(1) 对事不对人。尽管人们乐意接受会让事情更好的方法，但是在骨子里会抵触一些需要改变自己某些方面的建议。例如，说"你需要更有创造性"将会导致很多人变得具有防御性，从而把说话者拒之门外。但是，说一些更有建设性的，比如"看你是否能找到解决这个问题的更好方法"易于遇到一个更好的回应。

(2) 使你的言语和你的身体语言相匹配。例如，表达你对某人的观点很兴奋时，你的语言、面部表情和身体语言应提供一致的信息，比如站起来兴奋地走动、睁大双眼、挥动双手。不一致的语言与非语言沟通，会弱化你的信息。

(3) 承认他人的观点，即使你不满意他人的观点或建议，也要强调此人观点的积极方面，同时仔细解释为什么该观点在现在无法执行。鼓励他人的表达意愿。

三、鼓励公开反馈

理论上，组织为了寻求准确的沟通，需要鼓励公开反馈。但组织中的管理者和其他成员更可能不愿意提供和接收反馈。为了改善组织内部的建言氛围，组织可以使用一些已证明有效的做法。

(1) 360 度反馈。这是组织内部的正式绩效评估系统，在这个系统中不同层级的员工对其他各层级的员工提供反馈，并接收来自他们以及外部人员——包括顾客和供应商的反馈。

(2) 合理化建议制度。邀请员工表达怎样改善某件事情的观点。当员工的观点被采纳时，他们会得到奖励。这一实践在丰田公司曾被广泛应用，自其 1951 年引入该制度后，员工提出了超过 2 000 万个建议。

(3) 企业热线。为企业高层配备的沟通热线随时准备回答问题和接受意见。在员工由于组织正经历着变革而很可能充满疑问的时候，这是尤其有用的。

四、使用简单的语言

任何一个专业领域都可能有自己独特的专业术语、行话或特殊表达方式。尽管行话可能极大地帮助专业人员之间沟通，但是它会妨碍与外行人的沟通。

明智地使用行话的诀窍是了解你的听众。如果你所交流的对象了解行话，使用它就能帮助沟通更便利。但是，当指向的听众不熟悉行话，那么简单的、直白的语言一定是最有效的。

不管在哪种情况下，基本原理都是一样的：沟通者应该说他们的听众所使用的语言。尽管你可能想说些艰涩难懂的术语或行话来给听众留下深刻印象，但是如果他们不理解你想传达的信息，沟通就是完全无效的。对专业人员的最佳沟通建议：遵循 K.I.S.S 原则，即保持短小精悍和措辞优美(Keep it short and sweet)。有时，这也表示让它清晰、简单。

五、成为好的倾听者

有效的沟通不仅涉及清楚地表达信息，而且与倾听和理解他人有关。有效倾听是一项重要的沟通技能，也是大多数人需要增强的一项技能。有效倾听不是指被动接收信息的行为。准确地说，有效倾听涉及 3 个要素：(1) 在接收来自他人的信息时不做评判；(2) 传达鼓励他人继续交流的信息；(3) 及时回应，鼓励对方提出下一步的想法。研究显示，一个倾听者越有效，就越有可能被晋升到管理岗位，并在管理岗位上表现出色。

管理聚焦 12－3

温斯顿·丘吉尔:领导者的沟通之道

温斯顿·丘吉尔(Winston Leonard Spencer Churchill)被视为20世纪最杰出的领导者之一。他两次当选英国首相,他斗牛犬式的顽强斗志推动了整个国家对德国纳粹的立场,领导英国人民渡过第二次世界大战早期的艰难时刻(丘吉尔称之为国家的“黑暗时刻”),并最终带领英国走向胜利。丘吉尔不仅是一位政治领导者,而且是一位伟大的作家。在战后,他写作的六卷回忆录《第二次世界大战》为他赢得了诺贝尔文学奖。丘吉尔对语言运用的精通,使他能有效运用各种书面和口头语言的沟通方式来实践其领导力。

下面是温斯顿·丘吉尔妙语连珠的几个小例子:

- □ 我们靠获得之物为生,但靠奉献之物书写生命。
- □ 你有敌人? 很好。这说明在你的生命中的某个时刻,你曾经呐喊过。
- □ 你总是可以指望美国人会做正确的事,在他们试过所有的可能之后。
- □ 历史将会善待我,因为我正打算书写历史。
- □ 反对民主最好的论据,就是与一个普通选民5分钟的谈话。
- □ 勇气是能站起来侃侃而谈,勇气也是能坐下来静静倾听。
- □ 持续的努力是开启潜能的关键,而不是力量与头脑。
- □ 人们经常受到真相的困扰。但是大多数人会站起来,装作没事发生地跑开。
- □ 我准备好见上帝了,上帝是不是准备好见我了,还很难说。
- □ 我们都是小虫子,但我是只发光的小虫子。
- □ 风筝迎着风高飞,而不是顺着风。
- □ 他的美德我都不喜欢。我喜欢的恶习他一样也没有。

资料来源:Richard L. Hughes, Robert C. Ginnett, Gordon J. Curphy. Leadership: Enhancing the Lessons of Experience[M]. 8th edition. New York: McGraw-Hill, 2015: 165。

本章提要

沟通是在两个人或更多人之间进行的在事实、思想、意见和情感等方面的交流。此外,沟通还被解释为用语言、书信、信号等进行的互动,是在组织成员之间取得理解和共识的一种方法。沟通是一个信息的传送者通过选定的渠道把信息传递给接收者的过程。每个组织成员都必须与他人沟通来分享完成工作所需的信息。

人际沟通是指组织中一对一或涉及少数人的沟通。这类沟通往往与参与者的个体特征息息相关。大多数的人际沟通既包括语言沟通,也离不开非语言沟通。语言沟通包括多种沟通形式:声音、书面词汇、图像与符号等。非语言沟通方式则包括面部表情、各种肢体语言、沟通参与者的相对位置、座席安排和服饰等。有经验的沟通者往往不仅擅长利用这些非语言沟通工具来传递信息,而且善于捕捉他人通过这些工具想要表达的信息。

在组织内,成员间进行的沟通因其途径的不同,可分为正式沟通和非正式沟通两大类。在正式沟通中，根据信息的流向，又可分为自上而下的沟通、自下而上的沟通和横向沟通，它们分别又是组织内部纵向协调和横向协调的重要手段。非正式沟通一般有 4 种方式，即单线式、流言式、偶然式和集束式。

企业中存在多种组织沟通障碍，管理者需要寻找其原因，并遵循有效沟通的原则，努力改善组织沟通的有效性。同时，企业中的各级管理者和员工也需要努力改善个人的沟通技能。

复习思考题

1. 简述沟通作为一项管理工作的含义和作用。
2. 有效沟通就等同于达成共识吗？请说明理由。
3. 简述语言沟通与非语言沟通的不同形式。
4. 请说明识别沟通风格将如何改善管理者的沟通有效性。
5. 请简述正式沟通和非正式沟通的各自功能以及两者的联系。
6. 在沟通过程中可能发生哪些障碍？管理者可以做哪些努力来克服这些障碍？
7. 管理者如何改善个人的沟通技能？

13 第十三章 控制

全章提要

学习目的与要求

1. 了解控制与计划的关系；
2. 了解管理者实现控制的 3 种体系；
3. 理解官僚控制体系的基本过程；
4. 掌握官僚控制的 3 种方法；
5. 了解设计有效官僚控制体系的常用技术；
6. 了解不同层次的市场控制方式；
7. 了解小集团控制的主要方式。

管理专业术语

Control	The process of monitoring activities to ensure that they are being accomplished as planned, and correcting any significant deviations.
Bureaucratic Control	An approach to control that emphasizes organizational authority and relies on administrative rules, regulations, procedures, and policies.
Market Control	An approach to control that emphasizes the use of external market mechanisms, such as price competition and relative market share, to establish the standards used in the control system.
Clan Control	An approach to control that emphasizes employee behaviors are regulated by the shared values, beliefs, and other aspects of the organization's culture.
Feed Forward/Concurrent/Feedback Controls	Controls can be implemented before an activity begins, during the time the activity is going on, and after the activity has been completed. The first type is called feed forwards control, the second is concurrent control, and the last is feedback control.
Budget	A financial plan, showing financial expectations for a specific period.

Total Quality Management (TQM)	A management technique that focuses on improving the quality of an orgnization's products and services.
Six Sigma	A quality standard that establishes a goal of no more than 3.4 defects per million parts or procedures.

管理的控制职能,是对组织的计划、组织、领导等管理职能及其效果进行衡量和校正,以确保组织的目标以及为此而拟订的计划得以实现的过程。管理者一旦制定了战略决策和经营计划,就需要通过控制职能来确保其被合理地执行。如果计划的执行过程出现了偏差,也需要控制职能来诊断、纠正问题。因此,为了确保企业向着既定的总体目标推进,以及在具体运营过程中提升效率、降低成本,管理者必须运用各种有效控制组织活动的方法。

第一节 控制概述

在现代管理系统中,人、财、物等要素的组合关系是多种多样的,时空变化和环境影响很大,内部运行和结构有时变化也很大,加上组织关系错综复杂,管理系统高度复杂。组织要想实现既定的目标,执行预先拟订的计划,求得组织在竞争中的生存和发展,就需要引导和规范组织内各个层级、各个部门的努力方向,并为努力取得的进展提供及时反馈,因此,控制工作是组织管理过程中最基本的职能。

一、控制与计划

控制是通过制订计划或业绩的衡量标准,以及建立信息反馈系统,检查实际工作的进度及结果,及时发现偏差以及产生偏差的原因,并采取措施纠正偏差的一系列活动过程。所有管理工作都需要控制,有效的控制可以确保所有的行动都是按照有利于实现目标的方式完成的。

控制作为一项管理职能,与其他管理职能紧密交织在一起。3M 公司的经营实践就证明了这一点。3M 公司下辖一百多家子公司,产品多种多样,创新和新产品开发是 3M 竞争策略的基础。它的目标之一是 25%的销售收入必须来自 5 年前尚未出现的产品(目标)。为实现这个目标,公司必须为每一战略业务单位组织研究和开发部门(组织)。公司为完成这些目标必须提供一定的专款资助,成立新产品评估组和建立提升制度,以鼓励员工积极提出新点子和新产品(激励)。为与这些支出平衡,高层管理者必须对每一种产品每年评估一次。那些不能带来投资效益的产品项目就必须停止,而未能达到目标的研究和开发小组以及相关的职员招聘计划就可能被调整或取消(控制)。

在所有的管理职能中,控制与计划尤其紧密相关、首尾呼应。管理者的计划和战略需要通过控制来有效实现,而有效的计划也会促进控制。计划展示了未来的框架,它为控制提供了一个蓝图。控制系统反过来调节资源的配置方向与利用水平,这又可以促进下一阶段计划的进行。由于组织环境日益复杂,因此企业需要在每个层级和部门充分运用计划和控制职能,才能有效提升组织的执行力。

控制职能虽然重要,但组织中的控制问题(缺乏控制或控制不良)普遍存在,并经常会给组织造成不可挽回的损失，包括资源配置效率低下、财产损失、浪费、员工士气低落、绩效不佳等。表 13－1 提供了一些企业控制系统缺失或失灵的表现。管理者掌握控制原理、制定和实施有效的企业控制系统将可以大大减少上述问题。

表 13－1　企业控制系统缺失或失灵的具体表现

问　　题	具 体 表 现
不关注绩效的组织文化	高层管理者不强调或不重视控制体系的建立
缺乏控制政策	企业没有订立明确的控制制度和报告系统
缺乏绩效协议	组织成员不清楚他们的工作目标和工作要求
缺乏有效的追责制度	员工不愿成为报告坏消息的人，担心因此危及个人职业机会
缺乏定期检查制度	管理者不能定期及时地了解实际工作进展
不良的信息系统	不能及时、方便地测量和报告关键经营数据
缺乏职业规范	组织成员没有兑现其诚实的承诺，不合乎伦理的行为没有受到惩罚

二、控制的重要性

在前面的各章中，我们可以看到，企业为了高效地运作并取得良好的经营绩效，可以制订计划、设计组织结构体系、配置员工、通过有效的领导来激励员工，但所有这些都无法确保所有行动都能按计划执行，也无法确保所有组织成员为之努力奋斗的目标能真正得以实现。控制很重要，是因为管理者只能通过控制来了解组织目标是否实现；如果没有实现，原因何在。具体来看，控制职能的价值体现在 3 个方面：对计划的实施情况进行追踪和纠偏，实现有效的员工授权，保护组织及其重要资源。

（一）对计划的实施情况进行追踪和纠偏

计划的核心在于目标设定，目标为员工和管理者指明了具体的行动方向。然而，仅仅明确目标或让员工接受目标并不能确保他们采取了完成这些目标的必要行动。有效的管理者会采取措施，及时了解员工的工作进展，确保目标逐步实现。控制提供了从反馈到计划的关键纽带。

（二）实现有效的员工授权

组织的各项工作是由各阶层的管理者共同完成的，管理者在授权过程中所承担的责任并不因授权而解除或减轻。很多管理者不愿意进行员工授权，因为担心万一员工无法完成授权的任务，自己需要承担最终的管理责任。但是，一个有效的控制系统可以提供员工绩效的信息和反馈。具体来看，在授权时要使管理者和员工都确切了解各自的职责是什么、员工的绩效是如何考核的，以及评估过程中的绩效标准是什么。通过建立有效的控制系统，可以强化授权的过程管理和成果评价，从而将问题产生的可能性降到最低。

（三）保护组织及其重要资源

当今多变、复杂的全球经济环境给企业经营带来了各种不确定性，包括自然灾害、政治、经济变动造成的经营风险,人为失误造成的各类安全事故的风险等。管理者必须在这些可能发生的事件中确保组织正常运营,同时保护组织重要资产的安全。全面控制和应急计划可以帮助确保将这些事件对经营的影响降至最小。

管理聚焦 13-1

"二八定律"与管理控制

管理控制,是一个对组织管理全过程的效果进行衡量、反馈和纠偏的过程。关于控制的对象和资源投入,我们往往容易陷入一种平衡的偏见,即认为所有的事情都同等重要,所有的客户都具有同等价值,每单生意、每个产品、每笔销售能够带来同样多的收入,每个领域的员工都不可或缺,所有的售后投诉都应一视同仁。也就是说,50%的原因或者投入理所当然地会带来50%的结果或产出。但这种"50/50谬论",对于有效的管理控制来说,是极不准确、极其有害的想法。真实的世界是非线性、非平衡的因果关系,"二八定律"(帕累托定律)更符合对事实的描述。

所谓"二八定律",通俗地讲,是指80%的结果或产出来源于20%的原因或投入,有时候还会来自更小的一部分有利因素。在个人层面上,工作所获得的80%回报,源自20%的时间投入。在组织层面上,80%的销售收入来自20%的产品,同样,80%的利润来自20%的客户。这一高度失衡的因果关系链,既表明少量的原因、投入或付出会带来大量的结果、产出或回报(关键的少数),也表明企业工作中80%的付出基本上无关紧要(次要的多数)。

当然,"二八定律"的数字本身(20/80)并非确定不变。原因和结果的关系,有时可能更接近于30/70或10/90,但50/50的对半平衡极少存在。最重要的成果往往是由关键少数的原因造成的。接受这一非均衡的现实,则管理控制需要在原因与结果、投入与产出、付出与回报的分析时,找到影响成果的关键少数因素,通过集中资源进行有效的管理控制,谋取最大的回报。这一想法在质量管理专家约瑟夫·朱兰(见本书第三章)的质量控制体系中得到了体现,他将"二八定律"称为帕累托法则,或关键少数法则,即运用"二八定律"和其他统计方法解决质量缺陷问题,提高工业和消费品的可靠性和价值。

"二八定律"也在IBM的代码优化中得到了最早的企业应用。1963年,IBM发现,20%的代码操作会消耗一台电脑大约80%的运行时间。IBM随即重新编写了操作软件,使得常用的20%的代码操作更具用户友好性。因此,IBM在大多数应用领域的电脑操作系统,比其竞争者的电脑操作系统更加高效,也更加快捷。

为了让"二八定律"在管理控制中发挥作用,需要企业有效区分关键的少数和次要的多数。找出关键的少数,它们是必须被辨别和监控的力量,如果这些力量是有益的,我们就应该为其助长声势;反之,如果这些力量是有害的,我们就应该思考如何消除它们。毕竟,在任何情况下,没有产生影响或创造价值的资源投入,都是没有价值的。找出当前运营中并未达到预期成果的弱势资源,比如80%的产品、客户或者员工只创造了20%的利润,通过重新配置资源,将其集中于创造价值更多的领域,是改善组织绩效的一种可行做法。比如,停止生产当前80%的滞销产品,或将企业的服务重心投向20%的重要客户,都能改善组织的绩效。另一条实现绩效改善的途径，则是从现有的应用中，找到提高当前产出效率不高的弱势资源生产力的方法。无论采取哪种方法，管理控制的主旨都在于降低弱势和低效资源的占比，主动提高对强势资源的投入和经营支持。

资料来源：理查德·科克．二八定律：用更少获得更多的秘密[M]．北京：中国青年出版社，2021。

三、管理者实现控制的3种体系

威廉·大内（William Ouchi）提出，管理者可以通过构建3种体系来实现对组织的控制：官僚控制、市场控制以及小集团控制。官僚控制就是运用组织的正式规则、法规和权威来规范组织成员的行为，包括预算、绩效评估、质量分析报告等。市场控制是利用价格机制来规范组织活动，把各个组织单元、群体间的关系视为经济交易，比如将业务部门视作利润中心，通过内部核算来评估各部门、单元的绩效。小集团控制则不同，它不认为组织利益与个人利益存在明显差异，而是相信员工和企业可以共享价值观、期望与目标，并在此基础上采取行动。当组织成员拥有共同的价值观、目标，并相互信任时，正式控制的必要性就下降了。很显然，小集团控制与组织文化、领导力、非正式组织和沟通高度相关。官僚控制、市场控制及小集团控制的主要特征，见表13－2。官僚控制是组织中最常见的正式控制方式，在高度正式化、结构化的传统组织中构成了管理者工作的核心。官僚控制的基本过程、方式和控制对象，构成了本章第二节的内容。本章的第三节和第四节分别简要介绍市场控制和小集团控制。

表13－2　3种组织控制系统的主要特征

控制系统	特　点　和　要　求
官僚控制	利用正式的章程、标准、等级及合法的强制手段；当任务明确且员工独立时最有效
市场控制	利用价格、竞争、利润中心和交换关系；当存在可以确认的有形产品且可以在各方之间建立内部交易平台时最有效
小集团控制	包括文化、价值观、信念、期望和信任；当员工有权做决定，且不标榜唯一的最佳实践时最有效

第二节　官僚控制体系：过程与方法

官僚控制体系（又称正式控制系统）是用来衡量计划的执行情况，并且在必要时采取纠偏措施来确保组织内部各单元、群体和个人的表现符合管理者的目标。控制系统对计划执行结果中的重要变量或潜在冲突进行检查和修正。

一、控制的基本过程

组织的正式控制过程涉及4个基本步骤：第一步，为应完成的任务制定标准；第二步，衡量实际绩效;第三步,将绩效与标准进行对比;第四步,如果绩效与标准不符,则采取纠偏行动(见图 13－1)。这 4 个步骤必须按上述顺序去实施,否则很难取得控制效果。

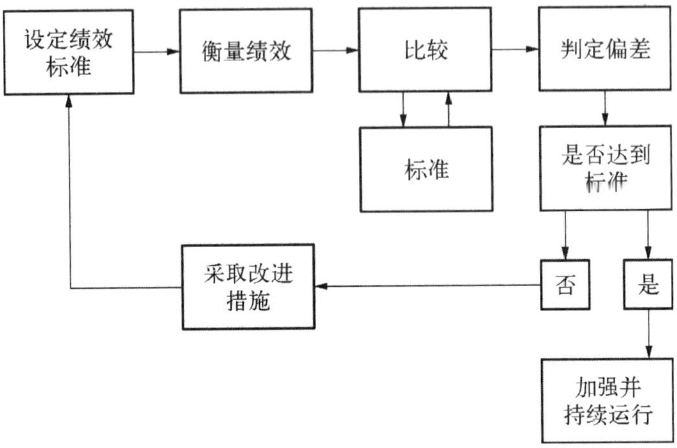

图 13－1　控制的基本过程

(一) 制定绩效标准

每个组织都有自己的目标,包括盈利能力、创新能力、顾客满意度、财务成长性等;组织中的单元、部门、团队或单个职位也有自己的工作目标。绩效标准是为实现特定主体的既定目标而期望达到的绩效水平。对照绩效标准,管理者可以判断绩效的实际达成情况。绩效标准是控制的基础。管理者可以为任何活动(如财务活动、经营活动、研发活动)或主体设置标准。

企业中常用的标准有以下几种:

(1) 时间标准,是指完成一定数量的产品,或做好某项服务工作所限定的时间。

(2) 生产力标准,是指在规定的时间内完成产品和服务的数量。

(3) 消耗标准,是根据生产货品或服务计算出来的有关消耗。

(4) 质量标准,是指保证产品符合各种质量因素的要求,或是服务方面需要达到的工作标准。

(5) 行为标准,是对员工规定的行为准则。对企业的活动来说,也应建立其业务活动标准。

在本书第十一章第三节的目标设定理论中,我们谈到了有助于激发员工投入工作努力的目标设定的 SMART 原则。

(二) 衡量实际绩效

正式控制的第二步,是定期衡量实际绩效。管理者的常见绩效信息与数据来源包括:

1. 个人观察

在检查员工的绩效时,直接观察和个人接触对一线管理者来说是最为有效的方法。一线管理者较之高层管理者有更多的机会深入基层做个人观察。高层管理者由于远离"火线",因此常常不得不依靠下属的报告,而一线管理者则有大量的机会做直接观察。用个人观察的办法来检查员工的绩效也有其局限性:首先,它十分费时,管理者必须走出办公室、深入基层,才能掌握一手资料;其次,有可能漏看一些重要的活动,这些活动往往发生在关键时刻;最后,员工在被观察时,与检查过后的行为可能不相一致。但不管怎样,个人观察仍是检查员工绩效使用得最为广泛同时也可能是最佳的办法。零售企业也会通过收集客户视角的个人观察数据，来评价员工的真实行为绩效。

2. 口头与书面报告

组织下设的部门较多、工作地点分散在不同地区，或按时间进行分班工作的单位，就有必要使用报告制度。管理者应要求报告做到简明、全面和正确。在可能的情况下，最好是把书面报告和口头汇报结合起来，报告中如能提供统计数据加以证明，则更为有效。

下属能否如实地报告准确的情况（不管报告中是否含有负面的结果），往往取决于管理者对报告的反应及上下级之间现有的人际关系。假如管理者能以建设性的或帮助的姿态来对待那些反映存在问题的报告——对诚实的错误表示谅解，而不是简单地定功过——那么下属即使在报告中涉及不利于自身的内容，也能真实地反映情况，提交可靠而又准确的报告。

在检查报告时，管理者通常会发现许多活动是符合标准的，对于这些合乎标准的活动一般可快速带过，而集中于那些超过或低于标准的领域。显然，一旦绩效低于标准，就应转入控制的第三步，即进行纠偏，但如果绩效超出了原先的标准，管理者也应研究一下原因，这种突出的绩效是如何取得的，以便将来能运用这些方式。

3. 抽样检查

如果个人观察、口头和书面报告无法全面展示员工的工作表现，则管理者还应引入抽样检查。比如，电信公司设备维修部门的业务很多由外包厂商来完成，且这种响应式的服务在发生时间、频次上存在不确定性，管理者要想了解真实的服务状况和用户满意度，可以引入抽样调查来掌握真实的绩效数据。

在控制过程中如何把对照措施做得更好？控制论为我们提供了 5 个问题：(1) 信息是适时的吗？(2) 测量单位是适宜的吗？(3) 收到的信息是可靠的吗？可靠性多大？(4) 信息是有效的吗？(5) 信息是否送给了需要该信息的权力层面？

（三）对照标准检查实际绩效

控制的第三步是将绩效与标准进行比较。在这一过程中，管理者对绩效进行评估。有时，与标准存在些许偏离是可以接受的；但也有些时候，即使是微小的偏离也可能带来严重的事故。在许多生产流程中，任何方向的偏离（例如，钻孔过小或过大）都是不可接受的。在其他情况下，一个方向的偏离，比如销售或顾客满意度处于目标水平以下，将被视为一个问题；但另一种情况的偏离，即超越销售目标或客户的期望，则是一个员工取得好于预期结果的标志。因此，执行监督职责的管理者必须仔细分析和评估结果。

管理的例外原则指出，通过关注与期望结果或标准不同的情况，或存在重大偏离的情况，可以进一步加强控制。这一原则要求管理者在检查实际绩效时，将关注转向例外情况，如流水线上生产的次品零件，或客户对服务不满意的反馈。管理者应用例外原则，将不需要关注那些与标准相同或相似的情况，从而大大节省时间和精力。

（四）采取纠偏行动

在采取纠偏行动前，管理者应记住，导致某项工作产生偏离标准的原因是多种多样的，因此并非所有偏离标准的情况均需采取纠偏行动。

通常产生偏差的原因主要有：(1) 因标准本身是基于错误的假设和预测，从而使该标准无法达成；(2) 从事该项工作的员工不能胜任此项工作，或是没有给予适当的指令；(3) 与该项工作有关的其他工作发生了问题；(4) 从事该项工作的员工玩忽职守。

因此,采取纠偏行动的第一步是分析事实,以确定产生偏差的原因。只有对问题做了彻底的分析后,管理者才能采取适当的纠偏行动。

下一步,管理者需要决定采取何种补救措施,以便在将来能得到较好的结果。通常纠偏行动可分别采取两种不同的措施:一种是立即执行的临时措施(应急措施),另一种是永久性的根治措施。例如,某一特殊规格的部件一周后要交货,否则其他部门会受其影响而出现停工待料。一旦该部件的加工出现了问题,就不应考虑追究什么人的责任问题,而是必须按计划如期完成任务。管理者一般可采取以下行动:(1) 要求工人加班加点;(2) 增添工人和设备;(3) 派专人负责指导完成;(4) 请求工人努力抓紧,短期"突击";(5) 若仍不能解决,只得重新设计程序,变更整个生产线等。危机克服后,可转向针对问题产生的原因的根治措施。这里不仅要分析问题是如何发生的和为什么会发生,而且要分析为了避免重蹈覆辙,应采取什么预防措施。

在管理实践中,也可能出现这种情况:工作成果偏差标准源于组织制定的标准完全不切实际,制定的目标过高或过低。在这种情况下,需要对标准而不是绩效实施纠正行动。如果实际绩效总是超过目标,那么一方面,管理者应当研究目标是否过于容易实现,因而需要提高标准,另一方面管理者必须对降低标准持谨慎态度。当一个员工或者一个团队没有实现目标时,责怪当初所制定的目标过高是很自然的事情。例如,在某次考试中成绩不理想的学生往往会抱怨老师的评分标准过严。他们不愿承认自己的考试成绩不理想是由于个人缺乏努力或能力的原因。与此类似,没有完成当月销售定额的销售人员往往认为销售目标高得不合理。管理控制的关键是,当实际绩效没有达到标准时,不要立即归咎于当初制定的目标或标准。如果你认为标准是符合实际的、公平的和可以实现的,那么告诉员工你期望他们改进未来的工作绩效,然后采取必要的纠正行动,或提供必要的管理支持与指导,使期望变成现实。

二、官僚控制方法:事前、事中和事后控制

官僚控制的3种方法是事前控制、事中控制和事后控制。事前控制发生在经营开始之前,包括设定政策、程序和规则以确保活动按计划合理进行。事中控制发生在计划执行的过程中,包括过程中的指导、监督和协调修正。事后控制指工作完成后,将实际绩效与可接受的标准进行比较,并对已经发生的偏差进行修正。

(一) 事前控制

事前控制(也称前馈控制)主要是在问题发生之前采取管理行动,保持计划的有效性,从而确保行动与目标的高度统一。事前控制是最理想的控制类型,它能防止许多潜在问题的发生,而不是等到负面影响发生(如低劣的产品引发客户投诉、收入下降)后再予以纠正。要进行事前控制,组织管理系统的所有职能都要积极给予配合,及时提供有可能导致计划修订的各种信息,并根据各方面的信息慎重地做好计划的重新修订工作和各项管理的调整工作。对计划所进行的动态调整既要依据组织的外部环境,又要依据组织的内部环境;既要在计划的抽象表现形式的各个层面上进行,又要在计划的具体表现形式的各个层面上进行。

1. 事前控制的标准

在正式组织的目标-手段链中,上一层次计划是下一层次计划的目标,而下一层次计划则是上一层次计划的手段。事前控制的对象是作为手段的计划,其标准则是作为目标的计划,包括使命、战略目标、经营目标、组织政策等抽象计划,也可以是较高层次的具体计划。

2. 事前控制的工作内容

事前控制的工作内容包括：(1) 动态运用计划职能进行环境调查、分析和预测，在分析中特别要注重例外事件和组织能动作用对计划的影响；(2) 动态运用计划职能对其他各项管理职能提供的反馈信息进行分析；(3) 计划修订方案的提出、论证、比较和选择等；(4) 必要时改变已制订的计划，或者重新确定计划的各项前提条件。

3. 事前控制的重点

事前控制的重点一般是指组织各类要素在计划意义上的动态调整(涉及所有管理职能和整个活动过程)和各类偶然事故的预防。

4. 事前控制的前提条件

事前控制的前提条件：(1) 对计划和控制系统做出透彻的、仔细的分析，确定重要的输入变量；(2) 在组织的控制系统中建立事前控制子系统；(3) 要保持事前控制系统的动态性，事前控制系统的结构应动态反映客观情况、反映输入变量的变化情况；(4) 定期收集和输入受控变量的数据和信息；(5) 定期或不定期地对受控变量的原先假设进行求证分析，估计假设与实际之间的偏差，并评价这些偏差对预期成果的影响；(6) 事前控制系统作用的有效发挥必须有措施保证，必须有所有管理职能的积极配合。由于事前控制的前提并非总能得到满足，因此企业管理者也需要进行其他两类控制，即事中控制和事后控制。

(二) 事中控制

事中控制(也称现场控制、同期控制)是在计划允许的范围内，为保证整体计划的达成而在工作活动进行期间实施的控制。事中控制的最常见方式是管理者的直接视察，或者说走动式管理(Management by Walking Around)，通过管理者在工作现场与员工进行的非正式交流与互动，了解工作进展情况。事中控制使管理者能及时了解情况，并在事态恶化前解决出现的问题，避免造成实质性的损失。

1. 事中控制的标准

事中控制的标准包括组织活动正常开展所依据的各项具体计划(过程安排)在控制点上的预期结果。在特殊情况下或者紧急情况下也可以超越组织活动所依据的各项具体计划，进行灵活性控制。

2. 事中控制的内容

事中控制的内容包括：(1) 针对实施计划的各项工作给予工作人员指导；(2) 对计划实施过程进行仔细的检查和有效的监督；(3) 运用整个控制系统尽可能系统化地及时发现和纠正偏差；(4) 淘汰局部性和阶段性不合格劳动成果；(5) 向计划部门输送计划修订所需的各种内容。

3. 事中控制的重点

事中控制的重点是在计划实施过程中所涉及的各种因素，特别是直接涉及的各种因素。

4. 事中控制的前提条件

事中控制的前提条件：(1) 在各重要节点的阶段性目标(标准)；(2) 有效的信息收集、分析和处理方法；(3) 训练有素的专业人员；(4) 有力的控制手段。

(三) 事后控制

事后控制(也称反馈控制)包括在计划实施过程的终点对输出的劳动成果进行筛选控制、在整个计划完成之前向计划实施的输入端和执行过程反馈偏差信息，以及在整个计划完成以后向下一轮计划反馈总结信息。事后控制是最常用的控制类型。

1. 事后控制的标准

事后控制的标准是计划实施过程终点的预期成果,包括计划进度所要求的预期成果和总的预期成果。

2. 事后控制的内容

事后控制的内容包括:(1) 对输出端的劳动成果进行检验和筛选;(2) 通过对偏差的分析,从输入端开始对计划实施过程进行动态的反馈控制;(3) 全部计划任务完成以后,通过总结对下一轮计划进行的反馈控制。

3. 事后控制的重点

事后控制的重点是对输出端的劳动成果进行计量、检验和筛选。但事后控制只有在问题发生后才能予以纠正,此时已经造成了损失或破坏,这是事后控制的最大缺陷。

4. 事后控制的前提条件

事后控制的前提条件:(1) 明确的计划目标,包括进度目标、最终目标和各种单项目标;(2) 有效的检验手段和检验方法;(3) 科学的偏差分析技术;(4) 快捷的信息传递通道;(5) 有力的纠偏手段;(6) 善于对总的计划实施情况进行概括和总结。

第三节 设计有效的官僚控制系统

一、有效官僚控制的常用技术

有效运用控制技术和方法是成功进行官僚控制的重要保证。控制的技术和方法多种多样,本节主要介绍战略控制、财务控制、信息控制、质量控制中常用的几种控制技术和方法。

(一) 战略控制:平衡计分卡

平衡计分卡是帮助组织将战略转化为行动的绩效管理工具,它通过明确实现业务成功的关键衡量指标,将长期战略目标与短期业务行动联系起来。设计平衡计分卡的目的就是建立"实现战略指导"的绩效管理系统,从而保证企业的战略得到有效的执行。使用平衡计分卡进行组织绩效管理的一大优势在于,它能帮助管理者建立一整套有因果关系、彼此联系而又相互强化的定量或定性的衡量指标,从而使企业能够快速剖析问题并找准失败的原因,也能快速定位取得成就的根源。拥有 25～30 个衡量指标的平衡计分卡,通常可以作为各项传统指标以外的有效补充,系统性地衡量企业经营状况的健康水平和整体的战略执行能力。

根据企业的规模和经营范围,平衡计分卡既可以用于衡量整个企业的经营,也可用于评估一个业务单元或部门。例如,一家多元化经营的汽车厂商在乘用车、卡车、发动机、汽车零部件等业务领域都有涉足,且每一业务单元都有特定的经营战略、竞争优势和市场定位,则企业就需要在整个组织使用平衡计分卡的同时,为每一个业务单元建立各自的平衡计分卡系统。

在理想化状态下,企业能实现的战略成果不外乎 4 个方面:满意的股东、愉悦的客户、有效的内部管理,以及充满激情与良好技能的员工队伍。平衡计分卡正是从这 4 个关键战略成果出发,用财务、客户、业务流程、学习与成长 4 个维度来诠释和分解组织的战略目标,从而将组织目标与各级各部门的员工的日常行动对应起来(见图 13-2)。

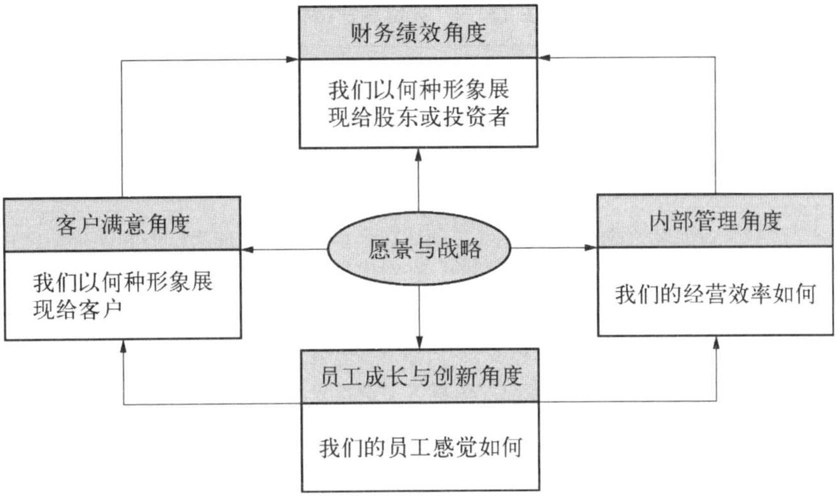

图 13-2　平衡计分卡的 4 个维度

1. 财务维度

平衡计分卡的财务维度是企业常用于绩效评估的传统指标，可显示企业的战略及其实施和执行是否正在为最终经营结果(如利润)的改善做出贡献。财务绩效通常从股东的角度出发，评价企业经营是否为股东创造了价值，具体可以分为 3 个财务主题来评价："收益成长与组合""成本降低与生产力改进""资产利用与投资战略"。表 13-3 展示了当企业选择"成长""保持(维持)"及"收获"等不同的战略方向时，平衡计分卡在各财务主题中使用的不同关键评估指标。

表 13-3　企业战略方向与关键财务指标选择

财务性主题 / 企业战略方向	收益成长与组合	成本降低与生产力改进	资产利用与投资战略
成长	各部门的主营业务收入成长率；来自新产品、新服务及新客户的收益百分比	收益/员工	投资(销售的百分比) 研发(销售的百分比)
保持	目标客户的收益；来自新应用方式产品的收益百分比；客户的获利能力	成本与竞争者成本；成本减少率；间接费用(销售百分比)	营运资本比率；投资成本回报率；资产利用率
收获	客户的获利能力；非获利客户的百分比	单位成本(每单位的产出及每笔交易)	现金流

2. 客户维度

平衡计分卡的客户维度是将诸如市场占有率、客户保持率等重要客户指标与企业的财务表现联系起来。这一维度能帮助管理者找出对业务经营最重要的目标客户群体，并衡量企业在满足这些客户需求上做得如何。而使平衡计分卡发挥价值的关键在于将客户维度指标与企业财务表现直接挂钩。表 13-4 列出了最重要的几项客户指标。

表 13－4　关键客户指标

指　　标	说　　明
市场占有率	这一指标表明了企业在目标市场的渗透现状。当目标客户的市场占有率下降时，是重要的警示信号
客户的获利能力	企业的客户成果指标，最终必须体现为客户的获利能力。但在评价新客户时，若计入获取成本，通常是不能盈利的。在考虑是否要开拓特定目标客户群体时，客户的长期营利性才是决策指标
客户满意度	这是最重要的客户指标之一，但又是高度主观的感受。客户满意度通常借助客户反馈调查来获得。有研究认为，顾客只会重复购买其评价为“极为满意”的商品
客户保持率	维系现有客户，是保持或提高市场占有率的一种有效方法。许多企业还通过计算现有客户带来的业绩增长比重来衡量客户忠诚度
新客户获取能力	这一指标可通过两方面来衡量：新客户数量的增长，以及新客户带来的销售额增长

上述这些重要的客户指标之间彼此关联，有一定的因果联系(见图 13－3)。

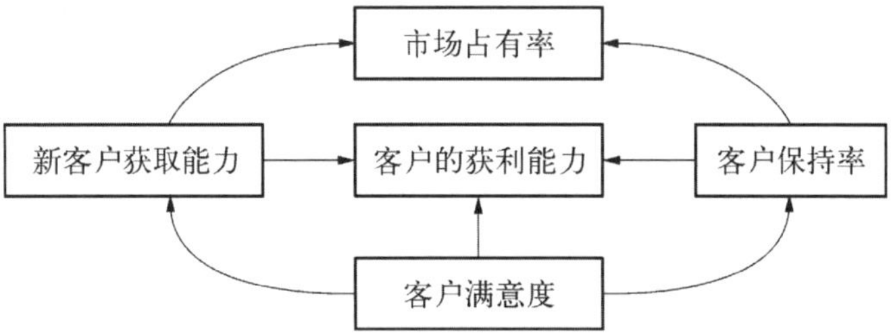

图 13－3　客户指标间的关联

从控制的角度来看，明确关键客户指标及其相互间的因果联系，有助于企业确定提高组织财务绩效的核心客户驱动因素。通过收集相关的数据来优化前因指标，将有助于企业做出能提升客户满意度及盈利能力的重要决策。

3. 业务流程维度

业务流程维度关注的是企业各业务流程的实际运作水平。虽然内部业务流程和内部管理的内容庞杂，但平衡计分卡关注的是那些与财务绩效改善、满足客户需求息息相关的重要业务流程。毕竟，没有良好的业务流程作为支撑，企业就无法在客户与财务两个维度上完成其战略目标。企业的内部流程通常包括 4 个方面：创新过程、客户服务过程、整体营运过程和社会化过程。创新过程包括产品发明改进、产品发展、工艺流程改进、产品上市速度、合资合伙等方面的内容，这一系列的活动产生的直接结果就是新产品开发。客户服务过程包括开发解决方案、咨询服务、关系管理以及其他服务，产生的直接结果就是增加客户价值。整体营运过程包括成本降低、品质改善和周转加速等，产生的直接结果就是实现高效营运。社会化过程包括企业员工健康、安全、法律等方面的内容，所产生的直接结果就是高社会责任的企业营运标准。

在企业资源有限时，以满足客户需求和提升股东价值为前提，有选择性地关注价值链的关键环节，分析企业的优势与资源配置方向，能使控制职能有效支撑企业战略目标的实现。

4. 学习与成长维度

平衡计分卡的最后一个组成部分——学习与成长维度。该维度明确了实现业务流程、客户服务、持续财务增长所需的基础设施与员工技能，同时发现这些能力资源的现有不足。平衡计分卡中，对于员工学习与成长的衡量主要在于员工保留率、员工生产率和员工满意度等方面。

隐藏在员工保留率、员工生产率和员工满意度这些表象背后的决定因素是企业员工自身才能、现有信息技术水平和组织文化氛围等方面。通过对这些结果性考核指标的分析，有助于企业针对性地改善人力资源问题，从而提高员工队伍的整体执行力，这构成了企业改善内部运营、客户服务水平及财务成长性的基础。

可以看出，平衡计分卡不仅被用于评估企业现有经营绩效及其成因，而且可以通过一系列前瞻性的指标分析，对企业的未来运营状况进行预测和分析，进而避免不利局面的出现。

平衡计分卡将企业愿景与战略具体行动化以创造企业竞争优势。平衡计分卡的4个方面相连接将组织的使命和策略转换成策略性目标与策略性绩效量度，帮助企业聚焦在战略上，并将有限的资源加以整合运用于战略重点，可以使企业更加有效地执行战略，并加速企业愿景的实现。

（二）财务控制

财务控制中常用的做法包括管理审计、财务报表和指标分析，以及预算控制。前两项内容高度专业，学生可在相关的专业课程中学习。此处简要介绍预算控制的核心内容。

预算就是用数字编制一定时期的计划，也就是用财务数字（如在投资预算和财务预算中）或非财务数字（如在生产预算中）来表明预期的结果。预算控制是通过编制预算，然后以编制的预算为基础，来执行和控制企业经营的各项活动，并比较预算与实际的差异，分析差异的原因，然后对差异进行处理。预算的编制与控制过程是密切联系的。通过编制预算，可以明确组织及其各部门的目标，协调各部门的工作，评定各个部门的工作业绩，控制企业日常的经营活动。

1. 预算的种类

在企业中，预算的种类一般分为业务预算、财务预算和专门预算三大类。下面以制造业为例，描述各种预算的内容。

（1）业务预算

业务预算是指企业日常发生的各项具有实质性活动的预算，主要包括销售预算、生产预算、直接材料采购预算、直接人工预算、制造费用预算、单位生产成本预算、销售及管理费用预算等。

销售预算是编制全面预算的基础。企业应根据市场预测和企业生产能力的情况，确定销售目标，编制年度及季度、月份的销售数量，销售单价，销售金额及销售货款收入情况。

生产预算是根据销售预算所确定的销售数量，按产品名称、数量分别编制生产预算。生产预算必须考虑合理的存货量。存货量＝预计生产量－预计销售量＋预计期末库存量－预计期初库存量。编制好生产预算后，为了保证均衡生产，一般还必须编制生产进度日程表，以便控制生产进度。

直接材料采购预算是根据生产预算所确定的生产量以及各种产品所消耗材料的品种、数量、单价，根据生产进度确定材料采购数量及现金支付情况。

直接人工预算是根据生产所需的工时，确定各种工种总工时和工资率及直接人工成本。

制造费用预算是根据销售量和生产量水平确定各种费用总额，包括制造部门的间接人工、间接材料、维修费及厂房折旧费等。

单位生产成本预算是根据直接材料、直接人工及制造费用预算确定单位产品生产成本。

销售及管理费用预算是根据销售预算情况及各种费用项目,确定销售及行政管理者薪金、保险费、折旧费、办公费及交际应酬费等。

(2) 财务预算

财务预算是企业在计划期内反映现金收支、经营成果及财务状况的预算,主要包括现金预算、预计利润表、预计资产负债表、预计财务状况变动表。

现金预算是反映计划期内现金收入、现金支出、现金余额及融资情况,通过现金预算反映计划内企业现金流动的情况,控制现金的收支,做到合理理财。

利润表是根据现金预算而编制的,反映了企业在一定期间内的经营成果。企业可通过利润表了解自身的盈利能力。

资产负债表反映企业的资产、负债及收益情况,反映企业财务状况及偿债能力。

财务状况变动表是根据前面的预算编制的,用于反映企业在计划期内资金来源、资金运用和资金变化的情况,以及企业理财的情况。

(3) 专门预算

专门预算是指企业不经常发生的、一次性的预算,如资本支出预算、专项拨款预算。

全面预算是企业全部计划的数字说明,包括业务预算、财务预算和专门预算,各种预算相互联系,构成全面预算体系。

2. 编制预算的新方法

以上介绍的预算一般是以预测的销售量为基础,在一定业务量水平下编制的预算,称为静态预算。但是,企业的环境不断变化,使得企业所预测的销售量比实际的销售量可能更高或更低,原先编制的预算就无法使用。针对这种情况,可用下面 3 种新方法:

(1) 弹性预算

弹性预算就是在编制费用预算时,考虑到计划期业务量可能发生的变动,编制一套能适应多种业务量的费用预算,以便分别反映各业务量所对应的费用水平。由于这种预算随着业务量的变化做机动调整,本身具有弹性,因此称为弹性预算。

编制弹性费用时,把所有的费用分为固定费用和变动费用两部分。固定费用在相关范围内不随业务量变动而变动,变动费用随业务量变动而变动。因此,在编制弹性预算时,只需要按业务量的变动调整费用总额即可,不需要重新编制整个预算。

(2) 滚动预算

滚动预算,或称永续预算,其特点是,预算在其执行中自动延伸,当原预算中有一个季度的预算已经执行了,只剩下 3 个季度的预算数时,就把下一个季度的预算补上,经常保持 1 年的预算期,或者是每完成 1 个月的预算,就再增加 1 个月的预算,使预算期永远保持 12 个月。

编制滚动预算的优点是根据预算的执行情况,调整下一个阶段的预算,使预算更加切实可行,并且使预算期保持 1 年,使企业保持一个稳定的短期目标,以免等预算执行完再编制新的预算。

根据滚动预算的编制原理,企业可以把长期规划与短期目标结合起来,并根据短期目标的完成情况来调整长期规划,使企业的各项活动能够及时反馈、及时发现差异、及时处理。

(3) 零基预算

零基预算是以零为基础编制的预算,其原理是,对任何一个预算(计划)期、任何一种费用项目的开支，都不是从原有的基础出发，即根本不考虑各项目基期的费用开支情况，而是一切都以零为基础，从零开始考虑各费用项目的必要性及其预算的规模。

其具体做法：组织下属各部门结合计划期内的目标和任务，提出所需费用项目及具体方案、目的和费用数额；对每一项目方案进行成本-效益分析，对各个费用方案进行评价比较，确定轻重缓急，排出先后顺序；按照所确定的顺序，结合计划期间可动用的资金来源，分配资金，落实预算。

采用零基预算法，一切以零为起点，重新评价和计算，编制预算的工作量非常大。但零基预算考虑每项费用的效益，可以精打细算，减少不必要的开支，是事前控制的一种好办法。

管理聚焦 13-2

华为的财经管理体系

华为无疑是目前中国最受关注和推崇、也是最成功的科技企业。华为为什么成功？许多答案就在华为的财务控制体系中。华为创始人、CEO 任正非认为，华为最宝贵的是无生命的管理体系，通过管理体系的建立，以内部规则、制度的确定性来应对外部环境的不确定性。无生命的管理体系最核心的就是财经体系和人力资源体系，这是企业管理的两个“桥头堡”。

华为财经管理体系的建立，始于 2007 年。在这一年，任正非提出：“要加快以财务管理为中心的计划、预算、核算体系的建设，要以产品线、地区部、代表处为基本单元，建立计划、预算、核算体系。目的是为地区部、代表处及产品线的作战服务，而不是为总部汇总一张财务报表服务。”很明显，华为财经管理体系的核心使命首先是确保商业成功，其次才是风险制衡。也就是说，首要是从企业战略需要和业务发展的角度出发，支撑员工做出价值贡献，推动企业业务目标的实现；其次也要进行风险管控，即以财经为监督，实现业务的全流程管控，帮助企业实现平衡发展。

华为认为，财经管理体系及其组织机构应为企业经营提供 3 个方面的价值：

(1) 支撑经营。参与战略循环，优化资源配置；聚焦客户痛点，提供增值的财经解决方案；保障资金供给，支撑业务稳健发展。

(2) 提供报告。聚焦企业内外部需求，提供及时、准确、合规的会计核算报告，客观反映经营结果和财务状况。

(3) 管控风险。构建并实施风险管控体系，识别与管理财务风险，平衡业务风险与回报，保障企业持续经营。

为了实现上述 3 点价值，华为财经管理体系需要参与从企业战略到计划、到绩效的全过程，包括从市场洞察到战略规划(SP)，到战略衡量指标(第一次战略解码)，到制订年度业务计划(BP)，到年度重点工作任务(第二次战略解码)，到制定全面预算，到制定人力资源预算，到制定 KPI、BP 与述职，到 PBC 的沟通与签署，到战略的执行与绩效落地。

为了华为的健康发展，必须确保收入是有利润的收入，利润是有现金流的利润，这就需要构建以计划、预算、核算等为核心的经营管理体系，通过“预测、计划、预算、核算”的循环，为实现利润的管理与考核打下重要基础。

在华为,产品线是纵向计划线,地区部是横向计划线,由此形成纵横交错的计划预算核算管理体系。这一体系对地区部主管负责,对代表处主管负责,对产品线主管负责,这些主管也是经营管理的第一责任人。经营分析会是华为经营管理体系中管理业务的重要抓手,指导并管理业务改进,支撑经营目标的达成。

预算是资源配置支持战略实现的手段,预算管理部门是秘书机构,帮助地区部、代表处、产品线主管管理经营指标和经营过程;预算与经营目标弹性连接,经营指标分别落实到组织 KPI 和主管的个人 PBC 中。核算是预算结果的评价,在绩效应用中完成计划、预算、核算、绩效的闭环。

经过多年的探索和积累,华为的财经管理体系如今已达到世界一流。任正非对华为财经管理体系的评价是,已经形成全球统一的会计核算与审计监控体系,其全球财务系统具有绝对领先优势。

资料来源:杨爱国,高正贤. 华为财经密码:商业成功与风险制衡[M]. 北京:机械工业出版社,2021。

(三) 信息控制

企业管理者有两种方式来处理信息控制:(1) 将信息作为工具,帮助控制其他组织活动;(2) 将信息本身作为需要加以控制的组织领域。

1. 以信息为控制工具

很显然,管理者需要在恰当的时候获得合适数量的正确信息来监督和测量组织活动和绩效。比如,在测量实际绩效时,为了对实际绩效和标准进行比较,管理者需要有关职责范围内所发生情况的信息和有关标准的信息。他们还要依赖信息帮助他们判断偏差是否在可接受范围内。最后,他们依赖信息帮助他们制订恰当的行动方案。信息对于正确决策和管理行动至关重要,而管理者运用的大多数信息工具来自组织的管理信息系统。

管理信息系统就是向组织内各级主管部门(人员)、其他相关人员,以及组织外的有关部门(人员)提供信息的系统。更具体地说,管理信息系统是一种由许多个人、各种机械装置以及有关程序所组成的用以从内源和外源两方面提供有关信息的结构性综合体。它通过提供作为决策依据的统一的信息来为一个组织的计划工作、组织工作、人员配备、指导与领导工作、控制工作以及日常的作业服务。一个管理信息系统应当向主管部门提供 4 种主要的信息服务:确定信息需要、搜集信息、处理信息、使用信息。

管理信息系统的最大特点是数据的集中统一。正是有了数据的集中统一,才使得信息真正成为一种资源,并且帮助企业实现了信息资源的共享。这项工作是通过数据库系统实现的,数据库系统是管理信息系统的核心,也是其最显著的特征。但管理信息系统需要向管理者提供的是信息(经过处理和分析的数据),而不仅是数据(原始的、未经处理的事实)。如今的组织并不缺乏数据,关键问题是组织是否有能力对数据加以处理,在需要时为组织成员提供有用的信息。设计和运作良好的管理者信息系统能收集数据并将其转化为相关的有效信息供管理者使用。

2. 信息作为控制的对象

企业的运营已经进入一个以信息化、网络化、智能化为基本特点的新时代,企业的数字化转型使信息成为企业的基本资源,与人、财、物一起,构成了企业运转的基本投入要素。企业通过有效收集和运用数据、信息来精准高效地服务客户，但信息技术也给企业和用户带来了前所未有的风险和挑战。企业及用户的数据安全、隐私、资产安全因数字化运营而越来越易受攻击，关于网络攻击和数据泄露的新闻报道层出不穷。在这一背景下，将信息作为一种控制对象，确保企业及用户的信息安全，成为企业生存的基石。无法有效保障信息安全，不仅会使企业的重要资产处于风险状态，而且会破坏消费者与合作伙伴之间的相互信任，使企业未来的经营难以为继。

管理者需要实施全面有效的控制体系来确保信息安全，定期监督信息控制，确保所有可能的预防措施都有效地保护了重要的信息。信息安全是一项综合程度很高的工作，既需要合理的制度流程进行规范和约束，又需要可靠的技术措施进行监控。因此，企业需要在规划、实施、内外部工作协调、资源配置等方面对这项工作加以控制。具体来看，在规划上，必须将管理与技术高度融合；在实施过程中，必须沟通协调大量关系方，比如企业内部的技术、产品、法务、内审、公关和政府关系等部门，企业外部的监管机构、行业协会、安全组织等；在投入上，也必须充分平衡安全和业务之间的冲突，用合理的成本保证业务的正常发展。

（四）质量控制

质量是组织的生命，直接或间接地影响着组织运营的各个方面，包括企业声誉、产品成本、利润、竞争能力等，因此，质量控制是企业控制系统的重要组成部分。企业的质量控制通常包括几个方面：全面质量管理、六西格玛（6σ）标准，以及 ISO9000 族国际质量标准。

1. 全面质量管理

企业的产品或服务质量的核心，在于满足顾客的要求与期望。企业的全面质量管理（TQM）是指为了充分满足顾客的需求，并最经济地实现有效的市场研究、设计、制造和售后服务，而将组织内各部门的研制质量、维持质量和提高质量等一系列活动合为一体的一种管理模式。TQM 理论的缔造者来自美国，但将该理论付诸实践是在日本，目前这一理念在全球得到重视和实践。

TQM 为各组织的持续改进提供了一整套的理念，它强调统一性、整体性、系统性和全面性。它的目的是通过对不合格品的控制、对设计过程质量的注重、对组织内各项活动的不断改善，从而使组织持续地获得生存的力量和竞争的优势。作为一种系统化的质量控制理念，TQM 有 3 个特征：

（1）TQM 是一种自上而下的承诺。TQM 要求从企业最高层管理者开始实施。管理者的承诺在前，一线员工的承诺随后，形成一种由上而下的重视质量管理的氛围。

（2）TQM 要求全员协作。传统的质量管理是由组织中的质检部门单独操作的，生产者的质量意识淡薄。TQM 要求组织中的每个人都参与到质量改进的活动中去，从源头上减少无效努力和返工现象。TQM 不是仅限于“生产”或操作领域之中，而是正式的“全员行动”，在整个组织中推行“零缺陷”原则。也因此，TQM 是一种适合于所有组织的质量管理模式。

（3）TQM 把对质量问题的检查由顾客转移给生产者。将对产品的质量检查内部化、即时化、完全化是 TQM 的显著特点，杜绝市场中出现有问题的商品和服务，将能有效维护组织的对外形象，保障组织的良好声誉。

TQM 的有效实施，取决于 4 项要素（4Cs），即组织全体成员的承诺（Commitment）、能力（Competence）、沟通（Communication）和持续改进（Continuous Improvement）。

（1）承诺。对工作质量的承诺可以理解为组织及其全体成员对其工作要求的清楚认识，对其工作职责的有效承担。通常在组织中,管理者对质量的承诺程度将直接决定着一线工人对质量的承诺程度。

(2) 能力。承诺的背后必须有能力的保证,才能真正实现质量目标。良好的教育与培训、良好的直观判断力、良好的解决问题的技能和知识,都是组织成员在 TQM 实施时的必备能力。当企业发现员工在某方面存在能力不足时,就应尽早、及时地采取培训、教育、协同工作或鼓励等方法来提高其能力和士气。

(3) 沟通。有效的沟通能很好地促进相互理解和共同合作。这种交流是双向的,一旦实现沟通的目的,管理者就能很好地将有关质量方面的信息传递下去。但"噪声"的存在可能影响质量信息的传递,企业可以从几个方面着手来提高沟通质量:① 明确质量方针;② 建立质量小组;③ 召开质量研讨会;④ 定期进行质量评审;⑤ 制作有关质量效果的宣传材料。

(4) 持续改进。持续改进是改进组织产品和服务质量的一种哲学。解决质量问题的过程始终应以"戴明环"(见图 13-4)为基础。从经营活动的起点就使用计划—实施—检查—处理这样一个循环。其中,计划是指识别质量问题,拟订质量改进措施;实施是指贯彻执行方案;检查是指比较执行情况,分析实际结果;处理是指经验总结。

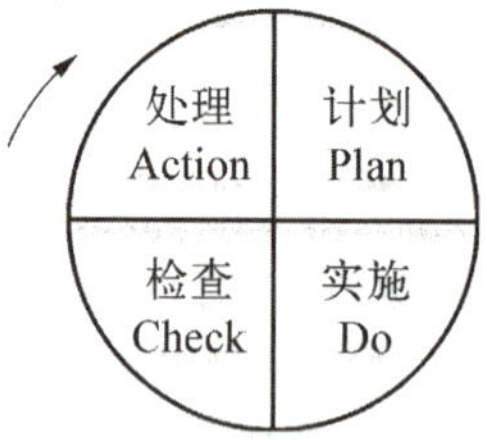

图 13-4 质量改进的戴明"PDCA"循环

2. 六西格玛标准

六西格玛标准是目前最重要的质量控制工具之一。六西格玛标准的设计旨在减少组织中所有工序的缺陷,不仅是减少产品缺陷,而且是减少任何可能导致顾客不满的原因,如服务不到位、延迟交货及由高成本及低效率所导致的高价格。这套标准是由摩托罗拉公司于 20 世纪 80 年代后期开发的,当时,他们正持续受到那些在国际市场上以低成本生产高质量产品的外国企业的打击。此后,这项技术被多家企业应用并加以优化。

σ 是统计学中用来表示某一统计过程的标准差的希腊字母。它揭示了统计过程中误差出现的频率。σ 的值越小,就表明变量的变异水平或误差水平越低。如表 13-4 所示,每百万个机会中有超过 30 万次差错的 2σ 水平控制过程,显然算不上很好;而每百万个机会中差错次数低于 6.7 万次的 3σ 水平控制过程,其精确度大于 93%。许多企业是基于这一水平进行管理,直到我们考虑它的真正含义(例如,每处理 100 件航空行李就会有 7 件丢失)。之前这听起来不是很糟糕,但这样的误差水平给组织带来的成本是巨大的。将这样的误差水平转变为表 13-5 中的实际问题,会发现看似小概率的事件也是很难被认可和接受的。

表 13-5 σ 水平与每百万机会中的缺陷数的关系

σ 水平	每百万机会中的缺陷数	在现实中,4σ 水平是否足够好
2σ	308 537	
3σ	66 807	
4σ	6 210	思考一下 4σ 水平在日常生活中的例子(美国): ● 每小时丢失 20 000 个邮包 ● 每周发生 5 000 次外科手术事故 ● 每年开出 20 万个错误处方

续　表

σ水平	每百万机会中的缺陷数	在现实中，4σ水平是否足够好
5σ	233	
6σ	3.4	

资料来源：改编自 Thomas S. Bateman，Scott Snell. Management：Leading & Collaborating in a Competitive World[M]. 14th ed. New York：McGraw-Hill，2020：表 16.5，501。

六西格玛水平是指每百万机会中差错发生低于 3.4 次的控制过程，这意味着 99.999 66%的准确度。达到六西格玛水平的企业不仅产品或服务接近零缺陷率，而且有更低的生产成本与更短的周转时间，以及更高的顾客满意度。这套标准不仅适用于工厂，而且会计师也采用六西格玛标准来提高客户风险审计的质量。

在通用电气（GE）的实践中，六西格玛项目包括 5 项基本活动：限定（Defining）、检测（Measuring）、分析（Analyzing）、改进（Improving）和控制（Controlling）。六西格玛作为一套科学的方法，分别由受过严格培训、按等级分别被称作“黑带”“绿带”等的员工来领导与传授。具体运作过程如下：

（1）限定并确认项目，定义好重要的质量特征（CTQS）；

（2）确认影响 CTQS 的关键内部工序，检测由此产生的质量缺陷；

（3）分析并确定引起质量缺陷的核心变量；

（4）将这些变量对 CTQS 的影响数量化，再确定这些变量的最大容限；

（5）使用检测系统检测核心变量的变化，通过调整工序，使之处于容限范围内；

（6）用统计过程控制并确保核心变量处于最大的可接受范围内。

通用电气公司的六西格玛运动涉及对公司大量员工进行严格培训，形成一批“黑带大师”，并由他们带动公司所有员工，使质量成为每个员工的工作。很快，六西格玛从一个陌生的、充满了许多复杂计算的外来概念，变成通用电气所有员工投入巨大热情的实际行动。诚如通用电气当时的 CEO 韦尔奇所言：“六西格玛理论是我们从别的公司学来的，但是对该理论的实践，以及追求这一学说的完美，是通用电气公司所独有的文化。”

3. ISO9000 族国际质量标准

近年来，企业进行质量控制的一个重要体系是 ISO9000，这是一类通过优化经营流程来实现产品质量管理的国际化控制标准。TQM 和六西格玛标准都关注产品本身，而 ISO9000 则聚焦于生产流程的改进，要求企业通过规范生产流程中的每一步来提高最终产品的质量。

我们常说的“ISO9000 标准”不是指一个标准，而是指一类标准的统称，由多个标准组成，全称为“ISO9000 族质量管理体系标准”。ISO9000 族标准包括针对组织的管理结构、人员、技术能力、各项规章制度、技术文件和内部监督机制等一系列体现组织保证产品及服务质量的管理措施的标准，其中也涵盖了部分行政管理和财务管理的范畴。具体来讲，ISO9000 族标准是从以下 4 个方面规范质量管理过程的：

（1）机构。标准明确规定了为保证产品质量而必须建立的管理机构及职责权限。

（2）程序。组织的产品生产必须制定规章制度、技术标准、质量手册、质量体系操作检查程序，并使之文件化。

（3）过程。质量控制是对生产的全过程加以控制，是面的控制，不是点的控制。从根据市场调研确定产品、设计产品、采购原材料，到生产、检验、包装和储运等，其全过程按程序要求控制质量，并要求过程具有标识性、监督性、可追溯性。

(4) 总结。不断地总结、评价质量管理体系，不断地改进质量管理体系，使质量管理水平呈螺旋式上升。

二、控制职能的失调

控制有激励作用，但是控制对行为的影响并非总是正面的。有时组织目标指引的方向与控制工作测量及反馈实践所引导行为的方向并不一致。这种现象在管理学中被称作“目标移置”。另一种潜在的职能失调是指控制工作可能带来的“负面因素”，有时衡量与反馈非但没能激励员工，反而使员工工作情绪低落，引起自卫性的行为。

(一) 目标移置

人们对控制的反应往往是想要确认控制中的检测过程及测量记录是有效控制所必需的，但当他们的行为达到了这个结果，而控制所要达到的目标或目的却没有达到时，便称为目标移置。例如，学校常以考分的高低来衡量学生的学业水平，但是有的学生为了得高分而不择手段，甚至作弊，这样虽取得了较高的考分，但与学习的目标是背道而驰的。又如，交通警察经常用罚款的手段来教育违反交通规则的公众，维护交通安全，可是如果把罚款当任务来执行，或定有罚款指标，则显然属目标移置，违背了本意。

控制职能失调有许多形式，包括官僚主义行为、策略性行为和无效的数据报告。

1. 官僚主义行为

官僚主义行为的一大特点是僵化，如有的医院为了防止住院病人赖账，进院前都得先预付数千元住院费，然而，若遇到特殊的急救病人，在一时无法缴付预付款时，即使病人危在旦夕，仍把病人拒之门外，显然该医院的救死扶伤的目标被移置了。

2. 策略性行为

策略性行为是指只是为了在一特定时期显示其工作成效的某些行为。例如，某些上级领导部门，到基层去检查工作都事前做了通知，定下了日期，下级部门为了应付这次检查而“兴师动众”，表面文章做足，这样虽然通过了检查，但过后依然故我，我行我素。又如，有的房地产开发商把应于年底结算的若干处住宅的契据推迟到次年 1 月，以减少该年应予上报的收入，从而获得直接税收方面的好处，却违背了对买主的承诺，也违反了规定的有关服务与开发的时间日程。

3. 无效的数据报告

不少管理者在预算年度开始时，往往以上年实际支出为基准，再增列一笔金额，经巧妙粉饰后，作为新计划提交上级领导审批，这种含有“水分”的预算申请，属无效数据报告。又如，有的销售人员在做销售预测时，预先打了折扣，做较保守的估计，以便能轻松地完成指标，或在与实际成果比较时，有出色的业绩表现。有时，在控制系统对某些行为进行检测时，提供给该系统的信息本身可能都是虚假的，假记录、假数据常常导致控制目标的移置。

(二) 负面因素

控制不当不仅不能提高激励力，相反有时还会造成消极的影响。例如，某单位年终对员工考核，对他们的工作划分优、良、及格、不及格 4 个等级，并把评等级的结果反馈给各人。然而，此做法的效果并不理想，一些有水平的员工，因没被评上优等(名额有指标限制)，在意识到自身价值被低估后纷纷离去，而留下的较差的员工也丧失了工作热情。研究表明，批评性或负面的反馈似乎格外挫伤积极性。有人曾分析了一项工作评价制度，其批评性的反馈对达到目的确实起到了消极影响。这种反馈使个人产生的防卫因素多于促进提高的动力。

总之，控制既能促进目标的实现，也可能带来负面因素和目标移置。从某种意义上讲，控制系统的设计正是为了促进前者，抑制并避免后者。

三、优化组织的正式控制系统

有效的正式控制系统会将潜在的利益最大化并将不良行为最小化。为达到这一目标，管理者必须设计这样的控制系统：(1) 建立有效的绩效标准；(2) 给员工提供充分的信息；(3) 确保员工能够接受；(4) 确保公开交流；(5) 综合使用多种不同的方式。

(一) 建立有效的绩效标准

一个有效的控制系统必须建立在有效、准确的绩效标准上。在本书第五章第二节中我们已经说明了有效绩效目标设定的 SMART 原则。此外，衡量方法应该不容易被操纵，并应涵盖所有影响绩效的重要方面。例如，仅仅关注销售收入而不关注回款，一家欣欣向荣的企业也可能很快关门停业。同时，管理者也必须防范过度考核的发生，这会出现控制过度和引起员工抵制。为使控制保持在可接受范围内，在制定“满意的”绩效标准时，管理者应关注少数关键成功领域，或设定必须达成的少数优先事项。

(二) 给员工提供充分的信息

管理层必须将控制系统的重要性和特点传达给员工，同时，员工应及时得到对自己绩效的反馈。反馈可以激励员工并提供信息，使他们能根据绩效标准调整自己的行为偏差。允许员工主动修正其行为可以鼓励自我控制并减少外部监督。组织的信息系统应允许员工根据决策需要及时获得信息。一般来说，设计控制系统的管理者应从以下几方面对信息系统进行评估：(1) 是否为员工决策提供了所需的相关数据？(2) 是否为整个组织的决策者提供了足够的信息？(3) 是否向每个部门提供了充足的组织内部其他相关部门运行情况的信息？

(三) 确保员工能够接受

员工在心理上更认可包含关键绩效标准但又不过度控制的系统。根据目标设定理论，只有在员工相信自己能达到标准要求时，才更有可能接受控制系统。为了提高员工接受度，控制系统应强调正面行为，而不应只注重发现和控制负面行为。此外，让员工参与标准的制定，这样的控制系统更容易为员工所接受。允许员工参与和具体工作直接相关的控制系统的决策，能减少员工的抵触情绪，还能由此获得一线员工对控制系统优化的合理化建议。

(四) 确保公开交流

如果员工觉得他们的管理者想要听到的仅仅是好消息，或更糟的是，如果他们害怕让管理者了解问题的发生，哪怕他们并没有做错事，那任何控制都不可能产生效力。但如果管理者创建了一种开放真诚的环境，使身处其中的员工乐于公开分享各类必要信息，则控制系统就更可能有效地运作。

(五) 综合使用多种不同的方式

使用多种控制方式是必须的。控制系统通常应包括财务和非财务的绩效目标，以及使用事前、事中和事后控制方式。前面介绍的平衡计分卡是企业常用的整合全体组织成员努力的一种控制方法。此外，还应将控制与激励手段有效结合起来。

第四节 市场控制与小集团控制

尽管控制的概念一直是组织的核心要素,但其背后的原则和理念正在发生着变化。在过去,控制几乎主要侧重于官僚机制,通过正式组织和职权来推动组织正常运转。传统的管理者通过调整员工工作方式或工作内容来使产量最大化,包括使用标准化的生产流程、规则、条例和密切监督等方法。例如,为了提高装配线的产量,管理者们过去常常试图寻找"最佳方式"来安排工作,监督员工的行为,确保他们严格按照标准的生产流程进行生产。这是自泰勒的科学管理以来人们一直在不断优化的管理过程。

尽管正式的官僚控制体系在组织中最为常见,但它们并非总是最有效的。市场控制和小集团控制虽然并未成为组织控制中的主导方式,但它们对绩效的控制和调节相对比较灵活。管理者应充分利用市场控制和小集团控制,为官僚控制体系提供补充。

一、市场控制

与官僚控制不同,市场控制涉及使用经济力量(及价格机制)来规范员工行为。这个系统的作用机理:假如某个人、某个部门或某个业务单位对其他人有价值,就可以通过协商的价格进行交易。建立这种市场交易体系会产生两种效果:价格成为产品或服务的价值度量,价格竞争会影响生产率和绩效控制。

市场控制体系可以在企业层面、业务单元(或部门)层面和个人层面发挥作用。图 13-5 展示了将市场控制运用到组织管理中的几种方法。

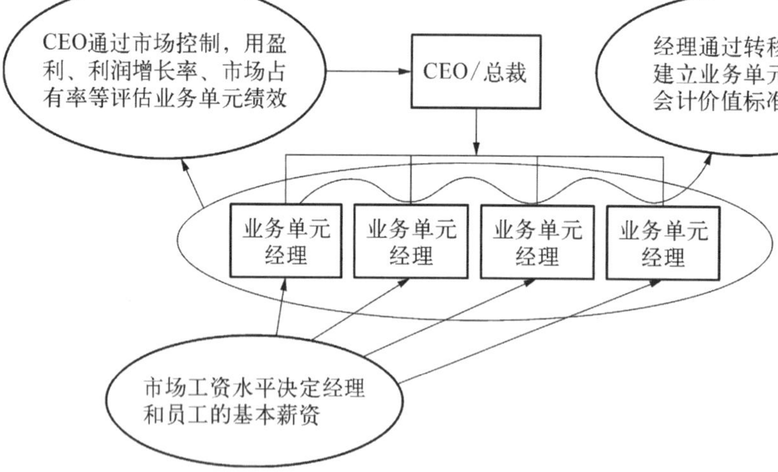

资料来源:Thomas S. Bateman, Scott Snell. Management: Leading & Collaborating in a Competitive World[M]. 14th ed. New York: McGraw-Hill, 2020: 513,图 16-11。

图 13-5 市场控制的示例

(一) 企业层面的市场控制

在实行多元化战略的大型企业中,市场控制通常被用于调节独立运营的业务单元或事业部。特别是在大型集团或控股公司，每个业务单元都被看作相互竞争的利润中心。高层管理者很少对业务单元的管理者进行直接的官僚控制，用指令方式干预其具体的经营决策，而是用经营绩效指标来评估其经营状况的优劣。当不同业务单元的决策和权力高度分散时，市场控制可以确保业务单元的绩效与企业的整体目标保持一致。但这种分散化的权力分布以及对市场控制体系的高度依赖，使企业可以相对容易地收购或剥离特定业务单元，这也使企业边界处于不断的变化中。

（二）业务单元层面的市场控制

市场控制也可以约束业务单位内部各部门间及职能间的交易。转移价格是组织用市场机制调节内部交易的一种方法。转移价格是组织内部由一个单元向另一个单元提供产品或服务所收取的费用。例如，在汽车生产中，在零部件被运到下游企业进行最后装配前，这些部件可能被确定一个转移价格。理想的转移价格应反映接收产品或服务的业务单位在外部市场应支付的价格。

随着组织越来越多地选择将产品和服务外包给外部供应商，转移价格这类市场控制手段被广泛用于控制产品成本和提高质量。管理者始终密切关注市场价格变化以确保采购成本与市场水平相符，他们努力改善服务来提高其所在部门对组织的贡献价值。比如，员工的培训和开发传统上是由本企业的人力资源部门来完成，但也可以向外部的专业培训机构采购培训服务。如果人力资源部的培训成本（内部报价）过高，则其业务就会转向市场。这种方式使管理者的角色从一个大型官僚机构中的成员（接受行政管理和官僚控制）转化为市场的独立主体（接受价格调控来优化资源配置），这种角色和思路上的转变，有助于提升业务单元的经营效率和效益。

（三）个人层面的市场控制

市场控制同样也可以应用于个人层面。例如，在进行员工招聘时，企业需要根据特定职位及其所需专业技能的市场供需状况、稀缺水平，来决定愿意支付的工资水平。虽然组织中的员工工资水平并非总能反映市场价格，但重视市场文化的企业，往往发现市场工资水平通常是员工对企业的潜在价值的最好量度。

这种以市场控制为基础的控制是非常重要的，因为它能激励员工提高自身的技能并能有效吸引高素质的新员工。即便在被雇用后，以市场为基础确定工资也是一种重要的控制手段，因为个人收入与其创造的经济价值高度相关，员工的激励水平和离任意愿都会相应提升。

二、小集团控制

如今，管理者越来越感到，仅仅使用官僚和市场机制体系不足以引导员工做出期望的行为。由于知识性员工、创新的重要性不断增加，工作标准化或程序化变得极其困难，因此企业对员工进行全面实时控制的可能性在下降。与此同时，管理者的角色也在发生变化，传统组织中的管理者对职位和任务的了解往往多于员工，但现在更普遍的情况是一线员工有更多机会接触客户、拥有更多重要信息，层级控制的有效性在下降。此外，员工对职场的期待也在发生变化，严格僵化的官僚控制和市场控制对于很多年轻员工来说，吸引力越来越弱。他们希望能充分发挥个人的能力与专长，主动投入工作中，积极参与决策的制定过程，为特定问题提供解决方案及接受具有挑战性的工作。

基于以上原因，在组织内部，授权赋能不仅越来越流行，而且是管理者进行控制时不可缺少的一部分。当管理者无法用标准作业流程来要求员工用唯一正确的方式完成工作,对员工工作情况进行实时监督和控制不被员工认可时,管理者就必须对员工进行授权赋能,给予员工决策权并引导他们从企业的利益出发来行动。但这并不意味着放弃控制。相反,管理者要创建一个高标准且健全的强企业文化,使企业对员工的行为引导和管理通过价值观、期待等隐性方式来实现。

关于组织文化的内容,见本书第四章。此处需要说明的是,若组织文化是弱文化,或维持、鼓励错误行为的强文化,都会妨碍小集团控制的有效性。但如果管理者形成并巩固了一种与组织目标相符合的强文化,且企业中的每个人都能理解组织的核心价值观及行为期望并能切实转化为行动,小集团控制就会成为一个高度有效的控制体系。具体来看,小集团控制是通过组织成员在彼此尊重的基础上建立人际关系,并激励每个成员对自己的行为负责。由此,员工将在同一个价值指导框架中工作,且具有良好的判断能力来决定其行为选择。这一过程就是组织中向员工授权赋能的过程。表 13－6 提供了组织内部授权赋能的管理控制方式的说明。

表 13－6　授权赋能的管理控制方式

方　式	说　　明
1. 业务在哪里,控制就在哪里	层级制管理、直接控制、监督检查和平衡正在迅速减少,取而代之的是大量自我管理的团队
2. 用"实时"的协助和指导,取代事后控制	问题出现时,实际从事相关工作的员工需要及时地当场解决。管理者的角色是协助团队解决问题,并提供必要的指导
3. 重建以信任为基础的管理控制体系	"高度灵活"的组织是建立在授权赋能上的,而不能完全依赖职权和指令。信息应该为决策的制定提供便利
4. 通过文化建设来增加控制效力	建立与组织定位和目标高度符合的文化价值观
5. 优化激励机制以增强责任感和团队精神	为客户提供更多的价值和提高团队绩效,应成为组织评价体系的两个核心指标

小集团控制具有较大的管理弹性,但这一控制体系的发展需要花费很长的时间,在形成后则需要更长的时间去改变。这种稳定性有助于组织保持高凝聚力,但这也意味着当环境要求或组织目标发生激烈变化时,企业需要建立新的小集团控制体系,帮助员工适应新的行为期待与价值观。

本章提要

管理的控制职能,是对组织的计划、组织、领导等管理职能及其效果进行衡量和校正,以确保组织的目标以及为此而拟订的计划得以实现的过程。为了确保企业向着既定的总体目标推进,以及在具体运营过程中提升效率、降低成本,管理者必须运用各种有效控制组织活动的方法。在所有的管理职能中,控制与计划尤其紧密相关,首尾呼应。管理者的计划和战略需要通过控制来有效实现,而有效的计划也会促进控制。控制职能的价值体现在 3 个方面:对计划的实施情况进行追踪和纠偏,实现有效的员工授权,保护组织及其重要资源。

管理者可以通过构建3种体系来实现对组织的控制：官僚控制、市场控制以及小集团控制。官僚控制就是运用组织的正式规则、法规和权威来规范组织成员的行为，也是组织中最常见的正式控制方式。市场控制是利用价格机制来规范组织活动，把各个组织单元、群体间的关系视为经济交易。小集团控制则相信员工和企业可以共享价值观、期望与目标，并在此基础上采取行动。

官僚控制的过程涉及4个基本步骤：第一步，为应完成的任务制定标准；第二步，衡量实际绩效；第三步，将绩效与标准进行对比；第四步，如果绩效与标准不符，则采取纠偏行动。这4个步骤必须按上述顺序去实施，否则很难取得控制效果。

官僚控制的基本方法有事前、事中和事后控制。企业在设计官僚控制系统时，需要有效运用多种控制技术和方法，包括战略控制、财务控制、信息控制和质量控制方法。

除正式的官僚控制体系外，市场控制和小集团控制也是重要的组织控制方式。它们对绩效的控制和调节相对比较灵活，管理者应充分利用市场控制和小集团控制，为官僚控制体系提供补充。

复习思考题

1. 请说明控制和其他管理职能的关系。
2. 请说明管理者实现控制的3种体系。
3. 请描述控制过程四大步骤的基本内容。
4. 事前、事中以及事后控制的区别和联系是什么？
5. 企业如何通过平衡计分卡来实现战略控制？其内在逻辑是什么？
6. 企业为何将预算作为一项重要的正式控制方式？
7. 信息在组织中无处不在。当我们谈到信息控制时，具体包括哪些工作内容？
8. 企业可以通过哪些方式来实现有效的市场控制？
9. 如果企业想减少正式的官僚控制，同时增加小集团控制，需要做出哪些方面的改变？

14 第十四章 管理变革与创新

全章提要

学习目的与要求

1. 了解组织变革的影响因素；
2. 了解组织变革的不同表现形式；
3. 了解组织变革的 3 种主要类型；
4. 了解管理者如何推动和管理组织变革；
5. 理解变革的障碍与阻力，以及减少变革阻力的措施；
6. 掌握创新的概念并了解创新的意义；
7. 了解创新的源泉，发现创新机会；
8. 掌握企业的创新形式、类型和过程；
9. 了解激发和促进组织创新的 3 种主要因素。

管理专业术语

Organizational Change	Any alterations in people, structure, or technology.
Change Agents	People who act as catalysts and assume the responsibility for managing the change process.
reactive change	A response that occurs under pressure; problem-driven change.
proactive change	A response that is initiated before a performance gap has occurred.
Innovation	The process of taking a creative idea and turning it into a useful product, service, or work method.
Creativity	The ability to combine ideas in a unique way or to make unusual association between ideas.
Disruptive innovation	A process by which a product, service, or business model takes root initially in simple applications at the bottom of a market and then moves "up market," eventually displacing established competitors.

通过创新来应对环境变化、提高社会生产率、解决前人未解决过的问题，是近现代社会发展的重要动力与核心特征。站在国家层面上，二十大报告提出，“坚持科技是第一生产力、人才是第一资源、创新是第一动力，深入实施科教兴国战略、人才强国战略、创新驱动发展战略，开

辟发展新领域新赛道,不断塑造发展新动能新优势。”而在企业层面上,“不创新,则灭亡”也正日益成为现代管理者的心声。在大多数行业中,对市场变化的响应速度对企业的竞争优势产生了至关重要的影响,大量新产品快速上市,原有产品也被迅速淘汰,技术创新正以令人生畏的速度和复杂性带来巨大冲击。技术创新和管理创新已成为企业管理工作的核心内容,并变得愈加重要。在本章中,我们将探讨企业管理者如何推动技术创新和管理创新。由于创新通常与企业的变革努力密切相关,因此本章将首先考察变革和管理者如何管理变革。

第一节 组织变革的基础

大多数企业的高层管理者多多少少在努力推动变革,以应对外部环境的持续变化。由于技术的快速发展、动荡的政治经济环境、新的政府规制以及来自全球的企业竞争,要求企业提高自身的适应能力、创新能力和变革能力。因此,组织变革显然是组织管理工作中的核心内容。当我们说到组织变革时,它是指组织为了赢得未来的发展机会,针对内部或外部环境变化进行的组织结构、文化、技术或人员等领域的转型。这种转型涉及组织的方方面面,它将影响组织成员的职权、职责以及组织内部的信息沟通方式。一项针对 25 个不同国家超过 12 000 名管理者的研究调查在过去 2 年间企业面临的主要变化。受访管理者提及最多的因素是大规模的重组、兼并、剥离和收购,组织精简与裁员,以及企业的国际扩张与跨国经营。这些因素在所有 25 个国家中都被提及。很显然,组织变革是一个全球范围的现象,任何国家的企业都不可能置身事外。但并非所有的组织变革努力都能取得成功。管理者为了成功推动组织变革,需要深入了解组织变革的过程、原因,并学习推动变革的各种方法。本节将主要关注变革的影响因素及变革的表现形式。

一、组织变革的影响因素

领导者有时会主动做出变革,有时,外部环境因素的影响巨大,不变革就意味着被淘汰。类似于“新冠”疫情、贸易冲突、生育率下降导致的劳动和消费人口结构变化,都是企业必须面对的外部环境挑战,将影响组织在未来数年甚至更长时间的战略有效性。

(一) 外部环境驱动变革

当组织感受到外部环境的明显变化时,由此带来的巨大挑战要求组织做出调整。全面说明影响组织变革的外部环境因素超出了本书的范围,但我们在此将简要说明两个长期以来影响所有企业组织变革的驱动因素,即全球化与技术进步。

1. 全球化

每天都有企业推出更好的产品或者价格更低的产品,企业必须努力竞争以保持各自的市场份额。虽然市场竞争一直决定着组织的成败,但全球化使企业面对的市场竞争大大加剧。一方面,企业在国内市场面对来自全球的竞争对手;另一方面,采取国际化经营战略的企业则为全球市场份额而彼此竞争。新竞争者的加入及进入新市场,都迫使企业进行变革,以适应新的竞争格局。全球化给企业带来的一个普遍影响是对产品和服务本地化的需求提高。全球化竞争需要产品和服务同时结合世界级的品牌和本地化的产品。这要求企业开发出能高效率生产,并可方便地进行本地化改造的基础产品。

全球化也会对企业的员工管理和决策程序产生影响。企业可以通过雇用当地管理者或引入当地合伙人来获得竞争优势，因为这些人员对当地文化、政治生态、可用资源等情况更熟悉。在聘用当地管理者的同时，跨国企业也必须找到对其控制和授权的平衡，使本地管理者能够对当地市场变化做出及时的应对。这意味着企业需要在正式的官僚控制体系上，引入有效的市场控制和小集团控制体系，提高本地化决策的速度和灵活性。

2. 技术进步

技术进步是今天竞争环境变化当之无愧的最强推动力量，它构成了大多数企业的战略核心组成部分，对市场、行业、企业战略和组织设计都产生着决定性的影响。近年来一个明显的技术进步领域是网络及相关软、硬件技术的发展。网络技术赋予人类以低成本远距离传输大量数据的能力，使全球化的影响从国家或企业层面延伸到了个人生活层面，并且影响程度大大出乎我们的预料。企业因此可以从世界任何角落接触客户、资源和人才，并可以通过网络及各种移动设备走进人们的生活。网络技术的应用彻底改变了很多人的工作方式(见表 14－1)。

表 14－1　电脑及网络技术对工作方式的改变

改变的领域	旧的方式	新技术的例子
机器的使用	在机械设备的协助下，手工运输物料(如滑轮和链条)	自动化的流行——用工业机器人来完成人类工作的过程。比如，由电脑控制的机器来操作物料、装配和生产的过程
残疾员工的工作	有生理或心理疾病的人不是从事最简单的工作，就是根本不工作	辅助技术的广泛使用，协助残疾员工完成工作。比如，语音识别系统将信息读给眼睛有障碍的人听
监督员工	管理者在工作现场观察员工工作情况、监督员工	电脑绩效监控系统被广泛应用，帮助管理者评价员工的工作情况(包括员工是否在工作)
客户服务	销售人员为客户提供面对面的服务	客户通过在线搜索、点评网站以极低的成本获取商品信息；企业可以记录客户浏览网站时感兴趣的货物或服务，并提供针对性的信息；企业通过大数据分析预测客户的产品与服务需求

技术进步也在根本上改变了组织经营的每个领域。存货管理、生产流程、人力资源、财务控制等方面都在使用新技术进行改造，企业期望以此提高生产率和业务可预测性，并缩短业务流程，提高操作准确性。具体包括网络化的工作站、人力资源信息系统、库存和订单处理系统、销售追踪系统，或员工使用群件技术在局域网中进行沟通和意见分享。但这些源于技术进步的变革并不必然取得预期的收益，因为没有工作角色、态度和技能的相应改变，新技术可能不会被员工所接受，也无法得有效应用。

(二) 内部环境在推动变革中的作用

全球化、技术进步等外部环境动因可以明确而显著地改变竞争格局，这让内部环境动因常常被忽略。但在组织变革的问题上，内部环境动因与外部环境动因同样重要。与组织变革有关的内部环境因素包括：组织与其战略之间不匹配，持续低下的组织绩效，组织结构与内部流程不再适应竞争压力，组织政治与人员内耗，组织运营超稳态等。所有上述因素都表明组织适应环境的能力、内部创新能力不佳，需要企业主动做出变革。企业需要重视内部环境因素推动变革的原因在于,企业对外部环境的控制力有限,但有能力对自己的内部环境施加重大影响,从而通过适应甚至影响外部环境取得成功。

组织变革中备受关注的内部因素是战略调整与变革。企业的战略变革包括:引进新的产品和服务、进入新市场、运用新的营销方式、引入网络销售、与其他组织建立战略联盟或合资企业,以及与供应商之间建立合作伙伴关系等。要想取得成功,竞争战略的变革通常需要在员工态度、工作角色、组织结构和技术方式的相应变革。

由战略变革延伸出来对员工态度及工作角色的变革要求,没有微观层次的员工态度及行为的调整,组织变革将无法实现。以员工态度为对象的变革,其常见做法包括:通过愿景使命宣传、培训项目、团队建设活动或文化变革项目来改变员工对战略变革的态度和认同的价值观。这类做法的隐含假设是,新的态度和技能会使行为做出有利的改变,从而将变革阻力的来源转变为变革的推动者。以工作角色为中心的变革做法,则是通过重组工作流程、重新设计职位以整合不同的活动与职责、调整职权关系、改变评价工作的效标和程序,以及改变奖励制度来改变工作角色。这类做法的隐含假设是,当工作角色需要员工以不同方式采取行动时,他们将调整自己的态度,以便与新的行为保持一致。有效的行为来自新的角色要求,并通过评价和奖励制度得到强化。

随着组织的成长和发展,不同的内部变革推动力量会在不同时机发挥作用。有些情况下,变革措施会集中于战略调整,有时则会集中于改进业务流程,但所有的变革都需要受变革影响的员工予以支持。

二、变革与稳定的关系

一个组织要保持长期成功,除了要善于推动变革外,维持一定程度的稳定性也是十分重要的。图 14-1 说明了组织变革与稳定性之间的关系。当稳定性与适应性均很高时[方格(3)],它对组织的生存与发展最有利;当组织稳定性降低后,组织生存与发展均受限制。因此,若管理者只注重一味变革而忽视稳定性的重要地位,它将导致一系列的管理混乱与员工的精神压力。在图 14-1 中,虽然使用了“适应性”(Adaption)一词,但它与变革所表达的内涵是基本一致的。

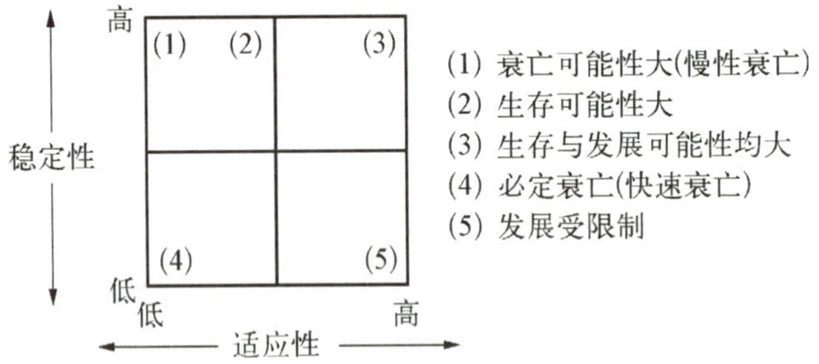

图 14-1　适应性、稳定性与组织生存发展

可见,当一个成熟的组织比较适应当前环境时,管理者有必要保持其一定程度的稳定;当组织适应的环境条件发生或即将发生重大变化时,管理者应审时度势,变革旧体制,建立新体制。系统管理学派代表人物弗里蒙特·卡斯特(Fremont E. Kast)和詹姆斯·罗森茨韦克(James E. Rosenzweig)在《组织与管理——系统方法与权变方法》一书中对组织动态平衡的观点有如下表述:

管理部门负有通过诊断情况和计划出最适宜于当前条件的调整以取得动态平衡的责任,一个组织的动态平衡将包括下列方面:

(1) 足够的稳定性，以利于达到当前的目标；
(2) 足够的持续性，以保证在目标或方法上进行有秩序的变革；
(3) 足够的适应性，对外部环境的机会和要求以及内部环境的变化做出反应；
(4) 足够的革新性，以使组织在条件适宜时采取主动性的变革。

三、组织变革的表现形式

组织变革中的一个难题，是发现变革如何在组织中产生，或者如何表现出来。根据变革的发生、来源及范围，可以对组织变革在企业中的表现进行细化分类。领导者需要在了解组织变革表现形式的基础上，根据不同的组织情境，适用当时当地对组织最有益的变革方式。

(一) 变革的发生：反应型与前瞻型

组织可以从内部、外部不断接收到运营状况的信息，当这些信号显示“与环境的匹配度不断降低”时，优秀的企业就会迅速地对环境进行分析，理解其特征，设计最有效的应对措施，然后有效地执行这些战略。

反应型变革是指变革是针对某些已知的外部威胁或外部机遇而发生的。例如，当主要原材料价格大幅上涨时，钢铁、有色金属、石油化工等企业通常会改变其企业活动，包括调整价格、生产计划并加强成本管理。反应型变革通常自上而下推动。领导者根据对滞后性业绩指标的观测来寻找可能的业务问题。当找出问题后，他们继续分析以求发现问题产生的深层原因——通常表面的财务绩效不佳只是更本质问题的体现。在管理者已经对问题有全面把握后，他们下一步的任务是为解决这一问题设计备选的改进方案，这些方案不仅包括解决问题的步骤，而且包括人员分工、阶段性任务的截止时间和检查点。

虽然有效地应对环境变化的能力非常重要，但对意图取得卓越绩效的企业而言，更关键的能力是前瞻性地推动变革。前瞻型变革能够让企业在市场中主动出击，为赢得更大的竞争优势创造机会。前瞻型变革是基于对未来事件或机会的预期而进行的变革过程。相对而言，反应型变革要求企业对现存的特定战略或业务问题实施改进，而前瞻性变革则更有可能是在探索未来的市场机遇。

推动前瞻型变革的领导者需要为组织构建新的未来可能性，即设计未来应该是什么样，而不是回答现在是什么样。前瞻型变革促使各级管理者以超越现阶段的视角去考察企业，思考企业未来的理想状态，以及未来本行业内可能危及企业现有地位的竞争对手和环境变化。对未来应该是什么样的回答也将有助于凝聚全体成员对未来愿景的共识，进而有助于促使员工个人和工作团队主动寻找各种途径以推动组织朝既定方向发展。

(二) 变革的来源：计划型与有机型

在谈到组织变革时，我们想到的往往是计划型变革，即由企业领导者提出战略，对组织结构、业务流程、组织文化、员工行为、信仰和情绪等方面进行干预的过程。计划型变革是指拥有既定计划，由企业战略部门或领导者直接推动的变革过程。企业通常基于对竞争形势的研判、财务及非财务绩效指标的分析或 SWOT 分析来制订计划，从而推动这一类型的变革。为了推动计划型变革，许多企业成立了战略规划部门，以正式的组织结构、制度和流程来确保企业及时调整、保持市场竞争力。换言之，计划型变革是使企业能够更好地匹配目前环境的需求，或是为更好地适应可预见的未来环境做准备。

与计划性变革基于组织领导者对目前或未来形势的判断，并通过自上而下的方式推动变革不同,有机型变革是由员工个人或团队在工作中寻求更有效的工作方式、解决问题途径、适应环境变化,与其他部门员工进行交流和创新而推动的。当然,组织变革也可能既是自上而下型的,但同时也得到了员工的主动参与和配合,因而是有机型的。

有机型变革也被称为紧急型或连续型变革。这一变革的独特之处在于它通常表现为连续调整和由点及面的改变。有机型变革往往始于被授权解决某一工作问题的员工;当员工提出最佳解决方案后,管理者可以将其推广到整个组织,以实现这一持续提高过程。有机型变革的明显优点是它解放了员工和团队的创造力,汇聚集体智慧为组织变革服务。有机型变革的过程可能相对漫长,但它的确能推动组织产生根本性转变,并且增强组织认同感。

(三) 变革的程度:渐进型与激进型

组织变革在变化的程度上也存在差异。在环境稳定时,大多数企业会采取渐进型变革,即在整体组织运行保持相对稳定的基础上,由持续的小规模变化和改善构成的变革过程。渐进型变革的常见做法是针对内部运营水平、供应链流程、产品或服务功能上的改善或提高。

在许多组织里,渐进型变革会聚焦在持续性技术改善上,即提升已有产品的性能,为目前主要市场中的主要客户提供更优质的服务和产品。虽然这一努力是有价值的,但这一领域的成功也可能导致企业的自我满足,进而遏制了新思路、新经营方式的内部萌芽。

与渐进型变革相对的是,许多企业历史上经历过一些重要转折点,或是称为"结构性改变"的变革。这些转折点通常是由新竞争威胁、丧失重要资源等内部环境变化、新政府管制政策等因素引发的。应对经营环境的颠覆性变化,需要企业进行相应的激进型变革,即由彻底的、突破性变化组成,通常用于应对重大的内外部环境变化或竞争威胁的变革过程。

激进型变革不仅意味着在业务流程、组织体系、组织人员上的重大变动,而且常常涉及组织战略和使命上的重大调整。这些改变的实现需要在组织内部进行多方面的结构性重组。同时,巨大的变化要求在组织变革实施过程中完全打破原有的工作模式,建立全新的组织运作机制。因此,相对来说,渐进型变革容易被组织成员接受,激进型变革在推行中将面临更大的阻力。本章第三节将说明管理者应对变革阻力的方法。

四、组织变革的类型

管理者推动变革的最常见目的是提高组织绩效。因此,管理者必须分析是哪些因素导致了组织绩效的下降,然后采取相应的改革措施去改变现状。多年来,人们普遍认为组织成效主要取决于以下三大因素:

(1) 技术因素:帮助组织成员有效完成工作的各种装备以及设计的程序。

(2) 结构因素:组织控制系统,包括组织结构、职务设计、责权分配、制定规章程序等方面的内容。

(3) 人员因素:组织内部与人力资源方面有关的因素,包括工作态度、领导技能、沟通技能等。

一个组织要想最大限度地提高效率,合适的人员应与合适的技术、合适的结构相匹配。因此,人员因素、技术因素与结构因素不能独立决定组织成效。相反,组织成效是由上述三大因素相互作用的结果(见图14-2)。

图14-2 决定组织绩效的三大因素

根据上述三大因素实施变革计划，变革也可以分为技术变革、结构变革和人员变革3种类型。当然，三者之间是相互牵制的，一种变革常常会要求另一种变革来配合。

(一) 技术变革

技术变革强调改变管理系统的技术水平，它包括技术装备、工作流程、工作程序、信息处理系统以及自动化方面的变革。技术变革的直接结果是生产效率的提高。技术变革往往需要外部技术专家的共同参与，而且具有相当的技术内涵，它不作为本章的重点介绍对象。

(二) 结构变革

结构变革则通过改变现有组织的结构来进一步明确工作内容与工作目标，使信息传递更畅通，并减少沟通成本，增加部门之间的协作能力，提高员工工作积极性以及更大的组织柔性。表14－2列出了结构变革所涉及的领域。

表14－2　结构变革的涉及领域

变　革	涉　及　领　域
Ⅰ. 组织结构的变革	(1) 分权程度变革——提高分析化程度，加快决策制定过程 (2) 管理幅度变革——拓宽管理幅度，精简组织层次，组织扁平化 (3) 协作方式变革——加强协作 (4) 职务设计变革——职务轮换、职务扩大化、职务丰富化、工作团队 (5) 工作进度变革——更合理的计划与安排
Ⅱ. 组织整体设计变革	(1) 机械型组织与有机型组织的选择 (2) 直线型、矩阵型、网络型、任务小组等组织形式的选择
Ⅲ. 其他变革	(1) 薪酬制度变革——关于工资、福利、认可表彰等制度的变革 (2) 考绩制度变革——对工作业绩做出更正确的评价 (3) 控制系统变革——财务、投资、消费、预算等控制指挥系统方面的变革

一般来说，当管理者收集到足够的信息表明现有结构的不合理已成为组织低效的主要原因时，就要考虑选择结构变革了。在进行结构变革的过程中，管理者应该经常考察此次变革是否取得预期的目的，并据此做调整。

(三) 人员变革

人员变革是从改革组织成员的角度出发的，但它经常包括一些结构与技术变革的内容。人员变革的焦点是员工态度与领导技能的改变。一般而言，当人力资源成为制约组织成效发挥的主要因素时，管理者应考虑人员变革的措施。

人员变革的过程就是组织发展的过程。组织发展(Organization Development, OD)就是一种侧重于对人的变革，以改变人的行为、组织成员间的工作关系、促进组织成员的发展、提高组织成效为目标。常见的组织发展的方法有敏感性训练、调查反馈、过程咨询、团队建设和群体间关系的开发等。

1. 敏感性训练

敏感性训练(Sensitivity Training)是通过非结构化群体(Unstructured Group)的相互作用、相互影响来改变人的行为的一种方法。该群体由一位职业行为学家和若干位参与者共同组成，不规定群体的议事日程，职业行为学家不担当领导角色，仅仅为参与者提供表达自己思想与感情的机会。群体活动形式多样,自由公开。参与者可以探讨他们喜欢的任何话题。活动所注重的是个人的积极参与及其与其他成员互动的过程。研究表明,敏感性训练能迅速改善参与者的沟通技能,提高成员认识的准确性以及个人参与的积极性。

2. 调查反馈

调查反馈(Survey Feedback)是指通过问卷调查等形式分析组织的各项工作,对组织成员的态度进行评价,确定其态度与认识的差距,并将整理好的调查信息反馈给有关组织成员,帮助其消除差距的一种方法。

调查问卷的问题包括成员对决策制定、沟通效果、小组间协调、组织满意度、工作、同事及直接上司等广泛议题的认识与看法。将这些调查信息经统计处理后制作成图表形式分发给有关员工,帮助他们确定工作的现状与目标的差距,从而激发变革的力量以及确定变革的方向。

该方法能准确发现组织成员存在的问题,找到解决问题的有效方法,并能促进组织成员间的相互理解,改善人际关系,改进工作态度。

3. 过程咨询

过程咨询(Process Consultation)是通过外部咨询专家帮助管理者对其必须处理的过程事件形成正确的认识、理解和行动的能力的一种方法。这些过程事件包括工作流程、组织成员间的非正式关系、领导与下属的关系、正式的沟通渠道等。咨询专家通过问卷、观察、交谈等方式帮助管理者更好地认识其周围、其自身或其他人员之间正在发生的事情,并初步诊断哪些过程需要改进。咨询专家只起咨询帮助作用,不做决策,也不能领导组织成员,它不像前几种组织发展方法那样有组织成员的广泛参与,但有利于管理者从一个旁观者的角度了解问题。

4. 团队建设

与过程咨询不同,团队建设(Team Building)是依靠组织成员自己来实现组织发展。通过互动交流,团队成员了解他人是怎么想和怎么做的;通过高强度的互动(如通过小组讨论、角色分析、过程分析等方式),团队成员学会相互信任和开诚布公,加强成员间的合作。团队建设方案的活动包括团队目标的确定,团队成员之间人际关系的开展,明确各成员任务和职责的角色分析以及团队过程分析等。例如,采用角色分析法,由团队成员各自扮演某一角色,谈谈该角色的主要职责,在团队中的地位以及作用,全队成员对此展开讨论,每人提出对该成员所承担角色的期望。通过这样的活动,使团队成员对每一角色在群体中应起的作用有所了解。

5. 群体间关系的开发

群体间关系的开发(Intergroup Development)试图改变不同小组成员之间的相互看法、认识并消除成见。例如,两个小组间一直存在不良的工作关系,可以让它们分别开列出一份清单,谈谈对有关问题的认识:我们如何看待自己?我们如何看待对方?我们认为对方小组如何看待我方小组?然后交换两个小组的清单,讨论有何相似的认识及不同之处。特别需要注意两个小组清单的不同点,由两个小组考察存在差异的原因,并制定解决办法,改善小组间的关系。

管理聚焦 14-1

评估企业变革力

对于面对 VUCA 商业环境的领导者来说,组织变革的重要性不言而喻。但要想成功实现变革,企业需要了解自身承载变革的能力,以确定所在组织需要推动的变革范围、速度和可持续性。但企业的变革能力一直难以评估，因为缺乏有效的衡量工具。戴维·米歇尔(David Michels)和凯文·墨菲(Kevin Murphy)是贝恩公司的咨询顾问，他们提出了衡量组织变革力的评价体系。基于十多年的企业变革研究，米歇尔和墨菲总结出变革力出众的企业共通的9条特质和能力(见表14-3)，其中目标、方向和联系是领导变革的必要能力，能力、编排和规模是加速变革的必要能力，发展、行动和灵活性是组织变革的必要能力。

表14-3 变革力出众的企业共通的特质和能力

要　素	功　能
目　标	营造归属感；指导决策，鼓励行动
方　向	将目标转为行动计划；具体明确前进方向以及实现目标的方法
联　系	与变革的社会层面有关；打造有影响力的重要人士及其追随者组成的网络
能　力	明确变革的局限；令企业充分消化更多的变革
编　排	帮助你更具活力；调整变革重点和相应的后续行动
规　模	建立良性循环；推广创新，放大影响力
发　展	做好成长的准备；培养学习和变革能力
行　动	产生动力；培养积极尝试、勇于改变的思维方式
灵活性	帮助你跟上变革的节奏；重新定义工作方式乃至工作本身

为了确定组织的变革力状况，需要组织成员为与这9条特质相关的陈述分别打分，分数相加得到变革力总分，与竞争对手及其他企业的得分相比得到变革力指标排行。

米歇尔和墨菲使用这一评价体系对来自37家代表不同行业的大型全球组织的近2 000名员工开展问卷调查，发现企业变革力能在很大程度上预测企业业绩表现。变革力排名在前1/4的企业盈利能力更强，利润是排名在后1/4企业的两倍。排行靠前的一半企业，利润增长速度3倍于同行业内排名后一半的企业。排名每差10名(比如五十几名到六十几名)，利润率提升150个基准点，股东总回报提升超过250个基准点。另外，排名前1/4的企业员工对其领导者和企业文化的评价比排名后1/4的高得多，员工士气和工作投入度更高。

由此可见，变革力是值得企业关注的重要指标。通过了解自身变革力，企业可以明确强项和弱点，与竞争对手进行对比，并据此制订有针对性的变革力提升计划。

资料来源：戴维·米歇尔，凯文·墨菲. 评估公司“变革力”[J]. 哈佛商业评论，2021(8)。

第二节 推动和管理组织变革

对许多企业而言，变革并非轻而易举。即使企业中的一些人看到了变革的需要，其他成员也可能对现状相当满足，担心变革会降低自己目前的组织地位和威信。几乎每个人都会认同，无论变革有多紧迫、对企业的意义有多大,推动变革时始终会遇到阻力。为了推动变革,领导者需要利用多种途径来确保变革的动力大于阻力,这是组织变革的关键内容。

一、组织变革的路线图

比尔(Beer)提出了以下模型,为计划实施组织变革措施的领导实践者提供了路线图,同时它还是理解变革活动为何失败的诊断工具。

$$C=D\cdot M\cdot P>R$$

模型中的 D 代表追随者对现状的不满意程度;M 代表了组织的变革蓝图(Model),包括领导者的未来愿景及为支持这一新愿景需要改变的目标和制度;P 代表过程(Process),涉及开发和实施变革蓝图需要明确的变革活动,包括人物(Who)、内容(What)、时间(When)、地点(Where)和方式(How);R 代表变革面临的阻力,人们抵制变革是因为他们害怕失去身份或社会联系,而好的变革计划考虑到了这些阻力的根源;C 代表变革程度。

从上面的模型可以看出,一方面,当领导者认为目前确有推动变革的必要时,他们可以强调或增进组织内部对现状的不满意度,并推出一个可实现、有吸引力的未来组织蓝图,通过开发出经过深思熟虑的变革计划或减少追随者的阻力,来提高变革程度。另一方面,$D\cdot M\cdot P$ 是一个乘法方程,只提高员工的不满意度但缺乏变革蓝图,也不会导致任何改变。如果追随者满足于现状,则领导者很难使追随者发生改变,不管前者提出的愿景或变革计划有多吸引人。这一模型认为,组织变革是一个系统化过程,实施大规模的变革会花费数月乃至数年的时间。了解该模型的领导实践者应能更好地提出变革路线图,并诊断出变革将会在哪个环节受阻。对这一模型的图示见图 14-3。领导者需要依据组织变革的路线图,来营造不满足感、构建未来蓝图、规划和执行变革流程,并致力于减少变革的障碍与阻力。

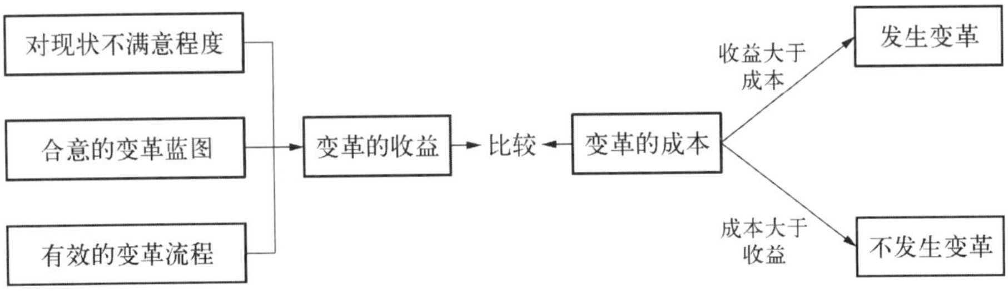

图 14-3 组织变革模型

(一) 营造不满足感

在组织变革模型中,追随者的不满意程度是领导者能否推动变革的重要构成因素。满足于现状的追随者不会去改变;而对现状的不满提供了推动变革的动力。尽管员工满意度是领导过程的一项重要成果,想改变现状的领导者可能需要采取行动来降低员工的满意度水平。追随者的情绪是组织变革的"助燃剂",而变革往往需要大量"助燃剂"。对领导者而言,关键是要将不满意度(D)提高到一个临界点,此时追随者倾向于采取行动,但也不至于过度不满而决定离开组织。

领导者可以做以下努力来提高员工的不满水平:确定追随者对现状的满意度水平。这类信息可以通过员工满意度或敬业度调查、申诉抱怨记录、各类网络点评信息、客户投诉或与员工谈话记录来收集。为了提高不满意度水平，领导者可以谈论可能的竞争、技术或法律威胁，或者谈及员工关心的现状，也可以利用(甚至制造)某种财务、政治危机，以其他组织为标杆进行比较，或者大大提高绩效标准。所有这些行动都可能激化员工的不满，但领导者必须确保这些不满情绪会使员工支持组织的新愿景。

(二) 构建未来蓝图

在变革模型中，蓝图(M)包括进行变革的内容及原因、组织需要达到的支持愿景的新目标，以及需要做出的制度改变。具有吸引力的蓝图应能给予员工希望，并拥有足以凝聚员工追求共同目标的精神内涵。变革需要组织采取有力的行动，但有效的蓝图需要使变革的各类利益相关者满意，因而不能过于激进超前，降低员工对变革的接受度。变革蓝图也需要有短期内取得进展的可能性，否则它将在组织中遇到很大的阻力。此外，变革蓝图也需要与组织面临的环境条件相匹配，以保证企业的有效运作。

领导者在改变组织愿景、目标时，需要思考组织结构、文化、制度，以及领导者和追随者能力的相应变化。很多领导者在构建变革蓝图阶段的常见错误，是想改变组织的愿景、结构和制度，却忽视了组织文化以及领导者和追随者能力的改变。这是可以理解的，因为制订一个新的愿景宣言、组织结构图或薪酬计划相对容易，而改变组织文化和核心能力则相对困难。在实践中，有些领导者不重视组织文化和能力的重要性，错误地认为它们很容易改变；另一些人则认为它们很难改变，因而缺乏投入努力的意愿。正是因为这些原因，约有70%的组织变革措施最终以失败告终，其中很多案例失败的原因是领导者没有能力或意愿去处理文化和能力问题。

为了克服上述问题，在推广蓝图时，领导者需要同时具备理性和感性的感染力。他们不仅要基于标杆比较或其他评估方法提出有说服力的变革理由，而且要让员工产生情感上的共鸣。只有当变革具体影响和落实到员工个人层面时，组织变革措施才会成功。此时，第十章第四节中介绍的魅力型领导、变革型领导，对于激发员工情感上的支持与投入，进而对于变革成功就是至关重要的。

(三) 规划和执行变革流程

如果组织成员不知道如何实施变革，那么对现状的强烈不满和对组织未来的宏大蓝图都不会导向有效的变革。在完成上述两步后，变革的下一步，也是最关键的一步是建立变革的有效流程(Process)。一个有效的流程包括达成新的组织目标所应遵循的事件进程顺序、关键产出、时间表、责任主体、关键绩效指标体系和反馈机制。在实践中通常还包括采取一些具体步骤来提高下属的不满意度，如何处理即将面临的阻力，培训和所需资源的清单，以及为确保所有相关主体了解上述信息而制订的全面沟通计划。

许多企业的领导者将组织变革视为一个事件，而非一个持续的过程，从而未能推进组织内的长期变革。组织变革作为一个复杂的系统，需要领导者从一个全局化的系统视角来看待这一动态过程，即将组织视为一套环环相扣的系统，并思考系统中的局部变化将如何对组织的其他部分产生影响。

在推动变革时，对时机和节奏的选择也十分重要。当组织中的不满足感十分强烈，员工对于改革非常支持时，就可以采取自上而下的计划型变革，特别是当组织面临重大危机时。在这种情况下，雷厉风行的措施可能是最好的执行方案。而在变革流程更为复杂，结果较难预料，需要对员工进行更多激励时，速度较慢、更注重协作的变革方式会更为妥当。领导者需要对引发变革的情境进行深入分析，进而采取恰当的方式来领导变革。

变革流程的执行方式还受到变革最终目标的影响。当目标聚焦于提高股东权益或改善现金流时,直截了当、指令式的计划型变革会更为常见;而当变革关注点更为广泛时,鼓励参与、协作式的有机型变革就更加适合。有效而持续的变革需要综合使用以上两种方式。在很多情况下,一方面,领导者需要采取果断的措施来推动财务表现,提升总体竞争力。另一方面,长期的成功则依靠员工全身心的投入,这要求领导者减少对变革过程的直接官僚控制与干涉。

(四) 减少变革的障碍与阻力

组织变革模型认为,只有当人们相信变革带来的收益大于变革成本时,才会发生变革。导致组织变革难以启动、难以持续的一个重要原因,是变革面临的各种障碍和阻力巨大。即使人们对组织的现状不满,他们也担心变革是破坏性的,会让情况变得更糟。这种对未来不确定性的担忧,使人们对组织变革的反应往往相当负面。但如果领导者对这一过程进行有效管理,人们也可能对变革做出积极的回应。研究者总结了人们对组织变革的反应,将其表达为一个包括接受、淡漠、消极抵制到积极抵制的连续区间(见图 14-4)。

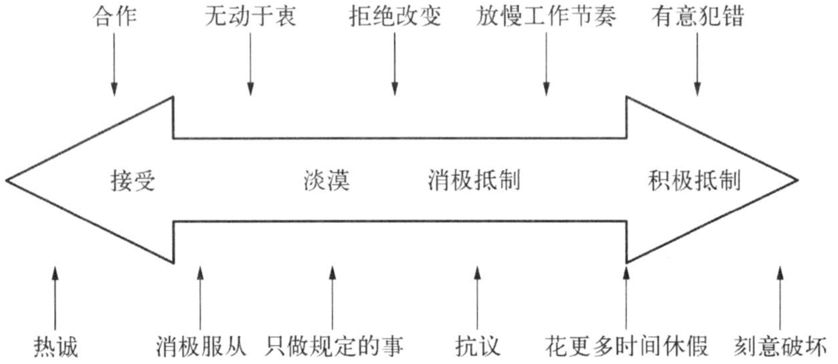

图 14-4 组织变革反应的连续区间

显然,要想推动组织变革以提高竞争力,企业必须关注抵制变革的问题。变革的障碍和阻力可以从个人因素和组织因素两个方面来分析。

1. 阻碍变革的个人因素

组织成员抵制变革的原因有很多,部分原因来自个人的担忧、个人特征和兴趣。以下是对几个关键因素的说明:

(1) 变化带来的个人损失。现有稳定状态下的组织体制是符合大多数员工利益的,一旦组织结构要进行变革,必定会牺牲一部分人的既得利益。这部分人反对变革的阻力最大,他们担心由此而失去现有的地位、权力、收入以及福利。在这方面,老员工往往比新员工更加反对变革。

(2) 对未知的恐惧。变革会打破现有的舒适的模式,由此带来的不确定性往往会强化抵制情绪。这种担忧经常来自因使用新技术而需要做出的调整。研究表明,这种不确定性是组织员工所厌恶的,他们担心有朝一日会失去工作,或者不适应新的组织。

(3) 威胁社会关系。因为人们一直在组织里工作,他们与同事间建立了牢固的关系。许多组织变革(如重新分配工作职责)威胁到了当前社会群体的整体性。

(4) 抗拒学习与适应新要求。完成熟练掌握的工作很简单,而组织变革要求人们学习新的工作技能。这比从事已经掌握的工作要难得多。

(5) 没有意识到变革的需要。员工认为变革不符合组织目标和最佳利益。除非员工认识到并完全理解组织变革的需要，不然任何维持现状的既得利益都会压倒他们接受变革的意愿。

2. 阻碍变革的组织因素

除了个人因素外，组织变革的阻力还可能来自组织本身的一些状况。以下是几项常见的阻碍变革的组织因素：

(1) 结构惯性。正式组织的结构及控制系统，都旨在促进稳定性。组织中的员工都是仔细挑选并受过专门训练的，通过完成工作来获得回报。决定人们在组织中按某种方式行动的因素，就是工作所具有的结构惯性。因为工作的设计需要保持稳定性，所以人们往往难以克服由这些稳定力量带来的阻力。

(2) 工作团队惯性。按特定方式工作的惯性不只来源于工作本身，还来源于人们的工作团队，即工作团队惯性。工作团队中存在强有力的行为期待、规范和角色安排，而引入变革将打破这些既有的规则和角色期待，导致强大的阻力。

(3) 威胁现有力量的平衡。如果变革涉及权力的重新分配，那么管理者及其下属现有的权力平衡就会发生变化。那些目前掌握资源、具备专业知识、拥有权力的部门可能害怕因为变革而失去现有的优势地位。

(4) 以往失败的变革尝试。任何拥有惨痛的变革失败体验的人员都会抵制下一次变革，或者对未来的变革尝试持观望态度。

二、消除变革障碍，减少变革阻力

由于组织变革不可避免，因此管理者必须对变革的阻碍因素保持高度敏感以克服对变革的抵制。下面的一些管理实践是企业常用的做法。

(一) 赢得领导支持

要让员工接受变革，赢得企业里最有权力、最有影响力者的支持往往是有益的(甚至是绝对必要的)。清楚地表明组织高层管理者对变革的支持是让其他人跟随的有效方式，这么做可以获得组织内部大多数人对变革的支持。

(二) 发现和孤立变革抵制者

支持变革的一个重要方式是孤立那些拒绝或抵制变革的组织成员。通常，抵制的发生是因为人们公开表达他们对变革的担忧，而管理者没有对此做出回应。员工对不断迫近的变革发表意见，这些言论有感染性，会将员工的担忧和不安全感散播到整个员工队伍中。如果管理者放任这类言论，不做任何反驳和澄清，就是默认员工的担忧是合理的。因此，推动组织变革的人需要重视识别和孤立变革的抵制者。表 14-4 列出了一些常见的对变革的担忧和建议回应方式。

表 14-4　发现和回应抵制变革者

当员工说……	管理者应当回应说……
这看上去风险很大	是的，但冒这个风险是值得的。毕竟，什么都不做风险更大
我们应该回到正轨上	世界变化很快，以往看上去合适的“正轨”，现在已经不管用了
这个做法以前一直有用	可能如此，但由于条件已经改变，有理由去考虑新做法

续 表

当员工说……	管理者应当回应说……
目前的状况还好	可能,但除非我们采取行动,未来的状况不可能好
我没有看到任何威胁	总是存在威胁。只因为你没有看到任何有力的威胁,并不意味着威胁不存在
这不是我们的核心竞争力所在	只是因为某一特定领域过去是一家企业的核心竞争力,并不意味着它未来就不是
这些数字没有用	在基于网络的新经济中,需要考虑新的会计准则
一旦我们走上这条路,就不能再回头	不要担心放弃控制权。我们可以停止任何无效的活动
可能存在无法预见的后果	情况总是如此。事实上,这就是为什么有必要考虑变革的原因

(三)教育员工

很多时候,人们抵制变革是因为他们害怕将要发生在自己身上的事情。比如,由于担心收入下降,员工可能期望领导者发表某些安抚性的言论。在向员工说明组织变革对他们的影响时,高层管理者必须表现出高度的情绪敏感性。这么做会使受到变革影响的员工转而支持变革。有些企业发现,只是回答"这对我有什么好处?"这一问题,就有助于缓解员工的担忧。毫无疑问,有必要强调公开、坦诚地处理这一问题的重要性。

(四)"推销"变革的必要性

要进行组织变革,组织高层管理者必须认为变革是必要的。在此基础上,企业可以采取个别会谈、小组讨论、报告会等形式与员工沟通,使基层员工了解变革的必要性和与管理层之间的相互信任关系。这有助于消除员工的担忧与误解,转变态度,支持变革。这种措施需要投入较多的时间与精力,特别是当变革触及许多员工利益时。

(五)让员工参与变革

参与决策的人往往比没有参与的人对决策结果承诺更多。所以,参与计划外的变革的员工和作为计划的组织变革团队一员的员工的抵制比较少。正如一位管理者所说的:"我认为没有人会真正喜欢变化,但是如果他们可以参与并理解变化,这就会成为一次积极的体验。"

(六)奖励建设性的行为

促进组织变革的一个更明显、更成功的方法是奖励员工按组织期望做出的行为。改变组织的运作方式要求同时改变组织奖励的员工行为类型。这在组织导入变革的转型期尤其重要。比如,组织要奖励那些成功学会使用新技术的员工。反馈他们的工作情况不仅可以让不确定的员工感受到信心,而且可以帮助塑造期望的工作行为。

(七)创建学习型组织

所有的组织都要进行变革,但有些企业的变革更有效率。这种能够持续适应和不断变化的组织被称为学习型组织。学习型组织中的员工摒弃旧的思维方法,与其他人自由地交流看法,形成组织愿景,并为实现愿景共同努力。建立学习型组织不是容易的事情,需要运用本书中各项基本管理职能涉及的多项活动。具体来看,企业要转变成持续学习的学习型组织,管理者必须遵循以下步骤：

（1）形成对变革的高度认同。除非所有员工都清楚地看到高层管理者承诺变革并改进组织，否则他们不可能参与变革。

（2）采用非正式的组织结构。如果组织结构相对扁平、建立跨职能团队、消除人员间的正式边界，那么组织变革就更容易被接受。

（3）发展一种开放的组织文化。为了有效适应环境的变化，组织必须发展一种冒险、开放和成长的文化。在领导者不愿面对失败可能的企业，是不可能成长和发展的。

第三节　组织的创新管理

创新是一种重要的组织能力。德鲁克曾经说过，如果管理者只做已经做过的事情，那么，即使外部环境和条件资源都得到充分利用，他的组织充其量也不过是一个墨守成规的组织。企业管理不是一种官僚的行政工作，它必须是创新性的，而不是适应性的工作。因《追求卓越》而闻名的汤姆·彼得斯更是坦率地指出："一流的质量、合理的价格和良好的服务能让你加入游戏，但不足以让你打败对手。你一定要创新，否则只有死路一条。"创新构成了区分优秀企业与平庸企业的标志。本节将探讨企业创新的成功秘诀，以及如何激励和促进创新。

一、创新的含义

创新是指企业家对生产要素的新组合。德鲁克对"创新"的定义：提高资源的产出量或改变消费者从资源中获得的价值和满足，它与发明（Invention）、创造（Creativity）不同。发明是指一种新产品、新技术或新经营方式的初次出现，创造是指以独特的方式综合各种思想或在各种思想之间建立起独特关系的能力。而创新是指将发明创造转化为有用的产品、服务或作业方法，从而给经济体带来实质性影响或变化的过程。当管理者说到要建设创新型组织时，通常指的就是企业有能力不断产生创意，并能将其转化为有用的产品、过程和生产流程。当管理者实施组织变革以使组织更具创造力时，通常也意味着其变革目标是激励和促进创新。

值得注意的是，创新是一个经济概念，而不是技术概念。发明者不一定是创新者，创新者也不一定是发明者。管理体系中的创新者是指那种看到经济中存在的潜在利益，并敢于冒风险，把新发明引入经济中，以便获取这种潜在利益的企业家。

二、创新的源泉

成功的创新，总是不断地寻求创造出新的、不同的价值，力图把现有的资源组合成新的更具生产力的形态。而能为创新提供机会的是变化。所以，有系统的创新就在于对变化进行有目的、有组织的寻找，在于对这类变化进行系统分析，从而抓住一切创新的机会。通过检查以下 7 个方面的变化，有可能找到创新的机会，这 7 个方面是创新的源泉。

（一）意外事件

意外事件包括意外的成功、意外的失败和外部意外事件。意外的成功对组织的创新提供的机会最多，而所冒的风险则相对较少。但是，意外的成功常常会被组织的高层领导所忽视，因为在多数机构中,最高领导人往往是从一个职能或某一特定领域起家的,而唯有这个领域是他们感到舒适的领域。当在新的领域中出现了意料之外的成功时,他们所做的反应是惊诧不已,甚至认为是鸠占鹊巢而拒绝把意外的成功看作发展的机会。开发利用意外的成功所提供的创新机会需要进行分析。意外成功事件作为一个先兆,它究竟代表了什么事物,发生了什么基本变化?是技术还是市场?只有这样,才能把目前还处于隐蔽状态的创新机会揭示出来。

意外的失败一旦发生是无法阻止的,但能否把失败看作成功机会的先兆需要眼光,需要深入调查意外的失败究竟是怎么回事。在了解了事实真相后,成功的创新机会就会很容易出现。面对意外的失败,组织的领导要走出单位,多看、多听,而不是关起门来做研究分析。应当严肃认真地对待意外的失败,并把它看作一个创新机会的先兆。

外部意外事件指的是发生在企业或产业之外的事件,即在领导者的日常业务中所用的数据和信息里找不到的事件。开发利用外部意外事件特别适合大型企业进行创新,因为这不仅需要契合自身的业务专长,而且需有能力动用一定数量的资源。然而,它却是一个机会大、风险小的创新领域。

(二)不一致性

不一致性是指人们对事物想象的情况或以为"应该"是什么与现实的事物之间产生的不符与不协调。不一致性也是创新的一个先兆,但它常常为知情者所忽视或熟视无睹。利用不一致性作为创新的机会是相对易行而有效的。

不一致性可表现为多个方面:

(1)需求的增长与经济效益的不一致性;

(2)假设与现实的不一致性(主观行为与客观实际出现了不一致);

(3)对顾客价值观以及期望的认识与实际结果的不一致性;

(4)流程中存在的节奏与逻辑上的不一致性。

当某一产业、某个市场,以及某一过程内部发生了变化时,往往就潜伏了不一致性。这种不一致性只有在行业中的人或在此行业近旁的人能看清,知情者只有在认准和了解的基础上,才能开发并利用它。

(三)流程的需要

"需要是发明之母"。流程的需要作为一种特殊需要也为创新提供了重大的机会。在一个产业、一项业务、一项服务中,都存在着这类"流程"需要。流程需要并不以单个事件为起点,而是以所做的工作为开始,对早已存在的流程完善化。它可以针对流程中的某一薄弱环节加以更换,也可以用新的知识对现行的旧流程重新加以设计。

流程需要的创新要取得成功,应注意以下5个基本指标:

(1)一个独立完整的流程;

(2)一个"薄弱"或"缺损"的环节;

(3)一个清晰的目标定义;

(4)明白解决办法的具体要求;

(5)对"需有一个更优工作方式"的共识,即要有高度的可接受性。

最后,流程需要的机会还应按3项条件做检验,即是否真正理解需要的是什么(问题的所在)?是否已具备了所需的知识,或在目前的技术水平中能否解决这个问题?解决方法是否适宜(适合使用者的习惯与价值观)?

(四) 产业结构和市场结构的变化

当产业结构和市场结构发生变化时,行业中的主管人员必须要有企业家精神,重新检查“我们的业务究竟是什么”。如何知道产业结构将发生根本性的变化？一般可从以下 4 种明显的迹象中找到答案：

(1) 行业的增长显著快于经济或人口的增长；

(2) 产量翻番；

(3) 原先互不相关的几种技术出现了相互间的结合；

(4) 经营方式迅速改变。

当有上述迹象发生时,往往预示了产业结构将发生突变。采取简明而有针对性的创新战略,就能大大增加成功的机会。

(五) 人口统计的变化

在各种外界的变化中,人口统计的变化是一个最显然、最易预测的因素。人口统计的变化包括人口的数量、年龄的分布,以及按人口受教育程度、劳动工种、收入水平的分段等。这些统计数据不仅是可知的,而且对某些情况的发生有确定的超前期。通过人口统计了解人口结构状况,其重要性不仅在于人口结构对购买力和购买习惯有影响,而且对劳动力规模和劳动力结构也有影响。

由于人口结构具有内在的不稳定性,极易发生突发的剧变,因此人口结构的变化是决策制定者必须予以分析和全面考虑的首要环境因素。人口变动是唯一能对未来进行有把握的预测的因素。通过对人口动态和人口结构中所发生的事件进行分析,可以预测出市场、用户的购买力、购买习惯、顾客的需要以及就业中的主要趋势。研究人们购买商品的方式,喜欢怎样的环境,如何看待所购商品的“价值”。通过现场的调查,变动中的结构就能成为高度有利可图和极为可靠的创新机会。

(六) 观念的变化

人们观念的变化往往孕育了重大的创新机会。我国自改革开放以来,尽管人们的健康状况已得到了很大的进步和改善,然而随着人们生活水平的提高,人们对身体的保健却更为关注。具体表现为很乐意对健康投资。这些观念上的变化促使一些善于抓住商机的商家们纷纷推出了各种保健产品、绿色食品等,开发了许多新的市场。

(七) 以新知识为基础的创新

以科学和技术研究的新知识为基础的创新毋庸置疑是很重要的,但它也是最为困难的。在所有的创新中,以新知识为源泉的创新孕育期最长,而且风险也最大。它是以多种知识的汇聚与结合为基础的。

以知识为基础的创新有其自身的特殊要求：

(1) 需对所有必要的因素进行仔细的分析,如还缺少哪些因素、所缺的因素能否自行备齐等；

(2) 要有明确集中的目标,它可以集中于一个完整的系统,集中于新的市场,或集中于一个有利的战略地位；

(3) 需要学习并实施企业家型的管理,以减少其风险。

以知识为基础的创新不仅包括科技方面的,而且包括了社会科学方面的创新。由于其要求高、风险大,因此潜在的报偿也就更大。

管理聚焦 14-2

发现创新十型

有数据表明,企业95%的创新行动以失败告终。提高创新的成功率成为企业的一个普遍性问题。1998年起,德布林公司开始致力于找到成功创新案例的相似之处和规律,公司收集了大约2000个创新的最佳案例,包括福特的T型汽车、戴尔的直销模式、丰田的精益制造以及吉列的抛弃型剃刀等。公司对这些案例进行分析和分解,通过模式识别和复杂性管理技术,最终发现了创新的3个大类、10个类型。他们认为,成功的创新都是由这10种创新基本类型组合而成。"创新十型"不再将创新囿于产品和技术,而是从企业运营贯穿到用户体验的全过程。

具体来看,第一大类关注企业自身运营,包括盈利模式、网络、结构和流程方面的创新;第二大类包括产品性能和产品系统方面的创新;第三大类包括服务、渠道、品牌和客户交互方面的创新。"创新十型"不是一个流程表,也不是各种类型的排列顺序或等级体系。任何形式的组合都可以形成创新,企业可以从任意一个类型开始创新。

(1) 盈利模式(如何赚钱):盈利模式创新即找到一种全新的方法,将企业的产品、服务和其他价值来源转化为利润。好的盈利模式必须以对用户或消费者的深层理解为基础。典型代表是吉列剃须刀。公司用极低的价格出售剃刀,吸引大批消费者后,用价格不菲的替换刀片赚取利润。这种开创性的模式极为成功,后来深刻地影响了无数的行业和产品。例如,打印机和墨盒、咖啡机和胶囊,手机和移动App。

(2) 网络(如何联合他人创造价值):网络创新为企业提供了一种利用其他企业的流程、技术、产品、渠道和品牌的方式,让企业在发挥自身优势的同时,借助其他企业的能力和资产。网络创新的模式多种多样,可以是与同盟者的联盟,也可以是与强大竞争对手的合作。特许经营和众包就属于这类创新。

(3) 结构(如何组织并匹配人才和资产):结构创新是以特有的方式组织企业资产来创造价值。它或是优秀人才管理系统,或是对资本、设备的独创配置,也可以是改善企业的固定成本和部门职能,包括对人力部门、研发部门和IT部门的改善。在理想情况下,这些创新可以带来富有生产力的环境,或实现超越竞争对手的效率,为企业吸引人才等。美国的全食食品公司(Whole Foods)以彻底的分权管理方式而闻名。公司的每家分店都由分店的员工团队来自主管理。在公司的利润表上,每家门店自主经营、自负盈亏,每个团队都有非常清晰的绩效指标。

(4) 流程(如何采用独特或卓越的方法运营企业):流程创新需要的是不同于常规的巨大变革,能使企业利用独特的能力,发挥高效的职能,迅速适应,创造领先于市场的利润水平。流程创新往往能够形成企业的核心竞争力,可能包含一些专利性和专利性方法,让企业在几年甚至几十年内产生巨大优势。丰田的精益制造系统即典型代表,Zara也是流程创新的翘楚。

(5) 产品性能(具有显著特征和功能的产品):产品性能创新是指革新企业提供的产品或服务的价值、特征和质量。此类创新会产生全新的产品,或大大延伸现有的产品线。

人们常常错误地认为产品性能创新就是创新的全部，但实际上它只是 10 类创新中的一种类型，也是最容易被竞争对手复制的创新类型。

(6) 产品系统（如何创造互补产品和服务）：产品系统创新在于如何将单独的产品和服务连接或组合起来，从而形成强大且可扩展的系统。它通过互通性、模块化、整合和其他创造价值的方式将原本明显不同的产品和服务联合在一起。产品系统创新能帮你建立起留住客户并能抵御竞争的生态系统。非营利组织 Mozilla 因其开发的火狐浏览器而广为人知。火狐是一款开源软件，允许独立开发者制作上百种独立插件程序。火狐在全球的用户数已经超过 4.5 亿。

(7) 服务（如何支撑和提升产品的价值）：服务创新能够确保并提升产品的效用、性能和表现价值。服务创新让产品的使用更加便捷。它展示出客户可能忽视的产品特点和功能，解决客户在使用过程中遇到的问题。卓越的服务创新能为平淡无奇的产品带来引人入胜的用户体验，从而带来更多的回头客。

(8) 渠道（如何将产品和服务提供给客户和用户）：渠道创新涉及企业将产品和服务提供给用户的所有方式。此类创新的目标是确保用户能够在任何期望的时间，以任何想要的方式买到自己的所需，同时享受最大限度的便利、最低廉的成本和最大的愉悦。亚马逊 Kindle 上的“网络点播”是客户可以通过内部无线网络免费试用的服务。用户可以购买和下载电子书，用不到 60 秒的时间就可以开始阅读。

(9) 品牌（如何展示产品和业务）：品牌创新有助于确保用户识别、记得并青睐你的产品和服务，而非竞争对手或替代产品。英特尔的“Intel Inside”品牌大幅提升了处理器的识别度。任何带这个标记的产品都增加了用户感知的价值。

(10) 客户交互（如何培育吸引人的互动）：客户交互创新在于如何了解客户深层次的需求，并利用这些深刻的见解发展客户与企业之间的关系。Foursquare 网站经常利用基于地理位置的云数据，授予在特定地点“签到”的客户“市长勋章”。Foursquare 的核心竞争力在于庞大的、高黏度的用户资源，企业通过不断的客户交互创新，如引入游戏元素、竞争和激励机制，吸引用户参与，增加用户活跃度和黏度，进而为其向商家收费的盈利模式创新提供了可能。

经过实证分析，这 10 种创新类型的组合都已经有了非常成功的商业应用。它就像创新的“元素周期表”，其中创新战略好比周期表中的化学元素，任何战略都可以组合发生“化学反应”，以实现成功的创新。

资料来源：拉里·基利，等. 创新十型[J]. 哈佛商业评论，2015(4)。

三、企业创新的方式与过程

创新是在组织中成功实施创造性想法的过程，持续的创新能力对组织的财务绩效改善至关重要，这对于高科技企业尤其明显。那么，人们在组织中如何创新，具体包括哪些过程呢？

(一) 创新的主要形式

创新以不同形式来进行。我们可以通过比较各种不同类型的创新来了解这一点(见图 14－5)。

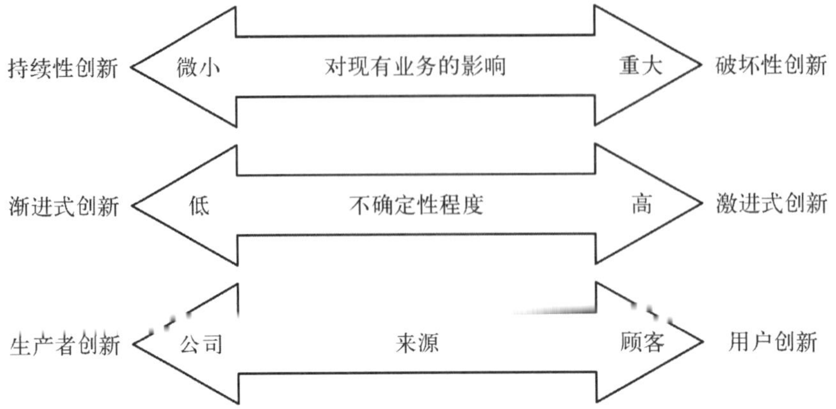

图 14-5　创新的形式

1. 对现有业务的影响

过去数年来,无线网络标准发生了改变以适应越来越快的数据传输速度。这种类型的改善被称为持续性创新,因为它使公司可以用相同的方式来满足市场。它向现有顾客提供了更高性能的产品。

破坏性创新则是指给市场带来重大变革的创新活动。这种类型的创新完全改变了市场,被称为破坏性创新。虽然名字听上去有些负面,但破坏性创新是企业所期望的创新,虽然这当然意味着对其竞争者的巨大破坏力。破坏性创新的一个最戏剧性例证,是苹果推出 iPhone,从而颠覆了人们使用手机的方式,而这种影响还波及了其他领域,包括手机对电脑、相机及其他小型电子设备的替代。

2. 不确定性程度

另一种对创新分类的方式,是创新涉及的不确定性程度。在某些情况下,组织面对的条件是事物演变的速度很慢,需要做什么也很清晰。创新的推动没有很大风险,因为未来是相对确定的。这种慢而稳的创新方式被称为渐进式创新。从事渐进式创新的企业会利用现有技术,并在未来不确定性很低的条件下开展创新。换言之,你能相当清楚地想到未来会是怎样的。

与渐进性创新相对,重大的革新或出乎竞争对手意料的创新,是激进式创新。从事激进式创新的企业会尝试新技术,在高度不确定的条件下运作。激进式创新不是做出持续的线性改变(慢而稳),而是以一种偶然爆发的、非持续性的轨迹来开展创新。当创新出现时,激进式创新的收益往往是巨大的。

3. 创新者

传统上,创新来源(创新者)往往是企业,即生产者创新。它发生在一个人或组织以销售为目的而做出的创新。例如,苹果每年开发出更优性能的 iPhone 新款,将其出售给“果粉”及其他消费者。

虽然生产者创新仍然普遍存在,但是今天的很多企业发现创新也可能源于使用本企业产品、服务的个人。这一过程被称为用户创新。产品的用户为市场需要什么提供了有益的指导。企业寻求来自用户的产品反馈(包括希望产品在未来具有何种特性),很大程度上就是期望推动用户创新。小米引入用户参与研发,就是用户创新的绝佳例证。

(二) 创新类型

如果创新涉及将变革引入已经存在的活动中,则有必要问一个问题:哪些业务活动属于创新的高发区？总体而言，企业可以对任何事项进行创新。但大多数创新属于以下 7 类，每个类别都可以作为未来的创新目标：

(1) 产品创新。引入新产品或明显改进的产品(如更容易使用的软件)。

(2) 服务创新。引入新服务或明显改进的服务(如更快的包裹次日送达服务)。

(3) 流程创新。创建一种全新的或明显改善的生产或送货方法(如呼叫中心客服人员使用的更容易、更准确的订单系统)。

(4) 营销创新。提出全新的或改善的营销方法，如涉及产品设计或包装、产品促销或定价。

(5) 供应链创新。开发出更快、更准确地将产品从供应商处送达顾客手中的流程。

(6) 商业模式创新。改变业务经营的基本方式(例如，关注大批量低价格，或向高端客户提供极高质量的产品)。

(7) 组织创新。改变关键的组织管理实践。

关注创新的企业往往会同时进行多个创新项目。例如，请考虑一家金融投资企业想要进行创新。这可以涉及开发新的金融产品和服务、以创新方式整合金融业务，以及找出合理避税方式减少客户所得税负担。这不仅要求提出新的产品或服务，而且需要新的商业模式、改善的业务流程等。换言之，创新往往需要多种活动共同发挥作用。

(三) 组织创新过程的阶段

创新不会因为组织的工作重心转移就即刻发生，相反，创新是一个逐渐推进的过程(见图 14 - 6)。

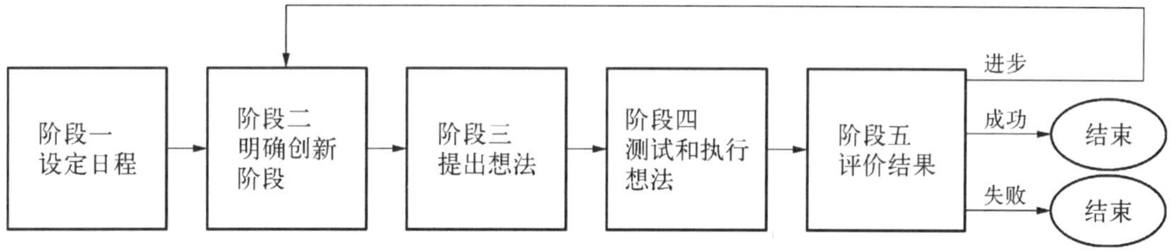

图 14 - 6　创新的过程

阶段一：设定日程

创新进程的第一个阶段就是为创新设定日程，包括创建一个使命陈述(Mission Statement)——一个描述组织总体方向和一般目标的文件。在这一阶段，组织的最高管理者必须表现出对创新的高承诺水平。

阶段二：明确创新阶段

组织的使命一旦确定，就可以设计明确创新的阶段了。这包括将一些宽泛的目标变成更具体的任务，并集中资源实现它们；还包括评价组织内部和外部环境，寻找任何可能促进或者阻碍组织随后“打破成规”的努力的因素。这一阶段的关键是管理者需要具备必要的创新管理技能，并充分利用组织人力和资金资源。

阶段三：提出想法

这个阶段需要提出新想法并测试它们。在这个阶段，个人和群体的创造力开始参与其中，所以涉及上面提到的个人创造力的全部组成部分。而且这会与不同的组织因素相联系。比如，一个拥有高度创造技能和激励的员工在面对一个不承诺创新、没有必要资源的组织时，他引进创意的尝试就会减弱。相反，具有高度创新性的组织会让不特别有创造力的员工变得更有创造力。

阶段四：测试和执行想法

执行就发生在这个阶段。在个人团队有了想法之后，组织其他部门也参与进来了。比如，原产品要经过开发、测试和市场调研。简而言之，组织的许多功能部门都要提供服务来支持创新。在这一阶段，充足的金钱、人员、材料系统和信息对于创新想法的产品化相当重要，但即使是很好的想法和充足的资源也不足以保证创新的成功。创新本身就意味着企业有意愿承担必要的失败风险。

阶段五：评价结果

最后一阶段就是评价新想法。想法会怎样依赖于评价的结果？有3种可能的结果。如果结果(如某种产品或服务)是成功的，它就会被接受并在未来执行，进程结束。同样地，如果结果是失败的，那么进程也结束，这种情况下没有继续的理由。可是，如果新想法有前景而且有进步，但还有问题，进程就从阶段二重新来过。

这5个阶段可能无法涵盖组织中的所有创新，但是这个模型很好地识别了大多数创新的主要步骤，即从组织的一项具体需要到满足该需要的具体产品或服务的全过程。

第四节 激发和促进组织创新

在创新的过程中，我们可以看出，有3类因素可用来激发组织的创新力，它们就是组织的结构、文化和人力资源(如图14-7所示)。对这类因素的有效管理，有助于企业激发和促进创新。

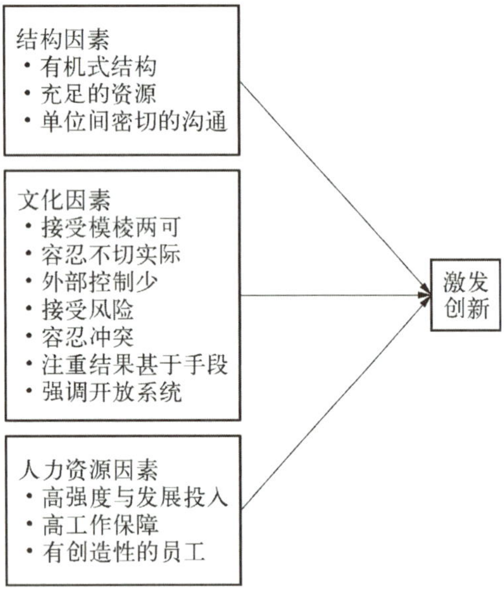

图14-7 创新的因素

(一) 结构因素

根据大量的研究，我们可以总结出有关结构因素对创新作用的3个结论：

(1) 有机式结构对创新有正面的影响。因为其纵向变异、正规化和集权化程度低，有机式结构可以提高组织的灵活性、应变力和跨职能工作能力，从而使创新更易于得到采纳。

(2) 拥有充足的资源能为创新提供另一重要的基石。如果组织资源充裕，管理当局就有能力购买创新成果，敢于投下巨资推行创新并承受失败的损失。

(3) 单位间密切的沟通有利于克服创新的潜在障碍。像委员会、任务小组及其他这类机制都可促进部门之间的相互交流，从而得到创新成功组织的广泛采用。例如，以创新闻名的3M公司就是高度分权化的，拥有小型有机式组织的大部分特征。这家公司还有一个政策，即支持、鼓励科学家和工程人员将15%以上的时间用于他们自己选择的开发项目。

(二) 文化因素

富有创新力的组织，通常具有某种共同的创新文化，如鼓励试验，赞赏失败，不论成功还是失败都给予奖励等，为革新者创造敢担风险的气氛与环境。充满创新精神的组织文化通常有如下特征：

（1）接受模棱两可。过于强调目的性和专一性会限制人的创造性。

（2）容忍不切实际。组织不抑制员工对“如果……就……”这样的问题做出不切实际的甚至是愚蠢的回答。乍看起来似乎是不可行的，但往往可能带来问题的创新性解决。

（3）外部控制少。组织将规则、条例、政策这类的控制减少到最低限度。

（4）接受风险。组织鼓励员工大胆试验，不用担心可能失败的后果。错误被看作能提供学习的机会。

（5）容忍冲突。组织鼓励不同的意见。个人或单位之间的一致和认同并不意味着能实现很高的经营绩效。

（6）注重结果甚于手段。提出明确的目标以后，个人被鼓励积极探索实现目标的各种可行途径。注重结果意味着，对于任一给定的问题，可能存在若干种正确的解决办法。

（7）强调开放系统。组织时刻监控环境的变化并随时做出快速的反应。

（三）人力资源因素

在人力资源这一类因素中，我们发现有创造力的组织积极地对其员工开展培训和发展，以使其保持知识的更新。同时，他们还给员工提供高工作保障，以减少他们担心因犯错误而遭解雇的顾虑。组织也鼓励员工成为革新能手。一旦产生新思想，革新能手们就会主动而热情地将思想予以深化、提供支持并克服阻力，以确保创新得到推行。具体来看，企业可以做以下工作来优化人力资源对创新的支持：

（1）培训员工跳出思维定式来思考。

（2）设定创造性目标，并努力达成这些目标。

（3）开发创意工作的环境。

（4）确保工作自主性，员工可自行决定如何使用自己的时间以发挥创造性。

（5）提供与其他创意人才接触的机会。

（6）鼓励不同背景和项目的员工交流，激发思想的跨界应用。

（7）使工作本身更有内在趣味，有趣的工作更有可能激发创新。

本章提要

组织变革是指组织为了赢得未来的发展机会，针对内部或外部环境变化进行的组织结构、文化、技术或人员等领域的转型。这种转型涉及组织的方方面面，它将影响组织成员的职权、职责以及组织内部的信息沟通方式。影响组织变革的因素，可能来自外部环境，也可能来自组织内部。一个组织要保持长期成功，需要在变革与稳定之间找到平衡。

根据变革的发生、来源及范围，可以对组织变革在企业中的表现进行细化分类。领导者需要在了解组织变革表现形式的基础上，根据不同的组织情境，适用当时当地对组织最有益的变革方式。具体到变革的内容，变革可以分为技术变革、结构变革和人员变革。

无论变革有多紧迫、对企业的意义有多大，推动变革时始终会遇到阻力。为了推动变革，领导者需要利用多种途径来确保变革的动力大于阻力。领导者需要依据组织变革的路线图，来营造不满足感、构建未来蓝图、规划和执行变革流程，并致力于减少变革的障碍与阻力。

创新是指将发明创造转化为有用的产品、服务或作业方法,从而给经济体带来实质性影响或变化的过程。有系统的创新,可从7个方面的变化寻求创新机会。企业创新可以表现为多种形式和类型。由于创新是一个逐渐推进的过程,因此企业需要有意识地推动全体员工主动参与和推动创新过程。在创新的过程中,组织的结构、文化和人力资源因素可以激发组织的创新力,管理者需要对这类因素进行有效管理以激发和促进创新。

复习思考题

1. 你如何理解组织变革的必要性?如何处理企业的变革需要与员工对稳定的期望?

2. 组织变革的表现形式有哪些?

3. 请描述管理者如何进行技术变革、结构变革和人员变革。

4. 管理者如何有计划地推动和管理组织变革?

5. 为何在明显存在变革需要时,管理者仍面临变革的重重阻力?管理者可以通过什么方式制造员工对现状的不满?

6. 什么是创新?它与发明、创造有何区别?

7. 创新要求组织容忍员工不断尝试和犯错。但职业中的失误可能对员工的职业声誉产生负面影响。你如何看待工作中的失败?

参 考 文 献

1. 方振邦、徐东华. 管理思想百年脉络：影响世界管理进程的百名大师[M]. 3 版. 北京：中国人民大学出版社，2012.
2. 陈文捷. 文明的开端：从伊甸园到雅典学堂[M]. 北京：机械工业出版社，2019.
3. [美] 克莱顿・克里斯滕森，迈克尔・雷纳. 创新者的解答[M]. 北京：中信出版社，2010.
4. [美] 兰杰・古拉蒂，安东尼・梅奥，尼汀・诺里亚. 管理学[M]. 2 版. 北京：机械工业出版社，2020.
5. [德] 赫尔曼・西蒙. 隐形冠军：未来全球化的先锋[M]. 2 版. 北京：机械工业出版社，2019.
6. [美] 约翰・布德罗，等. 未来的工作：传统雇用时代的终结[M]. 北京：机械工业出版社，2016.
7. [美] 杰拉尔德・格林伯格. 组织行为学[M]. 10 版. 上海：格致出版社，2017.
8. [英] 理查德・科克. 二八定律：用更少获得更多的秘密[M]. 北京：中国青年出版社，2021.
9. 杨爱国，高正贤. 华为财经密码：商业成功与风险制衡[M]. 北京：机械工业出版社，2021.
10. 周三多，陈传明，刘子馨，贾良定. 管理学：原理与方法[M]. 7 版. 上海：复旦大学出版社，2018.
11. [美] 彼得・F. 德鲁克. 管理：任务、责任、实践[M]. 北京：中国社会科学出版社，1987.
12. 郭占元. 管理学理论与应用[M]. 3 版. 北京：清华大学出版社，2017.
13. 邢以群. 管理学[M]. 5 版. 杭州：浙江大学出版社，2019.
14. 沈平. 管理学：概念、案例与实训[M]. 北京：清华大学出版社，2018.
15. [美] 丹尼尔・A. 雷恩. 管理思想史[M]. 6 版. 北京：中国人民大学出版社，2011.
16. [美] W. H. 纽曼，小 C. E. 萨默. 管理过程[M]. 北京：中国社会科学出版社，1995.
17. [美] R. R. 布莱克，J. G. 穆顿. 新管理方格[M]. 北京：中国社会科学出版社，1986.
18. [美] 赫伯特・西蒙. 管理行为[M]. 北京：北京经济学院出版社，1989.
19. [美] 亨利・西斯克. 工业管理与组织[M]. 北京：中国社会科学出版社，1985.
20. [美] 加里・哈默. 管理大未来[M]. 北京：中信出版社，2008.
21. Alfred D., Chandler Jr.. Strategy and Structure[M]. Cambridge: The Massachusetts Institute of Technology Press, 1962.
22. Harold Kontz, Heinz Weihrich. Essential of Management: An International and Leadership Perspective [M]. 9th ed. New York: McGraw-Hill, 2012.
23. Daniel A. Wren, Arthur G. Bedeian. The Evolution of Management Thought[M]. 7th ed. Hoboken, NJ: John. Wiley & Sons, 2017.
24. Thomas S. Bateman, Scott Snell. Management: Leading & Collaborating in a Competitive World[M]. 14th ed. New York: McGraw-Hill, 2020.
25. Richard L. Hughes, Robert C. Ginnett, Gordon J. Curphy. Leadership: Enhancing the Lessons of Experience[M]. 10th ed. New York: McGraw-Hill, 2022.
26. David Boddy. Management: Using Practice and Theory to Develop Skill[M]. 8th ed. New York: Pearson, 2020.
27. Stephen P. Robbins, Mary Coulter. Management[M]. 15th ed. New York: Pearson, 2021.
28. Angelo Kinicki, Denise Breaux Soignet. Management: A Practice Introduction[M]. 10th ed. New York: McGraw-Hill, 2022.

29. Phil Rosenzweig. Left Brain, Right Stuff: How Leaders Make Winning Decisions[M]. London: Profile Books Ltd, 2014.

30. Danny Samson, Timothy Donnet, Richard L. Daft. Management[M]. 7th ed. Stamford: Cengage Learning, 2021.

31. John R. Schermerhorn Jr., Daniel G. Bachrach. Management[M]. 14th ed. Hoboken, NJ: Wiley, 2020.

32. Joan Druett. Island of the Lost: Shipwrecked on the Edge of the World[M]. Chapel Hill, NC: Algonquin Books, 2007.

33. Gareth R. Jones, Jennifer M. George[M]. Contemporary Management. 12th ed. New York: McGraw-Hill, 2021.

34. R.L. Katz, Skills of an Effective Administrator[J]. Harvard Business Review, September/October 1974, pp. 90 - 102.

35. John W. Payne, James R. Bettman, Eric J. Johnson. The Adaptive Decision Maker[M]. Cambridge: Cambridge University Press, 1993.